Springer-Lehrbuch

Hermann Ribhegge

Europäische Wirtschafts- und Sozialpolitik

Zweite, vollständig überarbeitete Auflage

 Springer

Prof. Dr. Hermann Ribhegge
Lehrstuhl für Volkswirtschaftslehre
insb. Wirtschafts- und Sozialpolitik
Europa-Universität Viadrina
Große Scharrnstraße 59
15230 Frankfurt (Oder)
Deutschland
Ribhegge@europa-uni.de

ISSN 0937-7433
ISBN 978-3-642-19190-9   e-ISBN 978-3-642-19191-6
DOI 10.1007/978-3-642-19191-6
Springer Heidelberg Dordrecht London New York

Die Deutsche Nationalbibliothek verzeichnet diese Publikation in der Deutschen Nationalbibliografie; detaillierte bibliografische Daten sind im Internet über http://dnb.d-nb.de abrufbar.

Einbandentwurf: WMXDesign GmbH, Heidelberg

Gedruckt auf säurefreiem Papier

Springer ist Teil der Fachverlagsgruppe Springer Science+Business Media (www.springer.com)

Vorwort

Mit dem Inkrafttreten des Lissabonvertrags war eine grundlegende Überarbeitung des Lehrbuchs notwendig. Hinzu kamen die Finanzkrise und die
Probleme der enormen Staatsverschuldung einiger Mitgliedstaaten des Euroraums. Diese verlangten eine Aktualisierung des Kapitels über das Europäische System der Zentralbanken und der Kapitel über die Koordination
der Finanzpolitik bzw. der Fiskalpolitik. Darüber hinaus wurden im Kapitel
über die Lohnpolitik die lohnpolitischen Lösungsvorschläge zur Verringerung
der Leistungsbilanzunterschiede im Euroraum aufgenommen. Des Weiteren
wurde ein neues Kapitel eingefügt, das den Konflikt zwischen den drei Zielen der EU problematisiert: sozialpolitische Autonomie der Mitgliedstaaten,
Diskriminierungsverbot gegenüber EU-Ausländern und Mobilität der EU-
Bürger.

Da für eine rationale Wirtschaftspolitik eine gute theoretische Fundierung
unabdingbar ist, wurde der Theorieteil jedes Kapitels systematisch ausgeweitet und stärker in den Politikteil integriert. So wurde u.a. im Kapitel über den Gemeinsamen Markt die Problematik der Dienstleistungsfreiheit vertieft analysiert. Im anschließenden Kapitel über die Institutionen
der EU wurde die Ökonomische Theorie des Föderalismus aufgenommen,
um ein adäquates Referenzsystem zur Beurteilung der Architektur der EU
zu erhalten und ihre Schwachstellen besser aufzeigen zu können. Im Kapitel über die Kohäsionspolitik werden die unterschiedlichen theoretischen
Fundierungen ausführlicher dargestellt. Die vertiefte theoretische Ausrichtung des Lehrbuches ermöglicht es, Perspektiven für Reformen in den einzelnen Politikbereichen aufzuzeigen.

Besonderer Dank gilt meiner Sekretärin, Frau Andrea Riehl, für die Nieder-
schrift der Korrekturen, der studentischen Hilfskraft, Frau Patrizia Rouba,
für die Anfertigung von Abbildungen und Tabellen sowie meinen Mitarbei-

tern, Dipl.-Volkswirtin Melanie Schröder, Dipl.-Volkswirt Martin Schlächter
und Dipl.-Kauffrau Norma Schmitt, für die redaktionelle Überarbeitung.

Frankfurt (Oder), im März 2011   Hermann Ribhegge

Inhaltsverzeichnis

Kapitel 1
Einführung

1.1 Aufbau des Lehrbuchs

Das vorliegende Lehrbuch setzt sich mit wirtschafts- und sozialpolitischen Fragestellungen in der Europäischen Union (EU) auseinander. Politik ist angewandte Wirtschaftstheorie, zu deren Verständnis auf einige wichtige Aspekte der ökonomischen Theorie eingegangen werden muss. Ziele, Instrumente und Träger sind als Eckpfeiler jeder Politik detailliert zu analysieren. Deren Analyse reicht aber für die Konzeption einer rationalen Politik nicht aus. Rationale Politik soll vorgegebene Ziele mit einem adäquaten Instrumenteneinsatz realisieren. Nach diesem Verständnis bedarf es der ökonomischen Theorie, denn diese stellt mit der Wirkungsanalyse als positive Theorie der Erklärung und Prognose realer Phänomene der Politik das notwendige Instrumentarium zur Verfügung. Unter einer Wirkungsanalyse verstehen wir Aussagen über den Zusammenhang zwischen Zielen und Instrumenten in Form allgemeiner Hypothesen.

Wirtschafts- und Sozialpolitik ist mehr als angewandte Wirtschaftstheorie. Zum einen reflektiert Politik die Ziele. Sie beinhaltet daher – im Gegensatz zur Theorie – normative Elemente und beschäftigt sich mit der zentralen Frage, wie die Ziele der Wirtschafts- und Gesellschaftspolitik zu legitimieren sind. Dazu kann die reine Theorie keine endgültigen Antworten bieten. Zum anderen versucht die Politik das Verhalten der Aktcure der Wirtschafts- und Sozialpolitik mit in die ökonomische Analyse einzubeziehen. Diese Ausweitung des Theoriegegenstandes ist besonders bei der Klärung des Phänomens der Nichtdurchsetzbarkeit – und dies gilt auch in der EU – vieler theoretisch fundierter und effizienzverbessernder Maßnahmen im politischen Prozess notwendig.

Da sich dieses Lehrbuch mit der europäischen Wirtschafts- und Sozialpolitik auseinandersetzt, macht es wenig Sinn, über einen Gegenstand zu theoretisieren und für ihn wirtschaftspolitische Empfehlungen abzuleiten, den man nicht kennt. Deshalb werden im folgenden Abschnitt dieses Kapitels einige elementare Fakten und Zahlen über die EU präsentiert, die dann in den einzelnen Kapiteln zu den jeweiligen Sachgebieten vertieft werden.

Um die Strukturen von Institutionen und ihre Entscheidungsmechanismen zu verstehen, ist es notwendig, ihre Entstehung und Entwicklung zu analysieren. Damit schließt das Einführungskapitel.

Im 2. Kapitel werden das Konzept des Gemeinsamen Marktes mit seinen vier Grundfreiheiten dargestellt und die ökonomische Theorie der Funktionsweise des europäischen Binnenmarktes skizziert. Um zu zeigen, dass mit der Integration der Märkte alle teilnehmenden Staaten gewinnen können und dass bei einer Handelsliberalisierung nicht eine Seite auf Kosten einer anderen Wohlfahrtsgewinne realisiert, wird die einfachste Version des Ricardo-Modells dargestellt und dessen wirtschaftspolitische Implikationen herausgearbeitet. Anschließend werden die gesellschaftlichen Kosten des Protektionismus aufgezeigt und Argumente diskutiert, warum sich im politischen Prozess Protektionismus durchsetzt, wie dies in der EU insbesondere für den Agrarbereich gilt. Um die Aussagen des durch recht restriktive Annahmen gekennzeichneten Ricardo-Modells zu verallgemeinern, erfolgt ein kurzer Überblick über die Neue Außenhandelstheorie, der die zentralen Aussagen des einfachen Modells prinzipiell bestätigt.

Nicht nur im Gütermarkt, sondern auch im Arbeitsmarkt wird die Integration innerhalb der EU mittels Arbeitnehmerfreizügigkeit und Niederlassungsfreiheit schrittweise verwirklicht. In diesem Teil des 2. Kapitels werden zunächst die positiven Wohlfahrtseffekte einer Arbeitsmarktintegration für einen neoklassischen Arbeitsmarkt aufgezeigt. Auch wenn man einerseits darlegen kann, dass sowohl Arbeitskräfte abgebende als auch aufnehmende Länder durch die Arbeitsmarktintegration einen positiven Wohlfahrtseffekt realisieren, so kann man andererseits deutlich machen, dass die Integration möglicherweise mit gravierenden Einkommensumverteilungen verbunden ist, die bei vielen Gruppen zu deren Ablehnung führt.

Noch kritischer wird die Einstellung zur Arbeitnehmerfreizügkeit, wenn wir die Möglichkeiten einer ineffizienten Wanderung betrachten. Diese kann u. a. eintreten, wenn aufgrund inflexibler Löhne im Aufnahmeland die Wanderung dort nur zusätzliche Arbeitslosigkeit bewirkt oder wenn Arbeitskräfte wandern, um das höhere Sozialleistungsniveau eines anderen Staates in Anspruch nehmen zu können.

Das Kapitel schließt mit einer Analyse der Dienstleistungsfreiheit. Es wird anhand der Auseinandersetzung um die Dienstleistungsrichtlinie exemplarisch aufgezeigt, welche Konflikte bei einer Liberalisierung des europäischen Binnenmarktes auftreten.

Im 3. Kapitel wird zuerst die ökonomische Theorie des Föderalismus dargestellt, um ein theoretisches Fundament zur Beurteilung der Architektur der EU zu erhalten. Sodann wenden wir uns den Akteuren der EU zu. Zum einen werden die rechtlichen Grundlagen, die den Rahmen für wirtschafts- und sozialpolitische Aktivitäten vorgeben, dargestellt. Zum anderen werden die Akteure selbst skizziert und das Finanzsystem der EU erläutert. Bei der

Darstellung der Entscheidungsverfahren in der EU konzentrieren wir uns auf den Prozess der Schaffung neuen Rechts sowie der Finanzplanung in der EU. Das Kapitel endet mit der Herausarbeitung der strukturellen und prozessualen Defizite der Institutionen der EU.

Bei der Wirtschafts- und Sozialpolitik kann die EU zwei alternative Wege einschlagen. Zum einen können alle Kompetenzen bei den Organen der EU konzentriert werden, wobei man dann von einer Vergemeinschaftung des Politikbereichs spricht. Diesen Weg hat die EU u. a. bei der einheitlichen Geldpolitik, der Kohäsions- und der Agrarpolitik eingeschlagen. Zum anderen besteht die Möglichkeit, den Mitgliedstaaten ihre Autonomie zu lassen und eine Koordination in diesem Bereich zu realisieren. Diesen Weg hat die EU z. B. im Bereich der sozialen Sicherung, der Beschäftigungs-, Fiskal- und Finanzpolitik, um nur einige Bereiche zu nennen, beschritten.

Im 4. Kapitel wird das Europäische System der Zentralbanken behandelt. Zunächst werden die Vor- und Nachteile einer Währungsunion diskutiert. Diese Diskussion ist besonders für die Mitgliedstaaten von Bedeutung, die den Euro noch nicht eingeführt haben. Inwieweit die Vorteile dieser Währungsunion dominieren, hängt entscheidend davon ab, ob ein optimaler Währungsraum vorliegt. Entsprechend wird geprüft, ob die Konvergenzkriterien die Identifikation eines optimalen Währungsraums ermöglichen. Daran anschließend wird die einheitliche Geldpolitik der Europäischen Zentralbank dargestellt, indem die monetären Institutionen, die Ziele und Strategien sowie die Instrumente der einheitlichen Geldpolitik behandelt werden. Das Kapitel schließt mit einer Darstellung der Reaktion der Europäischen Zentralbank auf die Finanzkrise.

Im 5. Kapitel entwickeln wir das theoretische Fundament für die Kohäsionspolitik der EU, indem wir die zentralen wirtschaftspolitischen Aussagen der neoklassischen und der neuen Wachstumstheorie sowie der Neuen Ökonomischen Geographie herausarbeiten. Daran anschließend wenden wir uns der Kohäsionspolitik der EU zu. Anhand der Strukturfonds sowie ihrer Zielsetzungen als auch ihres finanziellen Rahmens werden die Instrumente der Kohäsionspolitik dargestellt. Sodann wird die seit dem Jahr 2007 gültige Neuausrichtung der Kohäsionspolitik erläutert. Das Kapitel endet mit einer kritischen Bewertung dieses Politikfeldes, indem sein Reformpotenzial aufgezeigt wird.

Das 6. Kapitel hat die Agrarpolitik der EU zum Gegenstand, das bzgl. des finanziellen Umfangs wichtigste Politikfeld der EU. Das Kapitel beginnt mit einer kritischen Bestandsaufnahme der Ziele der Agrarpolitik, die nur schwer mit dem Konzept einer rationalen Wirtschaftspolitik zu vereinbaren sind. Danach werden die Funktionsweise der Instrumente der Agrarpolitik erläutert und ihre Effizienz geprüft. Abschließend wird die Notwendigkeit einer grundlegenden Reform der Agrarpolitik aufgezeigt, die trotz aller anerkennenswerten Reformbemühungen der Vergangenheit weiter dringend erforderlich ist.

Die nachfolgenden Kapitel beschäftigen sich mit der Koordination der Wirtschafts- und Sozialpolitik. Im 7. Kapitel werden die Unterschiede zwischen der vertikalen Koordination, die Abstimmung zwischen der EU und den einzelnen Mitgliedstaaten, und der horizontalen Koordination, die Abstimmung der Mitgliedstaaten untereinander, herausgearbeitet. Untersucht wird alsdann die Koordination in den einzelnen Politikfeldern der EU, beginnend mit der Koordination der Finanzpolitik. Das entscheidende Koordinationsinstrument ist hier der Stabilitäts- und Wachstumpakt, dessen Notwendigkeit diskutiert und dessen Ausgestaltung problematisiert wird. Das Kapitel endet mit einer Darstellung und Bewertung der Reform des Stabilitäts- und Wachstumspaktes, die aufgrund der Finanzkrise einen neuen Stellenwert gewonnen hat.

Das 8. Kapitel behandelt die Koordination der Beschäftigungspolitik in der EU. Zunächst soll die Notwendigkeit der Koordination kritisch in diesem Politikfeld hinterfragt werden. Dazu wird zur theoretischen Fundierung das Arbeitsmarktmodell des unvollständigen Wettbewerbs von Carlin und Soskice, das auch die Grundlage für die lohnpolitischen Überlegungen im 9. Kapitel bildet, dargestellt. Es folgt sodann eine Skizzierung der derzeitigen Ausgestaltung der europäischen Beschäftigungspolitik. Dabei gehen wir ausführlich auf das neue Instrument der Politikkoordinierung, die Offene Methode der Koordinierung, ein und prüfen kritisch, welche Vorteile diese neue Methode mit sich bringt.

Im 9. Kapitel rückt ein wesentlich umstritteneres Politikfeld der EU in unseren Fokus. Wir zeigen auf, dass eine Koordination der Lohnpolitik aufgrund fehlender Kompetenzen nur schwer zu realisieren ist. Sodann diskutieren wir unterschiedliche Strategien zur europaweiten Umsetzung einer gemeinsamen Lohnpolitik.

Das 10. Kapitel widmet sich der Koordination der Fiskalpolitik. Es wird aufgezeigt, dass eine Koordinationsnotwendigkeit nur dann gegeben ist, wenn externe Effekte vorliegen, und dass diese nur in sehr spezifischen Konstellationen von erheblicher Relevanz sind.

Das 11. Kapitel behandelt die immens schwierige Koordination der Steuerpolitik, ein Bereich, in dem sich die Interessen der Mitgliedstaaten oft diametral gegenüber stehen. Während die Koordination der Mehrwertsteuer – trotz aller Schwierigkeiten bei ihrer konkreten Ausgestaltung – über Mindeststandards verwirklicht worden ist, tauchen bei der Koordination der Einkommensteuer, insbesondere bei der Kapitalbesteuerung, beträchtliche Probleme auf. Dabei kann man nachweisen, dass es ohne eine Koordination zu einem race to the bottom kommt, bei dem sich eine ineffizient niedrige Besteuerung in der EU durchsetzt. Hinzu kommt, dass u. U. der Wohlfahrtsstaat bei ausreichend hoher Mobilität des Faktors Arbeit seine Finanzierungsgrundlage verliert. Im 12. Kapitel werden die sozialpolitischen Überlegungen des 11. Kapitels vertieft und erweitert. Dabei steht das Spannungsfeld zwischen sozialpolitischer Autonomie der Mitgliedstaaten, Personenfreizügigkeit und Nichtdiskriminierung der EU-Bürger im Vordergrund. Es wird gezeigt, dass nicht alle drei Zielsetzungen simultan verwirklicht werden können.

Auch wenn die Materie extrem schwierig zu koordinieren ist, so zeigt das anschließende 13. Kapitel, dass die EU im Bereich der Koordinierung der sozialen Sicherung, die zur Verwirklichung der Arbeitnehmerfreizügigkeit unumgänglich ist, weit voran geschritten ist. In diesem Kapitel werden die EU-weiten Regelungen für die Renten-, Kranken- und Arbeitslosenversicherung dargestellt, die u. a. immer dann wirksam werden, wenn Arbeitnehmer und ihre Familienangehörigen grenzüberschreitende Aktivitäten vornehmen. Darüber hinaus wird in diesem Kapitel aufgezeigt, warum eine Anpassung der Sozialsysteme im Sinne einer Harmonisierung nicht sinnvoll ist.

In dem das Lehrbuch abschließenden 14. Kapitel wird der Frage nachgegangen, ob überhaupt in der EU ein gemeinsames Sozialmodell existiert. In Abgrenzung zum sozialen Sicherungssystem der USA kann man dessen Existenz durchaus als gegeben ansehen. Dabei muss man aber relativierend feststellen, dass das europäische Sozialmodell eher ein normatives Leitbild darstellt, das nur ansatzweise verwirklicht worden ist. Darüber hinaus ist die Nachhaltigkeit dieses Modells zu hinterfragen. Es ist zu bestimmen, inwieweit dieses Modell im Wettbewerb der Sozialsysteme überleben kann. Insbesondere ist zu klären, ob dieses Modell einen race to the bottom in dem Sinne beinhaltet, dass es sich hin zu einem neoliberalen Modell einer rudimentären Absicherung des Existenzminimums entwickelt.

Den Schwerpunkt des Lehrbuchs bildet das schon angesprochene Spannungsfeld zwischen Zentralisierung und Dezentralisierung von Aufgaben in der EU, das sich in der Frage der adäquaten Integration in der EU niederschlägt. Dieses Spannungsfeld zeigt sich im Subsidiaritätsprinzip des Maastricht-Vertrages. Die Frage der optimalen Zuordnung von Aufgaben wird in diesem Lehrbuch auf mehreren Ebenen diskutiert. Zum einen wird im Kapitel 2 eine theoretische Analyse vorgenommen. Dort werden die Auswirkungen der Integration des Güter- und Arbeitsmarktes aufgezeigt und die effizienzsteigernden Effekte einer Integration herausgearbeitet. Dabei verdeutlicht sich die politische Dimension einer Integration, indem analysiert wird, warum sich protektionistische Tendenzen im politischen Prozess trotz der Wohlfahrtsgewinne durch Integration durchsetzen.

Diese politische Dimension der EU gewinnt dadurch an Bedeutung, dass Integration nur dann positive Wohlfahrtseffekte zur Folge hat, wenn die politischen Institutionen dem Integrationsprozess der EU adäquat angepasst werden. Dieser Aspekt wird im Kapitel 3 behandelt.

Integration kann nicht nur aufgrund des unzureichenden politischen Umfeldes scheitern, sondern auch aufgrund unzureichender Umsetzung. Deshalb lässt sich die Frage, ob Integration letztlich sinnvoll ist, nicht abschließend auf der theoretischen Ebene beantworten, sondern sie verlangt eine detaillierte Analyse der einzelnen Politikfelder der EU. Dazu werden in den Kapiteln 4 bis 6 zunächst die Politikbereiche behandelt, die durch eine starke Zentralisierung (Vergemeinschaftung) gekennzeichnet sind. Daran anschließend wenden wir uns den Bereichen zu, in denen die Mitgliedstaaten eine relativ große Autonomie besitzen.

Die wirtschaftspolitische Analyse der EU setzt nicht nur theoretische
Kenntnisse voraus, sondern es ist unabdingbar, dass man auch das entsprechende Faktenwissen über die relevanten ökonomischen Größen besitzt. Da
diese Fakten ständig aktualisiert werden müssen, macht es wenig Sinn, diese
hier im Lehrbuch darzustellen. Um die Aktualität zu wahren, ist als Ergänzung zu diesem Lehrbuch, eine Präsentation erstellt worden, die aktuelle
Informationen beinhaltet und über die Homepage des Lehrstuhles abgerufen
werden kann. Abbildungen und Tabellen zu den Themen Demographie, Produktion, Preise, Handel und Beschäftigung, die einen ersten Überblick über
die EU vermitteln sollen, findet man dort in der Rubrik unter dem Titel
„Daten und Fakten".

1.2 Chronik der europäischen Einigung

Die Europäische Kommission hat eine Chronik der europäischen Einigung
veröffentlicht, die in ihren Grundzügen im Folgenden dargestellt und mit der
die Fragestellung dieses Lehrbuchs erläutert werden soll. Die Darstellung des
historischen Werdegangs der EU ist deshalb sinnvoll und notwendig, da dieser
deutlich macht, dass die EU nicht ein Entwurf aus einem Guss ist, sondern
sich schrittweise entwickelt hat und auf einer Vielzahl von Vereinbarungen
und Regelungen beruht. Viele Ungereimtheiten und Ineffizienzen in der Ausgestaltung der EU sind nur aus der historischen Perspektive nachzuvollzie-
hen. Manche Kritik an der aktuellen Politik der EU ist von daher oft nicht
gerechtfertigt, da die heutigen Akteure auf Rahmenbedingungen und Entscheidungen Rücksicht nehmen müssen, die in der Vergangenheit festgelegt
worden sind und die die heutige Politik nicht zu verantworten hat.

18. April 1951: In Paris unterzeichnen sechs Länder – Belgien, Frankreich, die Bundesrepublik Deutschland, Italien, Luxemburg und die Niederlande – den Vertrag zur Gründung der Europäischen Gemeinschaft für Kohle
und Stahl (EGKS). Intention dieses Vertragswerkes war nicht allein, die europäische Integration voranzutreiben, sondern die Kontrolle über die Produktion strategisch wichtiger Güter auf der europäischen Ebene zu sichern. Der
Vertrag war auch durch die Erfahrungen des II. Weltkrieges geprägt und man
wollte ein "Wettrüsten" in der EU in den Bereichen Kohle, Stahl und insbesondere eine dominante Position Deutschlands verhindern. Entsprechend
wurden Kontrollen im Bereich der Beihilfen, Quoten usw. festgelegt. Diese Regulierungsvorschriften bildeten später die Grundlage für die Industrie-,
Wettbewerbs- und Beihilfepolitik der EU.

25. März 1957: In Rom unterzeichnen die sechs Länder die Verträge zur
Gründung der Europäischen Wirtschaftsgemeinschaft (EWG) und der Europäischen Atomgemeinschaft (Euratom). Die Unterzeichnung der Verträge von
Rom stellt die Geburtsstunde der Gemeinschaft dar. Entscheidend ist aber,
dass mit den Verträgen von Rom der Integrationsprozess nicht abgeschlos-

sen war. Zum einen kam es zu einer sukzessiven Ausweitung des Geltungsbereichs der Verträge, indem in einzelnen Schritten weitere europäische Staaten dem Vertragswerk beitraten. Zum anderen kam es zu einer inhaltlichen Ausweitung, indem das Vertragswerk durch weitere Verträge ergänzt und durch Richtlinien, Verordnungen der EU sowie durch Entscheidungen der Kommission und insbesondere des Gerichtshofs der Europäischen Union präzisiert wurde. Während in den Römischen Verträgen ökonomische Aspekte im Vordergrund standen und die Sozialpolitik in der EU höchstens instrumental als Mittel zur Realisierung und sozialen Absicherung wirtschaftspolitischer Ziele gesehen wurde, hat sich im Werdegang der EU ein Wandel dahingehend vollzogen, dass man heute durchaus eine soziale Dimension der EU identifizieren und ansatzweise vom Sozialraum EU sprechen kann.

20. Juli 1962: In Jaunde wird ein Assoziierungsabkommen zwischen der EWG und 18 afrikanischen Ländern unterzeichnet. Da die GAP im Wesentlichen die Abschottung der EU vor dem Weltmarkt für Agrarprodukte beinhaltete und die EWG in ihrem wirtschaftlichen Kern eine Zollunion darstellte, war es notwendig, für die Staaten, mit denen man relativ enge Handelsbeziehungen pflegte und weiter pflegen wollte, über Assoziierungsabkommen entsprechende Handelspräferenzen zu vereinbaren. Diese Aufgabe stellte sich besonders gegenüber den ehemaligen Kolonialstaaten der EU-Mitgliedstaaten.

30. Juli 1962: Eine Gemeinsame Agrarpolitik (GAP) wird eingeführt. Die GAP stellt sowohl von der Interessenlage der Mitgliedstaaten als auch von ihrem finanziellen Volumen den Anker der Gemeinschaft dar, der aufgrund der Vorteile der GAP die starke Anbindung der Mitgliedstaaten an die EWG bedingte. Viele der noch heute gültigen Regelungen der GAP werden nur verständlich, wenn man sich verdeutlicht, dass diese in einer Phase der relativen Knappheit an Agrarprodukten in der Zeit des Kalten Krieges vereinbart wurden, in der das Autarkiestreben noch sehr stark ausgeprägt war.

1. Juli 1968: 18 Monate früher als geplant werden die Binnenzölle für gewerbliche Erzeugnisse abgeschafft; der Gemeinsame Zolltarif wird eingeführt. Damit war aber noch nicht der Gemeinsame Markt der EU geschaffen. So mussten noch viele nichttarifäre Handelshemmnisse, wie die Vorgabe von diskriminierenden Standards und Auflagen, beseitigt werden. Besonders die Verwirklichung der Freizügigkeit im Dienstleistungssektor sollte sich noch als eine immense Herausforderung darstellen.

1. Januar 1973: Dänemark, Irland und das Vereinigte Königreich treten der Europäischen Wirtschaftsgemeinschaft bei, wodurch sich die Zahl der Mitgliedstaaten auf neun erhöht.

28. Februar 1975: In Lomé wird das Übereinkommen Lomé I zwischen der EWG und 46 Staaten Afrikas, des karibischen Raums und des Pazifischen Ozeans (AKP) unterzeichnet. Mit diesem Abkommen wurden den AKP-Staaten, insbesondere bei industriellen Gütern, ein bevorzugter Marktzugang eingeräumt und vertraglich Entwicklungshilfemaßnahmen zugesagt.

Außerdem sollte mithilfe dessen eine Vertiefung der Kooperationsbeziehungen angestrebt werden.

22. Juli 1975: Der Vertrag über die Erweiterung der Haushaltsbefugnisse des Europäischen Parlaments und die Gründung des Europäischen Rechnungshofes wird unterzeichnet. Er tritt am 1. Juni 1977 in Kraft.

7. und 10. Juni 1979: Zum ersten Mal wählen die Bürger der Mitgliedstaaten die 410 Mitglieder des Europäischen Parlaments direkt. Mit der Einräumung von Haushaltsbefugnissen ist die Position des Parlaments gestärkt worden. Mit der Direktwahl ist die Legitimität des Parlaments erheblich erhöht worden, so dass sich dieses nun als legitime Interessenvertretung der Bürger verstehen kann. Diese erhöhte Legitimität hat das Parlament konsequent genutzt, um seine Stellung im Entscheidungsprozess der EU sukzessive zu stärken.

1. Januar 1981: Griechenland tritt als zehnter Mitgliedstaat der Europäischen Wirtschaftsgemeinschaft bei.

28. Februar 1984: Das Esprit-Programm – europäisches strategisches Programm für Forschung und Entwicklung auf dem Gebiet der Informationstechnologie – wird angenommen.

1. Januar 1986: Spanien und Portugal treten der EWG bei, wodurch sich die Zahl der Mitgliedstaaten auf 12 erhöht.

17. und 28. Februar 1986: Die Einheitliche Europäische Akte wird in Luxemburg und Den Haag unterzeichnet. Sie tritt am 1. Juli 1987 in Kraft. Durch sie werden die Römischen Verträge geändert und der europäische Einigungsprozess erhält eine neue Dynamik. Hierdurch wird der Weg für die Schaffung des Binnenmarktes bis 1993 geebnet. Mit dieser Akte werden das Instrument der qualifizierten Mehrheit ausgeweitet und die soziale Dimension der Gemeinschaft gestärkt. So werden der soziale Dialog zwischen den Sozialpartnern institutionalisiert und ein neuer Titel XIV "Politik des wirtschaftlichen und sozialen Zusammenhalts" in den Vertrag aufgenommen. Dieser bildet die Grundlage für die Kohäsionspolitik der EU und hat u. a. die Aufgabe, die sozialen Spannungen, die sich aus der Verwirklichung des Gemeinsamen Marktes ergeben, abzubauen.

15. Juni 1987: Beginn des "Erasmus"-Programms zur Unterstützung junger Menschen, die ein Studium in anderen europäischen Ländern aufnehmen möchten.

19. Juni 1990: Das Übereinkommen von Schengen zur Abschaffung der Kontrollen an den Grenzen zwischen den Mitgliedstaaten wird unterzeichnet. Nach diesem Abkommen fallen nun auch an den Grenzen innerhalb der EWG die Personenkontrollen weg. Dies gilt aber nicht für Irland und Großbritannien.

9./10. Dezember 1991: Der Europäische Rat von Maastricht verabschiedet den Vertrag über die Gründung der Europäischen Union, der die Grundlage für eine gemeinsame Außen- und Sicherheitspolitik, eine engere Zusammenarbeit in den Bereichen Justiz und Inneres und die Schaffung einer Wirtschafts- und Währungsunion (WWU) bildet, zu der auch eine gemeinsame Währung gehört. Die intergouvernementale Zusammenarbeit in diesen Bereichen schafft gemeinsam mit dem bestehenden Gemeinschaftssystem die Europäische Union (EU). Die EWG wird in "Europäische Gemeinschaft" (EG) umbenannt. In diesem Vertragswerk werden das Subsidiaritätsprinzip verankert, die Entscheidungsregeln entsprechend modifiziert und die Kompetenzen der EU präzisiert.

7. Februar 1992: Der Vertrag über die Europäische Union wird in Maastricht unterzeichnet. Er tritt am 1. November 1993 in Kraft.

1. Januar 1993: Der Binnenmarkt wird eingeführt. Die vier Grundfreiheiten des Gemeinsamen Marktes: freier Güterverkehr, freier Kapitalverkehr, Dienstleistungsfreiheit und Arbeitnehmerfreizügigkeit sowie Niederlassungsfreiheit werden verwirklicht.

1. Januar 1995: Österreich, Finnland und Schweden treten der EU bei, wodurch sich die Zahl der Mitgliedstaaten auf 15 erhöht. Norwegen lehnt die EU-Mitgliedschaft per Referendum ab.

16./17. Juni 1997: Der Europäische Rat von Amsterdam verabschiedet einen Vertrag, der der Europäischen Union neue Befugnisse und Zuständigkeiten verleiht. In diesem Vertrag übernahm letztendlich Großbritannien die in einem Protokoll verankerten, bis dato für diesen Mitgliedstaat nicht gültigen, da abgelehnten sozialpolitischen Vereinbarungen des Vertrags von Maastricht.

2. Oktober 1997: Der Vertrag von Amsterdam wird unterzeichnet. Er tritt am 1. Mai 1999 in Kraft.

30. März 1998: Der Beitrittsprozess von 10 beitrittswilligen Staaten Mittel- und Osteuropas sowie Zyperns und Maltas wird eingeleitet.

3. Mai 1998: Der Europäische Rat von Brüssel beschließt, dass die 11 EU-Mitgliedstaaten Belgien, Deutschland, Finnland, Frankreich, Irland, Italien, Luxemburg, Niederlande, Österreich, Portugal und Spanien die Kriterien für die Einführung der gemeinsamen Währung am 1. Januar 1999 erfüllen.

31. Dezember 1998: Der Rat setzt die Wechselkurse zwischen den Währungen der teilnehmenden Mitgliedstaaten und dem Euro unwiderruflich fest.

1. Januar 1999: Mit dem Beginn der dritten Stufe der WWU tritt in 11 EU-Ländern der Euro an die Stelle der Landeswährungen. Die gemeinsame Währung wird auf den Finanzmärkten eingeführt. Von nun an ist die Europäische Zentralbank (EZB) verantwortlich für die EU-Geldpolitik, die in Euro festgelegt und durchgeführt wird.

24./25. März 1999: Der Europäische Rat von Berlin genehmigt den Entwurf für den EU-Haushalt 2000 - 2006 im Rahmen der "Agenda 2000". Mit dieser Agenda werden die Konsolidierung der GAP in einem geringen Umfang verwirklicht sowie die finanziellen Konsequenzen der EU-Osterweiterung mit ihren entsprechenden Programmen in die mittelfristigen Finanzplanung der EU integriert.

10./11. Dezember 1999: Der Europäische Rat von Helsinki, der sich hauptsächlich mit der Erweiterung der EU beschäftigt, erkennt die Türkei

offiziell als Kandidaten für eine EU-Mitgliedschaft an und beschließt, die
Verhandlungen mit den anderen 12 Bewerberländern zu intensivieren.

23./24. März 2000: Der Europäische Rat von Lissabon entwickelt eine
Strategie zur Förderung der Beschäftigung in der EU, zur Modernisierung
der Wirtschaft und zur Stärkung des sozialen Zusammenhalts in einem wissensbasierten Europa.

7./8. Dezember 2000: In Nizza einigt sich der Europäische Rat auf
einen neuen Vertrag, der das Entscheidungsfindungssystem der EU auf die
Erweiterung vorbereitet. Die Präsidenten des Europäischen Parlaments, des
Europäischen Rates und der Europäischen Kommission verkünden feierlich
die Charta der Grundrechte der Europäischen Union. Da die Reform- und
Kompromissbereitschaft der Mitgliedstaaten nicht sehr groß waren, gelang es
mit dem Vertrag von Nizza nur unzureichend, die Entscheidungsstrukturen
adäquat auf ein erweitertes Europa der EU25 bzw. EU27 auszurichten. Auch
das angestrebte Ziel, den Bereich der Mehrheitsentscheidungen auszuweiten
und so Blockaden abzubauen, konnte nur marginal verwirklicht werden. Von
daher war es umso dringlicher, eine gemeinsame Verfassung zu verwirklichen.

1. Januar 2001: In Griechenland wird der Euro eingeführt.

26. Februar 2001: Der Vertrag von Nizza wird unterzeichnet. Er tritt
am 1. Februar 2003 in Kraft.

14./15. Dezember 2001: Der Europäische Rat in Laeken verabschiedet
eine Erklärung zur Zukunft der Union. Hierdurch wird der Weg für die anstehende umfassende Reform der EU und die Einrichtung eines Konvents zur
Erarbeitung einer Europäischen Verfassung geebnet.

1. Januar 2002: Die Euro-Banknoten und -Münzen werden in den Ländern des Euro-Gebiets eingeführt.

31. Mai 2002: Alle 15 EU-Mitgliedstaaten ratifizieren das Kyoto-Protokoll,
ein weltweites Übereinkommen zur Verringerung der Luftverschmutzung.

16. April 2003: In Athen unterzeichnet die EU Beitrittsverträge mit
Zypern, der Tschechischen Republik, Estland, Ungarn, Lettland, Litauen,
Malta, Polen, der Slowakei und Slowenien (EU10).

10. Juli 2003: Der Konvent zur Zukunft der Europäischen Union schließt
seine Arbeiten am Entwurf einer Europäischen Verfassung ab.

4. Oktober 2003: Beginn der Regierungskonferenz zur Erarbeitung eines
neuen Vertrages unter Einbeziehung der Europäischen Verfassung.

1. Mai 2004: Zypern, die Tschechische Republik, Estland, Ungarn, Lettland, Litauen, Malta, Polen, die Slowakei und Slowenien treten der Europäischen Union bei.

29. Oktober 2004: Der Vertrag über eine Verfassung für Europa wird
von den Staats- und Regierungschefs unterzeichnet.

Juni 2005: In Luxemburg unterzeichnet die EU die Beitrittsverträge mit
Bulgarien und Rumänien.

Mai/Juni 2005: Frankreich und die Niederlande lehnen die Verfassung
in Referenden ab.

Oktober 2005: Die EU nimmt die Beitrittsverhandlungen mit Kroatien und der Türkei auf.

Frühjahr 2006: Rat, Parlament und Kommission einigen sich über die finanzielle Vorausschau 2007 - 2013.

1. Januar 2007: Bulgarien und Rumänien werden Mitgliedstaaten der EU. Slowenien führt den Euro ein.

13. Dezember 2007: Die Staats- und Regierungschefs unterzeichnen den Lissabonvertrag.

1. Januar 2008: Zypern und Malta führen den Euro ein.

1. Januar 2009: Die Slowakei führt den Euro ein.

1. Dezember 2009: Der Lissabonvertrag tritt in Kraft.

Mai 2010: Die Finanzminister der EU beschließen für Griechenland ein Rettungspaket in Höhe von 110 Mrd. Euro aufzulegen und einen Rettungsschirm in Höhe von 750 Mrd. Euro für hochverschuldete Mitgliedstaaten des Euroraums einzurichten.

1. Januar 2011: Estland führt den Euro ein.

1. Mai 2011: Die Übergangsregelungen für den Arbeitsmarkt für die EU10 laufen aus.

1.3 Literatur

- Applica:
  http://www.applica.be/
- Baldwin, R./Wyplosz, Ch. (2006): The Economics of European Integration, 2. Aufl., London u. a.
- El-Agraa, A. M. (Hrsg.) (2004): The European Union, Economics and Policies, 7. Aufl., Harlow u. a.
- Europäische Kommission – Eurostat:
  http://epp.eurostat.ec.europa.eu/portal/page/portal/eurostat/home/
- Europäische Kommission – Missoc:
  http://ec.europa.eu/social/main.jsp?catId=815&langId=de
- Ifo´s Database for Institutional Comparisons in Europe (DICE):
  http://www.cesifo-group.de/portal/page/portal/ifoHome/a-winfo/d3iiv
- Wagener, H.-J./Eger, Th. (2009): Europäische Integration – Recht und Ökonomie, Geschichte und Politik, 2. Auflage, München.

Kapitel 2
Gemeinsamer Markt

Schon im EWG-Vertrag von 1957 wird ein Grundanliegen der Europäischen Union deutlich: die Schaffung eines europäischen Binnenmarktes. Dabei war man sich einig, diesen in Form einer Zollunion zu verwirklichen. Dies bedeutet, dass alle Zölle im innereuropäischen Handel zu beseitigen sind und dass einheitliche Zölle – anders als bei einer Freihandelszone – gegenüber Importen in die EU und Exporte aus der EU zu gelten haben. Der europäische Binnenmarkt sollte aber mehr als eine reine Zollunion sein. Um ökonomische Effizienz zu verwirklichen, sollten nicht nur alle Handelshemmnisse wegfallen, sondern auch eine volle Mobilität der Produktionsfaktoren erreicht werden. Dazu wurden drei Verfahren angewandt. Zum einen vereinbarten die Mitgliedstaaten, ihre einzelstaatlichen Rechtsvorschriften zu harmonisieren. Da eine vollständige Harmonisierung weder sinnvoll noch möglich ist, wurde als weiteres Verfahren der Grundsatz der gegenseitigen Anerkennung eingeführt. Dies bedeutet, das die Rechtsvorschriften, insbesondere die technischen Normen anderer Mitgliedstaaten, aus denen ein Gut stammt, im Allgemeinen gültig sind. Das dritte Verfahren ist die Vollendung des Binnenmarktes durch das Unionsrecht. Hierbei kommt der Einheitlichen Europäischen Akte von 1986 eine zentrale Stellung zu, mit der der Gemeinsame Markt bis zum Jahr 1993 verwirklicht werden sollte und mit der die vier Grundfreiheiten des Gemeinsamen Marktes im Vertragswerk der Union verankert wurden.

Die vier Grundfreiheiten des Gemeinsamen Marktes finden wir in den Artikeln 26 ff. des Vertrags über die Arbeitsweise der EU (AEU-Vertrag). Die vier Grundfreiheiten umfassen den freien Warenverkehr als tragenden Pfeiler des Gemeinsamen Marktes, den freien Personenverkehr, so dann die Dienstleistungsfreiheit sowie den freien Kapitalverkehr. Der freie Warenverkehr ist von daher zentral, weil er – wie die Außenwirtschaftstheorie zeigt – ökonomische Effizienz gewährleistet. Dies gilt aber u. a. nur, wenn keine Transportkosten existieren. Liegen Transportkosten vor, so kann die ökonomische Effizienz durch die Mobilität der Produktionsfaktoren weiter erhöht werden, was wir im Abschnitt 2.4 für den Arbeitsmarkt aufzeigen werden.

Der freie Personenverkehr umfasst die Arbeitnehmerfreizügigkeit sowie die Niederlassungsfreiheit von Personen und Unternehmen. Bei der Dienstleistungsfreiheit ist es für die Rechtsetzung schwer, Dienstleistungen von Waren exakt abzugrenzen. Deshalb werden Dienstleistungen im Recht der Union negativ abgegrenzt. Danach sind Dienstleistungen Leistungen, die nicht den Vorschriften über den freien Waren- und Kapitalverkehr und über die Freizügigkeit der Personen unterliegen. Der freie Kapitalverkehr gilt sowohl für Finanz- als auch für Sachkapital. Er umfasst nicht nur Geldgeschäfte usw., sondern auch den Immobilienbereich, Direktinvestitionen usw. Trotz der Schaffung des Gemeinsamen Marktes im Jahr 1993 kann man auch heute nicht von seiner Vollendung sprechen. So existieren besondere Regelungen für die Bereiche Landwirtschaft und Fischerei sowie Verkehr. Auch die vier Grundfreiheiten sind bisher nicht voll realisiert worden. Dies gilt insbesondere für die Dienstleistungsfreiheit, wie wir im Abschnitt 2.5 zeigen werden.

2.1 Ricardo-Modell

Zielsetzung dieses Kapitels ist es nicht, ausführlich die theoretischen Grundlagen der Außenwirtschaftstheorie zu skizzieren. Vielmehr soll an einem sehr einfachen Modell, das aber ohne großen Aufwand verallgemeinert und der komplexen Realität angepasst werden kann, die zentrale Botschaft der Außenwirtschaftstheorie über die Vorteile des Handels plastisch dargestellt werden. Die wirtschaftspolitischen Implikationen stehen hier im Vordergrund.

Welche Vorteile der Handel ermöglicht, kann man am einfachsten am Modell der komparativen Kostenvorteile verdeutlichen. Wir gehen dabei von einem Land aus, für das folgende lineare Produktionsfunktionen F und G existieren: $W = F(L)$ und $K = G(L)$, wobei W die Menge an produziertem Wein als Output, K die Menge an Käse als weiterer Output und L die Arbeit als einzigen Inputfaktor angeben. Mit dem Inputfaktor L können wir gemäß der Produktionsfunktionen F und G sowohl Käse als auch Wein herstellen. Um deutlich zu machen, für welche Produktion der Faktor Arbeit eingesetzt wird, differenzieren wir zwischen L_W und L_K. L_W gibt das Arbeitsvolumen an, das wir für die Produktion von Wein einsetzen. Ist $\bar{L}$ das gesamte vorgegebene Arbeitsvolumen unserer Volkswirtschaft, so erhalten wir als Restriktion bei voller Nutzung des Faktors Arbeit:

$$L_W + L_K = \bar{L}. \qquad (2.1)$$

Für unsere linearen Produktionsfunktionen F und G sind a_W und a_K die jeweiligen Inputkoeffizienten. Diese sind definiert als:

$$a_W = \frac{L_W}{W} \text{ und } a_K = \frac{L_K}{K}.$$

Sie geben an, wie hoch der Arbeitseinsatz ist, um eine Outputeinheit zu produzieren. Die Kehrwerte $1/a_W$ bzw. $1/a_K$ stellen die jeweiligen Arbeitsproduktivitäten dar. Für die Produktion von Wein gilt $L_W = a_W \cdot W$ und wir erhalten durch unsere Restriktion gemäß Gleichung 2.1.

$$a_W \cdot W + a_K \cdot K = \bar{L} \qquad (2.2)$$

die Transformationskurve unserer Volkswirtschaft. Eine Transformationskurve gibt an, welche Kombinationen von W und K wir bei gegebenem Inputvolumen $\bar{L}$ und den Produktionsfunktionen F und G produzieren können. Lösen wir 2.2 nach W auf, so gilt:

$$W = \frac{\bar{L}}{a_W} - \frac{a_K}{a_W}K \qquad (2.3)$$

und wir erhalten die lineare Transformationskurve (siehe Abb. 2.1).

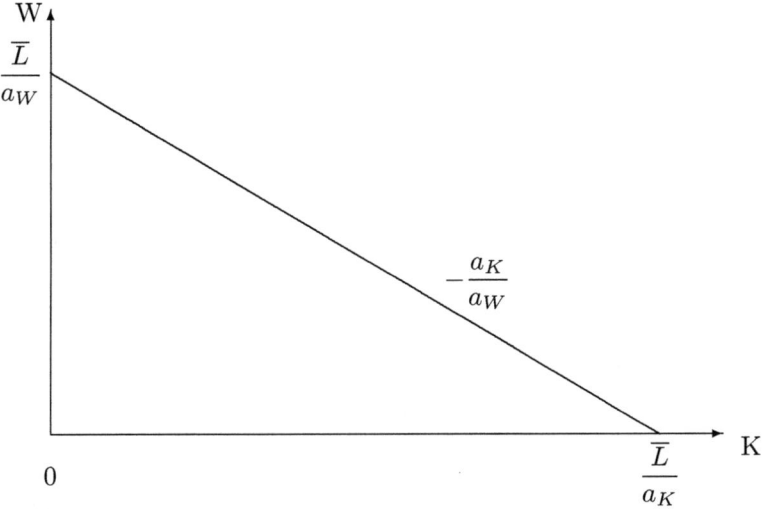

Abb. 2.1 Transformationskurve

Gehen wir von einer Effizienz in der Produktion aus und unterstellen wir, dass alle Produktionsfaktoren voll zum Einsatz kommen, so stellt sich die Frage, welcher Punkt auf der Transformationskurve realisiert bzw. welches Güterbündel den Nachfragern angeboten wird.

Die Frage, für welche Güterproduktion wir den Faktor Arbeit einsetzen, entscheidet der Markt, der über die Preise für Wein P_W und für Käse P_K die gesellschaftliche Wertschätzung der beiden Güter signalisiert. Arbeit wird entsprechend so eingesetzt, dass das Einkommen pro Stunde maximiert wird. In der Weinproduktion beträgt es:

$$P_W \frac{W}{L_W} = P_W \frac{1}{a_W} \qquad (2.4)$$

und das der Käseproduktion:

$$P_K \frac{K}{L_K} = P_K \frac{1}{a_K}. \qquad (2.5)$$

Entsprechend ist der Verdienst der Weinproduktion größer als der der Käseproduktion, wenn

$$\frac{P_W}{a_W} > \frac{P_K}{a_K} \text{ oder } \frac{P_W}{P_K} > \frac{a_W}{a_K}. \qquad (2.6)$$

Nur wenn $P_W/P_K = a_W/a_K$ ist, wird sowohl Wein als auch Käse in der betrachteten Ökonomie produziert. In allen anderen Fällen findet eine vollkommene Spezialisierung statt. Welche Preisrelation in einer Ökonomie vorliegt, bestimmt sich über die Nachfrage der Haushalte, die sich in P_W/P_K niederschlägt.

Welche Chancen ergeben sich für unsere in ihren Produktionsmöglichkeiten skizzierte Ökonomie durch den Handel? Um diese Frage beantworten zu können, müssen wir zusätzlich die Produktionsmöglichkeiten im Ausland analysieren. Zur Abgrenzung bezeichnen wir die Variablen des Auslands mit einem hochgestellten Sternchen ($\star$). In Abb. 2.2 haben wir die Transformationskurven des In- und Auslands dargestellt. Wenn wir beide Transformationskurven vergleichen, so müssen wir zwischen absoluten und komparativen Kostenvorteilen unterscheiden. Bei den absoluten Kostenvorteilen vergleichen wir die absoluten Werte der Inputkoeffizienten eines Gutes und fragen uns, ob das In- oder Ausland ein Gut mit mehr oder weniger Arbeitseinsatz produzieren kann. Ist z. B. $a_W < a_W^\star$, so hat das Inland einen absoluten Kostenvorteil bei der Weinproduktion gegenüber dem Ausland, da man zur Produktion einer Einheit Wein im Inland weniger Arbeit einsetzen muss.

Vergleichen wir die absoluten Kostenvorteile der Wein- und Käseproduktion zwischen Deutschland und Polen, so stellt sich u. a. aufgrund der starken Rationalisierung im Agrarsektor heraus, dass sowohl $a_K < a_K^\star$ als auch $a_W < a_W^\star$ gilt, so dass sowohl Käse als auch Wein in Deutschland mit weniger Arbeitseinsatz als in Polen produziert werden können. Ist dann nicht die polnische Landwirtschaft der große Verlierer eines freien Handels, da sie bei beiden Produkten nicht konkurrenzfähig produzieren kann?

Die Kernaussage des Ricardotheorems besagt, dass die absoluten Kostenvorteile für die Wettbewerbsfähigkeit nicht entscheidend sind. Es kommt auf die komparativen Kostenvorteile an. Unter den komparativen Kostenvorteilen versteht man die Opportunitätskosten der Produktion eines Gutes. Die Opportunitätskosten des Weins geben an, wieviel von der Käseproduktion aufgegeben werden muss, um eine Einheit Wein zu produzieren. Die Opportunitätskosten von Käse entsprechen der Steigung a_K/a_W der Transformationskurve. Die Opportunitätskosten für Wein sind der reziproke Wert a_W/a_K. Aufgrund der Reziprozität gilt zwingend, dass ein Land im Falle zweier Gü-

ter nur bei einem Gut einen komparativen Kostenvorteil haben kann, selbst
wenn es bei allen beiden Gütern einen absoluten Kostenvorteil besitzt.

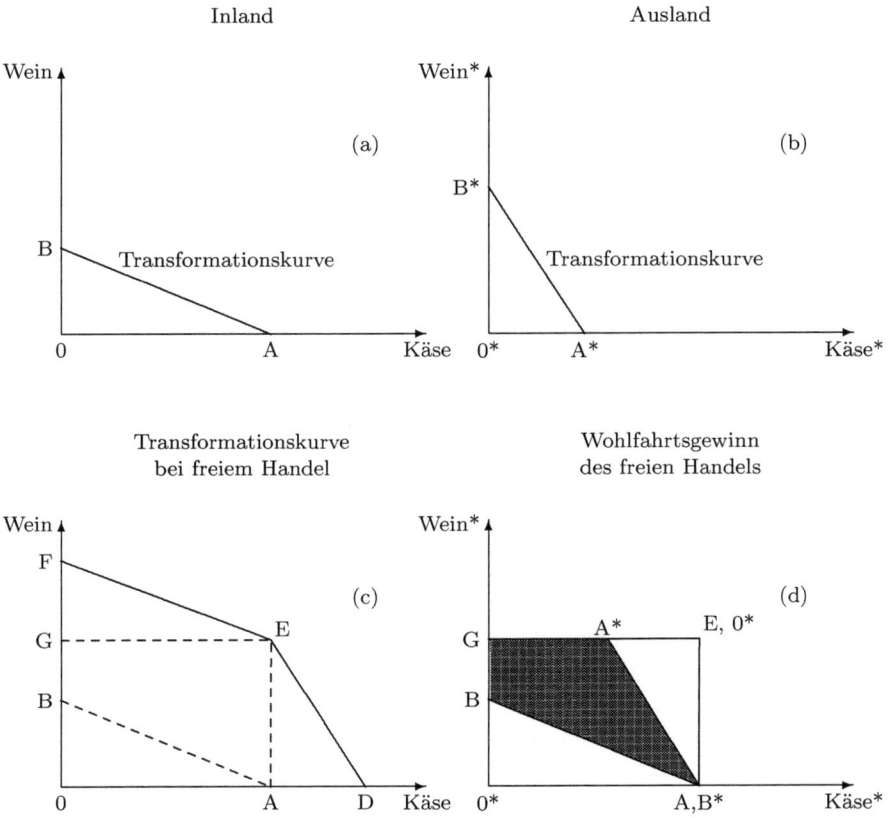

Abb. 2.2 Ricardotheorem

In Abb. 2.2 sind die wesentlichen Elemente des Ricardotheorems dargestellt. Da die Transformationskurve des Inlands flacher als die des Auslands
verläuft, besitzt das Inland einen komparativen Kostenvorteil bei der Produktion von Käse, hingegen das Ausland bei Wein, da $a_K/a_W < a_K^\star/a_W^\star$.

Im Falle der Autarkie, d. h. ohne Handel mit dem Ausland, grenzt die
Transformationskurve die möglichen Güterbündel ein, über die das Inland
verfügen kann. Die möglichen Güterbündel entsprechen der Fläche $0BA$. Entsprechend ergibt sich die Fläche $0^\star B^\star A^\star$ für das Ausland. Stellen wir uns nun
vor, dass sich beide Länder zusammenschließen und fragen uns, wie deren gemeinsame Transformationskurve aussehen würde. Wenn beide Länder nur
Käse produzieren, würde die Menge $0D = 0A + 0^\star A^\star$ an Käse produziert
(siehe Abb. 2.2 (c)). Würde das Inland nur Käse und das Ausland nur Wein
produzieren, so könnten beide Länder über das durch E repräsentierte Gü-

terbündel verfügen. Produzierten beide Länder nur Wein, so würde Wein in Höhe von $0F = 0B + 0^\star B^\star$ zur Verfügung stehen. Natürlich gibt es weitere Kombinationen, so dass wir die geknickte Gerade FED als Transformationskurve erhalten. Dabei stellt die Kombination E die Situation dar, bei der jedes Land seinen komparativen Kostenvorteil voll nutzt. Das Inland produziert nur Käse und das Ausland nur Wein. Im Punkt E liegt eine vollkommene Spezialisierung auf den jeweiligen komparativen Kostenvorteil vor.

Wenn der Punkt E realisiert wird, so stellt sich die Frage, welche Vorteile beide Länder aus den gemeinsamen Produktionsmöglichkeiten erzielen. Das Rechteck $0GEA$ in Abb. 2.2 (c) und (d) gibt an, was bei der Produktion E zwischen beiden Ländern zu verteilen ist. Das Dreieck $0BA$ stellt die Güterkombinationen dar, die dem Inland im Falle der Autarkie zur Verfügung stehen. Das Dreieck $0^\star B^\star A^\star$ in Abb. 2.2 (b) bzw. in Abb. 2.2 (d) repräsentiert die Versorgungsmöglichkeiten des Auslandes im Falle der Autarkie. Vom "gemeinsamen Kuchen" $0AEG$ wird jedes Land seinen Anteil einfordern, den es schon bei Autarkie realisieren kann. Entsprechend repräsentiert die dunkle Fläche $AA^\star GB$ die durch die Spezialisierung erzielte zusätzliche Güterversorgung. Sie stellt den Wohlfahrtsgewinn des Handels dar, wenn sich beide Länder auf die Produktion des Gutes spezialisieren, bei dem sie einen komparativen Kostenvorteil besitzen. Über die Verteilung des Wohlfahrtgewinns kann – wie im früheren Rat für gegenseitige Wirtschaftshilfe – politisch über sogenannte Verrechnungspreise entschieden werden.

Kommt es zu einer Handelsliberalisierung, entscheidet der Markt, also Angebot und Nachfrage, über die Verteilung des Wohlfahrtgewinns zwischen beiden Ländern. Die Angebotsfunktion für das Inland haben wir schon oben in Abhängigkeit von P_W/P_K skizziert. Diese Überlegung können wir auf die aggregierte Angebotsfunktion des In- und Auslandes übertragen. Gehen wir von einer gemeinsamen Währung beider Länder aus, so müssen nach dem Gesetz von Jevons die Preise für ein Gut im In- und Ausland identisch sein, wenn keine Transportkosten existieren (handelbare Güter). Es gilt also $P_K = P_K^\star$ und $P_W = P_W^\star$. Da wir einen komparativen Kostenvorteil des Inlands bei der Käseproduktion unterstellt haben, gilt: $a_K/a_W < a_K^\star/a_W^\star$. Wenn $P_K/P_W < a_K/a_W$ ist, lohnt sich weder im Inland noch im Ausland die Produktion von Käse, da der Stundenverdienst der Käseproduktion P_K/a_K kleiner als der der Weinproduktion P_W/a_W ist und dies erst recht für das Ausland mit $P_K/a_K^\star < P_W/a_W^\star$ gilt. Wenn $P_K/P_W = a_K/a_W < a_K^\star/a_W^\star$ ist, ist der Verdienst aus der Produktion von Käse und Wein im Inland gleich. Das Ausland wird aber ausschließlich Wein produzieren, wie in Abb. 2.3 deutlich wird.

Steigt P_K/P_W auf $a_K^\star/a_W^\star$, dann lohnt sich auch im Ausland die Produktion von Käse. In der Abbildung können wir zusätzlich die aggregierte relative Nachfrage einzeichnen, die einen fallenden Verlauf zeigt. Für den Verlauf der Nachfrage haben wir in Abb. 2.4 verschiedene Szenarien skizziert.

Fall I: Extrem starke Nachfrage beider Länder nach Wein; beide Länder produzieren ausschließlich Wein. Auf der gemeinsamen Transformationskurve

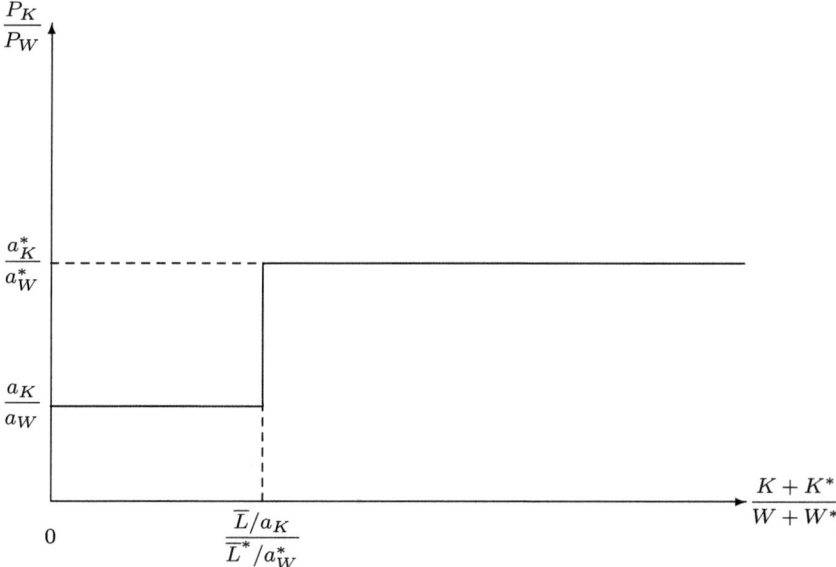

Abb. 2.3 Aggregiertes relatives Käseangebot

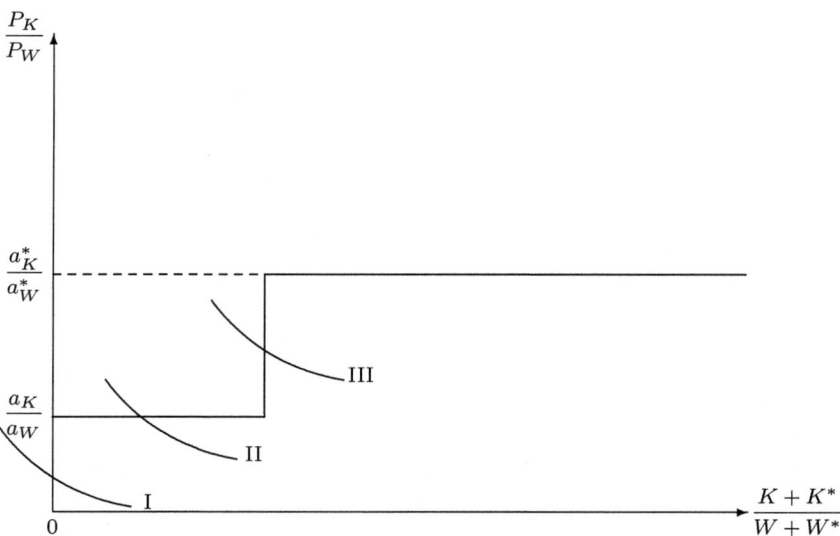

Abb. 2.4 Alternative Marktgleichgewichte

(siehe Abb. 2.2 (c)) wird der Punkt F realisiert. Der Freihandel bewirkt keinen Wohlfahrtseffekt. Es liegt faktisch Autarkie vor.

Fall II: Geringe gemeinsame Nachfrage nach Käse. Das Inland befriedigt allein die Käsenachfrage. Die noch freien Kapazitäten werden für die Weinproduktion verwendet. Das Ausland produziert ausschließlich Wein. Es wird ein Punkt zwischen F und E auf der gemeinsamen Transformationskurve realisiert, siehe Abb. 2.2 (c). Der Wohlfahrtseffekt des freien Handels ist um so größer, je näher die realisierte Allokation bei E liegt.

Fall III: Dies ist der klassische Fall der vollständigen Spezialisierung. Das Inland produziert nur Käse, das Ausland nur Wein. Bei dieser Arbeitsteilung ist der Wohlfahrtseffekt des freien Handels am größten und der Punkt E auf der Transformationskurve wird realisiert.

Je größer der Abstand zwischen $a_K^\star/a_W^\star$ und a_K/a_W ist, um so wahrscheinlicher ist es, dass sich ein relativer Preis einstellt, der zwischen diesen beiden Größen liegt, und um so größer ist der Wohlfahrtseffekt des freien Handels. Nähern sich die Steigungen der inländischen und ausländischen Transformationskurven an (identische Produktionsstruktur), dann verschwindet auch der Wohlfahrtseffekt des freien Handels, worauf Samuelson (2004) hingewiesen hat. Andere Szenarien bedürfen keiner Darstellung, da sie sich analog zu den bisherigen ergeben. Die wichtigsten wirtschaftspolitischen Schlussfolgerungen sind in Tabelle 2.1 noch einmal zusammengefasst.

Tabelle 2.1 Wirtschaftspolitische Konsequenzen des Ricardo-Modells

Zusammenfassung: (Vgl. Abb. 2.2.)
• Wohlfahrtsgewinne werden durch Viereck (AA^*GB) präsentiert. • Es existieren Konflikte über die Verteilung des Mehrwerts (relativer Preis). • Extremlösungen F und D bewirken keinen Wohlfahrtseffekt. • E präsentiert den größten Wohlfahrtsgewinn (totale Spezialisierung). • Je größer die Unterschiede bei den relativen Kosten, desto höher der Wohlfahrtsgewinn. • Der Wohlfahrtseffekt ist umso geringer, je stärker jedes Land das Gut nachfragt, bei dem es einen komparativen Vorteil besitzt. • Kompensiert ein Land seinen komparativen Kostennachteil (z.B. durch Direktinvestitionen, Attrahierung von Humankapital, Innovationsaktivitäten) und steigert seine Produktivität, so geht der Wohlfahrtseffekt des internationalen Handels verloren (Samuelson (2004)).

2.2 Freihandel versus Protektionismus

Bei wohl keiner Frage gibt es solch breite Übereinstimmung unter den Ökonomen wie bei der, ob Freihandel wohlstandserhöhend wirkt. Freihandel weitet die Größe der Märkte aus und ermöglicht, dass der Preismechanismus seine allokative Lenkungsfunktion als Knappheitsindikator voll erfüllen kann. Die Effizienzsteigerung durch die Marktöffnung ergibt sich dabei aus dem I. Fundamentaltheorem der Wohlfahrtstheorie, nach dem bei vollständiger Konkurrenz auf einem Markt eine paretooptimale Allokation verwirklicht wird. Insbesondere sorgt der Preismechanismus dafür, dass die Marginalbedingungen für ein Paretooptimum erfüllt werden. Für unsere Überlegungen sind folgende beiden Marginalbedingungen von Bedeutung:

1. Effizienz im Tausch mit der Übereinstimmung der Grenzraten der Substitution ($GRS_i = GRS_j$).
2. Effizienz in der Güterzusammensetzung mit der Übereinstimmung der Grenzrate der Transformation mit der Grenzrate der Substitution ($GRT = GRS$).

Aus dieser wohlfahrtstheoretischen Perspektive können wir die Effizienzüberlegungen, die wir im Ricardo-Modell angestellt haben, durchaus verallgemeinern. Dass sich die theoretischen Überlegungen zur Effizienz des Freihandels in der Realität auch bestätigen, zeigen viele empirische Arbeiten. Bspw. weisen Untersuchungen zu den Auswirkungen der Verwirklichung des Gemeinsamen Marktes von 1993 sowohl positive Wachstums- als auch Beschäftigungseffekte nach. Die Analyse der Auswirkungen der Handelsliberalisierung im Rahmen der WTO führt zu ähnlichen Ergebnissen. Diese positive Bewertung des Freihandels muss allerdings in zweierlei Hinsicht relativiert werden.

Zum einen garantiert der Freihandel keine gerechte Verteilung, sondern nur allokative Effizienz, so dass sowohl auf der Ebene der Nationalstaaten als auch auf der der Weltwirtschaft durchaus sozialpolitischer Handlungsbedarf besteht. Zum anderen gilt das I. Fundamentaltheorem nur unter bestimmten Voraussetzungen, die in der Realität nur sehr eingeschränkt gegeben sind. Insbesondere die Annahme der vollständigen Konkurrenz auf allen Märkten ist höchst problematisch. Die Unterstellung, alle Unternehmen verhielten sich als Mengenanpasser, zeigt einen gewissen Realitätsverlust neoklassischer Modelle, die oft implizit von dieser Prämisse ausgehen. Betrachten wir das Preisverhalten multinationaler Unternehmen, so stellen wir fest, dass sie oft eine erhebliche Marktmacht besitzen und aufgrund ihrer guten finanziellen Ausstattung in der Lage sind, Newcomer vom Markteintritt abzuschrecken. Besonders auf den Arbeitsmärkten haben wir aufgrund der räumlichen, beruflichen und qualifikatorischen Immobilität lokale Monopsonsituationen, die besonders in den ärmsten Ländern stark ausgeprägt sind.

So wie es großen Konsens bezüglich der Vorteilhaftigkeit des Freihandels unter den Ökonomen gibt, gilt dies entsprechend bezüglich der Nachteiligkeit des Protektionismus, wobei es in konkreten Fällen ein weniger einheitliches

Bild unter den Ökonomen gibt und protektionistische Maßnahmen mit Sondersituationen begründet werden. Wenn wir uns mit der Frage auseinandersetzen, inwieweit die EU Protektionismus betreibt, müssen wir zwei Ebenen auseinander halten.

Auf der ersten Ebene tritt Protektionismus innerhalb der EU zwischen den Mitgliedstaaten auf. Durch die Schaffung des Gemeinsamen Marktes sollten die vier Grundfreiheiten eigentlich jeglichen Protektionismus ausschließen. Von diesen vier Grundfreiheiten wurde durch den Wegfall der Zölle in der EU und aller Handelshemmnisse die erste Grundfreiheit sehr schnell und umfassend verwirklicht. Wesentlich schwieriger gestaltete sich die Liberalisierung des freien Kapitalverkehrs. Mit der Dienstleistungsrichtlinie von 2006 wurde endlich die Dienstleistungsfreiheit im Wesentlichen verwirklicht, indem nun jeder Anbieter aus einem Mitgliedstaat einen diskriminierungsfreien Marktzutritt erhält.

Dies gilt aber nicht für alle Dienstleistungsbereiche. So umfasst die Dienstleistungsrichtlinie nicht das Gesundheitswesen sowie andere Bereiche von besonderem nationalen Interesse (siehe Abschnitt 2.5). Die völlige Verwirklichung der Grundfreiheiten ist so bei den ersten zwei Freiheiten weitgehend verwirklicht worden.

Das trifft auch nicht für den Arbeitsmarkt zu, auf dem durch die Übergangsregeln im Rahmen der EU-Osterweiterung einige Mitgliedstaaten ihren Arbeitsmarkt vor der EU8 und Bulgarien und Rumänien abgeschottet haben. Auch für die Dienstleistungsfreiheit gibt es weiter Einschränkungen. Selbst auf dem Kapitalmarkt, auf dem eine vollständige Freizügigkeit vorgesehen ist, finden wir immer wieder nationalstaatliche Abschottungsmaßnahmen. Dies zeigt sich z. B. in Spanien und Frankreich, die ihren Energiemarkt vor ausländischen Unternehmensübernahmen abschotten wollen. Ähnliche Bestrebungen finden wir im Kreditsektor in Polen. Der Bundesrepublik wirft die Europäische Kommission vor, mit dem Sparkassengesetz die Öffnung des deutschen Bankensektors zu verhindern.

Als zweite Ebene des Protektionismus ist die der Außenbeziehungen der EU zu anderen Handelsnationen anzuführen. Auf dieser Ebene finden wir in erheblichem Ausmaß protektionistische Bestrebungen der EU, wobei diese nicht so sehr von der Europäischen Kommission, sondern von den Mitgliedstaaten selbst ausgehen. Die Charakterisierung der EU als "Festung Europa" ist dabei nicht ganz abwegig. Die stärksten protektionistischen Aktivitäten der EU gegenüber anderen Staaten findet man im Agrarbereich (siehe dazu Kap. 6).

Wenn ein Staat Protektionismus betreiben will, so steht ihm dazu ein breites Spektrum von Maßnahmen zur Verfügung. Zum einen ist die Klasse der tarifären Handelshemmnisse zu nennen. Dazu gehören Wert- und Mengenzölle usw. Zum anderen sind die nichttarifären Handelshemmnisse anzuführen, die oft viel wirksamer und bei geschicktem Einsatz nur schwer zu identifizieren sind. Zu nennen sind hier Einfuhrkontingente, Einführungsgenehmigungsvorschriften, diskriminierende Standards und Normen. Besonders attraktiv sind sogenannte freiwillige Selbstbeschränkungsabkommen. Sie haben den Vorteil, dass die durch sie benachteiligten Staaten meist keinen Anlass haben, eine Aufhebung des Protektionismus durch die WTO zu verlangen.

Im Folgenden wollen wir uns mit einem scheinbaren Widerspruch des Protektionismus auseinandersetzen. Wir werden aufzeigen, dass Protektionismus für eine Gesellschaft ineffizient ist und zu Wohlfahrtseinbußen führt. Sodann werden wir aufzeigen, dass im politischen Prozess eine Tendenz zum Protektionismus existiert. Handelsliberalisierung ist deshalb kein nichtaufzuhaltender Prozess hin zu einer ständigen Ausweitung des Globalisierungsprozesses. Wir stellen vielmehr fest, dass es bisher immer wieder Rückschläge bei der Handelsliberalisierung gab, da die Globalisierung kein Schicksal, sondern politisch beeinflussbar ist.

Wenden wir uns zuerst den negativen allokativen Effekten des Protektionismus zu. Dabei gehen wir vereinfachend von einem kleinen Land aus, bei dem vollständige Konkurrenz auf dem Gütermarkt gegeben ist. Von Transportkosten wird abgesehen. Gegenstand unserer Analyse ist ein homogenes Gut X und wir legen unserer Argumentation die Abb. 2.5 zugrunde. In dieser Abbildung geben die Gerade A das heimische Angebot des Gutes X und die Gerade N die heimische Nachfrage an. Im Falle der Autarkie ergibt sich das Marktgleichgewicht G, bei dem zum Preis P_A die Menge X_A vom Gut X angeboten und nachgefragt wird. Öffnet sich das Land hin zur Weltwirtschaft, so ist zusätzlich das Weltangebot mit zu berücksichtigen. Auf dem Weltmarkt wird das Gut X zum Preis P_W angeboten. Da unser betrachtetes Land ein kleines Land darstellt, ist die Weltnachfrage dieses Landes so unbedeutend, dass seine Nachfrage keinen Einfluss auf den Weltmarktpreis hat, so dass das Land mit einer vollkommen elastischen Angebotsfunktion zum Preis P_W konfrontiert ist.

Im Falle des Freihandels ergibt sich folgende Allokation. Das Land würde in der heimischen Produktion X_1 anbieten. Die Gesamtnachfrage des Landes ist aber X_4, so dass $X_1 X_4$ über Importe gedeckt wird. Welche Wirkungen treten bei Protektionismus im Vergleich zum Freihandel auf? Unterstellen wir, dass als protektionistische Maßnahme ein Wertzoll von $z\%$ erhoben wird, so dass sich bei den Importen der Preis auf $P_Z = (1 + z) P_W$ erhöht. Dann treten folgende allokative Effekte auf:

- Nachfrageeffekt: Die Inlandsnachfrage sinkt von X_4 auf X_3,
- Produktionseffekt: Die Inlandsproduktion steigt von X_1 auf X_2,
- Handelseffekt: Die Importe sinken von $X_1 X_4$ auf $X_2 X_3$.

Hinzu kommen als weitere Effekte:

- Zahlungsbilanzeffekt: Da die Importe sinken, erhöhen sich die Nettoexporte um die Fläche $f + g$. Dies kann durchaus ein Anreiz für Länder mit einem hohen Leistungsbilanzdefizit sein, dieses über protektionistische Maßnahmen abzubauen.
- Zolleinnahmeeffekt: Der Staat erzielt darüber hinaus Zolleinnahmen in Höhe der Fläche c. Staaten mit einem chronisch defizitären Haushalt könnten

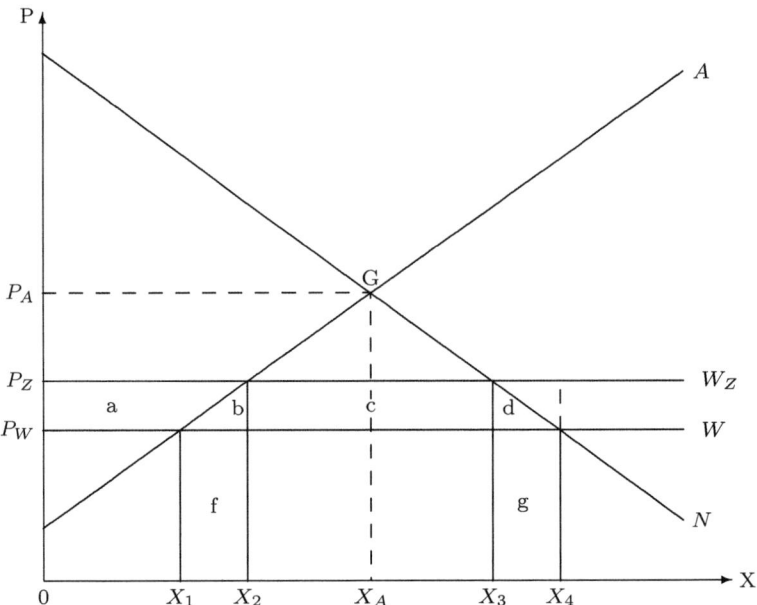

Abb. 2.5 Protektionismus

versuchen, durch protektionistische Maßnahmen ihre Haushaltssituation
zu verbessern.

- Umverteilungseffekt: Neben dem Staat sind die inländischen Produzenten
  die großen Gewinner des Protektionismus. Ihre Produzentenrente erhöht
  sich um die Fläche a. Hingegen sind die Konsumenten die großen Verlierer
  des Protektionismus. Ihre Konsumentenrente sinkt um die Fläche $a + b +
  c + d$.
- Wohlfahrtseffekt: Saldiert man die Zuwächse und Verluste des Staates,
  der Produzenten und Konsumenten, so erhält man als gesellschaftlichen
  Wohlfahrtseffekt $c + a - (a + b + c + d) = -(b + d)$ als Saldo. Die Fläche
  $b + d$ stellt den Wohlfahrtsverlust des Protektionismus dar. Dabei spiegelt
  b eine Ressourcenverschwendung wieder, da die Produktionsfaktoren sub-
  optimal genutzt werden, und d zeigt die unzureichende Güterversorgung
  der Konsumenten auf.

Die negativen Effekte des Protektionismus verstärken sich, wenn man sich von
der komparativ statischen Analyse löst und zusätzlich dynamische Effekte berücksichtigt. Durch die Abschottung der Inlandsmärkte wird der Wettbewerb
geschwächt und der Innovationsdruck nimmt infolgedessen ab. Stehen durch
Importbeschränkungen nicht mehr ausreichend Investitionsgüter zu angemessenen Preisen zur Verfügung, können negative Wachstumseffekte eintreten,
was zur Abschwächung der Wachstumsdynamik führt.

Weiter kann die internationale Wettbewerbsfähigkeit eines protektionistischen Staates beeinträchtigt werden, da mit einem Zoll belegte importierte Vorprodukte die Kostensituation der exportierenden Unternehmen verschlechtern. Neben diesen Nachteilen entstehen Wohlfahrtseinbußen, die aus den Verwaltungs- und Überwachungskosten protektionistischer Maßnahmen resultieren. Verteuern sich importierte Produkte durch protektionistische Maßnahmen, so werden illegale Arbitragegeschäfte wie Schmuggel, Zollvergehen usw. attraktiver, was zu weiteren nicht zu unterschätzenden gesellschaftlichen Wohlfahrtsverlusten führt.

Protektionismus muss politisch durchgesetzt werden. Dafür müssen sich die Interessengruppen, die Protektionismus durchsetzen wollen, organisieren und eine umfangreiche Lobbyarbeit vornehmen. Dies verlangt einen erheblichen Ressourcenaufwand. Während aus ökonomischer Sicht Bestechungsgelder, Schmiergelder usw. eine reine Umverteilung von Ressourcen darstellen, gilt dies für die Lobbyarbeit selbst nicht. Hier ist oft ein immenser Ressourceneinsatz in Form der Beschäftigung von Mitarbeitern, Erstellung von Dossiers, Kontaktaufnahme mit Politikern, Maßnahmen zur gezielten Beeinflussung der Medien usw. verbunden. Diese Aktivitäten, die in erheblichem Umfang zur Marktabschottung getätigt werden, werden von Bhagwati (1982) als Directly Unproductive Profit-Seeking Activities (DUP) bezeichnet. Sie sind oft unproduktiv, da sie sich wechselseitig aufheben und daher zu keinem Erfolg führen. Betreiben beispielsweise zwei Interessengruppen gegeneinander mit großem Aufwand Lobbyarbeit, können sich diese in ihrem Einfluss wechselseitig paralysieren. Auch im Streben nach Protektionismus kann es aufgrund der heterogenen Interessen der Unternehmen zu diesen Effekten kommen. Besonders importierende Unternehmen sind durchaus an offenen Märkten interessiert.

Die EU stellt trotz des Gemeinsamen Marktes eine Zollunion dar, die durch Protektionismus nach außen gekennzeichnet ist. Wird die EU durch neue Mitgliedstaaten größer, so treten unter dem Gesichtspunkt der Handelsliberalisierung zwei gegenläufige Effekte auf: Einerseits nimmt der Freihandel zu, da der fast vollkommen liberalisierte Gemeinsame Markt erweitert wird. Die Handelsschranken zwischen der EU und den neuen Mitgliedstaaten entfallen hierbei. Andererseits verschlechtert die Erweiterung der freihandelsbeschränkenden Zollunion EU den Welthandel. Deshalb ist zu prüfen, welcher der gegenläufigen Effekte per saldo dominiert. Hierfür kommen zwei alternative Sichtweisen zum Tragen, die die unterschiedlichen Auswirkungen aufzeigen. Zum einen wollen wir uns fragen, ob es sich für einen potenziellen Mitgliedstaat der EU lohnt, der Zollunion EU beizutreten. Zum anderen wollen wir aus der Sicht der schon gegebenen Mitgliedstaaten die Vorteilhaftigkeit einer EU-Erweiterung prüfen. Um die Analyse so einfach wie möglich zu halten und dennoch die zentrale Überlegung sauber abzuleiten, werden wir uns auf eine einfache Partialanalyse beschränken. Lohnt sich z. B. allein unter Handelsgesichtspunkten ein Beitritt in die EU für die Türkei? Wenn die EU sowohl nach innen als auch nach außen eine vollständige Handelsliberalisierung verwirklicht hätte, so wäre für die Türkei ein Beitritt immer sinnvoll, aber gleichzeitig auch völlig überflüssig, da sich die Türkei durch den Beitritt handelsmäßig nicht besser stellen würde. In Anlehnung an Hansen/Ulff-Møller Nielsen (1997) soll die mögliche Vorteilhaftigkeit eines Beitritts für die Türkei geprüft werden. Die Abb. 2.6 spiegelt die zentralen Modellüberlegungen wieder.

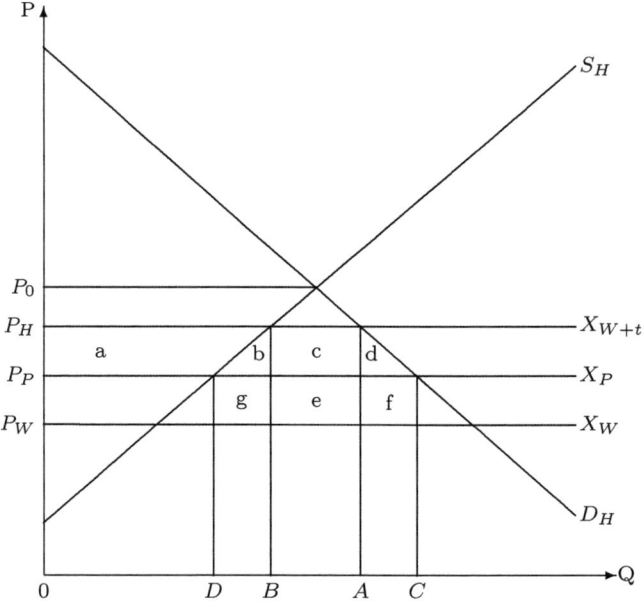

Quelle: Hansen/Ulf-Møller Nielsen (2001), S. 21.

Abb. 2.6 Auswirkungen des Beitritts der Türkei zur EU

D_H und S_H stellen die Nachfrage- und Angebotsfunktion für ein repräsentatives Gut X in der Türkei dar (H für home). Vollkommene Autarkie der Türkei hätte den Gleichgewichtspreis P_0 zur Folge. Es sei P_W der Weltpreis, $P_W (1 + t) = P_H$ der Importpreis einschließlich Zoll in der Türkei und P_P der entsprechende Importpreis einschließlich des EU-Zolls in der EU. Wir unterstellen vereinfachend, dass sowohl die Nachfrage der Türkei als auch der EU auf dem Weltmarkt gering ist (kleine Volkswirtschaft), so dass wir die entsprechenden vollkommen elastischen Angebotsfunktionen X_{W+t} sowie für die EU X_P (P für Partner) und das Weltangebot X_W zum Weltmarktpreis P_W erhalten. Für die Türkei wäre, wie bereits ausgeführt, die Absenkung des Zollsatzes t auf 0 besser als ein Beitritt zur EU. Vor dem Beitritt produziert die Türkei beim Zollsatz t die Menge $0B$ und importiert BA von X, um die Gesamtnachfrage $0A$ zum Preis P_H zu befriedigen. Dabei belaufen sich die

Zolleinnahmen auf die Fläche $c + e$, da die Menge BA importiert wird. Tritt die Türkei der Zollunion EU bei, so ist für die Analyse ausschlaggebend, ob der Zoll in der Türkei höher oder niedriger als der der EU ist, insbesondere ob $P_H \lessgtr P_P$.

Wir gehen davon aus, dass der Preis (Zoll) in der EU niedriger als der in der Türkei ist, so dass mit dem Beitritt der Türkei in gewissem Umfang der Freihandel zunimmt. In diesem Fall steigt mit dem Beitritt in die EU die Konsumentenrente in der Türkei um die Fläche $a + b + c + d$. Hingegen reduziert sich die Produzentenrente um die Fläche a und die türkischen Zolleinnahmen sinken um die Fläche $c + e$. Erstens werden die vom Weltmarkt in die Türkei importierten Mengen von X eventuell zum Teil durch zollfreie Lieferungen aus der EU ersetzt. Man spricht dann von Handelsumlenkung (Trade Diversion). Zweitens – und das ist letztlich ausschlaggebend – fließen alle Zolleinnahmen bis auf die Verwaltungspauschale von 25%, die hier vernachlässigt werden soll, in den Haushalt der EU. Fasst man die Änderungen der Konsumenten-, Produzentenrente und der Zolleinnahmen zusammen, so erhält man den saldierten Wohlfahrtseffekt des Beitritts in Höhe der Fläche $b + d - e$. Da e größer als $b + d$ sein kann, bleibt offen, ob sich der Beitritt in eine Zollunion für die Türkei tatsächlich lohnt. Der Vorteil ihres Beitritts ist umso geringer, je geringer der Zollabbau durch den Beitritt ist. Liegen P_P und P_H nahe beieinander, so ist der Wohlfahrtseffekt $b + d$ an Konsumenten- und Produzentenrente gering. Weiter ist die Elastizität der türkischen Angebots- und Nachfragefunktion für die Größe von $b+d$ entscheidend. Als dritte Determinante ist der Grad der Handelsliberalisierung der EU ausschlaggebend. Erhebt die EU nur einen geringen Zoll, so dass $P_P \sim P_W$ ist, so ist der Zolleinnahmeverlust e marginal und der Trade Diversion-Effekt irrelevant. Wie die Erfahrungen aus dem Beitritt der EU10 gezeigt haben, ist der Zolleinnahmeverlust haushaltspolitisch für die neuen Mitgliedstaaten nicht so relevant, wie dies die angestellte Analyse erwarten ließe. Die an die neuen Mitgliedstaaten fließenden Strukturfondsmittel führen dazu, dass die Verluste bei den Zolleinnahmen durch die Strukturfondsmittell überkompensiert werden. Dies gilt insbesondere für die neuen Mitgliedstaaten mit einem großen Agrarsektor, die erhebliche Mittel aus dem Agrarfonds (siehe Kap. 6) erhalten.

Bisher haben wir den Beitritt in die EU aus dem Blickwinkel eines neu aufzunehmenden Staates analysiert. Wir wollen uns nun dem Problemkreis der Erweiterung aus dem Blickwinkel der schon beigetretenen Mitgliedstaaten zuwenden. Dabei wollen wir zusätzlich den Trade Diversion-Effekt eingehender behandeln, indem wir die Auswirkungen eines Beitritts auf das neue aggregierte Angebot in der EU detaillierter untersuchen. Den Ausgangspunkt unserer Analyse bildet die Abb. 2.7.

Dabei geben nun der Index H die EU27 (Home) und P das Aufnahmeland (Partner, Türkei) an. Weiter unterstellen wir, dass bezüglich unseres Gutes X die EU im Welthandel ein kleines Land darstellt, so dass das vollkommen elastische Weltangebot S_W gegeben ist. Da in der EU der Zollsatz t gelten soll,

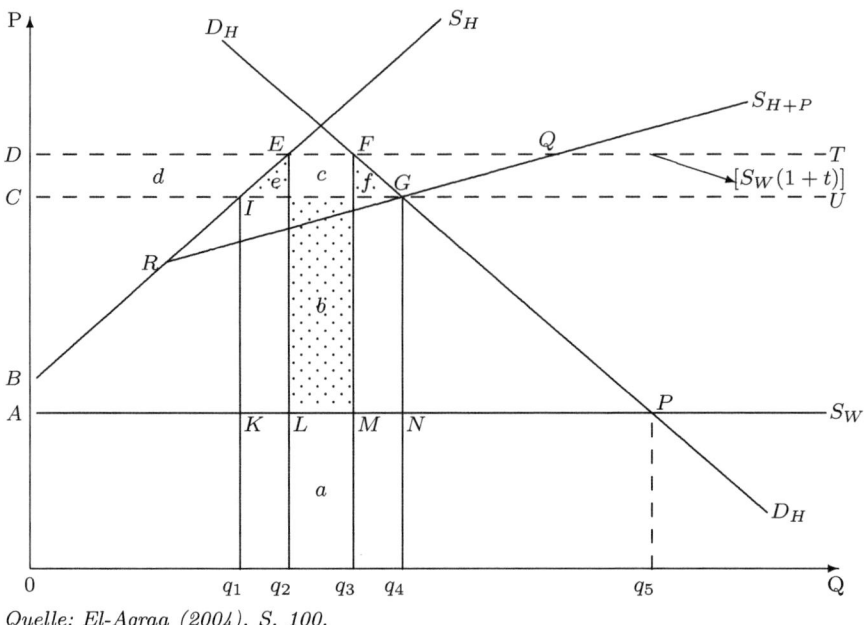

Quelle: El-Agraa (2004), S. 100.

Abb. 2.7 Handelsschaffung und Handelsumlenkung

stellt die Gerade DT – bestimmt durch die Linie $S_W\,(1+t)$ – die vollkommen elastische Weltangebotsfunktion (Weltmarktangebot) beim Zoll t dar. Des Weiteren seien S_H das Angebot der EU und D_H die entsprechende Nachfrage der EU. Würde die EU eine vollständige Handelsliberalisierung auch nach außen verwirklichen und wäre $t = 0$, so würde die paretooptimale Nachfrage P realisiert. Durch den Beitritt der Türkei in die EU dreht sich die aggregierte Angebotsfunktion der EU um die Überschussangebotsfunktion S_P der Türkei nach rechts, so dass im Falle der Autarkie die Angebotsfunktion S_{H+P}, die durch B, R, G und Q verläuft, gilt. Wird der Markt der EU geöffnet und werden Importe zum Zoll t zugelassen, so verläuft die Angebotsfunktion durch B, R, G, Q, T und dabei ab Q horizontal.

Was ändert sich für die EU durch den Beitritt der Türkei? Vor dem Beitritt wurde gemäß der Nachfragefunktion D_H der EU die Nachfrage bei F in Höhe von q_3 bei einer Inlandsproduktion in Höhe von q_2 realisiert und die EU-Importe entsprachen der Strecke $q_3 - q_2$. Für diese Importe wurden Ausgaben in Höhe der Fläche a geleistet und die Zolleinnahmen beliefen sich auf die Fläche $c + b$. Würde beim Beitritt der Türkei die EU den Zollsatz t aufrechterhalten, so käme es in der EU zu einer Überproduktion in Höhe von FQ. Deshalb ist durch den Beitritt der Türkei eine Senkung des Zollsatzes in der Form zu erwarten, dass die Weltangebotsfunktion durch C und U verläuft und der EU-Markt bei G geräumt wird, wobei der Inlandspreis dann von D auf C sinkt. In dieser neuen Situation verringert sich die Produktion der EU auf q_1, die türkische Produktion beträgt dann $q_4 - q_1$ und die Importe der EU gehen auf 0 zurück.

Wie sind diese Änderungen wohlfahrtstheoretisch zu beurteilen? Durch die mit dem Beitritt bewirkte Preis- und Zollsatzsenkung steigt die Konsumentenrente um die Fläche $d + e + c + f$. Hingegen sinkt die Produzentenrente der EU um die Fläche d. Des Weiteren gehen die Zolleinnahmen der EU um die Fläche c zurück. Rechnen wir diese Effekte gegeneinander auf, so ergibt sich für die EU ein positiver Wohlfahrtseffekt in Höhe der Fläche $e + f$, der zeigt, dass der Beitritt der Türkei für die EU vorteilhaft ist.

Diese Analyse für die EU ist aber noch nicht vollständig. Durch die Preis- bzw. Zollsenkung kommt es zu einer Nachfrageausweitung in Höhe von $q_4 - q_3$, die durch die türkische Produktion (Handelsschaffung, Trade Creation) abgedeckt wird. Bei der Produktionsmenge $q_2 - q_1$ tritt mit dem Beitritt ein positiver Wohlfahrtseffekt in Höhe der Fläche e auf, da die türkische Produktion preisgünstiger als die alte EU-Produktion eingekauft werden kann. Die Menge $q_4 - q_3$ stellt die Ausweitung der durch die Preissenkung induzierten Nachfragesteigerung dar. Hier entsteht ein positiver zusätzlicher Wohlfahrtseffekt durch den Beitritt in Höhe der Fläche f. Wie sieht es aber mit den Importen der EU zwischen q_2 und q_3 aus? Diese Mengen wurden vom Weltmarkt zum Preis $0A$ eingekauft, so dass Einkaufskosten in Höhe der Fläche a entstehen.

Durch den Beitritt der Türkei kommt es nun dahingehend zum Handelsumlenkungseffekt, dass die Importe durch die teurere Produktion in der Türkei ersetzt werden. Dadurch steigen die Einkaufskosten von der Fläche a auf die Fläche $a + b$, so dass sich ein Wohlfahrtsverlust in Höhe der Fläche b durch die Handelsumlenkung für die EU ergibt. Durch den Beitritt zu der Zollunion EU kommt es zu einer weltweiten ineffizienten Ressourcennutzung, da die EU billige Importe durch die relativ teure Produktion aus der Türkei ersetzt. Ob sich für die EU ein Beitritt eines weiteren Mitgliedstaates lohnt, hängt deshalb davon ab, ob die Fläche $e + f$ größer, gleich oder kleiner als b ist, ob also der positive Wohlfahrtseffekt der Preis- und Zollsenkung größer, gleich oder kleiner als der negative Wohlfahrtseffekt der Handelsumlenkung ist.

Folgender Extremfall verdeutlicht diesen Zusammenhang: Wenn in der EU aufgrund eines hohen Zollsatzes vollkommene Autarkie herrscht und das durch den Schnittpunkt D_H und S_H bedingte Gleichgewicht realisiert wird, so ist in diesem Fall der Handelsumlenkungseffekt natürlich nicht gegeben, da keine Importe der EU vorliegen, so dass der Preissenkungseffekt immer dominiert.

2.2.1 Handelsliberalisierung und Auswirkungen auf Zusammenhalt und Beschäftigung

Die EU strebt nicht nur ein EU-weites Wachstum an, sondern ist auch bemüht, die Entwicklung der Regionen und ihren wirtschaftlichen und sozialen Zusammenhalt zu stärken. Mit diesem Aspekt werden wir uns ausführlich im Kapitel 5 (Europäische Kohäsionspolitik) beschäftigen.

Die große Sorge der Union ist, dass die wirtschaftliche Integration in der EU und die Intensivierung des Globalisierungsprozesses eine disparate Entwicklung der Regionen der EU zur Folge haben. Dieser Aspekt wurde u. a. im Rahmen der EU-Osterweiterung durchaus kontrovers diskutiert. Nachdem wir bisher die positiven Wohlfahrtseffekte der Liberalisierung des Handels herausgearbeitet haben, sollen nun die Kosten der Handelsliberalisierung in den Vordergrund rücken. Kosten werden relevant, wenn wir zwischen einer kurz- und langfristigen Perspektive differenzieren. In der Kurzfristperspektive werden in vielen von der Liberalisierung des Handels betroffenen Regionen die Kosten überwiegen. Diese Anpassungskosten beim Abbau von Handelshemmnissen werden auch von der Kommission (2004) in ihrem "Dritten Bericht über den wirtschaftlichen und sozialen Zusammenhalt" betont (siehe Tabelle 2.2).

Zu Anpassungskosten führen u. a. die mit der Handelsliberalisierung verbundenen Strukturanpassungen, die eine Entwertung von Humankapital beinhalten. Der Strukturwandel führt zu Dequalifizierungsprozessen, die besonders ältere Arbeitnehmer hart treffen, für die es sich nicht mehr lohnt, neues Humankapital aufzubauen. Ihnen bleibt dann oft nur das Schicksal der Arbeitslosigkeit oder sie sind gezwungen, eine Beschäftigung aufzunehmen, die ihrer fachlichen Qualifikation nicht entspricht und oft mit erheblichen Lohneinbußen verbunden ist. Hinzu kommt, dass die Zufriedenheit am Arbeitsplatz mit einem Wechsel sinkt, weil sich die Arbeitskräfte unterfordert bzw. inadäquat eingesetzt sehen und bei ihnen das Gefühl dominiert, zu den Verlierern der Integration zu gehören. All dies erhöht nicht das Selbstwertgefühl der Betroffenen, führt schnell zu einer antieuropäischen Stimmung und zu einer politischen Radikalisierung. Diese Radikalisierung ist besonders dann zu erwarten, wenn der Strukturwandel in einer Region zu einer sich verfestigenden Arbeitslosigkeit führt. So ist gerade die Langzeitarbeitslosigkeit mit immens hohen gesellschaftlichen Kosten verbunden. Es kommt nicht nur zur ineffizienten Nutzung des Produktionsfaktors Arbeit, sondern zu einer erheblichen Entwertung von Humankapital und zu verstärkten Demotivierungsprozessen, so dass mit zunehmender Länge der Arbeitslosigkeit eine Reintegration in den "ersten Arbeitsmarkt" immer schwieriger wird.

Die Handelsliberalisierung gibt den bereits boomenden Agglomerationszentren in der EU einen weiteren Wachstumsschub. Die peripheren Regionen hingegen werden durch die Marktintegration vom wirtschaftlichen Wachstum abgehängt und verlieren für Investoren an Attraktivität, so dass sich

Tabelle 2.2 Handelspolitik und ihre Auswirkungen auf Beschäftigung und Zusammenhalt

Der Abbau von Handelsschranken ist für die Wirtschaft im Allgemeinen mit Vorteilen verbunden. Er führt zu einer Verlagerung der Produktionsfaktoren auf produktivere Bereiche, zu verbesserter Effizienz und größenbedingten Kosteneinsparungen, größerem Wettbewerb, verstärktem Wissens- und Technologietransfer und zu Vorteilen für den Verbraucher in Form einer größeren Auswahl und niedrigerer Preise.

Die Kehrseite ist, dass ein solcher Abbau von Handelsschranken u. U. auch Kosten mit sich bringt. Unabhängig von allen langfristigen Vorteilen kann eine Verlagerung der Produktionsfaktoren kurzfristig zu Anpassungskosten für die Unternehmen und Beschäftigten führen, die von einem Anstieg der Importe betroffen sind.

Diese Kosten können aus mehreren Gründen nicht einfach vernachlässigt werden:

- Die Kosten konzentrieren sich im Allgemeinen auf bestimmte Sektoren und Regionen. Dies führt dazu, dass sie für bestimmte Bevölkerungsgruppen gegebenenfalls beträchtliche Ausmaße annehmen und dementsprechend eine schädliche Wirkung entfalten, als wenn sie gleichmäßig über die ganze Wirtschaft verteilt wären.
- Normalerweise zahlen die, die den Nutzen haben, denen, die dabei verlieren, keine Entschädigung - manchmal deshalb, weil es schwierig ist, die entsprechenden Kosten zu bestimmen −, weshalb manche Menschen (und Regionen) zumindest kurzfristig benachteiligt sind (dies ist ein Argument dafür, den Betroffenen zu helfen).
- Die Differenz zwischen Nutzen und Kosten wird mit der Zeit immer größer: In den Anfangsjahren sind die Kosten normalerweise höher (die Wirkung ausländischer Wettbewerber auf nicht wettbewerbsfähige Sektoren zeigt sich gewöhnlich schnell), während es einige Zeit dauert, bis der Nutzen (höhere Effizienz durch bessere Verteilung der Produktionsfaktoren) deutlich wird. Die empirischen Untersuchungen zeigen, dass in den Jahren unmittelbar nach Beseitigung der Handelsschranken die Kosten 10-15% des Nutzens betragen, zwei- bis dreimal mehr als langfristig.
- Kosten und Nutzen sind auch regional unterschiedlich: Die Auswirkungen auf eine konkrete Region hängen von der internationalen Wettbewerbsfähigkeit der dort angesiedelten Wirtschaftssektoren, vom Grad der räumlichen Konzentration der Wirtschaftsbereiche (besonders Handelswaren) sowie davon ab, in welchem Maß die jeweilige Region auf

die Herstellung bestimmter Produkte bzw. Dienstleistungen spezialisiert ist. Manche Regionen werden aufgrund des Abbaus von Handelsschranken eher Nachteile haben, andere dagegen werden eher einen Nutzen daraus ziehen.

Darüber hinaus besteht, was die Wahrnehmung von Kosten und Nutzen betrifft, eine deutliche Asymmetrie, die unvermeidliche politische Konsequenzen hat. Während die Kosten sehr offensichtlich und sehr alarmierend sind − nicht nur aufgrund ihrer Konzentration, sondern auch weil sie greifbarer sind (Schließung von Fabriken, Entlassungen usw.) −, ist der Nutzen oft weniger offensichtlich, zum Teil weil er weniger greifbar − oder zumindest schwieriger zu bemessen (z. B. größere Auswahl für Verbraucher) −, weniger auffallend und diffuser ist.

Die Anpassungskosten sind normalerweise niedrig, die begleitenden Maßnahmen, die bei einem Abbau von Handelsschranken getroffen werden, sind jedoch sowohl aus wirtschaftlicher als auch aus politischer Sicht von entscheidender Bedeutung. Diese Bedeutung ist umso größer, als zielgerichtete begleitende politische Maßnahmen die Anpassungskosten begrenzen können, indem sie diese soweit wie möglich vorwegnehmen und den erforderlichen Anpassungsprozess erleichtern. über eine frühzeitige Bestimmung der anfälligen Sektoren und Arbeitsplätze sollte es daher möglich sein, die Kosten zu niedrig wie möglich zu halten. Ist das Problem einmal akut, können der Veränderungsprozess beschleunigt und die Anpassungskosten minimiert werden, indem die betroffenen Menschen Unterstützung erhalten, um ihnen bei den erforderlichen Anpassungsprozessen zu helfen.

Es ist im Interesse der Union, dabei zu helfen, alle erforderlichen Anpassungsprozesse zu erleichtern, und dazu beizutragen, die Kosten der von ihr implementierten Politiken zu decken. Sie hat dies auch viele Jahre lang im Rahmen der Europäischen Gemeinschaft für Kohle und Stahl getan. Die Entwicklung einer analogen Politik, die auf die Erleichterung von Veränderungen abzielt, wird in den kommenden Jahren umso wichtiger sein, als viele Handelsabkommen auslaufen oder erneuert werden müssen (Multifaserabkommen, EUChile-Abkommen), gleichzeitig auch die Aushandlung neuer Abkommen ansteht (Entwicklungsagenda von Doha [DDA], EU-Mercosur), was insgesamt mit ziemlicher Sicherheit zu einem beträchtlichen Anstieg der Importe von empfindlichen Waren führen wird.

Quelle: Europ. Kommission (2004), S. 118

die Beschäftigungschancen in diesen Regionen verschlechtern. Die sich verschlechternde Beschäftigungssituation hat zur Folge, dass die jungen und besonders qualifizierten Erwerbspersonen die Region verlassen und diese so ihr Human- und auch Sozialkapital verliert. Damit wird dann oft ein Teufelskreis eingeleitet. Aufgrund der unzureichenden Humankapitalausstattung verliert die periphere Region weiter an Attraktivität für Investoren, was den Abwanderungsprozess bei den Arbeitskräften verstärkt und es sukzessive zu einer "passiven Sanierung" der peripheren Regionen kommt.

Da die von der Integration benachteiligten Regionen oft zu umfangreiche Infrastrukturinvestitionen für eine nun schrumpfende Bevölkerung getätigt haben, kommen auch die öffentlichen Finanzen in Schwierigkeiten und der finanzielle Spielraum, mit einer integrierten Beschäftigungs- und Strukturpolitik gegenzusteuern, sinkt. Diese finanziellen Schwierigkeiten wären nicht so gravierend, wenn die Region ihre Infrastrukturausstattung dem Bevölkerungsrückgang anpassen könnte. Das ist aber im Allgemeinen nicht möglich, so dass es zur Kostenremanenz kommt.

Aber auch in den Regionen, in denen die Marktintegration positive Beschäftigungseffekte induziert, kann es aufgrund von "Überfüllungsprozessen" zu Anpassungsproblemen kommen. So kann sich das Ungleichgewicht auf dem Arbeitsmarkt verstärken, Wohnraum wird knapper und damit für die Beschäftigten teurer usw. Dabei sollte man aber die Kernaussage zur Arbeitsteilung nicht vergessen, gemäß der wir all die aufgezeigten Anpassungsschwierigkeiten aufgrund des positiven Wohlfahrtseffekts der Marktintegration kompensieren können. Wenn diese Kompensation nicht vorgenommen wird, so ist dies kein Marktversagen, sondern Politikversagen.

2.2.2 Politische Tendenzen zum Protektionismus

Den Ausgangspunkt unserer nachfolgenden Überlegungen bildet die Neue Politische Ökonomie. Diese geht davon aus, dass sich auch Politiker eigennützig verhalten und ihre Politik primär an den Chancen ihrer Wiederwahl ausrichten. Sie verhalten sich nicht primär wohlfahrtsorientiert, indem sie als "wohlmeinender Diktator" die gesellschaftliche Wohlfahrt unter Nebenbedingungen maximieren. Des Weiteren unterstellt die Theorie, dass sich die Wähler bei ihren Wahlentscheidungen nach ihren eigenen Interessen ausrichten. Sie beurteilen die Politiker insbesondere anhand wirtschaftlicher Ergebnisse, wie ihre eigene Beschäftigungs- und Einkommenssituation. Darüber hinaus versucht die Neue Politische Ökonomie das Verhalten aller Akteure – auch im politischen Bereich – mit dem allgemeinen Erklärungsmodell der ökonomischen Theorie zu analysieren.

Da alle Akteure die Politik anhand ihres eigenen Vorteilkalküls beurteilen, stellt für sie ökonomische Effizienz keinen Wert an sich dar. Der Hinweis, dass eine Handelsliberalisierung Effizienzsteigerungen bewirkt, hat nicht zur Fol-

ge, dass sich diese Politik im politischen Prozess auch durchsetzt. Effiziente
Lösungen haben im politischen Prozess nur dann eine Chance sich durchzusetzen, wenn sich dabei auch die entscheidenden Akteure besser stellen.
Nun führt aber eine Handelsliberalisierung zu erheblichen Umverteilungen,
so dass es – wie in Abb. 2.8 skizziert – durchaus dazu kommen kann, dass
der Effizienzgewinn einer Liberalisierung durch einen Umverteilungseffekt für
einflussreiche Gruppen überkompensiert wird.

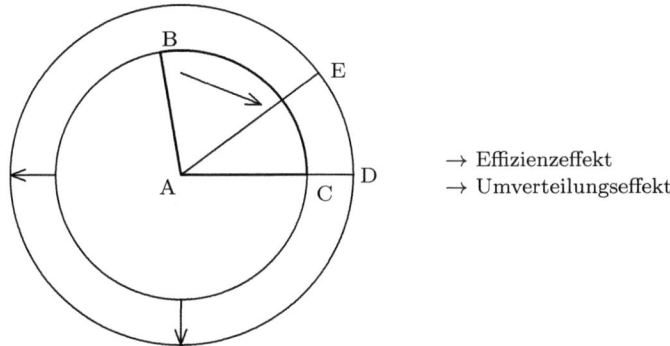

Abb. 2.8 Umverteilungseffekt

Beim Übergang von der Ausgangssituation, deren Güterversorgung durch
den inneren Kreis symbolisiert wird, zur neuen Situation, die durch den äußeren Kreis repräsentiert wird, kommt es zu einer besseren Güterversorgung.
Wenn die ausschlaggebende Gruppe aber beim Wechsel zum freien Handel anstelle ihres alten Anteils ABC den geringeren Anteil ADE erhält, so wird sie
die Handelsliberalisierung blockieren und protektionistische Maßnahmen präferieren. Dass solch eine Tendenz zum Protektionismus im politischen Prozess
durchaus vorhanden ist, soll an einigen Konstellationen verdeutlicht werden.

Natürlich könnte man beim Übergang von einer inferioren zu einer paretooptimalen Lösung alle besser stellen. Die versprochenen Kompensationen
müssen aber glaubwürdig sein. Länder mit geringer Handelsliberalisierung haben aber meist nicht die notwendige Reputation bei ihren Bürgern, so dass
es zu Blockaden kommt. Glaubwürdige Kompensationsversprechungen sind
in einer Welt vollkommener Informationen kein Problem. In einer Welt mit
Informationsasymmetrien stellen sich aber neue Herausforderungen, die protektionistische Maßnahmen attraktiv erscheinen lassen. Die Unsicherheit über
die negativen Auswirkungen einer beabsichtigten Marktintegration sowie das
Politikversagen, glaubwürdige Kompensationen anzubieten, können zu einer
Blockade bei der Integration führen. Dies soll anhand einer Modellüberlegung
von Fernandez/Rodrik (1991) für den Fall einer Öffnung des Arbeitsmarktes aufgezeigt werden. Wie in Abschn. 2.4.1 dieses Kapitels aufgezeigt wird,

führt die Integration des Arbeitsmarktes dazu, dass insgesamt ein positiver Wohlfahrtseffekt eintritt; die Arbeitnehmer, insbesondere die Geringqualifizierten stellen sich in ihrer Entlohnung schlechter, die Unternehmen erzielen hingegen einen erheblichen Gewinnzuwachs aus der realisierten Freizügigkeit der Arbeitskräfte im Falle der Zuwanderung.

Nehmen wir exemplarisch an, dass ein Mitgliedstaat 100 Personen umfasst. Davon gewinnen 49 % durch die Öffnung des Arbeitsmarktes 5 Geldeinheiten, hingegen erleiden die 51 % Verlierer der Marktöffnung – also die Mehrheit – jeweils 1 Einheit als Verlust. Durch die Öffnung des Arbeitsmarktes kommt es zu einem Wachstumsschub, der dafür sorgt, dass von den 51 Verlierern 2 in das Lager der Gewinner wechseln, wobei jeder der 51 Verlierer die gleiche Wahrscheinlichkeit von 2/51 hat, zu den glücklichen Wechslern zu gehören. Der positive Wohlfahrtseffekt der Öffnung des Arbeitsmarktes ist dann $51 \times 5 - 49 \times 1 = 206$.

Wären glaubwürdige Kompensationen möglich, so könnte man die Voraussetzungen dafür schaffen, dass die Mehrheit für eine Liberalisierung des Arbeitsmarktes gesichert wäre. Ohne Kompensationszahlungen wird sich aber die Mehrheit gegen eine wohlfahrtssteigernde Öffnung des Arbeitsmarktes aussprechen, obwohl sich durch die Arbeitsmarktintegration die Mehrheit von 51 % besser stellt. Die Verlierer beurteilen die Öffnung und ihre Chance in das Lager der Gewinner zu wechseln, folgendermaßen: $2/51 \times 5 - 49/51 \times 1 = -0,76$, so dass sich 51 % gegen die Öffnung aussprechen werden.

Informationsasymmetrien treten insbesondere bei der Kosten-Nutzen-Bewertung einer Marktintegration auf. Bei einer Marktöffnung treffen die Anpassungskosten eines intensivierten Wettbewerbs wie Unternehmensinsolvenzen und damit verbundene Arbeitslosigkeit Einzelne besonders hart. Oft wird hier mit dem Hinweis auf ausländische Wettbewerber vorschnell ein Begründungszusammenhang aufgezeigt, der dann Anlass für protektionistische Maßnahmen ist. Der Nutzen der Marktintegration ist hingegen oft kaum merklich und diffundiert sehr stark.

Es sind die Konsumenten, die die großen Gewinner einer verstärkten Marktintegration sind. Sie können über eine reichlichere Güterpalette verfügen und die Kostenvorteile der Integration schlagen sich in niedrigeren Preisen nieder. Gerade die Preisvorteile sind aber oft kaum merklich und werden von den Konsumenten nicht auf die Marktintegration zurückgeführt. Preisanpassungen vollziehen sich vielmehr anonym über den Marktprozess. Während die Kosten der Marktintegration meist merklich und konzentriert auftreten, verhält es sich mit dem Nutzen der Integration umgekehrt.

Auch im zeitlichen Verlauf der Auswirkungen der Marktintegration ist das gegenläufige Verhältnis ersichtlich. Dies wird in Abb. 2.9 veranschaulicht. Die zeitlichen Unterschiede in den Nutzen- und Kostenverläufen schaffen eine Tendenz zur Marktabschottung. Erstens muss der zukünftige Nettonutzen diskontiert werden. Zweitens sind zukünftige Vorteile für viele aufgrund der Unsicherheit nur vage Versprechen der Politiker, die nicht glaubwürdig sind, während die Nachteile in der kurzen Frist offensichtlich sind. Hinzu kommt drittens, dass die Politiker sich auf ihre Wiederwahl konzentrieren müssen, so dass auch sie sich eher an den kurzfristigen Nachteilen als an den langfristigen Vorteilen der Integration orientieren.

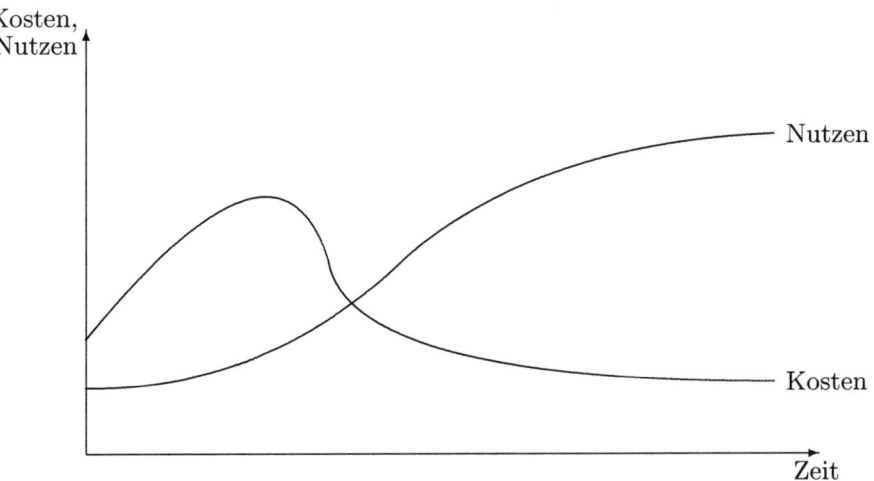

Abb. 2.9 Kosten und Nutzen einer Handelsliberalisierung

Eines der wesentlichen Ergebnisse der Neuen Politischen Ökonomie ist der Nachweis der Ungleichheit der Wähler im politischen Entscheidungsprozess. Auch wenn alle Wähler genau eine Stimme haben, so ist doch ihr politischer Einfluss recht unterschiedlich. Wähler unterscheiden sich in ihrem politischen Engagement, wie z. B. in ihrer Wahlbeteiligung, ihrer Ressourcenausstattung und damit ihrer Macht, andere zu beeinflussen, und insbesondere ihrer Organisationsfähigkeit. Wie Olson (1968) aufgezeigt hat, können sich im politischen Prozess kleine Gruppen wesentlich besser organisieren und politisch durchsetzen als große Gruppen. Kleine Gruppen sind z. B. die Produzenten, die ein gemeinsames Interesse verbindet: Privilegien auf einem Markt zu schützen. Solche Interessengruppen, die ihren Markt von dem internationalen Wettbewerb abschotten wollen, sind zahlreich. Hingegen sind die Konsumenten, die die Gewinner der Marktöffnung sind, eine schwer organisierbare Gruppe mit einem meist nur geringen politischen Einfluss. Die geringe Organisationsfähigkeit großer Gruppen ist damit zu begründen, dass die Verfolgung von Gruppeninteressen die Produktion eines öffentlichen Gutes beinhaltet. In großen Gruppen, die meist auf anonymen und unpersönlichen sowie sehr lockeren Sozialbeziehungen aufbauen, ist es wesentlich attraktiver, sich als Außenseiter zu verhalten und bewusst auf den eigenen Anteil zur Produktion des öffentlichen Gutes "Interessenvertretung" zu verzichten. Die Anreizstruktur stellt sich hingegen in kleinen Gruppen wesentlich günstiger dar. Diese hat zur Folge, dass Interessengruppen, die gezielt auf pro-

tektionistische Maßnahmen auf Kosten der Allgemeinheit setzen, sich in den
politischen Auseinandersetzungen erfolgreich durchsetzen.

2.3 Neue Außenhandelstheorie

Bisher sind wir von der grundlegenden Annahme ausgegangen, dass der internationale Handel durch vollständige Konkurrenz geprägt ist, und haben
unter dieser Modellannahme unsere wohlfahrtstheoretischen Aussagen zur Effizienz der Öffnung der Märkte abgeleitet. Die Modellannahme der vollständigen Konkurrenz wird nicht nur von Gegnern der Globalisierung kritisiert,
sie hat auch wenig Realitätsbezug. Insbesondere die Modellprämisse, dass alle Anbieter und Nachfrager nur marginale Marktanteile haben und sich als
Mengenanpasser verhalten, ist völlig unrealistisch. Im internationalen Handel
dominieren multinationale Unternehmen, die auf Teilmärkten einen durchaus
dominanten Einfluss und oft eine marktbeherrschende Stellung inne haben.
Von ihnen zu erwarten, ihre Marktmacht nicht zu nutzen, besagt nichts anderes, als ihnen irrationales Verhalten zu unterstellen. Im Folgenden steht
der Zusammenhang zwischen Marktmacht und Öffnung der Märkte im Vordergrund. Wir werden prüfen, ob nicht gerade die Öffnung der Märkte durch
Integration die Chance bietet, Marktmacht abzubauen.

Neben der Marktmacht wird als zweiter Aspekt die Größe des Marktes in
den Mittelpunkt unserer Analyse rücken. Im Modell der vollständigen Konkurrenz haben wir uns nicht explizit mit der Größe des Marktes beschäftigt,
da das langfristige Marktgleichgewicht (als innere Lösung) nicht von dieser beeinflusst wird. Aufgrund konkaver Nutzen- und Produktionsfunktionen
kommt dabei der Marktgröße selbst keine erklärende Funktion zu. Völlig anders stellt sich die Situation dar, wenn wir beide Funktionen realitätskonfor-
mer spezifizieren. Existieren Skaleneffekte, so ist das Modell der vollständigen
Konkurrenz ein inadäquates Referenzmodell. Hier werden sich aufgrund von
Kostenvorteilen große Unternehmen gegenüber kleinen durchsetzen und es
wird sich eine Tendenz zum Monopol einstellen. Mit zunehmender Marktgröße können die Anbieter Skaleneffekte besser nutzen, so dass tendenziell mit
einer Ausweitung des Marktes Wohlfahrtssteigerungen verbunden sind und
aus dieser Perspektive eine Marktintegration durchaus positiv zu bewerten
ist.

In der Mikroökonomie sind die Güter, die den Konsumenten zur Verfügung stehen, exogen vorgegeben, so dass ein Einfluss der Marktgröße auf die
Breite der Produktpalette per definitionem ausgeschlossen ist. In der Realität ist aber die Anzahl der angebotenen Güter eine endogene Größe. Ein
Unternehmen bietet nur dann ein neues Produkt an, wenn der Markt ausreichend groß ist und eine Produktnische existiert, die ihm einen ausreichenden
Gewinn sichert. Existiert eine Beziehung zwischen Marktgröße und Produktvielfalt, so bewirkt eine Marktvergrößerung durch Marktöffnung einen weite-

ren positiven Wohlfahrtseffekt. Wir werden zeigen, dass mit der gestiegenen Produktvielfalt ein Nutzenanstieg bei den Nachfragern verbunden ist, der eine Wohlfahrtssteigerung beinhaltet. Diese grundlegenden Überlegungen der Neuen Handelstheorie können hier in einer wirtschaftspolitisch ausgerichteten Arbeit nicht en detail dargestellt werden. Wir werden uns stattdessen auf einige grundlegende Modellbeispiele konzentrieren, denen für den europäischen Integrationsprozess eine besondere Bedeutung zukommt.

2.3.1 Mehr Wettbewerb durch Integration

Als Ausgangssituation wählen wir die Konstellation, dass auf dem Inlandsmarkt und dem Auslandsmarkt jeweils ein Monopol vorliegt. Für die beiden Monopolisten gilt jeweils die isoelastische Nachfragefunktion: $q_i = 1/2p_i^{-1/\varepsilon}$ mit $0 < \varepsilon < 1$ wobei p_i den Preis und q_i die nachgefragte Menge für $i = H$, dem Inlands-, bzw. für $i = P$, dem Auslandsmarkt, angeben. Die Preiselastizität der Nachfrage ist dann:

$$\frac{dq_i}{dp_i} \cdot \frac{p_i}{q_i} = \frac{1}{2}\left(-\frac{1}{\varepsilon}\right) \cdot p_i^{(-1/\varepsilon-1)} \cdot \frac{p_i}{q_i} = -\frac{1}{\varepsilon} \cdot \frac{1}{2}\frac{p_i^{-1/\varepsilon}}{p_i} \cdot \frac{p_i}{q_i} = -\frac{1}{\varepsilon}. \qquad (2.7)$$

Weiter liegen für beide Monopolisten jeweils die fixen Kosten bei f und die Grenzkosten sind konstant gleich c. Es liegt so bei beiden eine fallende Durchschnittskostenkurve vor. Als Gewinn ergibt sich $\pi_i = p_i(q_i) \cdot q_i - c \cdot q_i - f$. Für das Gewinnmaximum erhalten wir als notwendige Bedingung:

$$\frac{d\pi_i}{dq_i} = p_i + \frac{dp_i}{dq_i} \cdot q_i - c = 0, \qquad (2.8)$$

$$\text{so dass gilt: } p_i\left(1 + \frac{1}{dq_i/dp_i} \cdot \frac{q_i}{p_i}\right) = c. \qquad (2.9)$$

Nun haben wir oben gezeigt, dass die Elastizität der Nachfrage $-1/\varepsilon$ ist, daraus ergibt sich für den optimalen Preis: $p_0(1 + 1/(-1/\varepsilon)) = c$ oder $p_0(1 - \varepsilon) = c$ bzw. $p_0 = c/(1 - \varepsilon)$. Der Monopolist erhält seinen maximalen Gewinn, wenn er auf die Grenzkosten einen konstanten Aufschlag in Höhe von $1/(1 - \varepsilon)$ vornimmt. Dieser Sachverhalt ist in Abb. 2.10(a) dargestellt, wobei q_0 das optimale Angebot des jeweiligen Monopolisten ist.

Durch die Integration beider Märkte entsteht nun die aggregierte Angebotsfunktion

$$Q = q_H + q_P = \frac{1}{2}p_H^{-1/\varepsilon} + \frac{1}{2}p_P^{-1/\varepsilon} = p^{-1/\varepsilon}. \qquad (2.10)$$

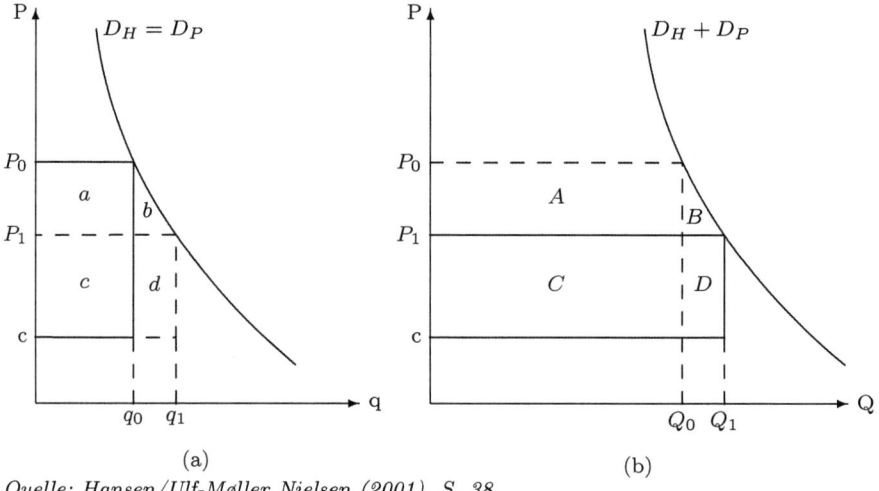

(a)   (b)

Quelle: Hansen/Ulf-Møller Nielsen (2001), S. 38.

Abb. 2.10 Integration des gesamten Marktes und der wettbewerbsfördernde Effekt

Die Elastizität der Nachfrage ist weiter $-1/\varepsilon$. Wir unterstellen einen Cournot-Wettbewerb unter den beiden bisherigen Monopolisten. Jeder Anbieter bestimmt seinen optimalen Output unter der Annahme, dass der Konkurrent sein bisheriges Angebot nicht anpasst, so dass für beide gilt: $dQ/dq_i = 1$.

Unter dieser Reaktionshypothese können wir die notwendige Bedingung für das Gewinnmaximum

$$\pi_i = p(Q) \cdot q_i - c \cdot q_i - f \text{ bestimmen.} \tag{2.11}$$

Es gilt: $\dfrac{d\pi_i}{dq_i} = p + \dfrac{dp}{dQ} \cdot \dfrac{dQ}{dq_i} \cdot q_i - c = 0 \,, \tag{2.12}$

so dass $\dfrac{d\pi_i}{dq_i} = p\left(1 + \dfrac{dp}{dQ} \cdot \dfrac{Q}{p} \cdot \dfrac{q_i}{Q}\right) - c = 0 \tag{2.13}$

und $\dfrac{d\pi_i}{dq_i} = p\left(1 - \varepsilon \dfrac{q_i}{Q}\right) - c = 0 \,. \tag{2.14}$

Da beide identische Anbieter den gleichen optimalen Preis und das gleiche optimale Angebot q_i haben, ist $q_1 = 1/2 \cdot Q$. Daraus ergibt sich $p_1 = (1/(1 - \varepsilon/2)) \cdot c$. Der konstante Aufschlag der Anbieter sinkt aufgrund des durch die Marktintegration verstärkten Wettbewerbs, da

$$\frac{1}{1 - \varepsilon/2} < \frac{1}{1 - \varepsilon} \text{ ist.} \tag{2.15}$$

Schließen sich $n \to \infty$ Märkte mit jeweiligen Monopolisten zusammen, so würde in diesem Extremfall die Marktöffnung vollständige Konkurrenz herstellen. In unserem einfachen Beispiel bewirkt die Marktintegration, dass (siehe Abb. 2.10(b)) die Konsumentenrente um $A+B$ steigt und die Produzentenrente um $A-D$ sinkt. Insgesamt steigt die Wohlfahrt um $A+B-(A-D) = B+D$ und in jedem Land um $b+d$. Dieser Wohlfahrtsgewinn stellt sich auch dann ein, wenn nach der Marktöffnung der Güteraustausch zwischen den beiden Ländern gering ausfällt, da der mit der Marktöffnung verbundene potenzielle Wettbewerb das Senken der Margen bei der Preispolitik erzwingt.

Die von der Marktöffnung erzwungene Preissenkung von p_0 auf p_1 kann zur Folge haben, dass beide Anbieter Verluste machen, wenn $p_1 \cdot q_1 < c \cdot q_1 + f$ ist. In diesem Fall müsste einer der beiden Anbieter aus dem Markt ausscheiden und der Preis würde dann wieder auf p_0 ansteigen. In dieser Situation wird jedes Land bemüht sein, seinen Monopolisten zu stärken, um die heimischen Arbeitsplätze zu sichern. Auf diesem Szenario baut die strategische Handelspolitik auf. Selbst wenn sich das eigene Unternehmen nicht am Markt halten kann, so zahlt sich in unserem Beispiel die Marktintegration doch aus, da durch die Marktöffnung aufgrund des fallenden Verlaufs der Durchschnittskostenkurve Skaleneffekte realisiert werden, was in unserem konkreten Fall bedeutet, dass die bisher doppelt anfallenden Fixkosten f nach dem Marktaustritt eines Anbieters nur noch einmal anfallen.

2.3.2 Marktgröße und Produktvielfalt

Eine große Schwäche des im Abschnitt 2.1 dargestellten Ricardo-Modells liegt darin, dass wir mit ihm nur den interindustriellen, nicht aber den immer mehr an Bedeutung gewinnenden intraindustriellen Handel erklären können. Der interindustrielle Handel vollzieht sich zwischen den verschiedenen Sektoren der Volkswirtschaften. So exportieren die Staaten der dritten Welt meist arbeitsintensive Produkte und Rohstoffe und erhalten im Austausch dafür kapitalintensive und High-Tech-Produkte. Wir stellen aber immer mehr fest, dass Staaten Produkte eines Industriesektors sowohl importieren als auch exportieren. Deutlich wird dies in der Tatsache, dass Deutschland Autos aus Frankreich importiert, während Frankreich Autos aus Deutschland importiert. Wenn Produkte eines Sektors gleichzeitig importiert und exportiert werden, sprechen wir von intraindustriellem Handel, der mit dem Konzept der komparativen Kostenvorteile nur schwer vereinbar ist.

Im Folgenden wollen wir ein einfaches Modell skizzieren, das uns die Entstehung intraindustriellen Handels plausibel macht. Wir gehen zunächst in unserer betrachteten Volkswirtschaft von n exogen vorgegebenen Produkten q_i ($i = 1, ...n$) aus. Es herrscht monopolistische Konkurrenz der Gestalt, dass für jedes Gut genau ein Anbieter existiert. Des Weiteren gelten für alle Anbieter die gleichen Angebots- und Nachfragebedingungen. Die Kostenfunktion soll dabei der im Abschnitt 2.3.1 unterstellten entsprechen. Wir gehen von der inversen Nachfragefunktion eines monopolistischen Anbieters

$$p_i = \left(\frac{L}{n}\right)^{\varepsilon} \cdot q_i^{-\varepsilon} \text{ aus.} \tag{2.16}$$

Die Größe L stellt einen Indikator für die Größe des Marktes dar. Darunter kann man sich eine Kennziffer für die Bevölkerungszahl oder auch für das BIP vorstellen. L stellt dabei eine exogen bestimmte Größe dar. Die vorgegebene Nachfragefunktion impliziert eine isoelastische Nachfrage mit der Elastizität $-1/\varepsilon$.

Wenn sich die Produktpalette erweitert, so steigt n und die Nachfragekurven verschieben sich hin zum Ursprung, da sich die Absatzchancen jedes Anbieters verschlechtern. Wie im ersten Modell "Mehr Wettbewerb durch Integration" abgeleitet, bestimmt sich der optimale Preis als

$$p_0 = p_i^{\star} = \frac{1}{1 - \varepsilon} \cdot c, \tag{2.17}$$

der aufgrund unserer Symmetrieannahme für alle Anbieter gleich ist. Solange mit $p_i^{\star}$ ein Gewinn verbunden ist, lohnt es sich, als Anbieter in den Markt einzutreten und ein neues Produkt q_i anzubieten, so dass sich n erhöht. Deshalb ist im langfristigen Marktgleichgewicht, für das $\pi_i = 0$ mit $\pi_i = (p_0 - c)\, q_0 - f$ ist, also von keinem Anbieter ein Gewinn realisiert wird, n eine endogene Variable, dessen Wert n_0 durch die Null-Gewinn-Hypothese eindeutig determiniert ist. Das langfristige Gleichgewicht mit der dazugehörigen Angebotsfunktion D_0 für einen Anbieter ist in Abb. 2.11 dargestellt.

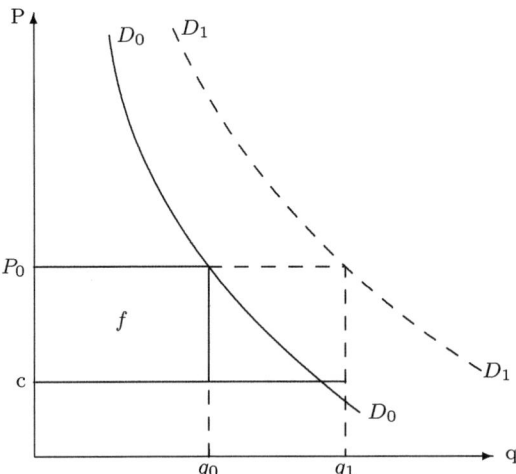

Quelle: Hansen/Ulf-Møller Nielsen (2001), S.38.

Abb. 2.11 Marktgleichgewicht unter monopolistischem Wettbewerb

Bei der Nachfragekurve D_1 ist die Produktvielfalt geringer und die Anbieter realisieren Gewinne, die weitere Anbieter anlocken. Dadurch erhöht sich die Produktvielfalt und die Kurve D_1 verschiebt sich hin zur Kurve D_0, die das langfristige Gleichgewicht darstellt.

Vollzieht sich nun eine Marktöffnung, indem z. B. die EU10 dem Gemeinsamen Markt beitritt, so erhöht sich damit die Größe L in den Nachfragefunktionen und entsprechend die endogene Größe n_0. Welche Wohlfahrtseffekte sind mit der durch die Marktöffnung bedingten Ausweitung der Produktpalette verbunden? Die großen Gewinner der erhöhten Produktvielfalt sind die Konsumenten. Sie haben eine Präferenz für Produktvielfalt, wenn man nach dem Konzept von Dixit/Stiglitz (1977) von folgender Nutzenfunktion $U = \sum_{i=1}^{n} q_i^{(1-\varepsilon)}$ ausgeht, die die "love of variety" widerspiegelt. Diese Nutzenfunktion ist so spezifiziert, dass sie mit den obigen Nachfragekurven kompatibel ist. Bei gegebenem Budget eines Konsumenten steigt mit n sein Nutzen, den er mit dem Kauf der Produkte realisieren kann. Ist $n = 1$, so muss er all sein Geld für ein Gut ausgeben und aufgrund der vorgegebenen Nutzenfunktion sinkt sein Grenznutzen aus dem Kauf des Gutes. Nimmt die Produktvielfalt zu, so kann ein Käufer seine Nachfrage auf mehr Produkte verteilen und der Grenznutzen der letzten gekauften Einheit jedes Produktes steigt.

Dieses Ergebnis lässt sich aus der Nutzenfunktion leicht ableiten. Da für alle n-Produkte aufgrund unserer Symmetrieannahmen der Preis gleich ist, folgt aus der Nutzenfunktion, dass jeder Käufer von jedem Gut die gleiche Menge nachfragt, so dass sich die Nutzenfunktion vereinfachend darstellen lässt als:

$$U = \sum_{i=1}^{n} q_i^{(1-\varepsilon)} = n \cdot q^{(1-\varepsilon)}. \qquad (2.18)$$

Wenn ein Konsument über das Budget B verfügt, so gibt er dann für jedes Gut $p_0 \cdot q$ aus, so dass $q = B/(p_0 \cdot n)$ ist und wir für den Nutzen erhalten:

$$U = n \cdot \left(\frac{B}{p_0 \cdot n}\right)^{1-\varepsilon} \text{ bzw. } U = \left(\frac{B}{p_0}\right)^{1-\varepsilon} \cdot n^{\varepsilon}, \qquad (2.19)$$

so dass der Nutzen mit größerem n zunimmt. Dieses Ergebnis kann man sich auch für den Fall illustrieren, dass die Güterversorgung von $n = 1$ auf $n = 2$ ansteigt und man dann die Aussage mit vollständiger Induktion verallgemeinert. Es sei B gegeben, dann ist für $n = 1$ die nachgefragte Menge $q = B/p_0$ und es wird der Nutzen U_1 realisiert, wie in Abb. 2.12 dargestellt.

Wenn nun $n = 2$ ist, dann ist $q = B/(2 \cdot p_0)$ und für jedes Gut ist der Nutzen U_2 erreicht, so dass der gesamte Nutzen $2U_2$ ist. Dieser ist aber aufgrund des konkaven Verlaufs der Nutzenfunktion größer als der Nutzen U_1. Wir sehen, dass mit der Marktöffnung der Markt größer wird, die Produktvielfalt zunimmt und der Nutzen der Konsumenten steigt, ohne dass sie mehr ausgeben müssen.

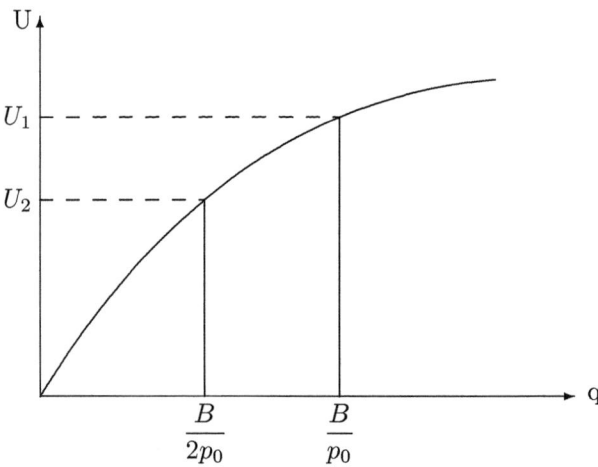

Abb. 2.12 Wohlfahrtssteigerung durch Produktvielfalt

2.3.3 Skalenerträge und Marktgröße

Mit einer Marktöffnung vergrößert sich nicht nur die Produktpalette, sondern der größere Markt bietet auch Chancen der Spezialisierung und der Nutzung von Skaleneffekten. Vor einer Marktintegration sind viele Unternehmen aufgrund der geringen Nachfrage gezwungen, gleichzeitig mehrere Produkte zu produzieren, um so economies of scope (Verbundeffekte) zu realisieren. Mit der Produktion verschiedener Produkte sind die Unternehmen auch bei geringer Nachfrage bei den einzelnen Produkten in der Lage, die fixen Gemeinkosten auf mehrere Produkte zu verteilen und so die Durchschnittskosten zu senken. Kommt es zu einer Marktöffnung, steigt die Nachfrage. Aufgrund der verbesserten Absatzsituation können die Unternehmen ihre Durchschnittskosten dadurch senken, dass sie von economies of scope zu economies of scale wechseln. Die Vorteilhaftigkeit dieses Strategienwechsels im Falle einer Markterweiterung soll an einem einfachen Modell skizziert werden.

Um Verbundeffekte realisieren zu können, kann das betrachtete Unternehmen die beiden Produkte q_1 und q_2 mit der Kostenfunktion:

$$K^\star = c^\star q_1 + c^\star q_2 + f^\star \qquad (2.20)$$

produzieren. Dabei symbolisiert $\star$ nicht das Ausland, sondern dient nur zur Abgrenzung der beiden Kostenfunktionen. Wäre der Markt ausreichend groß, so würde es sich für das Unternehmen anbieten, ausschließlich das Gut q zu produzieren, um so Skaleneffekte zu realisieren, wobei die Kostenfunktion

$$K = c \cdot q + f \qquad (2.21)$$

gegeben wäre. Um das Modell realistisch zu gestalten, nehmen wir an, dass $c < c^\star$ und $f < f^\star < 2 \cdot f$ gelten. Diese Annahmen bedingen, dass die Fixkosten im Einproduktfall geringer als die im Zweiproduktfall und die Grenzkosten bei der Produktion eines Gutes geringer als bei der von zwei Produkten sind. Aufgrund der Fixkostendegression sind bei hinreichend großer Nachfrage die Durchschnittskosten AC, die sich den konstanten Grenzkosten annähern, bei der Produktion eines Gutes geringer als bei der von zwei Produkten. Da aber $f^\star$ kleiner als $2f$ ist, ist bei hinreichend kleinem q der Wert $(2f - f^\star)/(2q)$ kleiner als $c^\star - c$. Dann fallen die Durchschnittskosten $AC = c + f/q$ im Einproduktfall höher als die Durchschnittskosten $AC^\star = c^\star + f^\star/2q$ im Zweiproduktfall aus, wenn man jeweils $q_1 = q_2 = q$ produziert.

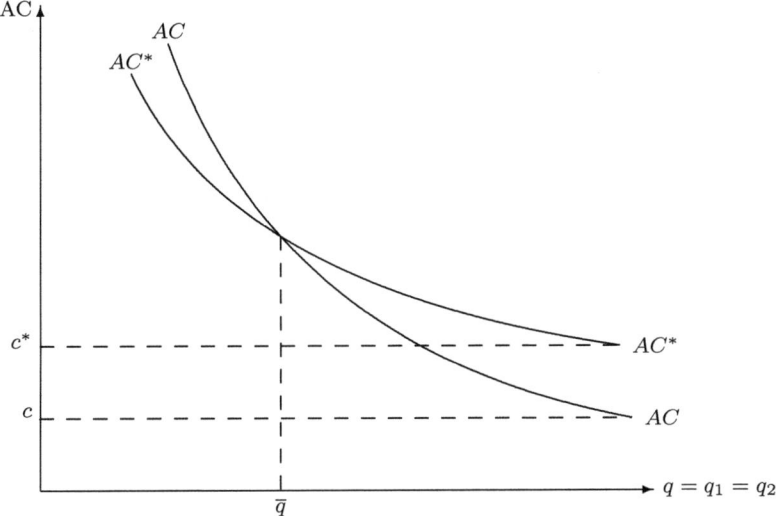

Quelle: Hansen/Ulf-Møller Nielsen (2001), S. 50.

Abb. 2.13 Break even point bei alternativen Produktionsverfahren

In Abb. 2.13 sind diese Kurvenverläufe dargestellt. Steigt durch Marktintegration die Nachfrage über den kritischen Wert $\bar{q}$, so lohnt es sich, einen wohlfahrtssteigernden Wechsel von economies of scope zu economies of scale zu vollziehen. Dabei bestimmt sich der kritische Wert $\bar{q} = (2f - f^\star)/(2(c^\star - c))$.

Gerade dieses Beispiel macht sehr anschaulich deutlich, welches Risiko mit einer Verwirklichung von economies of scale im Rahmen einer Marktintegration verbunden ist, wenn ein kleiner in einen großen Markt integriert wird. Dieser Fall war bei der EU-Osterweiterung gegeben. Denn jeder Beitrittsstaat war aus der Sicht des Gemeinsamen Marktes der EU15 ein kleiner Markt. In diesen kleinen Märkten mussten die Unternehmen auf economies of scope setzen, während der Gemeinsame Markt der EU15 den Unternehmen die Option der Realisierung von economies of scale ermöglichte. Von daher war die Ausgangssituation der Unternehmen in der EU10 recht ungünstig, da sie, um im Gemeinsamen Markt wettbewerbsfähig zu werden, erst ihr Unternehmen von economies of scope zu economies of scale umstrukturieren mussten. Um diesen Anpassungsprozess zu erleichtern, hat die EU mit der EU10 schon frühzeitig Anfang der 90er Jahre Assoziierungsabkommen geschlossen, die eine kontinuierliche Marktintegration durch einen sukzessiven Zollabbau ermöglichten.

2.4 Arbeitsmarktintegration

Wenn man die in Abschnitt 2.2 erläuterten vier Grundfreiheiten des Gemeinsamen Marktes betrachtet, dann müssten diese, da sie Bestandteil des acquis communautaire (Gemeinschaftlicher Besitzstand) sind, eigentlich uneingeschränkt ab dem 1. Mai 2004 für die neuen Mitgliedstaaten gelten. Dies ist aber nicht der Fall, da sogenannte Übergangsregeln für die Arbeitnehmerfreizügigkeit sowie die Dienstleistungsfreiheit vereinbart wurden. Da diese Übergangsregeln im Jahr 2011 auslaufen, wollen wir uns stattdessen einigen wichtigen Fragen zur Arbeitnehmerfreizügigkeit zuwenden. Folgende Aspekte werden dabei betrachtet:

- Wie groß ist die Mobilität des Faktors Arbeit in der EU?
- Was sind die Migrationsmotive?
- Welche allokativen und distributiven Effekte sind mit einer Arbeitsmarktintegration verbunden?
- Warum gibt es in vielen Mitgliedstaaten erhebliche Widerstände gegen eine Arbeitsmarktintegration?
- Gibt es ineffiziente Wanderungen?

Während der Faktor Kapital in der EU sehr mobil und der Handelsaustausch vollkommen liberalisiert ist sowie die Handelsverflechtungen innerhalb der EU kontinuierlich zunehmen, stellen wir fest, dass die Mobilität der Erwerbstätigen innerhalb der EU15 sehr gering ist. Nur 0,2 % aller Erwerbstätigen der EU15 sind Grenzgänger, die täglich pendeln. Auch die Migration ist in Europa niedrig. Selbst im Prozess der Erweiterung der EU sind keine dramatischen Migrationseffekte aufgetreten. So sind im Zeitraum 1950 - 1970 nur 3 % (ca. 5 Mio.) der südeuropäischen Bevölkerung der EU nach West- und Nordeuropa ausgewandert.

Von daher gehen die Prognosen der Migrationseffekte, die sich bei voller Freizügigkeit durch die EU-Osterweiterung ergeben würden, von einer relativ verhaltenen Zuwanderung aus.

Wenn man das Migrationspotenzial abschätzen will, muss man sich über die Migrationsmotive im Klaren sein. Aus ökonomischer Sicht sind die beiden wichtigsten Bestimmungsfaktoren die

- Lohndifferentiale und die
- Unterschiede in den Arbeitslosenquoten zwischen dem abgebenden und dem aufnehmenden Staat.

Nicht die Höhe der Löhne im Aufnahmeland ist entscheidend, sondern der Einkommenszuwachs, den ein Migrant erwartet. Beispielsweise sind die Löhne in Deutschland ungefähr vier mal so hoch wie in Polen, so dass es erhebliche Anreize gibt, zu migrieren. Hohe Einkommensdifferentiale reichen aber nicht aus. Arbeitnehmer werden nur migrieren, wenn sie auch eine große Wahrscheinlichkeit sehen, eine Beschäftigung im aufnehmenden Staat zu erhalten. Von daher sind dynamische Regionen mit niedriger Arbeitslosigkeit wie Baden-Württemberg und Bayern, aber auch Berlin Hauptadressaten für Migranten aus den neuen Mitgliedstaaten. Migranten reagieren sensibel auf eine hohe Arbeitslosigkeit im Aufnahmeland, da sie befürchten, besonders stark von Arbeitslosigkeit betroffen zu sein. Meist liegt eine latente Diskriminierung in dem Sinne vor, dass sie sich am Ende der Schlange der Arbeitssuchenden einreihen müssen, da im Zweifelsfall doch einheimische Arbeitskräfte vorgezogen werden. Oft bleibt dann bei hoher Arbeitslosigkeit nur noch die Option der illegalen Beschäftigung zu sehr unattraktiver Entlohnung. Wichtiger für die Migrationsentscheidung ist die Beschäftigungssituation im Heimatland. Gehen die Arbeitnehmer davon aus, dass sich ihre fatale Beschäftigungssituation in der Zukunft nicht grundlegend verbessert, werden sie sich für eine Migration entscheiden. Erwartete Einkommensdifferentiale sind dann ein wesentliches Kriterium bei der Frage, in welche Region man migriert.

Neben den ökonomischen Motiven existieren auch soziale, kulturelle und politische Motive. Hierzu zählen die Verfolgung ethnischer und religiöser Minderheiten, politische Unterdrückung sowie kriegerische Auseinandersetzungen. All diese Faktoren sind in der EU27 irrelevant. Nicht zu vernachlässigen sind aber kulturelle und soziale Faktoren wie: Sprachbarrieren, Aufgabe sozialer Beziehungen, Verlust an Human- und Sozialkapital, erwartete Diskriminierung als Ausländer sowie Informationsdefizite, die zur Folge haben, dass nur bei erheblichen Einkommensunterschieden die schwerwiegende und oft nicht revidierbare Migrationsentscheidung getroffen wird. Aus dieser Perspektive müssen die Vorteile nicht so groß sein, wenn es um die Entscheidung geht, grenzüberschreitender Pendler (Grenzgänger) zu werden. Hier sind die Informationskosten nicht so hoch und Fehlentscheidungen können leicht revidiert werden. Insbesondere fallen die Kosten des Wohnsitzwechsels weg, die oft als einmalige Kosten wesentlich höher als die permanenten Fahrtkosten beim Pendeln sind. Nun gibt es zur Zeit, z. B. in der Grenzregion von Deutschland zu Polen und Tschechien, keine verlässliche Schätzung der Pendleraktivitäten. Es ist aber aufgrund unserer oben angestellten Überlegungen aus folgenden Gründen damit zu rechnen, dass die Pendleraktivitäten nicht besonders stark ausfallen:

- niedriges Einkommen,
- hohe Arbeitslosigkeit,

- geringe Bevölkerungsdichte und
- ungünstige Verkehrsinfrastruktur

auf beiden Seiten der Grenzregion,

- Fehlen attraktiver Agglomerationszentren und
- Vorurteile

auf der deutschen Seite in der Grenzregion.

Wenn man sich diese Faktoren anschaut, sind die deutschen Grenzregionen relativ unattraktiv für Pendler. Da mit Berlin, Dresden und Wien attraktive Zentren im Einzugsbereich der Pendler vorhanden sind, werden sich die Pendleraktivitäten auf diese Zentren konzentrieren. Von Interesse ist auch die Frage, warum sich Migrationsströme mehr oder weniger kontinuierlich im Zeitablauf vollziehen und – von Extremsituationen, wie Kriegen, Vertreibungen, Hungersnöten usw. abgesehen – nicht in kurzen Zeiträumen konzentriert auftreten. Insbesondere die Jungen und besonders Qualifizierten wandern ab, so dass kontinuierlich ein neues Migrationspotenzial heranwächst. Mit zunehmendem Migrationsvolumen wird der Wohnraum knapper, die Mieten höher und die Beschäftigungschancen sinken. Die sinkendende Absorptionsfähigkeit des Aufnahmelandes senkt folglich die Attraktivität der Migration. Hinzu vollziehen sich die notwendigen Informationsprozesse mehr oder weniger kontinuierlich über Netzwerke. Diese Faktoren sprechen dafür, dass auch nach der vollen Freizügigkeit nicht mit einem dramatischen abrupten Anstieg in den Migrationszahlen zu rechnen ist.

2.4.1 Effiziente Migration

Wenn wir die allokativen und distributiven Effekte einer Arbeitsmarktintegration analysieren wollen, müssen wir zuerst unsere Modellprämissen präzisieren. In einem Fall geht man von der Prämisse aus, dass die Migrationsströme relativ bedeutsam sind und das aufnehmende Land im Verhältnis dazu nicht sehr groß ist, so dass sich die Migrationsströme signifikant im Arbeitsangebot niederschlagen und es zu einer Anpassung der endogenen Größen, insbesondere des Gleichgewichtslohns, kommt. Diesen Fall, der besonders dann relevant wird, wenn wir die Migrationseffekte für Deutschland und Österreich betrachten, die am stärksten von der Migration betroffen sein werden, werden wir ausführlich behandeln.

Der konträre Fall, der bei einer EU-weiten Betrachtung relevant wird, geht davon aus, dass die Migrationsströme so gering sind, dass sie das Arbeitsmarktgleichgewicht nur marginal beeinflussen. Bei diesem Szenario geht man vereinfachend davon aus, dass die Arbeitsnachfrage vollkommen lohnelastisch ist, so dass sich eine Ausweitung des Arbeitsangebots nicht in einem niedrigeren Gleichgewichtslohn niederschlägt. Des Weiteren muss zwischen einer kurz-

und langfristigen Betrachtungsweise differenziert werden. Bei einer kurzfristigen Betrachtungsweise macht es wenig Sinn, von völlig flexiblen Löhnen auszugehen, die ihre Markträumungsfunktion voll erfüllen und so Arbeitslosigkeit aufgrund von Zuwanderung ausschließen. Darüber hinaus müssen in der kurzen Frist die bei Migration auftretenden Mengenanpassungsschwierigkeiten und -kosten gesehen werden. Arbeitnehmer sind nicht vollkommen räumlich und qualifikatorisch flexibel, so dass Migration die friktionelle Arbeitslosigkeit erhöhen kann. Andererseits kann eine gezielte Zuwanderung auch in der kurzen Frist zu einer Entspannung auf dem Arbeitsmarkt führen, da durch Zuwanderung Arbeitsmarktengpässe beseitigt und so ein Ungleichgewicht auf dem Arbeitsmarkt abgebaut werden kann.

In der langen Frist ist die Funktionsfähigkeit des Arbeitsmarktes eher gegeben. Die Löhne können sich anpassen und ein Marktgleichgewicht wieder herstellen. Langfristig kann man auch von einer hinreichenden räumlichen und qualifikatorischen Flexibilität des Faktors Arbeit ausgehen. Weiter relativieren sich dann die transitorischen Anpassungskosten auf dem Arbeitsmarkt.

Anhand des einfachen Arbeitsmarktmodells, das aus einer Arbeitsnachfragekurve und einer Arbeitsangebotskurve besteht, lassen sich die Effekte der Arbeitsmarktintegration darstellen. Dabei ergibt sich die Arbeitsnachfrage aus dem Gewinnmaximierungsverhalten der Arbeitgeber. Unterstellen wir vereinfachend vollständige Konkurrenz auf dem Güter- und Arbeitsmarkt und gehen wir von nur einem Inputfaktor Arbeit L aus, so gilt für den Gewinn π eines repräsentativen Unternehmens

$$\pi = p \cdot Y(L) - w \cdot L, \tag{2.22}$$

wobei $Y(L)$ die Produktionsfunktion, p den Preis und w den Lohn darstellen. Differenzieren wir π nach L, so erhalten wir für das Gewinnoptimum

$$p \cdot \frac{dY}{dL} - w = 0. \tag{2.23}$$

Arbeitskräfte werden solange vom Unternehmen nachgefragt, wie $w/p \leq dY/dL$ ist, also der Reallohn geringer als die Grenzproduktivität des Faktors Arbeit ist. Aufgrund dieser Beziehung und der vereinfachenden Annahme $p = 1$ spiegelt die Arbeitsnachfragekurve eine Beziehung zwischen der jeweiligen Arbeitsnachfrage und der ihr zugeordneten Grenzproduktivität wieder.

Wird z. B. in Abb. 2.14 die Arbeitsnachfrage $L^\star$ realisiert, so gibt die Fläche $0PML^\star = \int_0^{L^\star} (dY/dL)\, dL$ die "Summe" aller Grenzproduktivitäten und das Volkseinkommen Y an. Dabei repräsentiert die Fläche $0NML^\star$ die Lohnsumme $w \cdot L^\star$, so dass das Dreieck NPM das Residualeinkommen für das repräsentative Unternehmen darstellt.

Wesentliche Determinante für die Höhe der Lohnsumme ist die Elastizität der Arbeitsnachfrage. Ist die Elastizität absolut größer als 1, so führt eine

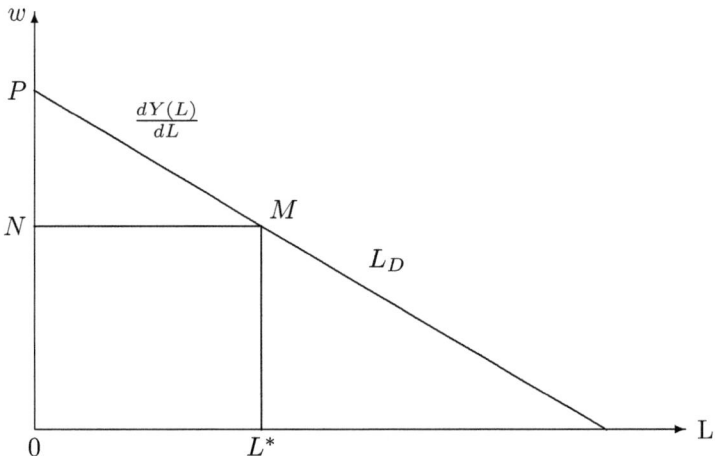

Abb. 2.14 Arbeitsnachfrage, Produktion und Verteilung

Lohnsenkung zu einer Erhöhung der Lohnsumme. Während Keynesianer von einer eher unelastischen Arbeitsnachfrage ausgehen, bei der Lohnsenkungen zu einem Nachfrageausfall führen, bewirken der Globalisierungsprozess und der Integrationsprozess in der EU eine Tendenz zu einer recht hohen Elastizität der Arbeitsnachfrage. Wie in makroökonomischen Ansätzen üblich, gehen wir von einer vollkommen unelastischen Arbeitsangebotsfunktion aus. Dies erleichtert uns zum einen die Aggregation der Arbeitsangebotsfunktion des aufnehmenden Landes mit jener der Zuwanderer und zum anderen können wir die allokativen und distributiven Effekte einer Arbeitsmarktintegration isoliert darstellen.

In Abb. 2.15 gehen wir davon aus, dass die Migration erheblich ist und durchaus das Arbeitsmarktgleichgewicht signifikant beeinflusst. Wir wählen eine Langfristperspektive, so dass wir Anpassungsprobleme des Arbeitsmarktes und migrationsinduzierte Arbeitslosigkeit zunächst vernachlässigen. Wir differenzieren zwischen der Arbeitsnachfrage West, bei der beim fixen Arbeitsangebot $\bar{L}^W$ vor einer Integration der markträumende Lohn w^{W_1} realisiert wird. Ohne Integration beträgt im Westen das Arbeitseinkommen (Lohnsumme) $0^W w^{W_1} A \bar{L}^W$ und das Residualeinkommen, der Gewinn, $w^{W_1} F A$.

Analog stellt sich der Arbeitsmarkt in Ost dar. Bei der Nachfrage Ost, die sich an dem Ausgangspunkt der Nullbeschäftigung 0° nach links hin zu mehr Beschäftigung Ost ausrichtet (seitenverkehrte Darstellung), wird bei dem Arbeitsangebot $\bar{L}^O$ (Strecke $\bar{L}^O 0^O$) der im Vergleich zu West niedrige Lohn w^{O_1} realisiert. Dass $w^{O_1} < w^{W_1}$ ist, wird auf die reichlichere relative Ausstattung mit dem Faktor Arbeit in Ost im Vergleich zu West zurückgeführt, da die Kapitalintensität in West höher als in Ost ist, so dass bei identischen neoklassischen Produktionsfunktionen die Arbeitsproduktivität in West höher als in

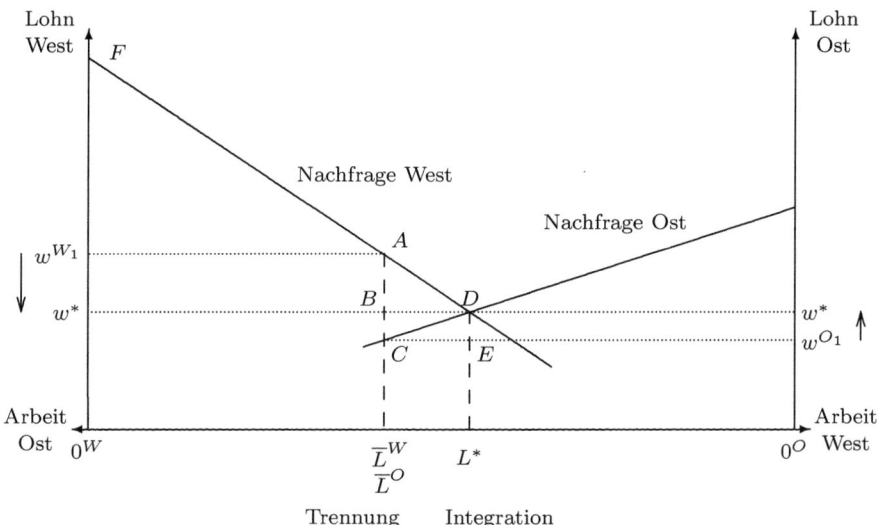

Abb. 2.15 Neoklassisches Arbeitsmarktmodell der Integration

Ost ist. Weiter kann nicht zwingend von identischen Produktionsfunktionen ausgegangen werden. Aufgrund der höheren Innovationskraft von West, besserer Humankapitalausstattung usw. ist die Arbeitsgrenzproduktivität West höher als die in Ost.

Was passiert nun bei einer Arbeitsmarktintegration? Aufgrund des Lohndifferentials wandern bei voller Arbeitnehmerfreizügigkeit Arbeitskräfte von Ost nach West, bis das Integrationsgleichgewicht $L^\star$ erreicht worden ist und ein einheitlicher Lohn $w^\star$ in West und Ost gilt. Das Arbeitsangebot steigt in West um $\bar{L}^W L^\star$ und sinkt entsprechend in Ost. Dieses zusätzliche Arbeitsangebot in West hat sowohl allokative als auch distributive Effekte zur Folge. Das Lohneinkommen der Inländer sinkt um die Fläche $w^\star w^{W_1} AB$ und wird zugunsten der Gewinne umverteilt, was auf das reichlichere Arbeitsangebot zurückzuführen ist. Die Inländer verlieren ihre Knappheitsrente. Die zuströmenden Arbeitskräfte erhöhen ihr Einkommen um die Fläche $CBDE$. Entsprechend partizipieren auch die in Ost verbliebenen Arbeitskräfte von der Integration, da in Ost der Faktor Arbeit knapper geworden ist. In Ost vollzieht sich eine Umverteilung der Gewinne hin zu den Arbeitseinkommen in Höhe von $EDw^\star w^{O_1}$. Da sich die distributiven Effekte immer kompensieren, ist der Wohlfahrtseffekt der reinen Umverteilung sowohl in West als auch in Ost gleich Null.

Allokative Effekte, die mit einer Wohlfahrtssteigerung verbunden sind, entstehen aber durch die effizientere Nutzung des Faktors Arbeit aufgrund der Migration. Die Wertschöpfung der Migration steigt von der Fläche $\bar{L}^O CDL^\star$ auf die Fläche $\bar{L}^O ADL^\star$, so dass die Wohlfahrt in dem integrierten Europa um das Dreieck CAD steigt, dem allokativen Effekt der Integration. Wie verteilt sich nun dieser Wohlfahrtseffekt auf West und Ost? In West eignen sich allein die Unternehmer einen Teil in Höhe des Dreiecks BAD an, die Arbeitnehmer West gehen dabei leer aus. In Ost ist die Verteilungssituation ein wenig komplizierter. Durch ihre Einkommenssteigerung in Höhe der Fläche $CBDE$ eignen sich die Migranten den anderen Teil der Wohlfahrtssteigerung in Höhe von CBD an. Große Verlierer sind aber die Unternehmen Ost, die nicht nur mit einer Umverteilung Ost in Höhe von $EDw^\star w^{O_1}$ belastet werden, sondern deren Gewinne durch den Rückgang der Produktion um die Fläche $\bar{L}^O CDL^\star$ die Einkommenssteigerung der Migranten mit der Gewinneinbuße in Höhe des Dreiecks CDE tragen müssen. Per saldo verliert Ost durch die Marktintegration das Dreieck CDE. Dieses für Ost ungünstige Ergebnis muss aber in zweierlei Hinsicht relativiert werden. Existieren nur Pendler zwischen Ost und West, so tritt vielmehr in Ost ein positiver Wohlfahrtseffekt in Höhe des Dreiecks CBD auf. Selbst wenn $\bar{L}^O L^\star$ nur Migranten darstellt, die den Arbeitsmarkt Ost verlassen, so bleiben diese ihrem Heimatland doch verbunden. Sie werden z. B. Transfers in das Heimatland vornehmen und so den Wohlfahrtsverlust CDE erheblich kompensieren, wenn nicht sogar überkompensieren. Insbesondere ist zu erwarten, dass insgesamt auch in Ost ein positiver Wohlfahrtseffekt entsteht, wenn die Migranten nach einigen Jahren in ihre ursprüngliche Heimat zurückkehren und ihre Einkommenssteigerung $CBDE$ zurück transferieren.

Auch wenn per Saldo langfristig sowohl West als auch Ost eine Wohlfahrtserhöhung durch die Arbeitsmarktintegration erzielen, so stellt sich doch für die Wirtschaftspolitik, insbesondere in West, eine verteilungspolitische Herausforderung. Die Einkommenssituation der Arbeitnehmer ist im Durchschnitt in West und Ost wesentlich schlechter, als die von Gewinnbeziehern. Die Arbeitnehmer West sind aber die Verlierer der Integration in unserem Modell, so dass sich in West die Einkommensverteilung verschlechtert. Hier ist durchaus Handlungsbedarf für eine sozial- und wirtschaftspolitische Flankierung der Arbeitsmarktintegration gegeben.

Hierzu gibt es auch ausreichende finanzielle Reserven in Höhe des Gewinnzuwachses $w^\star w^{W_1} AD$. Durch eine geschickte Politik kann man im Sinne des Kaldor-Kriteriums erreichen, dass für Arbeitnehmer und Unternehmen eine win-win-Situation entsteht, indem man den Einkommensausfall $w^\star w^{W_1} AB$ der Arbeitnehmer finanziell ausgleicht und sie am Wohlfahrtsgewinn BAD partizipieren lässt. Natürlich ist in einem marktwirtschaftlichen System die Umsetzung extrem schwierig, aber unsere Modellüberlegungen haben eindeutig nachgewiesen, dass sie möglich ist. Mit diesen Überlegungen wird auch offensichtlich, dass man mit den Übergangsregeln Politikversagen demonstriert. Eine Abschottung des Arbeitsmarktes bedeutet Verzicht auf Wohlfahrtssteigerungen und das Eingeständnis, dass die Wirtschaftspolitik nicht in der Lage ist, die damit verbundenen Verteilungskonflikte marktkonform zu lösen.

Inwieweit es tatsächlich zu Lohnsenkungen bei einer Arbeitsmarktintegration kommt, hängt nicht nur von der Anzahl der zusätzlich Beschäftigten, sondern auch von der Elastizität der Arbeitsnachfrage ab. Je größer die Elastizität der Arbeitsnachfrage ist, um so geringer ist der Druck auf die Löhne. Dabei muss man aber sehen, dass dieser abschwächende Effekt teuer erkauft wird, denn je elastischer die Arbeitsnachfrage ist, umso geringer fällt der positive Wohlfahrtseffekt BAD, wie in Abb. 2.15 gezeigt, aus.

Die bis jetzt angestellte komparativ-statistische Analyse ist aber zu relativieren. So haben wir die Migrationseffekte isoliert für den Arbeitsmarkt analysiert. Man muss aber berücksichtigen, dass sich die Veränderungen des Arbeitsmarktes auch auf andere Bereiche der betrachteten Volkswirtschaft auswirken. Dadurch, dass man zusätzlich Arbeitskräfte zu einem niedrigeren Lohn einstellen kann, steigt die internationale Wettbewerbsfähigkeit. Kapazitäten werden besser ausgelastet und bei einer Elastizität der Arbeitsnachfrage absolut größer 1 steigt sogar die Lohnsumme im Aufnahmeland und damit die Kaufkraft. Dies wird durch die Transfers der Migranten an ihre alte Heimat abgeschwächt, wobei aber gesehen werden muss, dass über eine gestiegene Exportnachfrage dieser Absorptionseffekt wieder abgeschwächt wird. Insgesamt wirkt die effiziente Nutzung des Faktors Arbeit und die damit verbundene Wohlfahrtssteigerung – gemessen durch das Dreieck CAD – in der EU nachfragebelebend, so dass die Investitionstätigkeit angeregt wird und insgesamt von der Integration Wachstumsimpulse ausgehen. Diese Wachstumsimpulse, die in Abb. 2.16 in Form einer erhöhten Güternachfrage, welche eine Verschiebung der Arbeitsnachfrage nach außen bewirkt, dargestellt sind, können so stark sein, dass der Lohndruck der Integration im Idealfall überkompensiert wird und der ursprüngliche Lohn w^{W_1} nicht auf $w^\star$ sinkt, sondern auf $w^{\star\star}$ steigt.

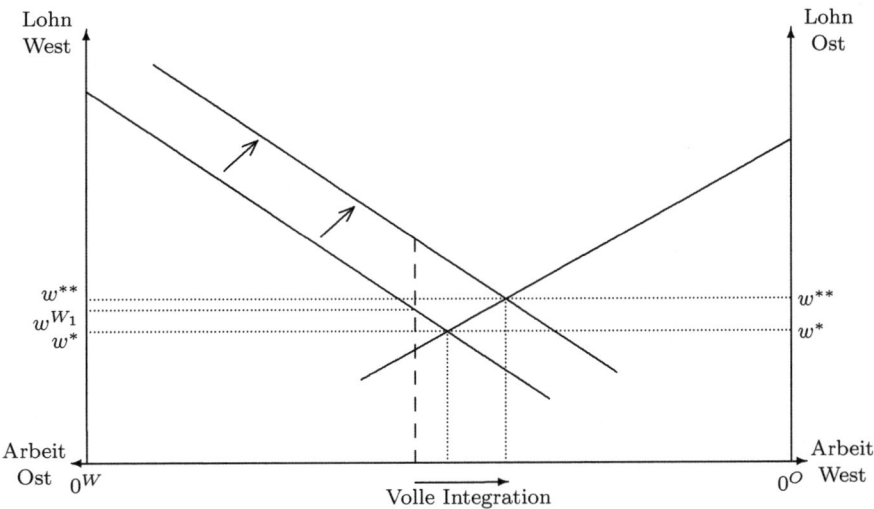

Abb. 2.16 Agglomerationseffekt des integrierten Arbeitsmarktes

Dabei muss man aber sehen, dass sich dieser Wachstumsimpuls nicht in allen Regionen in gleichem Umfang niederschlagen wird. Vielmehr ist zu erwarten, dass er sich auf die durch eine besondere Dynamik ausgezeichneten Agglomerationsräume konzentrieren wird und die peripheren Räume diese Vorteile eher nicht nutzen können, da sie nicht in der Lage sein werden, gerade die qualifizierten Arbeitskräfte aus der EU8 zu bekommen. Von daher hilft den peripheren Räumen die Beschränkung der Arbeitnehmerfreizügigkeit nicht, da sie vom Arbeitskräftezustrom kaum tangiert werden.

Die Konzentration des Zustroms von Arbeitskräften aus der EU8 führt zu einer breiteren Palette von qualifizierten Arbeitskräften in den Zentren. Netzwerke werden engmaschiger und das Innovationspotenzial wird gestärkt. Aus dieser Sicht werden die Ausführungen der Europäischen Kommission in ihrem "Bericht über die Anwendung der im Beitrittsvertrag 2003 festgelegten Übergangsregelungen" aus dem Frühjahr 2006 plausibel, dass gerade die Mitgliedstaaten von der EU-Osterweiterung sowohl bezüglich ihres wirtschaftlichen Wachstums als auch in Bezug auf ihre Beschäftigungssituation gewonnen haben, die ihren Arbeitsmarkt geöffnet haben. Diesen Vorteil werden die anderen Mitgliedstaaten durch eine verspätete Öffnung nicht wieder vollständig ausgleichen können.

Die bis jetzt angestellten Überlegungen haben schon ansatzweise deutlich gemacht, dass für das aufnehmende Land die Qualifikation der Migranten von immenser Bedeutung ist. Dieser Aspekt soll in einer einfachen Modellvariante stärker herausgearbeitet werden, bei der die Inhomogenität des Arbeitsmarktes und Spillover-Effekte zwischen den Arbeitsmarktsegmenten betont werden.

In unserem einfachen Modell gehen wir von folgenden Annahmen aus:

- Der aufnehmende Arbeitsmarkt teilt sich in zwei Teilarbeitsmärkte: den für Qualifizierte und den für Geringqualifizierte. Natürlich haben wir in der Realität ein Kontinuum von Qualifikationen, jedoch können wir mit unserer vereinfachenden Annahme sehr stringent unsere wirtschaftspolitischen Implikationen ableiten.
- Es besteht produktionstechnisch eine gewisse Komplementarität zwischen Qualifizierten und Geringqualifizierten. Diese Komplementarität bewirkt sogenannte Spillover-Effekte zwischen den beiden Teilarbeitsmärkten. Geht die Beschäftigung in einem Teilmarkt aufgrund exogener Einflüsse zurück, so wirkt sich dies automatisch auf den anderen Teilmarkt dahingehend aus, dass die Arbeitsnachfrage dort auch zurückgeht. Sind z. B. in einem Betrieb nicht mehr genug Meister vorhanden, so muss man Geringqualifizierte entlassen, da diese nicht mehr adäquat im Betrieb eingesetzt werden können.
- Des Weiteren gehen wir davon aus, dass der Teilarbeitsmarkt für Qualifizierte völlig flexibel ist, dass insbesondere der Lohn seine Markträumungsfunktion voll erfüllt und deshalb Arbeitslosigkeit auf diesem Teilmarkt ausgeschlossen ist. Hingegen unterstellen wir für den Teilmarkt für Geringqualifizierte, dass die Löhne relativ inflexibel sind, so dass auf diesem

Teilmarkt Arbeitslosigkeit nicht ausgeschlossen werden kann. Dass gerade
auf diesem Teilmarkt die Löhne inflexibel sind, kann man u. a. mit dem höheren gewerkschaftlichen Einfluss in diesem Segment, mit Mindestlöhnen
sowie dem Arbeitslosengeld II begründen.

- In unserem Modell wollen wir zwei Alternativen diskutieren. Es migrieren
  A nur Geringqualifizierte bzw. B Qualifizierte.

Beginnen wir mit dem Fall A: In Abb. 2.17 werden die zu analysierenden Interdependenzen deutlich. Betrachten wir dazu den Teilarbeitsmarkt für Geringqualifizierte: In der Ausgangssituation ist das Arbeitsangebot $\bar{L}_0$ an Geringqualifizierten vorhanden und der Lohnsatz liegt bei w_0. Die Beschäftigung
liegt bei L_0, so dass Arbeitslosigkeit in Höhe von $\bar{L}_0 - L_0$ existiert. Durch
die Arbeitnehmerfreizügigkeit erhöht sich mit der Zuwanderung Geringqualifizierter das Arbeitsangebot von $\bar{L}_0$ auf $\bar{L}_1$. Das erhöhte Überangebot an
Geringqualifizierten übt Druck auf den Lohn aus, so dass der Lohn von w_0
auf w_1 sinkt und die Beschäftigung von L_0 auf L_1 steigt. Trotz des positiven
Beschäftigungseffektes einer Lohnsenkung erhöht sich die Arbeitslosigkeit von
$\bar{L}_0 - L_0$ auf $\bar{L}_1 - L_1$. Diese zusätzliche Arbeitslosigkeit ist in diesem neoklassischen Modellansatz aber ursächlich nicht auf die Migration, sondern auf die
Inflexibilität des Lohnes zurückzuführen und von daher "hausgemacht".

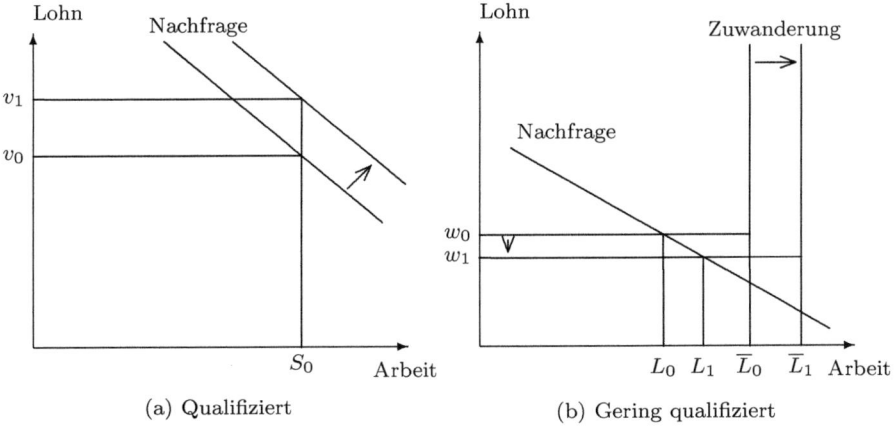

(a) Qualifiziert   (b) Gering qualifiziert

Quelle: Zimmermann (1997), S. 310.

Abb. 2.17 Zuwanderung gering qualifizierter Arbeit

Der positive Beschäftigungseffekt bewirkt einen Spillover-Effekt auf dem
Teilarbeitsmarkt für Qualifizierte. In der Ausgangssituation herrschte dort
annahmegemäß Vollbeschäftigung. Das Arbeitsangebot S_0 wurde voll ausgeschöpft. Aufgrund der stärkeren Beschäftigung von Geringqualifizierten verschiebt sich komplementär die Nachfragekurve für Qualifizierte nach außen.
Das Arbeitsangebot ist jedoch schon ausgeschöpft, so dass die Nachfragestei-

gerung nur zu einer Lohnsteigerung von v_0 auf v_1 führt. Da die Arbeitsnachfrage für den Teilarbeitsmarkt der Geringqualifizierten unter der Prämisse
eines Beschäftigungsniveaus S_0 aufgestellt worden ist, treten bei konstantem
S_0 keine Rückwirkungen auf den Teilarbeitsmarkt für Geringqualifizierte ein.

Ziehen wir ein wirtschaftspolitisches Fazit, so stellen wir einige negative Effekte bei einer Zuwanderung Geringqualifizierter fest. Die Arbeitslosigkeit nimmt zu und die Einkommensunterschiede zwischen Qualifizierten
und Geringqualifizierten verstärken sich. Politisch geraten dabei besonders
die Gewerkschaften in eine Vertrauenskrise gegenüber ihren Mitgliedern. Sie
akzeptieren Lohnsenkungen und werden dabei mit höherer Arbeitslosigkeit
konfrontiert. Den Mitgliedern plausibel zu machen, dass ohne Lohnkonzessionen alles noch schlimmer geworden wäre und dann die Arbeitslosigkeit bei
$\bar{L}_1 - L_0$ gelegen hätte, wird ihnen schwerfallen.

Hingegen sind die großen Gewinner der Zuwanderung die Qualifizierten.
Sie erhalten eine zusätzliche Knappheitsrente $v_1 - v_0$. Hinzu kommt, dass sie
als die entscheidenden Nachfrager im haushaltsnahen Bereich zusätzlich gewinnen und so ihr Realeinkommen entsprechend erhöhen können, indem sie
dort auf billigere Arbeitskräfte zurückgreifen können. Da aber trotz gleichen
Stimmrechts Qualifizierte einen höheren politischen Einfluss als Geringqualifizierte haben, ist im politischen Prozess davon auszugehen, dass trotz geringerer Stimmenzahl die Qualifizierten sich mit ihren Interessen durchsetzen
werden.

Nun ist es völlig unrealistisch anzunehmen, dass man Migrationsprozesse
so steuern könnte, dass nur Geringqualifizierte aufgenommen werden. Noch
unrealistischer ist der im Anschluss zu behandelnde Fall, dass nur Qualifizierte in gewünschter Zahl und Qualifikation aufgenommen werden. Dennoch
ist unser Fallbeispiel unter regionalpolitischen Aspekten höchst realistisch.
Vieles spricht dafür, dass Migranten sich sortieren und dass die qualifizierten
Migranten eine Beschäftigung in den Agglomerationszentren finden, wo Qualifizierte besonders knapp sind und – was entscheidender ist – hohe Löhne
gezahlt werden. Hingegen werden die Geringqualifizierten gezwungen sein, in
die unattraktive Peripherie abzuwandern, weil sie in den Agglomerationszentren keine Beschäftigung finden, die Mieten dort zu hoch sind usw. Wenn
dieser Sortierungsprozess Realität wird, so tritt das im Fall A aufgezeigte
negative Szenario nicht in einer ganzen Volkswirtschaft auf, sondern nur in
Teilregionen. Damit kann Zuwanderung die Kohäsion des Aufnahmelandes
erheblich gefährden. Um diesen Aspekt zu vertiefen, wenden wir uns nun
dem anderen Extremfall zu, dass nur Qualifizierte migrieren.

Fall B: Wenn nur Qualifizierte migrieren, so wirkt sich dies erst einmal nur
auf den Teilarbeitsmarkt der Qualifizierten aus, indem sich (siehe Abb. 2.18)
das Arbeitsangebot von S_0 auf S_1 erhöht. Damit der Markt geräumt wird,
sinkt der Gleichgewichtslohn von v_0 auf v_1. Die zusätzliche Beschäftigung von
Qualifizierten bewirkt aufgrund der Komplementarität einen Spillover-Effekt
auf den Teilarbeitsmarkt für Geringqualifizierte in der Weise, dass sich die
Arbeitsnachfrage dort nach außen verschiebt und ein Beschäftigungsimpuls

eintritt. Die Beschäftigung erhöht sich von L_0 auf L_1 und die Arbeitslosigkeit geht von $\bar{L} - L_0$ auf $\bar{L} - L_1$ zurück.

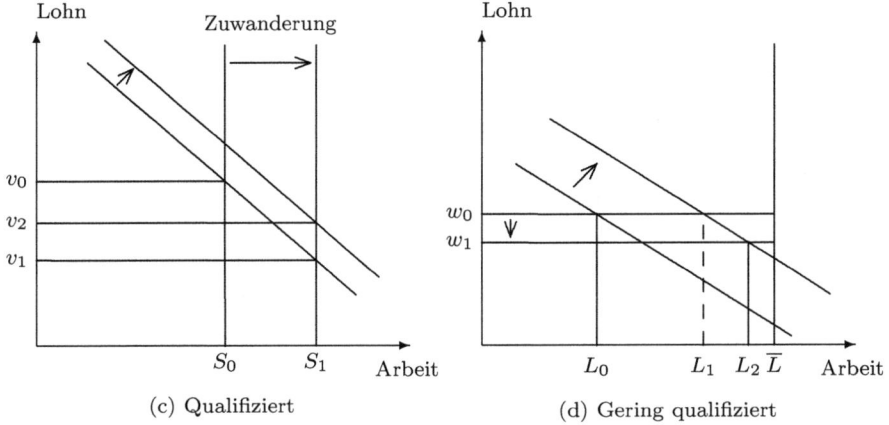

(c) Qualifiziert   (d) Gering qualifiziert

Quelle: Zimmermann (1997), S.310

Abb. 2.18 Zuwanderung qualifizierter Arbeit

Dieser positive Beschäftigungseffekt wird noch verstärkt, wenn die Lohnsenkung bei den Qualifizierten eine Lohnsenkung bei den Geringqualifizierten bewirkt. Aufgrund der verbesserten Beschäftigungssituation bei den Geringqualifizierten ist dies aber nicht unbedingt zu erwarten. Dennoch werden die Gewerkschaften ein Interesse an Lohnkonzessionen haben, um die Lohnhierarchie zwischen Qualifizierten und Geringqualifizierten aufrecht zu erhalten. Würden im Extremfall die Löhne der Qualifizierten unter die der Geringqualifizierten fallen, so würden die Qualifizierten ihren Teilarbeitsmarkt verlassen und die Geringqualifizierten in die Arbeitslosigkeit verdrängen. Deshalb kommt es zu einer Anpassung des Lohns der Geringqualifizierten von w_0 nach w_1, so dass sich ein lohnbedingter zusätzlicher Beschäftigungseffekt in Höhe von $L_2 - L_1$ ergibt. Dieser zusätzliche Beschäftigungseffekt bewirkt wiederum einen weiteren Spillover-Effekt auf den Teilmarkt der Qualifizierten. Es werden zusätzliche Qualifizierte benötigt, so dass sich die Arbeitsnachfrage für Qualifizierte nach außen verschiebt und der Lohn von v_1 auf v_2 ansteigt. In diesem Fall der alleinigen Zuwanderung von Qualifizierten haben wir eine durchaus vorteilhafte Situation im Aufnahmeland. Die Beschäftigung der Geringqualifizierten nimmt zu und der Einkommensabstand zwischen Qualifizierten und Geringqualifizierten wird abgebaut. Der einzige Wermutstropfen ist das Absinken der Löhne, das aber die Qualifizierten in zweierlei Hinsicht stärker trifft. Zum einen sind ihre Lohneinbußen absolut und relativ größer als die der Geringqualifizierten. Zum anderen werden ihre Lohneinbußen nicht wie bei den Geringqualifizierten durch bessere Beschäftigungschancen kompensiert.

Bisher haben wir uns in unserer Analyse nur auf die allokativen und distributiven Effekte beschränkt. Die Bewertung der Migration wird wesentlich komplexer und schwieriger, wenn wir auch die fiskalischen Effekte der Migration mit berücksichtigen. Kommt es zur Wanderung und wandern insbesondere die Leistungsträger ab, so kann dies erhebliche Auswirkungen auf das Steueraufkommen des Herkunftslandes haben und dieses in finanzielle Schwierigkeiten bringen. Des Weiteren erhöht die Migration automatisch die Pro-Kopf-Verschuldung des Herkunftslandes und kann von daher einen Verstärkereffekt bewirken, so dass Migrationsindifferente nun auch veranlasst werden, sich durch Migration der gestiegenen Steuerlast zu entziehen.

Migration kann insbesondere soziale Sicherungssysteme destabilisieren und einen ruinösen Wettbewerb im Sinne einer Abwärtsspirale sozialer Sicherung induzieren, wenn in erster Linie die Jungen abwandern, die im Wesentlichen die soziale Sicherung finanziell tragen. Auf diesen Aspekt werden wir ausführlicher im Kapitel 12 eingehen. Auch wenn Migration – wie oben aufgezeigt wurde – effizienzsteigernd im Sinne einer Paretoverbesserung bei den betroffenen Mitgliedstaaten ist, so ist damit nicht gesagt, dass der Umfang der Migration zu einem Paretooptimum führt. Als Gründe für ein suboptimales Niveau der Migration kann man u. a. Folgendes anführen: Einmal können Informationsdefizite zu einer zu niedrigen Wanderungsrate führen. Da man seine Chancen im Ausland nicht kennt, zieht man eine Migration nicht in Betracht. Weiter ist Migration mit Migrationskosten verbunden und eine Revision einer Migrationsentscheidung entsprechend kostspielig. Von daher wartet man lieber ab und hält sich die Option offen, wenn alles noch schlechter in der Heimat wird, diese dann zu verlassen. Darüber hinaus wird das Argument der Präferenzverzerrung angeführt. Wird in einer Familie die Frage der Migration diskutiert, dann entscheiden darüber letztendlich die Eltern. Diese haben aber aufgrund geringerer Flexibilität und höheren Alters, das eine Amortisation der Migrationskosten erschwert, eine stärkere Präferenz zu bleiben als ihre Kinder. Hinzu kommt eine suboptimale Migration aufgrund von Ausländerfeindlichkeit im Aufnahmeland.

2.4.2 Ineffiziente Migration

Bisher haben wir nur Konstellationen analysiert, die zu Paretoverbesserungen führen. Es ist aber durchaus möglich, dass Migration zu einer Paretoverschlechterung führt. Solche Situationen sind im Allgemeinen zu erwarten, wenn die Migration durch Fehlanreize ein Volumen erreicht, das über das Optimum hinausgeht. Mit solchen Fällen wollen wir uns nun auseinandersetzen.

Nicht zu vernachlässigen sind die Externalitäten, die im abgebenden Land mit der Migration verbunden sind und die eine effiziente Wanderung verhindern. Diese treten auf unterschiedlichen Ebenen auf. Dies gilt z. B. für den politischen Bereich. Nach Hirschmann (1974) können wir zwischen den Kontrollmechanismen "Widerspruch" und "Abwanderung" differenzieren. Der Markt setzt in erster Linie auf den Kontrollmechanismus Abwanderung. Kommt es zu einem Leistungsabfall bei einem Unternehmen, so wird das Unternehmen dadurch abgestraft, dass Kunden zur Konkurrenz abwandern. Im politischen Bereich dominiert hingegen der Kontrollmechanismus des Widerspruchs im Sinne der Abwahl unfähiger Regierungen. Wandern aber unzufriedene Leistungsträger in einen anderen Mitgliedstaat der EU ab, so wird dadurch der politische Widerstand im Herkunftsland geschwächt und die Regierung aufgrund fehlender Opposition gestärkt. Dieses Phänomen konnten wir z. B. in der DDR feststellen, in dem zur Stabilisierung des Systems missliebige Oppositionelle in den Westen abgeschoben wurden. Da aber in der EU politische Beweggründe für Migrationsentscheidungen relativ irrelevant sind, kann diese Relativierung unserer obigen Aussagen vernachlässigt werden.

Von zentraler Bedeutung in der EU ist aber das Phänomen der wohlfahrtsbedingten Wanderung. Damit ist gemeint, dass Arbeitskräfte nur deshalb wandern, um die höheren Sozialleistungen in einem anderen Mitgliedstaat in Anspruch zu nehmen. Da wir uns mit diesem Phänomen noch im Kapitel 12 ausführlich beschäftigen wollen, werden wir hier nur die allokativen Auswirkungen diskutieren.

Es sei s die höheren Sozialleistungen, die man im Aufnahmeland im Vergleich zum Herkunftsland erhalten kann. Wenn man im Aufnahmeland beschäftigt ist, erhält man nicht nur den Lohn w, sondern verbessert sich um den Betrag s an zusätzlichen Sozialleistungen, so dass sie über ihrem Grenzwertprodukt entlohnt werden, was zur ineffizienten Wanderung führt (siehe Abb. 2.19).

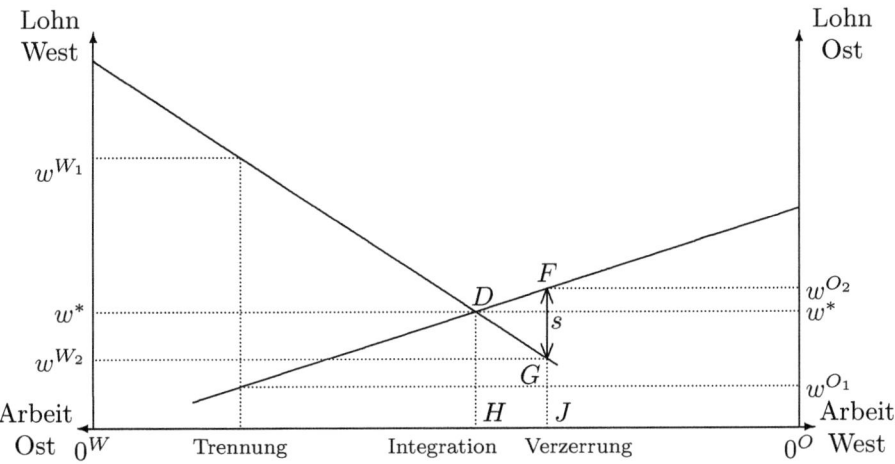

Abb. 2.19 Wohlfahrtsbedingte Wanderung

Ohne diesen Anreiz s wäre die optimale Wanderung – wie oben aufgezeigt – durch den Punkt D determiniert, bei dem alle Arbeitnehmer den Gleichgewichtslohn $w^\star$ in West wie Ost erhalten können. Wenn es aber zusätzlich den Sozialtransfer s in West gibt, so liegt der Nettolohn in West bei $w^\star + s$, hingegen in Ost nur bei $w^\star$, so dass in diesem Ungleichgewicht zusätzliche wohlfahrtsbedingte Wanderung induziert wird, bis ein wohlfahrtsbedingtes Gleichgewicht in F verwirklicht wird. Durch die wohlfahrtsbedingte Wanderung im Bereich $H - J$ wird der Faktor Arbeit in Ost knapper und der Lohn Ost steigt auf w^{O_2} mit $w^{O_2} = w^{W_2} + s$. Die Strecke FG spiegelt den durch s entstandenen Keil zwischen der Entlohnung Ost und West wider.

Aus der Abb. 2.19 wird deutlich, dass wohlfahrtsbedingte Wanderung ineffizient ist. Da nicht der Integrationspunkt H, sondern das durch die Sozialleistung verzerrte Beschäftigungsniveau J verwirklicht wird, erhöht sich die Produktion in West um die Fläche $HDGJ$. Andererseits geht aber die Produktion in Ost um $HDFJ$ zurück, so dass sich per saldo die EU-Produktion um das Dreieck DFG insgesamt verringert.

Die wohlfahrtsbedingte Wanderung ist nicht nur ökonomisch ineffizient, sie schafft auch soziale Spannungen im aufnehmenden Mitgliedstaat, da durch sie der Lohn nicht nur auf den effizienten Gleichgewichtslohn $w^\star$, sondern durch das zusätzliche Angebot auf dem Arbeitsmarkt auf w^{W_2} gedrückt wird. Großer Gewinner dieser wohlfahrtsbedingten Wanderung sind die Unternehmen in West, die ihren Gewinn zusätzlich um die Fläche $w^{W_2}w^\star DG$ erhöhen können. Ob aber die Unternehmen die großen Gewinner sind, hängt davon ab, wer die Sozialtransfers für die Migranten zu tragen hat. Da das Transfersystem im aufnehmenden Mitgliedstaat annahmegemäß stärker als im Herkunftsland der Migranten ausgebaut ist und die Größe s nur die Differenz in den Sozialleistungen zwischen West und Ost darstellen soll, sind die an die Migranten fließenden Transfers größer als s multipliziert mit der Zahl der Migranten. Die mit der wohlfahrtsbedingten Migration verbundenen vielschichtigen Verteilungskonflikte werden aber mit Sicherheit nicht die Integrationsbereitschaft der beteiligten Gruppen stärken.

Bis jetzt sind wir davon ausgegangen, dass die Löhne flexibel sind. Dies gilt durchaus bei einer langfristigen Betrachtungsweise. Wenden wir uns aber der kurzen Frist zu und berücksichtigen wir, dass Tarifverträge im Allgemeinen eine Laufzeit von ein bis zwei Jahren haben, so ist es realistisch, in der kurzen Frist von völlig inflexiblen Löhnen auszugehen, so dass kurzfristig bei Migration neue Ineffizienzen u. a. in Form einer erhöhten Arbeitslosigkeit mit den entsprechenden fiskalischen Effekten auftreten können. Dies wird in Abb. 2.20 deutlich.

Wenn der Lohnsatz w^{W_1}, der vor der Arbeitnehmerfreizügigkeit im potenziellen Aufnahmeland Vollbeschäftigung für die inländischen Arbeitnehmer auf dem Niveau $\bar{L}^W$ sicherte, völlig inflexibel ist und nicht auf eine Ausweitung des Arbeitsangebots reagiert, so ist die Absorptionsfähigkeit dieses Arbeitsmarktes gleich Null. Im Extremfall würden aufgrund des hohen Lohns w^{W_1} insgesamt $\tilde{L}^W - \bar{L}^W$ Arbeitskräfte migrieren, bis sich in West und Ost

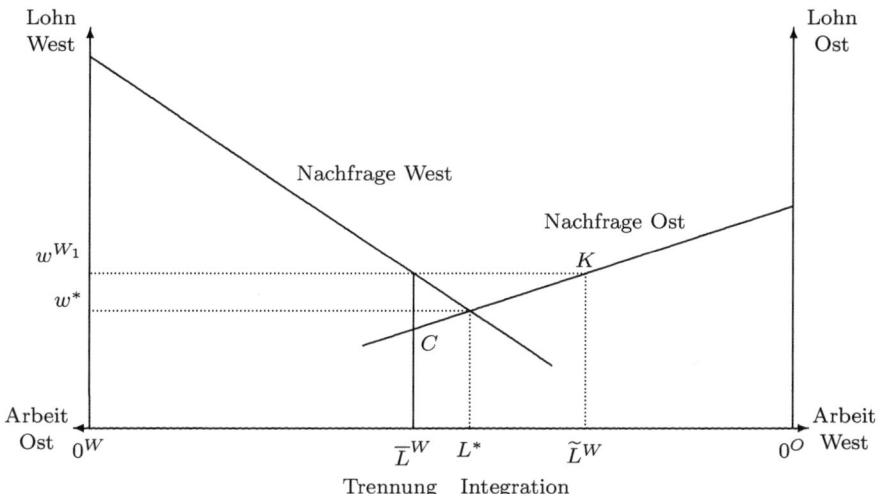

Abb. 2.20 Migration bei starren Löhnen

das Lohnniveau w^{W_1} durchgesetzt hat. Migranten, die eine Beschäftigung im Aufnahmeland erhalten, würden nur inländische Arbeitnehmer verdrängen, das Arbeitsvolumen würde sich nicht ausweiten, da die Unternehmen beim Lohnsatz w^{W_1} nur $\bar{L}^W$ Arbeitskräfte nachfragen werden. In diesem Szenario würde durch die Migration im Extremfall Arbeitslosigkeit in Höhe von $\tilde{L}^W - \bar{L}^W$ generiert. Gelingt es den Migranten zumindest temporär, eine Beschäftigung im Aufnahmeland zu erlangen, so haben sie nach dem Diskriminierungsverbot der EU (siehe dazu ausführlich Abschnitt 13.3) wie Inländer einen Anspruch auf Arbeitslosengeld. Dieser hier skizzierte Extremfall wäre für die europäische Integration ein Horrorszenario und ist z. B. ansatzweise das Referenzsystem der Bundesregierung, mit dem sie im März 2006 eine Inanspruchnahme der Übergangsregeln begründet hat.

Betrachten wir die allokativen, distributiven und fiskalischen Effekte dieses Szenarios: Erstens wäre in dieser Situation Migration von Ost nach West völlig ineffizient. Migration würde zu keiner Produktionserhöhung in West führen. Das Beschäftigungsniveau würde bei $\bar{L}^W$ verharren. Selbst die bei flexiblen Löhnen optimale Migration in Höhe von $L^\star - \bar{L}^W$ wäre nun ineffizient, da sie nur zu einer Ressourcenverschwendung durch die Nichtnutzung des Faktors Arbeit im Abgabeland führt. Während in West die Produktion konstant bleibt, würde im Extremfall einer Migration in Höhe von $\tilde{L}^W - \bar{L}^W$ die Produktion in Ost um die Fläche $\bar{L}^W C K \tilde{L}^W$ sinken.

Als distributiver Effekt würde durch die Migration ein heftiger Kampf um die knappen Arbeitsplätze entstehen, der leicht unter der Parole "die Ausländer nehmen uns unseren Arbeitsplatz weg" politisch instrumentalisiert werden kann. Als fiskalischer Effekt sind die zusätzlichen Ausgaben für

die Gewährung von Arbeitslosengeld zu nennen, auf das in diesem Szenario
sowohl Inländer als auch Migranten Anspruch haben.

Dieses aufgezeigte Horrorszenario stellt einen Extremfall dar, dessen Kern-
aussagen aber zu relativieren sind. Vielmehr ist dieses Szenario in vielerlei
Hinsicht unrealistisch und überzogen. Bei inflexiblem Lohn w^{W_1} wird es nicht
zur Migration in Höhe von $\tilde{L}^W - \bar{L}^W$ kommen. Migranten werden sich an dem
Erwartungswert $z \cdot w^{W_1} + (1 - z) LE < w^{W_1}$ orientieren, wobei z die Wahrscheinlichkeit, einen Arbeitsplatz zu bekommen, und LE die Lohnersatzleis-
tung (z. B. Arbeitslosengeld) im Falle der Arbeitslosigkeit sind. In diesem Kal-
kül wird die Migration geringer als $\tilde{L}^W - \bar{L}^W$ ausfallen. Das Szenario wäre nur
relevant, wenn alle Mitgliedstaaten in West völlige Lohninflexibilität aufweisen würden. Existieren hingegen einige Mitgliedstaaten mit flexiblen Löhnen
und entsprechender Absorptionsfähigkeit, so werden sich die Migrationsströme auf diese Länder konzentrieren. Des Weiteren müssen schon erhebliche
erwartete Lohndifferentiale und eine hohe Mobilitätsbereitschaft existieren,
damit es zur Migration kommt. Die Kommission (2006) hat in dem oben erwähnten Bericht festgestellt, dass die drei Staaten Irland, Großbritannien und
Schweden, die schon im Jahr 2004 die Arbeitnehmerfreizügigkeit zugelassen
haben, eben nicht von Migrationsströmen überflutet worden sind. Außerdem
widerspricht die Annahme der vollkommen inflexiblen Löhne – auch in der
kurzen Frist – völlig der Realität. Löhne reagieren immer – wenn auch in unterschiedlicher Intensität – auf Änderungen in der Beschäftigungssituation.
So können die Unternehmen die Lohndrift abbauen, freiwillige Zahlungen
über Tarif abbauen und nicht gewerkschaftlich organisierte Arbeitnehmer
(dazu gehören fast alle Migranten, die gerade ihre Heimat verlassen) unter
Tarif einstellen, was natürlich zu erheblichen sozialen Spannungen im Betrieb
führen würde.

Wie immer man aber auch das hier skizzierte Szenario relativiert: Für
Mitgliedstaaten, die schon heute mit hoher Arbeitslosigkeit konfrontiert sind,
ist die sofortige Einführung der Arbeitnehmerfreizügigkeit keine realistische
Option, da sie der eigenen Wählerschaft nicht zu vermitteln ist.

2.5 Dienstleistungsfreiheit

Nachdem wir in diesem Kapitel ausführlich begründet haben, dass eine
Marktintegration wohlstandssteigernd wirkt, wollen wir in diesem Teil aufzeigen, warum die Realisierung der Dienstleistungsfreiheit in der EU so schwierig
ist. Welch immenser Widerstand gegen eine völlige Liberalisierung des Dienst-
leistungsmarktes existiert, wurde bei dem Versuch des Kommissars Bolkenstein deutlich, diese mit der nach ihm benannten Bolkenstein-Richtlinie zu
vollenden. Erst nach heftigen Auseinandersetzungen zwischen Parlament und
Kommission wurde diese Richtlinie nach erheblichen Korrekturen als Richtlinie 2006/123 über Dienstleistungen im Binnenmarkt verabschiedet. Kern der

Problematik ist dabei der Sachverhalt, dass sowohl bei aktiven Dienstleistungen, bei denen ein Dienstleister seine Leistung in einem anderen Mitgliedstaat erbringt, als auch bei passiven Dienstleistungen, bei denen ein Kunde seine Dienstleistungen in einem anderen Mitgliedstaat erhält, zwei unterschiedliche einzelstaatliche Rechtssysteme in vielerlei Hinsicht betroffen sind. So ist zu klären, welcher Mitgliedstaat bei der Zulassung und Kontrolle des Dienstleisters zuständig ist, welche Rechtsordnung die Vertragsgrundlage bildet, wie Regressansprüche geregelt werden usw. Entsprechend war es die Zielsetzung der Dienstleistungsrichtlinie, bürokratische Hindernisse und zwischenstaatliche Hemmnisse zu beseitigen.

Bei der Auseinandersetzung um die Dienstleistungsrichtlinie standen sich zwei konträre Positionen gegenüber. Die neoliberale Richtung, die auf die freie Entfaltung der Märkte, Deregulierung und Wettbewerb setzte, dominierte noch im Entwurf von Bolkenstein. Grundlegende Änderungen erzwang die marktskeptische Richtung, die einen ruinösen Wettbewerb, Abbau von Sozial- und Umweltstandards und damit Wohlfahrtsverluste befürchtete und die im Parlament die Mehrheit bildete.

Der Konflikt wurde noch dadurch verschärft, dass es die Intention der Richtlinie war, universelle Regelungen für alle Dienstleistungen zu schaffen, wenige Ausnahmeregelungen zuzulassen und dafür zu sorgen, dass großteils sozial- und arbeitsrechtliche Regelungen nachrangig wurden. Dieser Universalitätsanspruch der Richtlinie war aber nur schwer realisierbar, wenn man berücksichtigt, wie heterogen Dienstleistungen sind. Es ist zu bezweifeln, dass man für so unterschiedliche Bereiche wie Handel und Vertrieb, Bau- und Handwerksdienste, Finanz- und Gesundheitsdienstleistungen, soziale Dienstleistungen, Notare und Gerichtsvollzieher passgenaue, effiziente und dabei allgemeine Regeln finden kann.

Neben dem Universalitätsanspruch wurde kritisiert, dass die Richtlinie bei der Auswahl der Rechtsordnung bei Dienstleistungen im Binnenmarkt ausschließlich auf das Herkunftslandprinzip zurückgreift. Nach diesem Prinzip sollte bei grenzüberschreitenden Dienstleistungen immer das einzelstaatliche Recht des Mitgliedstaates gelten, in dem der Dienstleister seinen Sitz hat und nicht wie beim Bestimmungslandprinzip das Recht des Mitgliedstaates, in dem die Leistung erbracht wird. Die strikte Anwendung des Herkunftslandprinzips hätte insbesondere zu einer Benachteiligung der Nachfrager von Dienstleistungen geführt. Dabei muss man sehen, dass dies meist Konsumenten sind, die oft geringe Rechtskenntnisse im Vergleich zu einem Unternehmen besitzen und die wesentlich größere Schwierigkeiten haben, ihre Rechtsansprüche durchzusetzen. Man stelle sich vor, ein Rentner bezieht von einem lettischen Dienstleister eine Altenbetreuung, die unzureichend erbracht wurde. Wie soll dieser in der Lage sein, nach lettischem Recht seine Ansprüche durchzusetzen? Da Konsumenten im Allgemeinen risikoavers sind, ist zu erwarten, dass das Herkunftslandprinzip konsequent angewendet kontraproduktiv gewirkt hätte, da dann aus Sicherheitsgründen Konsumenten per se auf ausländische Dienstleister verzichtet hätten und diese durch die Richtlinie eher stigmatisiert worden wären.

Hinzu kommt, dass mit dem Herkunftslandprinzip es zu einem Rechtswirrwar gekommen wäre. Werden Dienstleistungen von Dienstleistern aus ganz verschiedenen Mitgliedstaaten in einem Mitgliedstaat erbracht, so wären unterschiedliche einzelstaatliche Rechtsordnungen in einem Mitgliedstaat gültig. Dies würde immense Transaktionskosten bewirken, die – wie die Neue Institutionenökonomik aufzeigt – die Effizienz marktlicher Lösungen eher einschränken. Zur Illustration stelle man sich vor, in Europa würde beim Autofahren das Herkunftslandprinzip angewandt. Dann würden in Deutschland die Briten links und die Franzosen rechts fahren dürfen.

Besonders von den Gewerkschaften und den NGO wurde kritisiert, dass das Herkunftslandprinzip bei sozialen Standards und Umweltstandards zu einem race to the bottom führen würde. Um ihre Wettbewerbsfähigkeit auf dem europäischen Markt zu verbessern, wären die Mitgliedstaaten – insbesondere die neu beigetretenen – gezwungen, ihre Standards zu senken. Da dann für die die Dienstleistungen erbringenden Arbeitnehmer die Löhne ihres Herkunftslandes gelten würden, käme es zur Lohnunterbietung und zu einer Abwärtsspirale bei den Löhnen und zu einer Marktintegration auf Kosten der Arbeitnehmer.

Es ist erstaunlich, dass sich Parlament, Rat und Kommission nach langwierigen und heftigen Kontroversen auf die Richtlinie 2006/123 geeinigt haben und grundlegende Defizite des Entwurfs konstruktiv beseitigt haben.

Die wichtige Abänderung des Bolkenstein-Entwurfs ist die Ersetzung des Herkunftslandprinzips durch das Prinzip der Nicht-Diskriminierung. Damit ist den Mitgliedstaaten sichergestellt, dass sie selbst einzelstaatliche Regelungen entwickeln dürfen. Dabei dürfen aber Dienstleister nicht aufgrund ihres Herkunftslandes benachteiligt werden und Zugangsbeschränkungen müssen dabei verhältnismäßig sein. Das Prinzip der Nicht-Diskriminierung ist aber recht vage und sehr interpretationsfähig. Es könnte sein, dass die Kommission dies als Hebel nutzt, das Herkunftslandprinzip über Klagen vor dem Gerichtshof der Europäischen Union durchzusetzen. Es könnte durchaus sein, dass der Gerichtshof das Prinzip der Nicht-Diskriminierung sehr eng auslegt und die Meinung vertritt, dass Nicht-Diskriminierung die Anwendung des Herkunftslandprinzips verlangt. Hier ist die Rechtssprechung des Gerichtshof abzuwarten. Bisher hat aber die Kommission diesen Hebel noch nicht genutzt.

Die Gefahr, die Richtlinie bedinge einen race to the bottom, ist dadurch beseitigt worden, dass festgelegt wurde, dass die Entsenderichtlinie 96/17 und die Sozialrechtskoordinierungsverordnung 1408/71 von der Dienstleistungsrichtlinie nicht berührt werden. Sie haben faktisch Vorrang vor der Dienstleistungsrichtlinie. Die Entsenderichtlinie räumt jedem Mitgliedstaat die Möglichkeit ein, über einzelstaatliches Recht Lohndumping durch ausländische Dienstleister zu verhindern. Dazu steht ihm das Recht zu, Mindestlöhne einzuführen. Im Falle von Mindestlöhnen gilt das Günstigerprinzip. Aus-

ländische Dienstleister sind in ihrer Tarifpolitik nur an das Tarifrecht ihres
Herkunftslandes gebunden. Zahlen sie aber ihren Arbeitnehmern im Land
der Leistungserbringung einen Lohn, der unter dem dortigen Mindestlohn
liegt, so müssen sie diese auch mit dem Mindestlohn entlohnen. Diese Richtlinie hat Deutschland mit dem Entsendegesetz umgesetzt und anders als in
den meisten Mitgliedstaaten keinen einheitlichen Mindestlohn, sondern unterschiedliche Branchenmindestlöhne verabschiedet. Bis Ende 2010 hat man
sich aber nicht auf einen Mindestlohn für Leiharbeit im Kabinett einigen
können, obwohl dieser zum Schutz vor der osteuropäischen Konkurrenz im
Dienstleistungssektor sowohl von Arbeitgeber- als auch Gewerkschaftsseite
eingefordert wurde. Zum 1. Mai 2011 fallen die Beschränkungen der Dienstleistungsfreiheit durch das Auslaufen der Übergangsregelungen für den Arbeitsmarkt weg, so dass die neuen Mitgliedstaaten bis auf Bulgarien und
Rumänien die Dienstleistungsfreiheit voll nutzen können.

Die Sozialrechtskoordinierungsverordnung, die wir ausführlich im Kapitel
13 behandeln werden, regelt u. a., welches einzelstaatliche Sozialrecht bei Arbeitnehmern anzuwenden ist, die in einem anderen Mitgliedstaat arbeiten.
Kennzeichnend für diese Verordnung ist die Anwendung des Bestimmungs-
landprinzips, das mit dem Vorrang dieser Verordnung auch für entsendete
Arbeitnehmer im Dienstleistungsbereich zur Anwendung kommt.

Die sozialrechtlichen Regelungen beinhalten u. a., dass bei:

- Höchstarbeitszeiten und Mindestruhezeiten,
- Arbeitskräfteüberlassung,
- Sicherheit, Gesundheitsschutz und Hygiene am Arbeitsplatz,
- Schutzmaßnahmen für Schwangere, Kinder und Jugendliche usw.

das Recht des Mitgliedstaats für entsandte Arbeitnehmer anzuwenden ist, in
dem die Dienstleistung erbracht wird.

Eine grundlegende Revision des Bolkenstein-Entwurfs wurde dadurch verwirklicht, dass der Anwendungsbereich der Richtlinie erheblich eingeschränkt
wurde. Für die Richtlinie gelten u. a. folgende explizite Ausnahmebereiche:

- Finanzdienstleistungen,
- Verkehrsdienstleistungen,
- Dienstleistungen von Leiharbeitsagenturen,
- Gesundheitsdienstleistungen,
- gewisse soziale von einem vom Staat beauftragten oder gemeinnützigen
  Dienstleister erbrachte Dienstleistungen und
- Dienstleistungen im audiovisuellen Bereich.

In dem sozialpolitisch sensiblen Bereich "von allgemeinen wirtschaftlichem
Interesse", der Daseinsvorsorge, gelten spezifische Regelungen des Bestands-
schutzes. Zum einen sind die Mitgliedstaaten nicht verpflichtet, diese Märkte
zu öffnen und zu liberalisieren und zum anderen besteht keine Verpflichtung zur Privatisierung entsprechender öffentlicher Einrichtungen. Bei der
Daseinsvorsorge liegt eine Gemeinwohlverpflichtung vor. Der Daseinsvorsorge

zugeordnet werden die Personenbeförderung sowie Gas-, Wasser- und Elektrizitätsversorgung, die Müllabfuhr, Abwasserentsorgung, Bildungs- und Kultureinrichtungen, einschließlich öffentlicher Einrichtungen wie Krankenhäuser, Badeanstalten, Friedhöfe, Kindergärten, Heime usw.

Generell gilt nach der Richtlinie, dass die Mitgliedstaaten das Recht haben, aus Gründen der öffentlichen Ordnung oder Sicherheit sowie aus Gründen des Umwelt- und Gesundheitsschutzes auch ausländischen Dienstleistern entsprechende Auflagen erteilen zu dürfen.

Fasst man alle diese Einschränkungen und Präzisierungen der Dienstleistungsrichtlinie zusammen, so kann man durchaus den Schluss ziehen, dass mit der Dienstleistungsrichtlinie ein akzeptabler Kompromiss zwischen den Zielen der ökonomischen Effizienz und den sozialpolitischen Zielen der Gerechtigkeit und Sicherheit gelungen ist.

2.6 Literatur

- Bhagwati, J. N. (1982): Directly Unproductive, Profit-seeking (DUP) Activities, in: Journal of Political Economy, Vol. 90, S. 988 - 1002.
- BMWi (2007): Die neue europäische Dienstleistungsrichtlinie – Chance für den Wirtschaftsstandort Deutschland, in: Monatsberichte des BMWi, Nr. 2, S. 32-38.
- Bureau of European Policy Advisers and the Directorate-General for Economic and Financial Affairs (2006): Enlargement, Two Years After: An Economic Evaluation, Brüssel.
- Dixit, A. K./Stiglitz, J. E. (1977): Monopolistic Competition and Optimum Product Diversity, in: American Economic Review, Vol. 67, S. 297 - 308.
- El-Agraa, A. M. (2004): The theory of economic integration, in: A. M. El-Agraa (Hrsg.), The European Union. Economics and Policies, 7. Aufl., S. 99 - 101, Harlow u. a.
- Europäische Kommission (2004): Eine neue Partnerschaft für die Kohäsion – Konvergenz, Wettbewerbsfähigkeit, Kooperation. Dritter Bericht über den wirtschaftlichen und sozialen Zusammenhalt, Brüssel.
- Europäische Kommission (2006): Bericht über die Anwendung der im Beitrittsvertrag 2003 festgelegten Übergangsregelungen (Zeitraum 1. Mai 2004 – 30. April 2006), Brüssel, KOM (2006)48 endgültig.
- Fernandez, R./Rodrik, D. (1991): Resistance to Reform: Status Quo Bias in the Presence of Individual-Specific Uncertainty, in: American Economic Review, Vol. 81, S. 1146 - 55.
- Hansen, J. D./Ulff-Møller Nielsen, J. (1997): An Economic Analysis of the EU, 2. Aufl., S. 21 - 22, 35 - 39, 44 - 47, 49 - 51.
- Hirschmann, A. O. (1974): Abwanderung und Widerspruch, Tübingen.

- Kösters, W. (1998): Handelspolitik, in: P. Klemmer (Hrsg.), Handbuch Europäische Wirtschaftspolitik, München, S. 809 - 819.
- Krugmann, P. R./Obstfeld M. (2004): Internationale Wirtschaft – Theorie und Politik der Außenwirtschaft, 6. Aufl., München u. a., S. 38 - 57.
- Layard, P. u. a. (1992): East-West-Migration, Cambridge Mass. u. London, S. 33 - 44.
- Olson, M. (1968): Die Logik kollektiven Handelns, Tübingen.
- Samuelson, P. A. (2004): Where Ricardo and Mill Rebut and Confirm Arguments of Mainstream Economists Supporting Globalisation, in: Journal of Economic Perspectives, Vol. 18, S. 135 - 146.
- Sinn, H.-W. u. a. (2001): EU-Erweiterung und Arbeitskräftemigration: Wege zu einer schrittweisen Annäherung der Arbeitsmärkte, München.
- Zimmermann, K. F. (1997): Die Arbeitsmarktkonsequenzen unterschiedlicher Einwanderungspolitiken, in: D. Sadowski, K. Pull (Hrsg.), Vorschläge jenseits der Lohnpolitik, Optionen für mehr Beschäftigung II, Frankfurt/New York, S. 297 - 316.

Kapitel 3
Politische Institutionen der Europäischen Union

Zielsetzung dieses Kapitels ist es nicht, rein deskriptiv die Details der Architektur der EU aufzuzeigen. Intention ist es vielmehr, die für wirtschaftliche Fragestellungen relevanten Institutionen und Entscheidungsprozesse darzustellen und zu erklären. Um diese Institutionen bezüglich ihrer Zielsetzung, die Interessen der EU-Bürger zu verfolgen, evaluieren zu können, ist ein theoretisches Fundament notwendig. Dies bietet die Ökonomische Theorie des Föderalismus (Fiscal Federalism), wie sie von Oates begründet wurde.

3.1 Ökonomische Theorie des Föderalismus

Wenn es um die Aufgaben des Staates geht, greift die finanzwissenschaftliche Literatur auf die Arbeit von Musgrave zurück, der folgende 3 Kernaufgaben des Staates identifizierte:

- Allokation,
- Distribution,
- Stabilisierung.

Initiiert von Oates wurde darauf aufbauend die Frage aufgegriffen, wer welche Aufgaben übernehmen soll. Dabei differenziert man meist zwischen Zentralstaat, Ländern und Kommunen. Die Fragestellung nach der optimalen Ebene der Zuweisung von Kompetenzen soll in diesem Kapitel auf die EU übertragen werden: Wir untersuchen, welche Aufgaben aus ökonomischer Perspektive von der Union, insbesondere der Kommission, übernommen werden und welche bei den Mitgliedstaaten unabhängig von den rechtlichen Vorgaben verbleiben sollen. Dabei werden wir uns im Folgenden auf die allokativen Aufgaben beschränken, da wir für diesen Aufgabenbereich relativ robuste Aussagen machen können.

Wie wir in den Kapiteln 4 und 10 zeigen werden, ist die Frage, ob die Mitgliedstaaten oder die Union für die Geld- und Stabilitätspolitik zuständig sein sollen, in der EU stark umstritten, so dass wir diese Fragen zunächst einmal zurückstellen und in den jeweiligen Kapiteln detailliert behandeln. Dies gilt auch für die Distributionsproblematik. Im 12. und 13. Kapitel werden wir uns sehr ausführlich mit den Aspekten der Umverteilung beschäftigen. Verteilungsaspekte werden zum einen in der EU bedeutsam, wenn es um die Finanzierung des EU-Haushalts geht (Lastenverteilung). Zum anderen untersuchen wir, ob Umverteilung unter den EU-Bürgern ökonomisch sinnvoll ist. Dabei interpretieren wir den Staat als Versicherungsstaat und zeigen die Probleme auf, die sich aus einer Verteilungspolitik ergeben, wenn sie in der EU nicht zentralisiert, sondern auf der Ebene der Mitgliedstaaten angesiedelt ist.

Wenden wir uns nun den allokativen Aufgaben und deren Zuordnung zu. In der Finanzwissenschaft existiert breiter Konsens, dass es die allokative Aufgabe des Staates ist, Marktversagen zu beseitigen. Klassische Formen des Marktversagens sind:

- Öffentliche Güter,
- Externe Effekte,
- Informationsasymmetrien und
- natürliche Monopole.

Wenn wir uns die Systematik in Tabelle 1.1 anschauen, so stellen wir fest, dass sich die Ökonomik schwerpunktmäßig mit privaten Gütern beschäftigt.

Tabelle 3.1 Öffentliche versus private Güter

		Ausschlussprinzip anwendbar	
		ja	nein
Rivalität im	ja	Private Güter	Allmendegüter
Konsum	nein	Clubgüter	Öffentliche Güter

Private Güter sind durch Rivalität in der Nutzung und durch die Gültigkeit des Ausschlussprinzips gekennzeichnet. Rivalität in der Nutzung bedeutet, dass nur ein Einzelner das Gut wie z. B. einen Kopfhörer im Gegensatz zu einer Radiosendung nutzen kann. Das Ausschlussprinzip bedeutet, dass andere von der Nutzung des Gutes ausgeschlossen werden können. Die Durchsetzung des Ausschlussprinzips ist eine wichtige Aufgabe des Rechtsstaates. Seine Durchsetzung setzt aber voraus, dass für das betrachtete Gut wohldefinierte Eigentumsrechte existieren. Liegen keine Eigentumsrechte für ein Gut vor, so spricht man von einem Allmendegut, bei dem kollektives Eigentum vorliegt, da keiner von der Nutzung ausgeschlossen werden kann.

Bei Allmendegütern tritt das Phänomen der Übernutzung und des Raubbaus auf. Gehört allen Bauern einer Gemeinde eine Wiese, auf die sie ihre Kühe treiben können, so werden sie zu viel Vieh halten und die Wiese übernutzen.

Allmendegüter existieren oft auf der Ebene der EU und seltener auf der der Mitgliedstaaten. Auf nationaler Ebene haben sich z. B. klare Fangrechte für den jeweiligen Fischbestand etabliert. Völlig anders ist die Situation auf den Meeren außerhalb der Hoheitsgebiete der Mitgliedstaaten. Geht es um die Fangrechte in der Nordsee, muss die Union die Überfischungsproblematik dadurch lösen, dass sie das Allmendegut durch die Vergabe von Fangquoten in ein privates Gut transformiert. Da zwischen den Mitgliedstaaten in vielen Bereichen keine präzisen Eigentumsrechte existieren, ist es die Aufgabe der Union, diese exakt zu definieren. Alternativ können die betroffenen Staaten durch bi- oder multilaterale Vereinbarungen selbst das Problem lösen, was aber meist an hohen Transaktionskosten scheitert. Bei Clubgütern ist das Exklusivprinzip anwendbar, es liegt aber keine Rivalität im Konsum vor. Es besteht kein politischer Handlungsbedarf. Die Allokationstheorie zeigt, dass hier der Marktmechanismus effizient arbeitet. Eine Golfanlage wäre solch ein Clubgut. Sie kann problemlos als Verein, privates Unternehmen usw. betrieben werden.

Handlungsbedarf besteht hingegen bei öffentlichen Gütern. Öffentliche Güter sind durch fehlende Rivalität in der Nutzung und Nichtanwendbarkeit des Exklusionsprinzips gekennzeichnet. Bei öffentlichen Gütern existiert Marktversagen und es ist die genuine Aufgabe des Staates, die Bereitstellung öffentlicher Güter sicherzustellen. Eine marktliche Lösung ist aufgrund der Fehlanreize bei der Produktion öffentlicher Güter ausgeschlossen. Es liegt ein Gefangenendilemma vor. Wenn jemand das öffentliche Gut bereitstellt, können es alle nutzen, ohne sich an den Erstellungskosten beteiligen zu müssen. Dies hat zur Folge, dass der Anbieter auf seinen Kosten sitzen bleibt und deshalb von vornherein auf die Bereitstellung verzichtet. Da jeder rational handelnde Bürger so denkt, wird das öffentliche Gut nicht angeboten und der Staat muss einspringen.

Wenn es eine genuine Aufgabe des Staates ist, das Angebot an öffentlichen Gütern sicherzustellen, so bleibt zu fragen, auf welcher Ebene dies realisiert werden soll. Da es um die EU versus deren Mitgliedstaaten geht, ist es sinnvoll, zwischen nationalen und EU-weiten öffentlichen Gütern zu differenzieren. Nationale öffentliche Güter sind diejenigen, bei denen sich die Nutznießer auf diejenigen Bürger des Mitgliedstaates beschränken, in dem diese angeboten werden. Bei EU-weiten liegt eine grenzüberschreitende Nutzung vor.

Der jeweilige Mitgliedstaat kann nationale öffentliche Güter in eigener Regie sicherstellen. Anders sieht es bei EU-weiten öffentlichen Gütern aus. Entweder organisieren die betroffenen Mitgliedstaaten untereinander das Angebot und seine Finanzierung oder sie übertragen die Kompetenzen auf die Union, was naheliegend ist, wenn viele bzw. fast alle Mitgliedstaaten involviert sind. Geht es z. B. um die Sicherheit der Bürger, so sind beide Ebenen angesprochen. Das Leistungsangebot der heimischen Feuerwehr stellt ein nationales, besser lokales öffentliches Gut dar, für das eine Zuständigkeit der Union bzw. der Kommission wenig sinnvoll ist. Völlig anders stellt sich die Si-

tuation dar, wenn es um die Verteidigung der Mitgliedstaaten geht. Hier liegt
ein EU-weites öffentliches Gut vor. Aus ökonomischer Sicht, auch wenn dies
bisher an nationalen Interessen scheitert, wäre eine Kompetenzverlagerung
der Verteidigungspolitik auf die Ebene der Union durchaus sinnvoll.

Diese Überlegungen sind auch auf eine weitere Form von Marktversagen,
den externen Effekten, zu übertragen. Sie liegen vor, wenn Aktivitäten eines
Individuums sich auf andere auswirken, ohne dass dieser Einwirkung eine
vertragliche Beziehung zugrunde liegt. So stellen erworbene Dienstleistungen
per se keine Externalität dar. Anders ist der Fall zu bewerten, wenn ein Individuum eine laute Party veranstaltet und dadurch den gemütlichen Abend
seiner Nachbarn beeinträchtigt. Bei externen Effekten liegt deshalb Marktversagen vor, weil der Verursacher ein für sich optimales Allokationsniveau
wählt und dabei die Auswirkungen auf andere nicht berücksichtigt. Diese
Vernachlässigung der Externalitäten bedingt eine gesellschaftlich suboptimale Lösung. Auch hier besteht Marktversagen und die Notwendigkeit, dass der
Staat korrigierend eingreift.

Und hier determiniert ebenfalls die jeweilige Form der Externalität, welche Ebene die notwendigen Kompetenzen zur Beseitigung des Marktversagens erhalten soll. Liegen lokale Externalitäten wie der Lärm der Party oder
eine räumlich beschränkte Luftverschmutzung vor, so dass die Externalitäten sich auf den jeweiligen Mitgliedstaat beschränken, so liegt die Kompetenz
eindeutig auf der Ebene der Mitgliedstaaten. Anders ist dies im Fall der CO_2-
Belastung, da hier das koordinierende Eingreifen der Union von Nöten ist,
da sich CO_2 in der EU weiträumig verteilt und von der damit verbundenen
Klimaerwärmung die gesamte Union betroffen ist. Isoliertes Vorgehen eines
einzelnen Mitgliedstaates macht da wenig Sinn.

Analog zu unserem bisherigen Vorgehen können wir auch Marktversagen aufgrund von Informationsasymmetrien behandeln. Um den wesentlichen
Aspekt der Informationsasymmetrie behandeln zu können, konzentrieren wir
uns auf den wirtschaftspolitischen Fall, dass die Konsumenten nicht befriedigend die Qualität eines Produktes bestimmen können, also keine Erfah-
rungsgüter, sondern reine Vertrauensgüter vorliegen. In diesem Market for
Lemons nach Akerlof kommt es dazu, dass Güter höherer Qualität vom Markt
gedrängt werden und entsprechend aufgrund des Qualitätsabfalls die Nachfrage nach Qualitätsgütern zurückgeht. Somit sinkt das Angebot an besseren
Gütern, so dass sich das Angebot insgesamt qualitativ verschlechtert und
der Markt für Qualitätsgüter in sich zusammenbricht. Dieses Marktversagen
kann die Politik u. a. durch die Vorgabe von Qualitäsmindeststandards lösen.
Prüfen wir entsprechend, welche Ebene diese Aufgabe übernehmen sollte. Auf
lokalen Märkten, wie z. B. Pflegedienstleistungen, ist die nationale bzw. lokale Ebene offensichtlich der richtige Adressat und nicht die Kommission im
fernen Brüssel, sofern es um das reine Informationsproblem geht.

Kennzeichnend für den Gemeinsamen Markt ist der Austausch von Gütern
und Dienstleistungen über die Grenzen der Mitgliedstaaten hinweg. Im innereuropäischen Handel ist der einzelne Mitgliedstaat machtlos, wenn es um

die Durchsetzung von Mindeststandards geht. Betrachten wir dazu Qualitäts-standards für z. B. Kindersicherheitssitze, können wir ein rechtliches Problem und ein Anreizproblem aufzeigen. Im innereuropäischen Handel muss eine Eigentumsrechtsfrage geklärt werden. Welcher Mitgliedstaat hat das Recht, für die gehandelten Produkte die Qualitätsnormen festzusetzen und die Vor-schriften durchzusetzen? Eine Vielzahl von Regelungen sind möglich: Für alle Produkte, die in einem Mitgliedstaat zum Endverkauf kommen, legt der jeweilige Mitgliedstaat die Normen fest (Bestimmungslandprinzip) oder die Normen werden vom Mitgliedstaat, in dem das Gut produziert wird, festge-legt (Ursprungslandprinzip), um die beiden wichtigsten Zuordnungsvorschrif-ten gegenüber zu stellen. Da auch im innereuropäischen Handel diese Eigen-tumsfrage letztlich ungeklärt war, hat der EuGH im Cassis-de-Dijon-Urteil entschieden, das Ursprungslandprinzip anzuwenden, so dass die Qualitäts-normen nur am Ort der Produktion vom jeweiligen Mitgliedstaat festgelegt werden dürfen. Abweichungen von dieser Vorschrift sind u. a. nur zulässig, wenn sie zum Schutz der öffentlichen Gesundheit und des Verbraucherschut-zes zwingend erforderlich sind.

Unterstellen wir zunächst, dass aus Gründen des Verbraucherschutzes die Qualitätsnorm zwingend notwendig sei, so dass die Rechte beim Bestim-mungsland liegen würden. In diesem Falle wäre der Anreiz gegeben, ten-denziell hohe Normen zu setzen, je nachdem wie hoch der Importanteil ist. Das Bestimmungsland schützt die Interessen seiner Bürger, während die mit höherem Qualitätsstandard verbundenen Kosten anteilig die ausländischen Anbieter zu tragen haben, die die Kostensteigerung wahrscheinlich nicht voll auf die Preise überwälzen können. Im Extremfall verzichten sie auf die Er-füllung der Norm und beliefern nicht mehr das jeweilige Land, so dass das Bestimmungsland Qualitätsnormen als Handelshemmnis nutzen kann.

Von daher ist es einsichtig, dass die Kommission „Gründe des Verbraucher-schutzes" sehr restriktiv interpretiert, so dass sich Qualitätsstandards weitge-hend über das Ursprungslandprinzip durchsetzen. Beim Ursprungslandprin-zip ergibt sich aber ein race to the bottom. Stellen wir uns dazu vereinfachend eine Handelsstruktur dergestalt vor, dass alle Unternehmen vorwiegend für Kunden in anderen Mitgliedstaaten produzieren. Aus der Sicht eines Ur-sprungslandes wären dann Qualitätsnormen wenig attraktiv. Es würde die Konsumenten in anderen Mitgliedstaaten schützen und die eigenen Unter-nehmen nur kostenmäßig belasten. Setzt man im eigenen Land die Mindest-normen niedriger als in den anderen Mitgliedstaaten, so verschafft man damit den eigenen Unternehmen einen Wettbewerbsvorteil auf dem europäischen Markt. Die Konsumenten können die Produkte mit geringerer Qualität nicht erkennen, so dass Produkte mit niedrigerem Qualitätsstandard bei gleichblei-benden Preisen zu keinem Nachfragerückgang, aber zu höheren Gewinnen führen. Je stärker die Integration im Gemeinsamen Markt vorangeschritten ist und je geringer der Anteil lokaler Güter in der EU ist, umso sinnvoller ist es, dass die Union selbst Marktversagen in Form der Informationsasymmetrie über Mindeststandards beseitigt, sofern nicht andere dezentral ausgerichtete Instrumente, wie Markenzeichen, enge Händler-Kunden-Beziehungen usw. das Problem lösen.

Monopole werden von Ökonomen abgelehnt, weil sie allokative Ineffizienz (suboptimales Güterangebot) und zu hohe Preise bedingen. Es kann aber sein, dass nur ein Monopol – besser ein Produzent – es ermöglicht, alle Kostenvorteile zu nutzen. Dies ist der Fall, wenn eine subadditive Kostenfunktion vorliegt, die z. B. dann gegeben ist, wenn die Durchschnittskostenkurve kontinuierlich fällt und somit die Grenzkostenkurve nicht schneidet, die ständig unterhalb der Durchschnittskostenkurve verläuft. Liegt eine subadditive Kostenkurve vor, so sprechen wir von einem natürlichen Monopol. Hohe Fixkosten mit geringen variablen Kosten können ein natürliches Monopol zur Folge haben (siehe AIRBUS-Entwicklung). Im EU-Kontext sind natürliche Monopole in Form von Netzen besonders relevant, beginnend beim Wasserversorgungs- und Abwassersystem bis hin zum europäischen Stromversorgungsnetz. Bei natürlichen Monopolen liegt Marktversagen deshalb vor, weil es ohne Regulierung zu einem allokativ und distributiv unerwünschten Marktergebnis kommt.

Aber auch die Möglichkeit der Zerschlagung des natürlichen Monopols ist ökonomisch keine Alternative, da man damit unnötigerweise zu hohe Durchschnittskosten in Kauf nehmen müsste. Als einzige sinnvolle Option bleibt die Regulierung des natürlichen Monopols durch den Staat.

Entsprechend muss entschieden werden, wer die schwierige Regulierungsaufgabe übernehmen muss. Beschränkt sich das natürliche Monopol auf einen Mitgliedstaat, wie im Falle der Wasserversorgung oder des ÖPNV, so ist der jeweilige Mitgliedstaat als Regulierer angesprochen. Anders im Falle EU-weiter natürlicher Monopole, wie sie das europäische Stromnetz sowie das transnationale Verkehrssystem darstellen. Hier wäre eine Regulierung durch die einzelnen Mitgliedstaaten wenig sinnvoll. Dies ist das Aufgabengebiet der Kommission. Welche Ebene bei Marktversagen im konkreten Fall aktiv werden soll, zeigt die Tabelle 3.2.

Neben der Art des Marktversagens sind als weiteres Prüfkriterium für die Zuordnung von Aufgaben in der EU Synergieeffekte zu betrachten. So wie der Zusammenschluss von Unternehmen zu Kosteneinsparungen führen kann, gilt dies auch für Staaten, die Aufgaben an eine höhere Einheit delegieren. Entsprechend argumentiert die Kommission, dass durch eine Bündelung von Aufgaben der Mitgliedstaaten bei der Kommission Synergieeffekte realisiert werden können. Zu denken ist an Aufgaben wie die gemeinsame Außenpolitik. Würden die Mitgliedstaaten sich konsequent durch die EU mit einer Stimme nach außen repräsentieren lassen, so wäre der politische Einfluss der EU wahrscheinlich größer als die aller Mitgliedstaaten zusammen. Synergieeffekte sind z. B. in Bereichen der gemeinsamen Terrorismusbekämpfung, justiziellen und polizeilichen Zusammenarbeit zu erwarten.

Dabei muss aber gesehen werden, dass Synergieeffekte nicht allein durch die Übertragung von Kompetenzen an die Kommission, sondern auch durch mehr oder weniger intensive Absprachen und ein koordiniertes Vorgehen der

Tabelle 3.2 Zentralisierung versus Dezentralisierung

	lokal	EU-weit
Öffentliche Güter	- Hochwasserschutz - Feuerwehr/Rettungsdienst	- Handelspolitik - Verteidigung
Externalitäten	- Lärmschutz - Feinstaubemission	- Bekämpfung von Epidemien - CO_2-Emissionen
Informations- asymmetrien	- Standards und Kontrollen von Pflegeheimen	- Sicherheitsstandards für Autos
Natürliches Monopol	- Wasser- und Abwasserschutz - Öffentlicher Personen- nahverkehr	- Europäische Organisation für Kernforschung (CERN) - EU-Satelliten-Navigationssystem Galileo - Transnationale Strom-, Bahn- und Straßennetze

Mitgliedstaaten verwirklicht werden können. Dies gilt insbesondere, wenn es um den Austausch von Erfahrungen und wechselseitiges Lernen geht.

Bisher sind wir davon ausgegangen, dass die politischen Institutionen ausschließlich im Interesse der Bürger handeln. Dies ist oft eine kontrafaktische Annahme. Politiker denken nicht nur an das Gemeinwohl – was immer das auch ist –, sondern an ihre politische Karriere, ihren politischen Einfluss, ihr Einkommen usw. Auf dieser Überlegung baut die Neue Politische Ökonomie (NPÖ) auf. Sie unterstellt generell eigennütziges Verhalten der Politiker und versucht, deren Verhalten mit dem ökonomischen Modell zu erklären bzw. zu prognostizieren.

Aus der Perspektive der NPÖ kommt als drittes Prüfungskriterium die Art der Präferenzen der Bürger hinzu. Wir müssen uns nämlich fragen, welche Ebene verfolgt konsequenter die Interessen der Bürger: die der Mitgliedstaaten oder die EU-Ebene? Dieser Aspekt ist relativ unproblematisch, wenn die Bürger homogene Präferenzen haben. Dann sind diese recht einfach zu identifizieren und es fällt den politischen Instanzen schwer, sich darüber hinwegzusetzen. Homogene Präferenzen haben einen weiteren Vorteil, dass sie keiner auf die partikularen Interessen ausgerichteten Politik bedürfen. Liegen aber heterogene Präferenzen z. B. für die Umweltpolitik vor, so macht es wenig Sinn, EU-weite einheitliche Umweltstandards festzulegen, die dann als Durchschnittswerte keinem gerecht werden. Eine Politik auf EU-Ebene könnte dieses Problem dadurch lösen, dass man auf die jeweiligen Präferenzen ausgerichtete Standards vereinbart. Dann stellt sich aber sofort die Frage, warum werden diese auf der EU-Ebene und nicht sinnvoller Weise auf der der Mitgliedstaaten bestimmt. Sind aufgrund heterogener Präferenzen differenzierte Maßnahmen notwendig, so spricht dies aus mehreren Gründen für eine dezentrale Lösung. Einmal ist es sehr schwierig, sich auf einen gemeinsamen

Katalog von Maßnahmen in der EU zu einigen. Es tauchen dabei sofort immense Legitimationsprobleme auf, wenn man abweichende Regelungen rechtfertigen muss. Oft fehlt völlig die notwendige Kompromissbereitschaft auf zentraler Ebene.

Gravierender ist das Informationsbeschaffungs- und Informationsverarbeitungsproblem. Hier ergeben sich für die EU-Ebene systematische Nachteile bei heterogenen Präferenzen. Dies gilt insbesondere für öffentliche Güter. Die Effizienzbedingungen für öffentliche Güter unterscheiden sich systematisch von denen für private (siehe Abb. 3.1). Bei privaten Gütern wird ein Gut solange nachgefragt, bis die Effizienzbedingung „marginale Zahlungsbereitschaft (MZB) gleich gesellschaftliche Kosten (GK)" erfüllt ist. Wesentlich ist dabei, dass jeder Konsument einen Anreiz hat, seine marginale Zahlungsbereitschaft am Markt zu offenbaren.

Privates Gut	**Öffentliches Gut**
MZB = GK für alle Bürger	$\sum$ MZB = GK
GK = P $\rightarrow$	Finanzierung offen
MZB für alle Bürger gleich trotz heterogener Präferenzen	unterschiedliche MZB
Anreiz wahre MZB zu offenbaren $\rightarrow$	kein Anreiz wahre MZB bei Anwendung des Äquivalenzprinzip zu offenbaren
Markt generiert notwendige Informationen	Informationsdefizit

Abb. 3.1 Übersicht Effizienzbedingungen

Völlig anders stellt sich das Informationsproblem bei öffentlichen Gütern dar. Da keine Rivalität im Konsum vorliegt, ist die Allokation dann effizient, wenn die Summe der marginalen Zahlungsbereitschaften (ΣMZB) den gesellschaftlichen Kosten entspricht. Dabei kann aber der Preismechanismus nicht seine allokative Funktion erfüllen, da die Finanzierung des öffentlichen Gutes politisch entschieden werden muss. Nun ist die marginale Zahlungsbereitschaft bei einem öffentlichen Gut aufgrund unterschiedlicher Präferenzen und Einkommenssituationen bei den Bürgern unterschiedlich und für die politischen Entscheidungsträger schwer identifizierbar. Da die Bürger befürchten, gemäß ihrer Zahlungsbereitschaft zur Finanzierung herangezogen zu werden, werden sie sie tendenziell zu niedrig offenbaren. Dies ist von daher attraktiv, da individuell zu geringe Angaben sich nur marginal auf das Angebot des öffentlichen Gutes auswirken. Da aber alle Bürger sich so verhalten, besteht die Gefahr, dass es auch im politischen Prozess zu einer Unterversorgung mit öffentlichen Gütern kommen kann. Und es ist zu vermuten, dass politische Entscheidungsträger vor Ort die "wahren" Präferenzen eher identifizieren können.

Für die dezentrale Aufgabenzuteilung spricht auch, dass auf dieser Ebene bessere Kontrollmöglichkeiten existieren. Zum einen lässt sich auf dieser Ebene leichter politischer Protest organisieren. Eine dezentrale Aufgabenzuweisung ermöglicht, mit Abwanderung zu drohen, was auf EU-Ebene wesentlich schwieriger ist. Des Weiteren funktioniert der Wahlmechanismus auf dezentraler Ebene signifikant besser als auf EU-Ebene, was man schon an der Wahlbeteiligung ablesen kann. Ergänzend ist noch das höhere Innovationspotenzial dezentraler Lösungen zu erwähnen.

Diese Überlegungen haben Oates veranlasst, folgendes Dezentralisationstheorem aufzustellen: Wenn keine Synergieeffekte durch zentrale Bereitstellung und keine Gebietsexternalitäten (Spillover-Effekte) vorliegen, dann sollen lokale öffentliche Güter dezentral administriert werden. Unsere Ausführungen haben gezeigt, dass dieses Theorem dahin verallgemeinert werden kann, dass es nicht nur für lokale öffentliche Güter, sondern auch für jede Form lokalen Marktversagens gilt.

Ausfluss des Dezentralisationstheorems ist das Subsidiaritätsprinzip der EU, das im Art. 5 EU-Vertrag verankert ist. Danach sind generell Aufgaben von den Mitgliedstaaten zu erfüllen. Erst wenn diese dazu nicht in der Lage sind, soll die Union durch die Kommission aktiv werden.

Nachdem wir grundsätzlich geklärt haben, wie die Aufgabenteilung zwischen der Union und den Mitgliedstaaten vorgenommen werden sollte, ist es angebracht, noch einige Prinzipien aufzuzeigen, mit denen die Effizienz politischer Entscheidungen in der EU gewährleistet werden kann. In der Abbildung 3.2 haben wir das Zusammenspiel dreier Prinzipien dargestellt, die kurz erläutert werden sollen. Diese drei Prinzipien verdeutlichen die Effizienz marktlicher Entscheidungsprozesse und sind nur schwer im politischen Bereich zu verwirklichen.

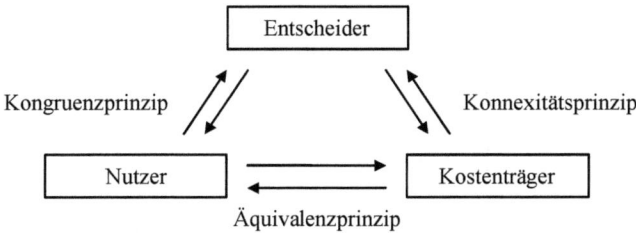

Abb. 3.2 Prinzipien der effizienten Entscheidungen

Auf Märkten haben wir eine Identität von Entscheider, Kostenträger und
Nutzer. Der Käufer einer Ware entscheidet bei der Auswahl, muss die Ware bezahlen und kann sie nach seinen Vorstellungen nutzen. Im politischen
Bereich wird diese Identität durchbrochen. Bürokraten entscheiden für die
Bürger, wie die Ausstattung mit öffentlichen Einrichtungen ist. Die Bürger
werden oft nur indirekt als Steuerzahler unabhängig von ihrer Inanspruchnahme an der Finanzierung beteiligt. Und Brüssel entscheidet über Umweltstandards, wobei die Mitgliedstaaten die Kosten der Einhaltung des Standards zu tragen haben. Sind Entscheider nicht auch Kostenträger und wird
damit das Konnexitätsprinzip durchbrochen, so hat dies zur Folge, dass bei
der Entscheidung die gesellschaftlichen Kosten nicht hinreichend berücksichtigt werden, da ja dafür die anderen zuständig sind. Sind die Entscheider
nicht die Nutzer und wird das Kongruenzprinzip durchbrochen, so ist nicht
auszuschließen, dass sich die Entscheider an eigenen Interessen und nicht an
denen der Nutzer ausrichten und sachfremde Aspekte berücksichtigt werden.
Tragen die Nutzer nicht individuell die Kosten und wird das Äquivalenzprinzip durchbrochen, so entsteht bei den Nutzern eine Nullkostenmentalität.
Man geht nicht pfleglich mit öffentlichem Eigentum um und es kommt zur
Verschwendung. Wenn wir uns in den folgenden Kapiteln die einzelnen Politikbereiche anschauen, wird deutlich, welche gravierenden Folgen sich aus
der Verletzung dieser Prinzipien ergeben.

3.2 Die Architektur der EU

Bevor wir uns den Institutionen und Entscheidungsprozessen in der EU zuwenden, ist es sinnvoll, kurz auf die rechtlichen Grundlagen der EU einzugehen. Die EU (früher EWG, dann EG) bestand aus verschiedenen Gemein-
schaften, die jeweils eine eigene Rechtspersönlichkeit besitzen: die Europäische Gemeinschaft und die Europäische Atomgemeinschaft, wobei die dritte
1951 gegründete Gemeinschaft, die Europäische Gemeinschaft für Kohle und
Stahl, 2002 beendet wurde und die für die EU relevanten Regelungen sukzessive in das Gemeinschaftsrecht integriert wurden.

Mit dem "Vertrag von Lissabon zur Änderung des Vertrages über die Europäische Union und des Vertrages zur Gründung der Europäischen Gemeinschaft", dem Grundlagenvertrag, wurde der EU eine neue vertragliche Grundlage gegeben, der Gemeinschaftsbegriff durch den Unionsbegriff ersetzt und
die EU mit einer einheitlichen Rechtspersönlichkeit ausgestattet. Der Lissabonvertrag besteht aus zwei Verträgen. Zum einen wurde der alte Vertrag
über die Europäische Union (EU-Vertrag) modifiziert übernommen und der
Vertrag über die Europäische Gemeinschaft (EGV) wurde in den Vertrag
über die Arbeitsweise der Europäischen Union (AEU-Vertrag) überführt. Da-
neben besteht weiter der Vertrag zur Gründung der Europäischen Atomgemeinschaft. Die Verträge werden ergänzt durch eine Vielzahl von Protokollen.

Durch den Art. 6 EU-Vertrag wurde die Grundrechtecharta für rechtsverbindlich erklärt, so dass das Primärrecht der EU folgende Grundlagen umfasst:

- Vertrag über die Europäische Union,
- Vertrag über die Arbeitsweise der Europäischen Union,
- Vertrag zur Gründung der Europäischen Atomgemeinschaft,
- Charta der Grundrechte der Europäischen Union,
- Protokolle.

Dieses Primärrecht bildet die rechtliche Grundlage für das Sekundärrecht der
EU. Sekundärrecht sind die Rechtsakte der EU. Dazu gehören die Richtlinien,
die noch in nationales Recht umgesetzt werden müssen, die Verordnungen,
die unmittelbares Recht in den Mitgliedstaaten sind, die Entscheidungen und
Beschlüsse der Kommission und des Gerichtshofs der Europäischen Union
(EuGH) und die Empfehlungen und Stellungnahmen der Kommission, die
natürlich nicht rechtsverbindlich sind.

3.2.1 Die Organe der Europäischen Union

Die Organe der Europäischen Union sind in der Abb. 3.3 dargestellt. De-
mokratietheoretisch sollte dabei dem Europäischen Parlament die zentrale
Stellung zukommen. Die Parlamentarier wurden in den ersten Jahren der
EWG als Vorgänger der EU von den Mitgliedstaaten delegiert. Erst seit dem
Jahr 1979 werden sie von den Bürgern direkt gewählt, wobei aber die Wahlbeteiligung wesentlich niedriger als bei den nationalen Wahlen ist. Die Parlamentarier werden für eine Wahlperiode von fünf Jahren gewählt. Besonders
umstritten war die Zahl und Verteilung der Sitze im Parlament, die im Rahmen der EU-Erweiterung ständig korrigiert werden mussten.

Mit dem Lissabonvertrag wird die Gesamtzahl der Sitze auf 751 beschränkt. Jeder Mitgliedstaat entsendet mindestens 6 und höchstens 96 Vertreter und es gilt eine degressiv proportionale Verteilung. Da aber die letzten Europawahlen vor dem Inkrafttreten des Lissabonvertrages (1.12.2009)
stattfanden, gilt noch die Verteilung gemäß der Regelungen des Vertrages
von Nizza.

Die Stellung des Europäischen Parlaments bestimmt sich über die ihm zugewiesenen Aufgaben und seinen Einfluss bei den entsprechenden Entscheidungen. Im EWG-Vertrag von 1957 wurde dem Europäischen Parlament eine
rein beratende Funktion zugewiesen. Meilensteine bei der Emanzipation des
Europäischen Parlaments waren die Einheitliche Akte von 1987, der EU-
Vertrag von 1992 (Vertrag von Maastricht) und der Vertrag von Amsterdam
von 1997. Sie ermöglichten eine schrittweise Ausweitung der Kompetenzen
des Parlaments. Im Lissabonvertrag sind dem Parlament vier wichtige Aufgabengebiete zugewiesen:

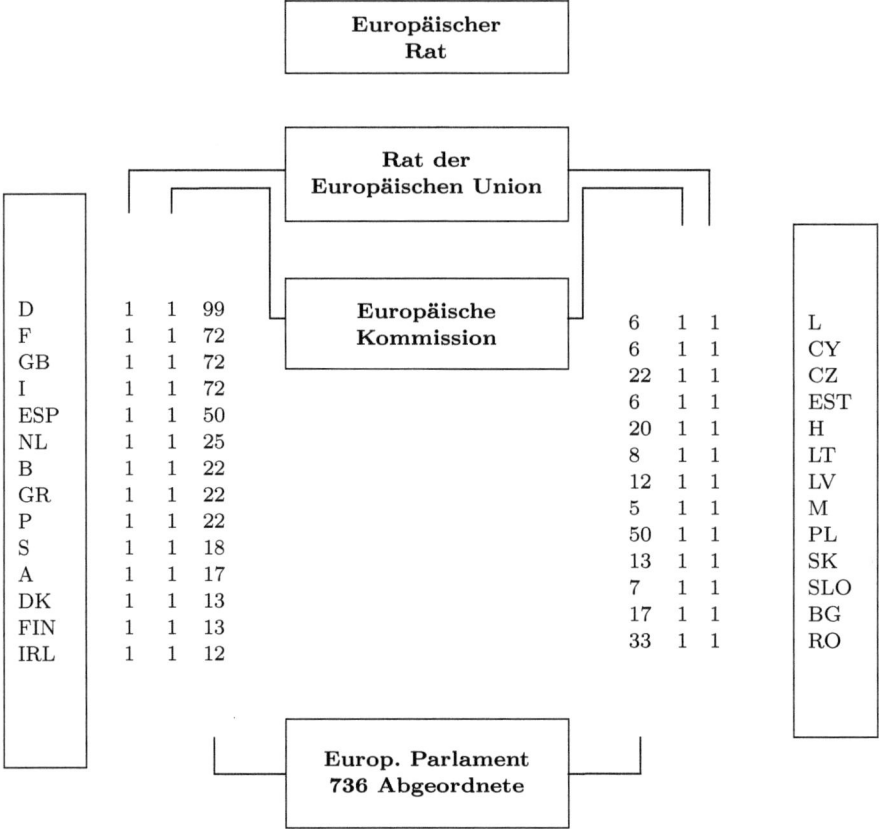

Abb. 3.3 Die Organe der Europäischen Union

- Gesetzgebende Gewalt: Das Europäische Parlament ist heute in unterschiedlicher Form in den Gesetzgebungsprozess der EU eingebunden.
- Kontrollrechte: Die Kontrollrechte des Parlaments beziehen sich dabei auf die Europäische Kommission sowie auf die Kontrolle des Rats der Europäischen Union in Form von Anfragen.
- Haushaltsbefugnis: Parlament und Rat der Europäischen Union verabschieden gemeinsam den Haushalt, wobei das Parlament außerdem die Haushaltskontrolle ausübt. Des Weiteren setzt der mehrjährige Finanzrahmen die Zustimmung des Parlaments voraus.
- Wahlrecht: Nach dem Lissabonvertrag hat das Parlament das Recht, den Präsidenten der Kommission zu wählen und verfügt über das Zustimmungsvotum bei der Kommission als Kollegium vor dessen Ernennung.

Im Abschnitt Entscheidungskompetenzen und -prozesse werden in diesem Kapitel detaillierter die Einflussmöglichkeiten des Europäischen Parlaments bestimmt.

Aufgrund der föderalen Struktur der EU kommt dem Rat eine zentrale Position zu. Er ist das wichtigste Entscheidungsorgan der EU. Der Rat, der zur klaren Abgrenzung als Ministerrat oder oft als Rat der Europäischen Union bezeichnet wird, repräsentiert die Mitgliedstaaten der Union. Der Ministerrat besteht aus den Vertretern der Regierungen der Mitgliedstaaten und stellt neben dem Parlament die Legislative der Union dar. Die Regierungen werden in den Sitzungen des Ministerrates durch ihre jeweiligen Fachminister vertreten, so dass der Ministerrat, je nachdem, welche Aufgaben zu behandeln sind, in unterschiedlichen Zusammensetzungen tagt. Eine besondere Bedeutung kommt dabei dem Ecofin zu. Das ist der Ministerrat in der Zusammensetzung der Wirtschafts- und Finanzminister.

Die meisten Abstimmungen im Rat erfolgen mit qualifizierter Mehrheit. In den für die Mitgliedstaaten besonders sensiblen Bereichen wie die Gemeinsame Außen- und Sicherheits-, Steuer-, Asyl- und Einwanderungspolitik sowie mehrjähriger Finanzrahmen können Beschlüsse nur einstimmig gefällt werden. Eine qualifizierte Mehrheit ist erreicht, wenn eine doppelte Mehrheit vorliegt:

- wenn mindestens 55 % der Staaten, dabei mindestens 15 Staaten und
- mindestens 65 % der Bevölkerung der EU zugestimmt haben.

Diese Regelung tritt nach einer komplexen Übergangsregelung im Prinzip erst 2014 in Kraft.

Die Aufgaben des Ministerrates lassen sich mit den folgenden Aufgabengebieten umschreiben:

- Gesetzgebung: Zusammen mit dem Parlament verabschiedet der Rat die Rechtsvorschriften der Union, die auf den Verträgen der EU aufbauen.
- Koordinierung der Wirtschaftspolitik: In der EU existiert in den einzelnen Politikfeldern ein erheblicher Koordinierungsbedarf. Dies gilt insbesondere für die Finanzpolitik (Verschuldung) der Mitgliedstaaten. Aber auch im Bereich der Beschäftigungs-, Steuer- und Sozialpolitik ist dieser Bedarf durchaus gegeben. Da für diese Bereiche eigene Kapitel in diesem Lehrbuch ausgearbeitet worden sind, muss auf diese Aufgabe an dieser Stelle nicht eingegangen werden.
- Kontrollrechte: Auch der Rat besitzt wie das Parlament erhebliche Kontrollrechte, insbesondere gegenüber der Kommission.
- Haushaltsbefugnis: Wie oben erwähnt, beschließt der Rat gemeinsam mit dem Parlament den Haushalt der Union.
- Gemeinsame Außen- und Sicherheitspolitik: Besonders stark ist in diesem Bereich die Position des Rates. Da in diesen Bereichen die Mitgliedstaaten ihre Souveränität im Wesentlichen behalten haben, ist hier der Einfluss der Kommission und des Parlaments gering.

- Justiz und Inneres: Diese Überlegungen gelten entsprechend auch für die Justiz- und Innenpolitik. Im Bereich der Asylpolitik ist aber eine gewisse Tendenz zur Vergemeinschaftung, d. h. zur Übertragung von Kompetenzen an die EU durch die Mitgliedstaaten, festzustellen.

Neben dem Rat der Europäischen Union besteht noch der Europäische Rat als eine weitere Institution der Union. Er besteht aus den Staats- und Regierungschefs der Mitgliedstaaten sowie dem Präsidenten des Europäischen Rates und dem der Europäischen Kommission. Der Europäische Rat kommt mindestens zwei Mal pro Jahr zusammen, um Grundsatzentscheidungen zu treffen. So setzt er die Leitlinien für die europäische Beschäftigungspolitik fest. Er ist realiter das oberste Entscheidungsgremium der Union, wird aber nicht gesetzgeberisch tätig. Wohl können sich das Parlament, aber faktisch nicht der Rat der Europäischen Union über die meist auf sogenannten Gipfeltreffen gefällten Beschlüsse des Europäischen Rates hinweg setzen. Der Hohe Vertreter der Union für Außen- und Sicherheitspolitik nimmt an der Arbeit des Europäischen Rates teil.

Während der Europäische Rat und der Rat der Europäischen Union Organe der Union darstellen, gilt dies nicht für den Europarat. Dieser ist kein Organ der Union, sondern wurde 1949 als eine zwischenstaatliche Organisation u. a. zum Schutz der Menschenrechte geschaffen. Dem Europarat gehören derzeit 47 Staaten, darunter alle Staaten der EU27, an.

Die Europäische Kommission, ein weiteres Organ der Union, stellt die Exekutive der Europäischen Union dar. Sie setzt sich aus je einem Vertreter der Mitgliedstaaten zusammen. Jeder Vertreter ist in seiner Funktion als Kommissionsmitglied verpflichtet im Interesse der gesamten EU zu handeln und ist von seiner nationalen Regierung weisungsunabhängig. Die Amtszeit eines Komissionsmitglieds beträgt 5 Jahre. Mit dem Lissabonvertrag ist der Hohe Vertreter der Union für Außen- und Sicherheitspolitik, der einer der Vizepräsidenten der Kommission ist, als weiteres Mitglied hinzugekommen. Ab dem Jahr 2014 wird die Zahl der Kommissionsmitglieder auf zweidrittel der Zahl der Mitgliedstaaten reduziert und das Rotationsprinzip eingeführt. Der Kommission ist eine Verwaltung zugeordnet, die ungefähr 23.000 Beamte umfasst. Die Verwaltung ist in 46 Abteilungen, die als Generaldirektionen und Dienste (z. B. Juristischer Dienst) bezeichnet werden, gegliedert.

Die Kommission wird von einem Präsidenten geleitet. Er ordnet auch den einzelnen Kommissionsmitgliedern (Kommissaren) ihr Aufgabengebiet zu und ändert dieses gegebenenfalls. Entsprechend den Vorgaben des Präsidenten gibt es Kommissare für Umwelt, Steuern und Zollunion, Wirtschaft und Währung, Unternehmen und Industrie usw. Jedem Kommissar ist eine entsprechende Generaldirektion zugeordnet. Der Präsident verfügt über die Richtlinienkompetenz. Er kann den Rücktritt eines einzelnen Kommissars durchsetzen und damit gegebenenfalls die Kommission vor einem Misstrauensantrag des Parlaments schützen.

Die Aufgaben der Kommission sind vielfältig, da sie sowohl ein Impulsgeber für die Weiterentwicklung der Union, für die Tagespolitik der Union als auch für die Einhaltung der Verträge und der Verordnungen sowie für die Umsetzung von Richtlinien verantwortlich ist und als "Hüterin der Verträge" gegen Pflichtverletzungen vorgehen kann und muss. Dieses große Aufgabenfeld der Kommission kann man in folgende Aufgabengebiete aufteilen:

- Initiativrecht: Die Kommission hat das alleinige Privileg zur Ausarbeitung von Vorschlägen für Rechtsvorschriften der Union, die von ihr in den Gesetzgebungsprozess eingebracht werden.
- Durchführung der EU-Politik: Die Kommission ist u. a. für die Aufstellung des Haushalts der EU und seine Durchführung zuständig. Aufgaben, die an die Union übertragen wurden, wie die Agrarpolitik und die Kohäsionspolitik, werden von ihr durchgeführt.
- Durchsetzung des europäischen Rechts: Als Hüterin der Verträge überwacht die Kommission die Mitgliedstaaten, ob sie die Verträge und Verordnungen einhalten, und sie prüft, ob die Mitgliedstaaten in der vorgegebenen Frist die Richtlinien umsetzen. Bei rechtswidrigem Verhalten eines Mitgliedstaates leitet die Kommission ein "Vertragsverletzungsverfahren" ein, das u. U. zu einer Klage vor dem EuGH führt, der durch Strafen rechtswidriges Verhalten unterbinden kann. Die Urteile des EuGH sind dabei für die Mitgliedstaaten bindend.
Strafen können nicht nur vom EuGH ausgesprochen werden, sondern auch vom Rat der Europäischen Union. Gemäß des Stabilitäts- und Wachstumspaktes (siehe Kap. 7 im Einzelnen) kann die Kommission in einem komplizierten Abstimmungsprozess innerhalb des Rates ein Strafverfahren bei einem übermäßigen Haushaltsdefizit eines Mitgliedstaates initiieren.
Darüber hinaus müssen die Mitgliedstaaten gewisse staatliche Aktivitäten durch die Kommission genehmigen lassen. Dies gilt insbesondere für solche staatlichen Maßnahmen, die zu Wettbewerbsverzerrungen in der EU führen können. Zu denken ist hier insbesondere an die staatliche Beihilfepolitik der Mitgliedstaaten.
Die Kommission ist nicht nur Hüterin der Verträge gegenüber den Mitgliedstaaten, sondern auch gegenüber der Privatwirtschaft. Im Rahmen der Fusionskontrolle kann sie Unternehmenszusammenschlüsse unterbinden, wenn diese den europäischen Wettbewerb erheblich beschränken. Des Weiteren kann sie Strafen für Unternehmen aussprechen, die z. B. Kartellabsprachen getroffen und sich wettbewerbswidrig verhalten haben. Sie kann ebenfalls gegenüber Unternehmen Strafen aussprechen, wenn diese Beihilfeauflagen der Kommission nicht eingehalten haben.
- Vertretung der EU auf internationaler Ebene: Die Kommission vertritt die EU bei Verhandlungen auf internationaler Ebene. Dies gilt zum Beispiel bei den Verhandlungen mit der WTO in der Doha-Runde. Dazu erhält die Kommission vom Rat ein Mandat, damit die EU mit nur einer Stimme spricht und so ihre Verhandlungsposition stärken kann. Schließlich handelt die Kommission im Auftrag der Union auch völkerrechtliche Verträge aus.

Als weitere das Parlament, den Rat und die Kommission unterstützende Einrichtung ist der Europäische Wirtschafts- und Sozialausschuss (EWSA) anzuführen, der schon im Jahr 1957 gegründet wurde. Dem EWSA kommt eine beratende Funktion zu. In ihm sind die Verbände der Arbeitgeber, Gewerkschaften, Landwirte und anderer Interessenverbände sowie nach dem Vertrag von Nizza auch die Verbraucherverbände der Mitgliedstaaten vertreten. Sie werden vom Rat der Europäischen Union mit qualifizierter Mehrheit ernannt. Der Ausschuss ist auf 350 Mitglieder beschränkt. Die wesentliche Aufgabe des EWSA liegt darin, dass von ihm eine Stellungnahme zu Beschlüssen über die Wirtschafts- und Sozialpolitik eingeholt werden muss und dem EWSA das Recht eingeräumt wurde, aus eigenem Ermessen Stellungnahmen im Bereich der Wirtschafts- und Sozialpolitik abzugeben.

Im Jahr 1994 wurde zusätzlich der Ausschuss der Regionen (AdR) durch den Maastricht-Vertrag eingerichtet. Auch er ist wie der EWSA ein beratendes Organ, das aus den Vertretern der regionalen und kommunalen Gebietskörperschaften der Mitgliedstaaten besteht. Die Zahl der Mitglieder und ihre Verteilung auf die Mitgliedstaaten entspricht der des EWSA. Seitens der Bundesrepublik sind Mitglieder die Vertreter der Bundesländer, des Deutschen Städtetages usw. Sie werden von den Regierungen der Mitgliedstaaten vorgeschlagen, sind aber in ihrer Arbeit im AdR politisch unabhängig. Sie werden vom Rat der Europäischen Union ernannt. Der AdR muss bei Beschlüssen der Union, die die Kommunen und regionalen Einheiten tangieren, gehört werden. Dies betrifft u. a. die Bereiche Kohäsions-, Umwelt-, Bildungs- und Kulturpolitik. Auch dem AdR steht das Recht zu, eigene Stellungnahmen abzugeben.

Neben den bisher dargestellten politischen Organen der Union existiert ein judikatives Organ in Form des Gerichtshofs der Europäischen Union (EuGH). Als Hüter des Rechts der Union nimmt der EuGH eine hervorragende Stellung unter den Organen der Union ein. Jeder Mitgliedstaat ernennt im gegenseitigen Einvernehmen für die Periode von sechs Jahren einen Richter. Dem EuGH wurde, um die vielen Rechtssachen besser bearbeiten zu können, im Jahr 1989 das Gericht erster Instanz vorgelagert. Die Aufgabe des EuGH ist es, eine einheitliche Auslegung und Anwendung der Rechtsvorschriften der EU zu gewährleisten. Der EuGH ist insbesondere für alle Rechtsstreitigkeiten zwischen den Mitgliedstaaten, Organen der EU, Unternehmen und Bürgern der EU zuständig. Dabei muss aber der Rechtsweg eingehalten werden. Bürger, die vor dem EuGH klagen wollen, müssen erst den nationalen Instanzenweg durchlaufen. EU-Bürger können sowohl die Union als auch einzelne Mitgliedstaaten wegen Verletzung des europäischen Rechts verklagen. Die Kommission ist besonders auf die Unterstützung des EuGH angewiesen, da sie keine eigenen Weisungsbefugnisse gegenüber den Mitgliedstaaten besitzt und nur ihre Rechtsposition über den EuGH durchsetzen kann. Weitere Organe sind die Verwaltungseinheiten der Union.

Der Europäische Rechnungshof besteht aus je einem Mitglied eines Mitgliedstaates. Die Mitglieder werden auf sechs Jahre vom Rat ernannt. Der

Rechnungshof ist für die Kontrolle des Haushalts der EU zuständig. Insbesondere hat er die Wirtschaftlichkeit der Haushaltsführung sicher zu stellen. Der Rechnungshof hat die Pflicht und das Recht, die Finanzen aller Einrichtungen zu prüfen, die die Einnahmen oder Ausgaben der EU verwalten bzw. EU-Mittel in Anspruch nehmen.

Auf ein weiteres wichtiges Organ der EU, der Europäischen Zentralbank (EZB), muss an dieser Stelle nicht ausführlich eingegangen werden, da diese Einrichtung im 4. Kapitel "Das Europäische System der Zentralbanken" ausführlich behandelt wird. Die EZB, die mit dem Vertrag von Maastricht rechtlich abgesichert ist, wurde im Jahr 1998 gegründet und ist für die Geldpolitik im Europäischen System der Zentralbanken (ESZB) zuständig.

Als weitere Einrichtung der EU ist die Europäische Investitionsbank (EIB) mit Sitz in Luxemburg anzuführen. Die EIB ist eine Non-Profit-Organisation und finanziert Investitionsprojekte zum Erreichen der Ziele der EU. Die Anteilseigner der EIB sind die Mitgliedstaaten der EU. Die EIB erhält keine Haushaltsmittel der EU. Sie finanziert die von ihr geförderten Investitionsprojekte durch die Anteile ihrer Eigentümer sowie über Anleihen auf dem Kapitalmarkt. Da die EIB eine hohe Kreditwürdigkeit besitzt kann sie Kredite zu sehr günstigen Konditionen am Kapitalmarkt aufnehmen und diese zu recht günstigen Konditionen an nicht so kreditwürdige Investoren weiterreichen. Die Kreditvergabe der EIB umfasst folgende Bereiche:

- Realisierung der Ziele der EU: Verbesserung der Wettbewerbsfähigkeit, besserer Umweltschutz, Ausbau des transeuropäischen Netzes usw.,
- Stärkung benachteiligter Regionen,
- ausreichende Kofinanzierung.

3.2.2 Das Finanzsystem der EU

Die Finanzströme innerhalb der EU lassen sich am besten am Haushalt der EU darstellen. Im Haushalt, besser Haushaltsplan, da er eine Vorgabe für das anstehende Haushaltsjahr darstellt, wird auf der Ausgabenseite zwischen Zahlungs- und Verpflichtungsermächtigungen unterschieden. Die Verpflichtungsermächtigung, die finanzielle Zusagen an Dritte beinhaltet, wird im Haushalt höher als die Zahlungsermächtigung angesetzt, da oft – dies gilt insbesondere für die Strukturfonds – von der EU zugesagte Mittel überhaupt nicht oder mit einer gewissen zeitlichen Verzögerung in Anspruch genommen werden. Der EU-Haushalt muss ausgeglichen sein, so dass die geplanten Einnahmen den erteilten Zahlungsermächtigungen entsprechen.

Seit dem Jahr 1994 ist die Grundstruktur der Einnahmen der EU dahingehend festgelegt, dass diese sich aus Eigenmitteln sowie sonstigen Einnahmen zusammensetzen, wobei die sonstigen Einnahmen gerade nur 2 % ausmachen. Zu diesen gehören die möglichen Überschüsse aus dem vorausgegangenen Haushaltsjahr, Zinseinnahmen sowie Steuern auf die Einkommen der

EU-Bediensteten und Strafen, die in den EU-Haushalt fließen (z. B. von Unternehmen wegen Kartellabsprachen), sowie sonstige Verwaltungseinnahmen. Der wichtigste Einnahmeposten sind die Eigenmittel. Zu den traditionellen Eigenmitteln, bei denen die EU einen gewissen Entscheidungs- und Gestaltungsspielraum besitzt, gehören die Zölle und die Agrarabgaben. Bei den Zöllen, die aufgrund des Gemeinsamen Marktes nicht im Binnenmarkt, sondern nur an den Außengrenzen der EU erhoben werden, erhalten die Mitgliedstaaten 25 % der von ihnen erhobenen Zölle. Hinzu kommt die Zuckerabgabe sowie Einnahmen aus der Agrarabschöpfung, wobei die Importeure den Differenzbetrag zwischen dem Importpreis und dem Inlandspreis (Interventionspreis) als Abgabe an die EU zahlen müssen, wenn der Importpreis unter dem Interventionspreis liegt.

Auch wenn der Begriff Eigenmittel etwas anderes suggeriert, kann die EU diese nicht autonom im Sinne selbst steuerbarer Finanzquellen gestalten. Sie werden vielmehr von den Mitgliedstaaten der EU als Beiträge zur Verfügung gestellt. Dabei entscheidet der Rat völlig autonom und letztverbindlich über den Umfang und die Struktur dieser Eigenmittel. Mit seinem Beschluss vom 29. September 2000, der einstimmig gefasst werden musste, hat der Rat die Einnahmen für die Haushaltsplanung langfristig vorgegeben. Dies gilt sowohl für die Mehrwertsteuer-Eigenmittel als auch für die BNE-Eigenmittel, wobei BNE das Bruttonationaleinkommen darstellt und ungefähr dem BIP entspricht. Bei den Mehrwertsteuer-Eigenmitteln zahlt jeder Mitgliedstaat einen prozentualen Anteil seiner harmonisierten Mehrwertsteuer-Bemessungsgrundlage in den EU-Haushalt. Der einheitliche Mehrwertsteuersatz liegt zur Zeit bei 0,5 %. Die BNE-Eigenmittel dienen der Restfinanzierung des Haushalts. Sie sorgen dafür, dass der Haushalt ex ante ausgeglichen ist. Bei den BNE-Eigenmitteln zahlen die Mitgliedstaaten einen gewissen Prozentsatz ihres BNE an die EU. Der Satz wird dabei so gewählt, dass der Haushalt ausgeglichen wird. Im Haushalt 2010 der EU stellen sich die Einnahmen wie in Tabelle 3.3 dar.

Tabelle 3.3 Finanzierung nach Art der Einnahmen

	2009		2010	
	Mrd. EUR	%	Mrd. EUR	%
Zölle und Zuckerabgaben	14580,50	12,9	14203,10	11,6
MwSt-Eigenmittel	13668,39	12,1	13950,1	11,3
BNE-Eigenmittel	81989,07	72,5	93352,69	75,6
Übrige Einnahmen	2797,46	2,5	1430,29	1,2
Total	113035,42	100,0	122937,00	100,0

Quelle: Europäische Kommission (2010b), S. 25.

Dabei sehen wir, dass die BNE-Eigenmittel mit 72 % den wichtigsten Einnahmeposten darstellen. Die traditionellen Eigenmittel machen nur noch ca. 12 % mit sinkender Tendenz aus, da im Rahmen der WTO-Handelsliberalisierung sowohl die Zolleinnahmen als auch die Agrarabgaben weiter sinken werden.

Im Gegensatz zur Einnahmenseite besteht auf der Ausgabenseite eine erhebliche politische Gestaltungsmöglichkeit, die sich auch in den Haushaltsberatungen widerspiegelt. Die Ausgabenseite des EU-Haushaltes wird in 6 Rubriken gegliedert. Der größte Ausgabenposten ist dabei immer noch der Bereich Landwirtschaft (Natürliche Ressourcen), für den 58 Mrd. EUR von insgesamt 123 Mrd. EUR an Zahlungsermächtigungen in 2010 eingeplant worden sind (siehe Tabelle 3.4). Dies sind immer noch über 40 % des Haushalts.

Nach den Agrarausgaben stellen die Kohäsionsmaßnahmen (Nachhaltiges Wachstum) mit 47 Mrd. EUR den zweitgrößten Ausgabenposten im Haushalt dar.

Würden die Organe der EU ohne Restriktionen das Ausgabenvolumen der EU bestimmen können, so würden die Mitgliedstaaten zu reinen Finanzierungserfüllungsgehilfen degradiert: "Die Union entscheidet und die Mitgliedstaaten haben zu zahlen". Um nicht ins Schlepptau der EU zu geraten, sieht der Beschluss des Rates von 2000 eine entscheidende Einschränkung der Zahlungsverpflichtung der Mitgliedstaaten vor. Aufgrund der beschlossenen Eigenmittelobergrenze von 1,24 % müssen die Mitgliedstaaten der EU maximal 1,24 % des EU-BNE zur Verfügung stellen. Damit ist auch eine Schranke durch die Eigenmittelobergrenze für die Zahlungsermächtigungen geschaffen worden. Da der Haushalt ausgeglichen sein muss, dürfen die Zahlungsermächtigungen nicht höher als 1,24 % des EU-BNE sein. Diese Restriktion wird – wie wir noch sehen werden – durch weitere Vorgaben zusätzlich eingeschränkt, so dass der %-Anteil der Zahlungsermächtigungen – nicht nur um einen Spielraum für unvorhergesehene Ausgaben zu schaffen – immer unter der 1,24 %-Marke liegt.

Wenn man sich die Einnahmen und Ausgaben, die jeden Mitgliedstaat betreffen, näher anschaut, so stellt man ganz unterschiedliche Nettopositionen unter den Mitgliedstaaten im Jahr 2009 fest, die erheblich von 2008 abweichen. Mit Abstand größter Nettozahler ist – wie aus Tabelle 3.5 ersichtlich – die Bundesrepublik mit 6,3 Mrd. EUR und mit Abstand größter Empfänger ist Polen mit 6,3 Mrd. EUR. Diese Zahlen sagen aber wenig aus. Nimmt man als Indikator für die Nettoleistungen an die EU die Pro-Kopf-Nettozahlungen, so relativiert sich die Reihenfolge in der Belastung. Pro Kopf leisten z. B. Luxemburg, die Niederlande und Schweden mehr als Deutschland.

Aber auch die Pro-Kopf-Nettozahlungen sind kein guter Maßstab, da dabei die Leistungsfähigkeit (z. B. gemessen am BNE) nicht berücksichtigt wird. Verwendet man diesen Indikator Pro-BNE-Nettozahlungen, so ist z. B. der Beitrag der Niederlande im Jahr 2008 mit 0,44 wesentlich höher als der Deutschlands mit 0,35, so dass sich das große Klagen in Deutschland, "am meisten für die EU zu zahlen", doch erheblich relativiert. Die Zahlen machen

Tabelle 3.4 Ausgaben im Haushalt der EU 2010

	Haushalt (in EUR) 2009 (I)		Finanzrahmen (in EUR) 2010 (II)		Haushalt (in EUR) 2010 (III)		Differenz (in %) 2010/2009 (III/I)		Differenz (in EUR) 2010 - 2009 (III - I)	
	VE	ZE	VE	ZE	VE	ZE	VE	ZE	VE	ZE
1. NACHHALTIGES WACHSTUM (1)	62 201 681 669	45 331 636 849	63 555 000 000		64 249 445 345	47 727 155 803	3,3	5,3	2 047 763 676	2 395 518 954
Spielraum					*-194 445 345*					
- Wettbewerbsfähigkeit für Wachstum und Beschäftigung	13 774 797 000	10 368 288 060	14 167 000 000		14 861 853 253	11 342 270 803	7,9	9,4	1 087 056 253	973 982 743
Spielraum					*-194 853 253*					
- Kohäsion für Wachstum und Beschäftigung	48 426 884 669	34 963 348 789	49 388 000 000		49 387 592 092	36 384 885 000	2,0	4,1	960 707 423	1 421 536 211
Spielraum					*407 908*					
2. BEWAHRUNG UND BEWIRTSCHAFTUNG DER NATÜRLICHEN RESSOURCEN	56 331 800 011	49 905 562 321	59 955 000 000		59 498 833 302	58 135 640 809	5,6	16,5	3 167 033 291	8 230 078 488
Davon: Marktbezogene Ausgaben und Direktzahlungen	41 041 696 325	40 944 823 325	47 146 000 000		43 819 801 768	43 701 207 586	6,8	6,7	2 778 105 443	2 756 384 261
Spielraum					*456 166 698*					
Davon: Marktbezogene Ausgaben und Direktzahlungen (2)					*957 988 232*					
3. UNIONSBÜRGERSCHAFT, FREIHEIT, SICHERHEIT UND RECHT	2 132 121 701	1 911 333 701	1 693 000 000		1 674 487 370	1 397 957 870	-21,5	-26,9	-457 634 331	-513 375 831
Mit Ausnahme des Solidaritätsfonds der Europäischen Union	1 517 188 000	1 296 400 000			1 674 487 370	1 397 957 870	-10,4	-7,8	157 299 370	101 557 870
Spielraum					*18 512 630*					
- Freiheit, Sicherheit und Recht	866 225 000	617 440 000	1 025 000 000		1 006 487 370	738 570 370	16,2	19,6	140 262 370	121 130 370
Spielraum					*18 512 630*					
- Unionsbürgerschaft	1 265 896 701	1 293 893 701	668 000 000		668 000 000	659 387 500	-47,2	-49,0	-597 896 701	-634 506 201
Mit Ausnahme des Solidaritätsfonds der Europäischen Union	650 963 000	678 960 000			668 000 000	659 387 500	2,6	-2,9	17 037 000	-19 572 500
Spielraum					*0*					
4. DIE EU ALS GLOBALER AKTEUR (3)	8 103 930 360	8 080 323 731	7 893 000 000		8 141 006 470	7 787 695 183	0,5	-3,6	37 076 110	-292 628 548
Spielraum					*875 530*					
5. VERWALTUNGSAUSGABEN (4)	7 597 445 901	7 597 445 901	7 882 000 000		7 889 055 335	7 888 550 335	3,8	3,8	291 609 434	291 104 434
Spielraum					*72 944 665*					
6. AUSGLEICHSZAHLUNGEN	209 112 912	209 112 912	0		p.m.	p.m.	-100	-100	-209 112 912	-209 112 912
Spielraum										
Insgesamt (5) (6)	136 576 092 554	113 035 415 415	140 978 000 000	134 289 000 000	141 452 827 822	122 937 000 000	3,6	8,8	4 876 735 268	9 901 584 585
Spielraum					*354 054 178*	*11 680 882 000*				
Obligatorische Ausgaben	42 686 071 937	42 624 774 437			45 315 380 340	45 219 607 572	6,2	6,1	2 629 308 403	2 594 833 135
Nichtobligatorische Ausgaben	93 890 020 617	70 410 640 978			96 137 447 482	77 717 392 428	2,4	10,4	2 247 426 865	7 306 751 450
Mittel in % des BNE	1,18	0,98	1,19	1,14	1,20	1,04				

(1) Bei der Obergrenze für die Rubrik 1 (Rubrik 1a) werden die Mittel für den Europäischen Fonds für die Anpassung an die Globalisierung (500 Mio. EUR) nicht berücksichtigt. Die 195 Mio. EUR über der Obergrenze werden durch die Inanspruchnahme des Flexibilitätsinstruments finanziert.
(2) Nach dem Transfer im Zusammenhang mit der Modulation auf die Entwicklung des ländlichen Raums und dem Transfer der Beihilfen für Baumwolle und Wein zugunsten der Umstrukturierung der jeweiligen Regionen (2.368,2 Mio. EUR).
(3) Bei der Obergrenze für die Rubrik 4 werden die Mittel für die Soforthilfereserve (248,9 Mio. EUR) nicht berücksichtigt.
(4) Bei der Berechnung des bei der Rubrik 5 verbleibenden Spielraums wird ein Betrag von 80 Mio. EUR an Beiträgen des Personals zur Versorgungsordnung berücksichtigt (gemäß Fußnote (1) zur Tabelle des Finanzrahmens 2007-2013).
(5) Bei der Gesamtobergrenze für Zahlungen werden die Mittel für die Soforthilfereserve (248,9 Mio. EUR) und die Beiträge des Personals zur Versorgungsordnung (80 Mio. EUR) nicht berücksichtigt.
(6) Bei der Gesamtobergrenze für Verpflichtungen werden die Mittel für den Europäischen Fonds für die Anpassung an die Globalisierung (500 Mio. EUR), die Soforthilfereserve (248,9 Mio. EUR), die Beiträge des Personals zur Versorgungsordnung (80 Mio. EUR) nicht berücksichtigt.

Quelle: Europäische Kommission (2010b), S. 9.

aber auch deutlich, dass der für Großbritannien geltende "Vereinigte Königreich (VK)-Rabatt" ebenfalls kritisch hinterfragt werden muss. Die Gründe für diesen Rabatt, die hohen Agrarausgaben der EU von über 70 % sowie der geringe Agrarsektor und das niedrige Pro-Kopf-Einkommen in Großbritannien, gehören heute der Vergangenheit an. Hinzu kommt, dass bei dem zur Zeit gültigen Ratsbeschluss aus dem Jahr 2000 der VK-Rabatt weiter wachsen wird.

Tabelle 3.5 Nettozahler und -empfänger in den EU-Haushalt im Jahr 2009

Land	Mio. EUR	% BNE	Land	Mio. EUR	% BNE
BE	-1663,9	-0,49	LU	-100,2	-0,39
BG	624,2	1,88	HU	2719,4	3,10
CZ	1702,5	1,32	MT	8,6	0,16
DK	-969,5	-0,42	NL	117,7	0,02
DE	6357,5	-0,26	AT	-402,1	-0,15
EE	573,0	4,27	PL	6337,1	2,11
IE	-47,5	-0,04	PT	2150,7	1,37
EL	3121,0	1,35	RO	1692,5	1,49
ES	1181,7	0,11	SI	241,9	0,70
FR	-5872,7	-0,30	SK	542,1	0,87
IT	-5058,5	-0,34	FI	-544,2	-0,32
CY	-2,3	-0,01	SE	-85,6	-0,03
LV	501,5	2,49	UK	-1903,3	-0,12
LT	1493,3	5,61	EU27	0,0	

Quelle: Vgl. Europäische Kommission (2010a), S. 86.

3.3 Entscheidungsverfahren in der EU

3.3.1 Rechtsetzungsprozess

Da in der EU in den meisten Angelegenheiten kein Organ autonom entscheiden kann und innerhalb der Organe mehrere Entscheidungsträger existieren, müssen dazu kollektive Entscheidungsprozesse strukturiert werden. Im Vordergrund steht dabei die Rechtsetzung der Union. Die Entscheidungsprozesse innerhalb der einzelnen Organe (einfache Mehrheit, qualifizierte Mehrheit) sind schon angesprochen worden. Deshalb konzentrieren sich die folgenden Ausführungen auf die Entscheidungsprozesse der Rechtsetzung über Rechtsakte (Verordnungen, Richtlinien, Entscheidungen sowie Stellungnahmen und Empfehlungen), an denen die Kommission, das Parlament und der Rat der

Europäischen Union beteiligt sind. Der AEU-Vertrag sieht drei unterschiedliche Entscheidungsverfahren vor:

- das Konsultations- bzw. Anhörungsverfahren,
- das Zustimmungsverfahren,
- das Mitentscheidungsverfahren,

wobei das Mitentscheidungsverfahren als das ordentliche Gesetzgebungsverfahren das gängigste und am meisten zur Anwendung kommende Verfahren ist. Bei allen Verfahren liegt das Initiativrecht bei der Kommission. Sie bringt einen Vorschlag für eine Rechtsvorschrift ein, über den dann das Parlament und der Rat zu entscheiden haben. Die Kommission kann die Verfahren bis zum ersten Beschluss des Rates wesentlich beeinflussen, indem sie ihren Vorschlag ändert bzw. zurückzieht. Der Rat kann Änderungen der Vorschläge der Kommission nur einstimmig beschließen. Dies gilt aber nicht für das Vermittlungsverfahren im Mitentscheidungsverfahren.

Beim Konsultationsverfahren sind die Einflussmöglichkeiten des Europäischen Parlaments am geringsten. Die Kommission übermittelt ihren Vorschlag an das Parlament und den Rat mit Bitte um Stellungnahme. In der Anhörung kann dann das Parlament dem Kommissionsvorschlag zustimmen, ihn ablehnen oder Änderungen beantragen. Die Kommission berät das Votum des Parlaments und kann – muss aber nicht – Änderungsvorschläge des Parlaments übernehmen, die sie dann an den Rat zur Beschlussfassung weiterleitet. Der Rat kann zustimmen, ablehnen oder den Vorschlag abändern. Letzteres setzt aber immer Einstimmigkeit voraus. Das Anhörungsverfahren gilt u. a. in folgenden Bereichen:

- Sozialschutz bei der Arbeitnehmerfreizügigkeit,
- Angleichung von Rechts- und Verwaltungsvorschriften der Mitgliedstaaten für den Binnenmarkt,
- Wettbewerbsregeln,
- Harmonisierung der indirekten Steuer,
- Wirtschaftspolitik.

Als Faustregel kann man sagen, dass in den Bereichen, in denen Einstimmigkeit im Rat vorgesehen ist, das Konsultationsverfahren zum Tragen kommt.

Mit dem Zustimmungsverfahren wird die Position des Parlaments gestärkt. Das Parlament hat ein echtes Mitbestimmungsrecht, aber keine Gestaltungsmöglichkeiten. Bei diesem Verfahren kann das Parlament missliebige Rechtsakte durch seine Ablehnung verhindern. Das Parlament kann aber die Entscheidungsfindung nicht in seinem Sinne positiv beeinflussen. Der Entscheidungsprozess ist beim Zustimmungsverfahren analog zum Konsultationsverfahren aufgebaut. Die Optionen des Parlaments sind aber dahingehend eingeschränkt, dass es nur mit absoluter Mehrheit dem Vorschlag der Kommission zustimmen oder den Vorschlag ablehnen kann. Stimmt das Parlament zu, dann bedarf es zur Annahme noch wie beim Konsultationsverfahren der

Zustimmung des Rates. Lehnt das Parlament aber ab, so ist die Verabschiedung definitiv gescheitert und die Kommission kann einen neuen Vorschlag einbringen. Das Zustimmungsverfahren kommt u. a. in folgenden Bereichen zur Anwendung:

• Antidiskriminierungsmaßnahmen,
• Beitritt neuer Mitgliedstaaten,
• Austritt von Mitgliedstaaten

und, was besonders wichtig ist,

• im Bereich des mehrjährigen Finanzrahmens.

Das dritte Verfahren, das Mitentscheidungsverfahren, hat sich das Europäische Parlament erst mit dem Vertrag von Maastricht in einigen wenigen Bereichen erkämpft und dann in den späteren Vertragsreformen sukzessive ausgeweitet. Bei diesem Verfahren hat das Parlament Kompetenzen, wie sie für parlamentarische Demokratien charakteristisch sind. Beim Mitentscheidungsverfahren ist das Parlament ein gleichwertiger Partner des Rates im Entscheidungsprozess.

Zunächst übermittelt die Kommission ihren Vorschlag an das Parlament und den Rat. In der ersten Lesung kann dann das Parlament den Vorschlag in Form einer Stellungnahme billigen oder Änderungen beschließen. Die Stellungnahme wird der Kommission und dem Rat mitgeteilt. Der Rat beschließt dann mit qualifizierter Mehrheit in erster Lesung, ob er der Stellungnahme des Parlaments zustimmt. Im Falle der Zustimmung ist der Rechtsakt erlassen und das Verfahren abgeschlossen. Der Rat kann aber mit qualifizierter Mehrheit die Stellungnahme des Parlaments ablehnen und einen eigenen Entwurf als "Gemeinsamer Standpunkt" beschließen und dem Parlament und der Kommission zukommen lassen. Übernimmt in zweiter Lesung das Parlament den Gemeinsamen Standpunkt des Rates bzw. fasst keinen Beschluss, dann ist damit der Rechtsakt erlassen. Das Parlament kann auch mit absoluter Mehrheit den Gemeinsamen Standpunkt ablehnen, dann ist der Rechtsakt definitiv nicht erlassen. Das Parlament kann auch mit absoluter Mehrheit eine Abänderung des Gemeinsamen Standpunktes beschließen. In diesem Fall kommt es zur zweiten Lesung des Rates, wobei der Rat das Votum der Kommission zur Abänderung des Parlaments zu berücksichtigen hat. Billigt er mit qualifizierter Mehrheit die Abänderungen des Parlaments, so ist der Rechtsakt erlassen. Entscheidet dabei der Rat über Änderungen, zu denen die Kommission eine ablehnende Stellungnahme abgegeben hat, so bedarf es dazu der Einstimmigkeit. Lehnt der Rat aber den Beschluss ab, so kommt es zum Vermittlungsverfahren. Der von Parlament und Rat paritätisch besetzte Vermittlungsausschuss beendet entweder, ohne dass ein Rechtsakt erlassen wird, das Verfahren, indem er ein Scheitern des Vermittlungsverfahrens feststellt, oder er legt dem Rat und dem Parlament einen gemeinsamen Entwurf vor. Stimmen dann in dritter Lesung beide Seiten (Parlament mit absoluter, Rat mit qualifizierter Mehrheit) zu, so ist der Rechtsakt erlassen. In allen anderen Fällen ist das Verfahren des Erlasses eines Rechtsaktes gescheitert.

Des Weiteren gibt es Rechtsakte ohne Gesetzescharakter. Hier sind besonders delegierte Rechtsakte relevant. Dabei können Parlament und Rat, um nicht alle Details per Gesetz regeln zu müssen, die Kommission ermächtigen, die Details eigenständig zu regeln. Analoges gilt für Durchführungsrechtsakte. Dafür sind besondere Fachausschüsse (Komitologie) vorgesehen. Die große Gefahr besteht darin, dass die Kommission diese Rechtsakte nutzt, um eigene Interessen zu verfolgen. Sowohl Parlament als auch Rat können der Kommission bei den delegierten Rechtsakten die erteilte Befugnis entziehen oder gegen die Entscheidung Einwände erheben, so dass die Regelung nicht in Kraft treten kann.

3.3.2 Ernennungs- und Misstrauensverfahren bei der Europäischen Kommission

Der Europäische Rat schlägt dem Europäischen Parlament mit qualifizierter Mehrheit einen Kandidaten für das Amt des Präsidenten vor. Das Parlament wählt dann den Präsidenten mit einfacher Mehrheit. Bei Ablehnung schlägt der Rat einen neuen Kandidaten vor. Nach der Wahl des Präsidenten einigt sich der Rat der Europäischen Union im Einvernehmen mit dem Präsidenten auf eine Liste der weiteren Kommissionsmitglieder. Sodann stellt sich das Kollegium aus Präsident, Hohem Vertreter der Union für Außen- und Sicherheitspolitik sowie die übrigen Kandidaten dem Votum des Parlaments, das mit qualifizierter Mehrheit über die Kommission abstimmt. Nach dem Votum des Parlaments wird die Kommission mit qualifizierter Mehrheit vom Europäischen Rat ernannt.

Die Kommission unterliegt der Kontrolle des Parlaments. Dieses kann der Kommission das Misstrauen aussprechen. Wird mit zwei Dritteln der abgegebenen Stimmen dem Misstrauensantrag zugestimmt, so muss die Kommission geschlossen zurücktreten. Der Hohe Vertreter der Union für Außen- und Sicherheitspolitik muss sein im Rahmen der Kommission ausgeübtes Amt sodann niederlegen. Dabei kann das Parlament aber nicht einem einzelnen Mitglied, sondern nur der Kommission in ihrer Gesamtheit das Misstrauen aussprechen. Darüber hinaus muss die Kommission zum Ende des Haushaltsjahres vom Parlament entlastet werden.

3.3.3 Der Entscheidungsprozess über die Finanzen der EU

Bis 1988 wurde in einem Abstimmungsprozess zwischen Kommission, Rat und Parlament der Haushaltsplan der Union jährlich aufgestellt und verabschiedet. In diesem Prozess traten erhebliche Verteilungskonflikte auf, die oft

zu Blockaden führten und die die fristgerechte Verabschiedung des Haushaltsplans gefährdeten. Insbesondere dominierten in diesem Verfahren kurzfristig
ausgerichtete Partikularinteressen, so dass eine Kontinuität in der Haushaltspolitik der Union nicht gewährleistet war.

Um aus dieser Sackgasse herauszukommen, kamen die Kommission, der
Europäische Rat und das Europäische Parlament überein, eine Finanzielle
Vorausschau für jeweils sieben Jahre zu vereinbaren. Da solch eine Überein-
kunft im EG-Vertrag nicht vorgesehen war, wurde die Finanzielle Vorausschau in Form einer interinstitutionellen Vereinbarung zwischen Kommission, Rat und Parlament verwirklicht. Eine interinstitutionelle Vereinbarung
kann nur zustandekommen, wenn alle drei Institutionen gemäß ihrer relevanten internen Entscheidungsverfahren dieser Vereinbarung zustimmen. Da
sich in den beiden Jahrzehnten dieses Verfahren bewährt hat, ist es in den
Entwurf der EU-Verfassung aufgenommen worden. In der Finanziellen Vorausschau werden ein finanzieller Rahmen für die zukünftigen Ausgaben der
EU vereinbart sowie weitere haushaltsmäßig relevante Aspekte – wie z. B.
Verbesserung der Abwicklung des jährlichen Haushaltsverfahrens – geregelt.
Mit dem Lissabonvertrag wurde die finanzielle Vorausschau durch ein ordent-
liches Verfahren in Form des mehrjährigen Finanzrahmens der EU ersetzt.

Zielsetzung des Finanzrahmens ist es, die Stabilität der jährlichen Haushalte zu sichern und dabei die Prioritäten der Union zu unterstützen. Insbesondere soll die Planungsicherheit für alle Beteiligten erhöht werden. Zur
Zeit ist der Finanzrahmen 2007 - 2013 in Kraft, über den zwischen Kommission, Rat und Parlament in den Jahren 2005 und 2006 heftig gestritten wurde.
Der Finanzrahmen ist mehr als die Finanzplanung nach deutschem Verständnis. Mit dem Finanzrahmen werden verbindliche Obergrenzen für die großen
Ausgabenkategorien der zukünftigen Haushaltspläne vorgegeben. An dieser
Finanzplanung muss sich die dann jährlich stattfindende Haushaltsplanung
ausrichten. In einer tabellarischen Übersicht werden sowohl der Rahmen für
Verpflichtungsermächtigungen in den einzelnen Rubriken des Haushalts für
die jeweiligen Jahre als auch der Gesamtbetrag für Zahlungsermächtigungen
angegeben. Der Gesamtbetrag für Zahlungen ist dabei niedriger als der Gesamtbetrag bei den Verpflichtungen, da bei den Verpflichtungen eine gewisse
Flexibilität und Übertragbarkeit existiert.

Der Finanzrahmen muss eine wichtige Vorgabe erfüllen: Die Eigenmittelobergrenze von 1,24 % des BNE darf durch den Gesamtbetrag der Zahlungen
in keinem Jahr überschritten werden. Vielmehr muss ein gewisser Spielraum
zwischen beiden Größen bestehen, um unvorhergesehene Ausgaben tätigen
zu können. Dabei muss berücksichtigt werden, dass das maximale absolute
Ausgabenvolumen für die einzelnen Rubriken eine Prognose über die Entwicklung des BNE voraussetzt.

Insgesamt gestaltet sich der Finanzrahmen 2007 - 2013 wie in Tabelle 3.6
dargestellt.

Mit dem Lissabonvertrag ist das Haushaltsverfahren vereinfacht, die Position des Parlaments grundlegend gestärkt und das Verfahren dem Mitent-

Tabelle 3.6 Finanzrahmen 2007 - 2013

(Beträge in Mio. EUR zu jeweiligen Preisen)

Mittel für Verpflichtungen	2007	2008	2009	2010	2011	2012	2013	2007-2013
1. Nachhaltiges Wachstum	53979	57653	61696	63555	63638	66628	69621	436770
Wettbewerbsfähigkeit für								
Wachstum und Beschäftigung	8918	10386	13269	14167	12987	14203	15433	89363
Kohäsion für Wachstum und								
Beschäftigung	45061	47267	48427	49388	50651	52425	54188	347407
2. Bewahrung und Bewirt-								
schaftung der nat. Ressourcen	55143	59193	56333	59955	60338	60810	61289	413061
Davon: Marktbezogene Ausgaben								
und Direktzahlungen	45759	46217	46679	47146	47617	48093	48574	330085
3. Unionsbürgerschaft, Freiheit,								
Sicherheit und Recht	1273	1362	1518	1693	1889	2105	2376	12216
Freiheit, Sicherheit und Recht	637	747	867	1025	1206	1406	1661	7549
Unionsbürgerschaft	636	615	651	668	683	699	715	4667
4. Die EU als globaler Akteur	6578	7002	7440	7893	8430	8997	9595	55935
5. Verwaltung	7039	7380	7525	7882	8334	8670	9095	55925
6. Ausgleichszahlungen	445	207	210					862
Verpflichtungsermächtigungen								
insgesamt	124457	132797	134722	140978	142629	147210	151976	974769
in % des BNE	1,02	1,08	1,13	1,16	1,13	1,12	1,11	1,11
Zahlungsermächtigungen								
insgesamt	122910	129681	120445	134289	134263	141273	143153	925294
in % des BNE	1,00	1,05	1,01	1,10	1,06	1,08	1,05	1,05
Verfügbarer Spielraum	0,24	0,19	0,23	0,14	0,18	0,16	0,19	0,19
Eigenmittelobergrenze in %								
des BNE	1,24	1,24	1,24	1,24	1,24	1,24	1,24	1,24

Quelle: Europäische Kommission (2010b), S. 7.

scheidungsverfahren bei der ordentlichen Gesetzgebung angepasst worden. Das Parlament ist bei der Verabschiedung des Haushalts ein gleichwertiger Partner des Rats.

Die rechtlichen Grundlagen für die Aufstellung und die Verabschiedung des Haushaltsplans findet man in den Finanzvorschriften (Art. 310-318) des AEU-Vertrages. Bei der Aufstellung des Haushalts müssen folgende Haushaltsgrundsätze berücksichtigt werden:

- Grundsatz der Einheit von Ausgaben und Einnahmen in einem Haushaltsdokument,
- Grundsatz der Universalität, nach dem erstens das Nonaffektionsprinzip (keine Zweckbindung der Einnahmen) gilt und zweitens eine Verrechnung von Einnahmen und Ausgaben (Nettoprinzip) ausgeschlossen ist,

- Jährlichkeitsprinzip, nach dem Haushaltsaktivitäten – bis auf die Verpflichtungs- und Zahlungsermächtigungen bei den Mehrjahresprogrammen – an das Haushaltsjahr gebunden sind,
- Grundsatz des Haushaltsausgleichs, der eine Haushaltsverschuldung ausschließt,
- Grundsatz der Spezialität, bei dem den Ausgabenposten eine bestimmte Zweckbestimmung zugeordnet werden muss.

Die Initiative zur Haushaltsaufstellung geht von der Kommission aus. Sie legt bis zum 1. September dem Rat einen Vorschlag zum Haushaltsentwurf vor. Der Rat legt dann seinen Standpunkt zum Entwurf fest und leitet ihn bis zum 1. Oktober dem Parlament zu. Hat das Parlament innerhalb von 42 Tagen den Standpunkt gebilligt oder keinen Beschluss gefasst, so ist der Haushaltsplan erlassen.

Hat das Parlament mit Mehrheit den Entwurf geändert, so wird die geänderte Fassung Rat und Kommission zugeleitet. Wenn innerhalb von 10 Tagen der Rat die Änderungen des Parlaments gebilligt hat, ist der Haushaltsplan erlassen, ansonsten tritt der Vermittlungsausschuss zusammen. Kann sich der Vermittlungsausschuss auf keinen gemeinsamen Entwurf einigen, muss die Kommission einen neuen Entwurf vorschlagen. Dies war beim Haushalt für 2011 im November 2010 der Fall. Einigt sich der Ausschuss auf einen gemeinsamen Entwurf und stimmen Rat und Parlament zu, dann ist der Haushalt erlassen. Lehnt das Parlament ab und stimmt der Rat zu, dann muss die Kommission einen neuen Vorschlag machen. Stimmt das Parlament zu und lehnt dann der Rat ab, bestätigt aber daraufhin das Parlament seine eingebrachten Änderungen mit zweifünftel Mehrheit, so ist trotz endgültiger Ablehnung durch den Rat der Haushaltsplan erlassen.

Ist zu Beginn des neuen Haushaltsjahres noch kein Haushaltsplan verabschiedet, so tritt die Ein-Zwölftel-Regelung in Kraft, nach der für jeden Haushaltstitel monatliche Ausgaben bis zur Höhe eines Zwölftels der im abgelaufenen Haushaltsplan bereitgestellten Mittel vorgenommen werden dürfen. Des Weiteren dürfen die Ausgaben insgesamt ein Zwölftel des aktuellen Haushaltsentwurfs nicht überschreiten. Der Rat kann aber auf Vorschlag der Kommission über die Ein-Zwölftel-Regel hinausgehende Mehrausgaben genehmigen, sofern das Parlament mehrheitlich nicht innerhalb von 30 Tagen eine Kürzung der Mehrausgaben beschließt.

3.4 Schwachstellenanalyse der Architektur und der Entscheidungsprozesse der EU

Nachdem die Architektur und die Entscheidungsprozesse der EU dargestellt worden sind, sollen deren Defizite aus der Sicht der ökonomischen Theorie herausgearbeitet werden. Dabei zeigt sich, dass durch den Lissabonvertrag keine grundlegende Veränderung in dem Sinne bewerkstelligt worden ist, systematische Schwächen im Vertragswerk der EU, auf die schon seit vielen Jahren hingewiesen worden ist, auszuräumen. Der Lissabonvertrag beinhaltet keine Neuorientierung, sondern ist mehr als Versuch anzusehen, einen Minimalkompromiss zustande zu bringen, der einigermaßen die gravierenden Defizite ausräumt.

Bundesstaat oder Staatenbund: Welche staatsrechtliche Position die Union einnimmt, war immer umstritten. So stellt man fest, dass dem AEU-Vertrag als Ordnungsprinzip weitgehend das Modell eines Bundesstaates mit starker Machtkonzentration bei der Kommission zugrunde liegt. Hingegen basiert der EU-Vertrag auf dem Prinzip eines Staatenbundes mit der herausragenden Stellung des Europäischen Rates und des Rats der Europäischen Union, deren Staatsinteressen oft durch das Einstimmigkeitsprinzip gewahrt werden. Diese Ambivalenz im Vertragswerk wird auch im Urteil des Bundesverfassungsgerichts zum Maastrichtvertrag deutlich, wonach die EU weder einen Bundesstaat, noch einen Staatenbund, sondern einen Staatenverbund darstellt. Diese Ambivalenz wird auch nicht durch den Lissabonvertrag ausgeräumt. So kommen im Artikel 1 beide Prinzipien zum Tragen: "Dieser Vertrag stellt eine neue Stufe bei der Verwirklichung einer immer engeren Union der Völker Europas dar, in der die Entscheidungen möglichst offen und möglichst bürgernah getroffen werden." Diese Definition der Union kann nur als recht vage und extrem interpretierbar angesehen werden. Insbesondere wird damit die alte Kontroverse, was die Union letztlich ist, nicht befriedigend geklärt. Diese Unklarheit hat drei fatale Konsequenzen. Es bleibt offen, wer "Letztentscheider" ist, wenn es um Verfassungskonflikte zwischen Union und den Mitgliedstaaten geht. Hat in Verfassungsfragen der EuGH, wie es seinem Selbstverständnis entspricht, oder z. B. das Bundesverfassungsgericht das letzte Wort?

Darüber hinaus nutzen die Mitgliedstaaten diese Ambivalenz und instrumentalisieren dabei die Union. Oft können die Mitgliedstaaten politische Entscheidungen in ihrem Land nicht gegen ihre Bürger und ihr Parlament durchsetzen. Deshalb verlagern sie ihre Entscheidung auf die Ebene der Union, wo sie dann im fernen Brüssel relativ autonom und durch das eigene Parlament schwach kontrolliert ihre Entscheidung im Rat vollziehen können.

Trennung von Gewalten versus Machtgleichgewicht: Weiter generiert die Ambivalenz zwei Machtzentren, die um ihre Kompetenzen streiten. Zum einen existiert bundesstaatlich ausgerichtet das Machtzentrum von Parlament und Kommission, zum anderen Europäischer Rat und Rat, insbesondere im Rahmen der intergouvernementalen Zusammenarbeit.

Aufgrund der unpräzisen Zuordnungen ergeben sich in der EU horizontale und vertikale Spannungen zwischen den Institutionen der EU. Auf der horizontalen Ebene, die das Zusammenspiel von Parlament, Rat und Kommission regelt, stellt sich die Doppelfunktion der Kommission als Problem dar. Die Kommission ist, anders als bei einer klaren Gewaltenteilung, sowohl Exekutive als auch Legislative. Zum einen hat sie als Verwaltung die Aufgabe, die politischen Entscheidungen von Parlament und Rat umzusetzen. Zum anderen ist sie – worauf wir noch eingehen werden – am politischen Entscheidungsprozess in exponierter Form beteiligt. Diese Doppelfunktion stärkt die Machtposition der Kommission. Hinzu kommt, dass das Europäische Wettbewerbsrecht der Kommission einen weiteren Hebel gibt, ihre Machtposition zu stärken. Während in Deutschland das Kartellamt eine Behörde mit klaren gesetzlichen Aufgaben ist, die bis auf die Ministererlaubnis keinen politischen Einflüssen unterliegt, ist in der EU für Kartellfragen die Kommission (Generaldirektion Wettbewerb) zuständig. Deshalb kommt es zu einer institutionellen Verquickung von Verwaltung und Politik. Diese Doppelmacht, wie sie Haucap und Kühling bezeichnen, nutzt die Kommission, um Entscheidungen des Rats zu präjudizieren, wie sich im Fall EON beim Strom und im Fall RWE beim Gas gezeigt hat. Während die Bundesregierung und auch die französische Regierung gegen eine eigentumsrechtliche Trennung der Produktion und des Netzes bei Strom und Gas waren, konnte sich die Kommission mit ihrer gegenteiligen Position faktisch durchsetzen. Sie realisierte in den Kartellverfahren gegen die beiden Unternehmen eine Verpflichtungsvereinbarung, nach der sich beide Unternehmen zur Trennung verpflichteten, und damit zwang die Kommission ihre Position dem Rat auf.

Man muss aber auch sehen, dass sich die Kommission im Konfliktfall niemals gegen den Rat und auch nicht gegen einzelne Mitgliedstaaten durchsetzen kann, wenn diese zu völliger Konfrontation bereit sind. Will sich die Kommission gegen einzelne Mitgliedstaaten durchsetzen, so muss sie ein Vertragsverletzungsverfahren einleiten. Kommt es für den einzelnen Mitgliedstaat zu einer Verurteilung durch den EuGH, so sind Kommission und EuGH darauf angewiesen, dass der Mitgliedstaat das Urteil auch akzeptiert und umsetzt. Dass die Kommission dieses Sanktionsmittel als Ultima Ratio auch in politisch brisanten Streitpunkten einzusetzen bereit ist, zeigte das angekündigte Vertragsverletzungsverfahren gegen Frankreich wegen der Massenabschiebung von Roma.

Hinzu kommen Unschärfen in den Kompetenzabgrenzungen einzelner Institutionen, da auch im Lissabonvertrag die jeweiligen Rechte und Pflichten nicht exakt definiert sind. Dieses Abgrenzungsproblem wird besonders manifest, wenn es um die Stellung des Präsidenten des Europäischen Rates, des Kommissionspräsidenten und des Hohen Vertreters für Außen- und Sicherheitspolitik geht.

Dominanz der Kommission im Gesetzgebungsverfahren: Auch im Lissabonvertrag wird der Kommission immer noch mit den Regeln im Mitentscheidungsverfahren, das für das ordentliche Gesetzgebungsverfahren anzuwenden ist, ein Instrumentarium zur Hand gegeben, mit dem sie entscheidend das Machtgleichgewicht in der EU zu ihren Gunsten beeinflussen kann. Faktisch kann keine Richtlinie oder Verordnung gegen den Willen der Kommission verabschiedet werden. Dafür sorgen das Initiativrecht der Kommission im Gesetzgebungsverfahren (Tagesordnungsmonopol), die Möglichkeiten, Gesetzesänderungen bei den Vorlagen einzubringen, und die Möglichkeit, die

Verabschiedung zu unterbinden, indem der Entwurf von der Kommission zurückgezogen werden kann (einseitige Flexibilität). Hingegen kann der Rat nur einstimmig Änderungen gegen die Kommission durchsetzen. Es ist wenig verständlich, warum dieser dominante Einfluss der Exekutive im Gesetzgebungsverfahren durch den Lissabonvertrag nicht verringert worden ist. Auch der Versuch des Europäischen Parlaments, durch eine Vereinbarung mit der Kommission ein modifiziertes Initiativrecht in der Form zu erhalten, dass die Kommission sich verbindlich verpflichtet, Entwürfe des Parlaments zu übernehmen, ist bisher wenig erfolgreich gewesen. Von daher existiert in der EU im Vergleich zu allen Mitgliedstaaten ein fundamentales Demokratiedefizit.

Legitimationsdefizit der Kommission: Diese Dominanz der Kommission wiegt umso schwerer, da die Kommission im Vergleich zum Parlament und dem Rat das am wenigsten demokratisch legitimierte Organ der EU ist. Demokratie verlangt, dass letztlich der Wählerwille für alle Entscheidungen ausschlaggebend ist. Fragt man sich, welchen Einfluss die europäischen Wähler über die Europawahl auf die Zusammensetzung der Kommission haben, so kann man nur einen marginalen Einfluss konstatieren. Während es bei den Wahlen in den Mitgliedstaaten letztendlich um die Frage geht, welche Partei bzw. Parteien die Regierung stellen, ist diese Frage bei den EU-Wahlen völlig irrelevant. Warum sollen dann rationale Wähler wählen? Die geringe Wahlbeteiligung ist von daher ein Zeichen von Rationalität. Hinzu kommt, dass auch das Parlament trotz Lissabonvertrag wenig auf die Zusammensetzung der Kommission und die Auswahl des Präsidenten Einfluss ausüben kann. Faktisch bestimmt der Europäische Rat den Präsidenten und die Kommission, auch wenn mit dem Lissabonvertrag dem Parlament das Recht eingeräumt worden ist, den Präsidenten zu wählen und die Ernennung der Kommission das Zustimmungsvotum des Parlaments verlangt.

Kommt es zu Fehlentscheidungen und zu einer entsprechenden Kritik der EU-Bürger, dann ist rein formal gesehen, wenn es um Richtlinien und Verordnungen geht, nicht die Kommission der richtige Adressat, sondern Parlament und Rat. Wenn es aber um Aspekte geht, für die die Kommission zur Verantwortung gezogen werden kann, so stellt man fest, dass die Bürger gar nicht die relevanten Informationen haben, da die Entscheidungen der Kommission sehr bürgerfern und oft unter völligem Ausschluss der Öffentlichkeit gefällt werden. Exemplarisch dafür sind die Komitologie-Ausschüsse, in denen Experten der Kommission und der Mitgliedstaaten z. B. Durchführungsbestimmungen für Gesetze vereinbaren. Es ist deshalb nur konsequent, wenn das Bundesverfassungsgericht in seinem Lissabonvertragsurteil erhebliche Demokratiedefizite der EU konstatiert.

Interventionismus oder Laissez-Faire: Kernbestand einer nationalen Wirtschaftspolitik ist ihre Konsistenz. Dies setzt eine klare Zielsetzung voraus, die in der EU nicht gegeben ist, wenn es um die zu verfolgende wirtschaftspolitische Ausrichtung geht. Zwei völlig gegensätzliche Grundströmungen findet man in der Politik der EU. Zum einen ist die in der Tradition der französischen Planification verhaftete interventionistische Ausrichtung zu

nennen. Diese Ausrichtung finden wir in der Agrar-, Industrie-, Kohäsions-
und Handelspolitik der EU. Zum anderen dominiert das Konzept des Laissez-
Faire im Bereich des Gemeinsamen Marktes, der Wettbewerbs- und auch der
Beihilfepolitik.

**Konflikte zwischen den Grundfreiheiten des Gemeinsamen Mark-
tes und Autonomie der Mitgliedstaaten:** Grundlegende Zielsetzung des
Gemeinsamen Marktes ist eine freie Entfaltung des Wettbewerbs in der EU
zu ermöglichen. Dazu wurden die vier Grundfreiheiten zum Unionsrecht. Alle
Mitgliedstaaten sind verpflichtet, dieses Gemeinschaftsrecht zu befolgen. Dies
ist solange unproblematisch, solange die Grundfreiheiten mit anderen Rechts-
grundsätzen nicht kollidieren. Besonders gravierend sind Konflikte zwischen
dem Konzept des Gemeinsamen Marktes und dem sozialpolitischen Selbstverständnis der Mitgliedstaaten, so dass wir auf dieses Konfliktfeld exemplarisch
eingehen wollen. Das Kernproblem dieser Konfliktfelder besteht darin, dass
mit den Römischen Verträgen eine wirtschaftliche Ausrichtung des EWG vorgenommen wurde und sozialpolitische Aspekte nur am Rande aufgenommen
wurden. Hierbei ist der Sozialschutz rein instrumental als Mittel zur Verfolgung wirtschaftlicher Ziele diesen untergeordnet worden.

Wie wir im Kapitel 13 ausführlich erläutern werden, kollidieren die Sozialschutzsysteme der Mitgliedstaaten mit den vier Grundfreiheiten des Gemeinsamen Marktes. Dies gilt für die Dienstleistungsfreiheit aufgrund des Territorialprinzips der sozialen Sicherungssysteme. Nach dem Territorialprinzip beschränkt sich der Versicherungsschutz auf den jeweiligen Nationalstaat. Beispielsweise sahen die gesetzlichen Krankenversicherungen vor, dass die Kosten von Krankenversicherungsleistungen im Ausland, sofern nicht ein Notfall
eingetreten war, nur mit vorheriger Genehmigung der Krankenkasse von der
Kasse übernommen wurden. Damit war ein Gesundheitstourismus faktisch
unterbunden und die Versicherten konnten nicht den Leistungserbringer im
Gemeinsamen Markt auswählen, der das günstigste Preis-Leistungsverhältnis
anbot. Diese Beschränkung durch die Krankenkassen ist aber mit der Dienstleistungsfreiheit nicht vereinbar. Nach Ansicht des EuGH werden damit ausländische Anbieter im Gesundheitsbereich diskriminiert.

Ähnliche Konflikte treten ein, wenn wir den freien Güterverkehr betrachten. So beschränken viele Gesundheitssysteme den freien Handel mit Medikamenten, in dem sie den Internetvertrieb unterbinden, wodurch besonders ausländische Anbieter diskriminiert werden. Auch bei dem Reimport
von Medikamenten treten Spannungen zwischen dem Wettbewerbsrecht und
den Sozialsystemen auf. Die Pharmaindustrie hat ein Interesse Reimporte
zu unterbinden, um keine Gewinneinbußen zu erleiden. Hingegen sind die
Krankenkassen an Reimporten interessiert, um Kosten zu sparen. Die Kassen
nutzen Wettbewerbsverzerrungen, die durch niedrige administrierte Arznei-
mittelpreise in einzelnen Mitgliedstaaten geschaffen werden, ohne dass sich
die Produzenten gegen dieses aus ihrer Sicht wettbewerbswidrige Verhalten
der Krankenkassen wehren können.

Um die Arbeitnehmerfreizügigkeit sicherzustellen, benötigen wir die Portabilität der Sozialleistungen, d. h. Versicherungsansprüche können in einen anderen Mitgliedstaat mitgenommen werden. Diese Portabilität ist im Bereich der Sozialversicherungen weitgehend gewährleistet. Dies gilt aber nicht für die private betriebliche Alterssicherung und auch bisher nicht für die Riesterrente (siehe Kapitel 11).

Auch der Freie Kapitalverkehr wird durch das Sozialsystem einzelner Mitgliedstaaten eingeschränkt. So dürfen in Deutschland z. B. nur Apotheker, nicht aber eine Kapitalgesellschaft mit angestellten Apothekern eine Apotheke betreiben.

Treten solche Konfliktfelder zwischen den vier Grundfreiheiten des Gemeinsamen Marktes und den Autonomiebereichen der Mitgliedstaaten, wie das Sozialsystem, auf, so muss der EuGH entscheiden, welcher Bereich unterzuordnen ist. Betrachtet man die Entscheidungen des EuGH, so ist eine gewisse Tendenz dahingehend festzustellen, dass der EuGH oft zugunsten der vier Grundfreiheiten urteilt und damit sukzessive die Autonomie der Mitgliedstaaten aushöhlt. Damit ist aber eine neue Schwachstelle gegeben.

Zentralisierungstendenzen: Die Entscheidungen des EuGH bewirken nicht nur eine Machtverlagerung von den Mitgliedstaaten hin zur EU, sondern dieser Prozess ist aufgrund einer Asymmetrie bei den Entscheidungen unumstößlich. Der EuGH urteilt per Mehrheitsentscheidung. Der Rat kann die Urteile des EuGH mit Unterstützung von Kommission und Parlament, die schon oft schwer herzustellen ist, durch die Verabschiedung von Rechtsakten abändern. Dies setzt aber bei vielen Konfliktfeldern einen einstimmigen Beschluss des Rates voraus, der nur schwer herzustellen ist, so dass der Rat die Urteile des EuGH faktisch nur schwer korrigieren kann. Der EuGH ist so in seinen Beschlüssen der Kompetenzübertragung auf die Kommission nur schwer zu stoppen.

Hinzu kommt ein Sperrklinkeneffekt. Werden Kompetenzen von den Mitgliedstaaten an die Kommission erst einmal übertragen, so ist es sehr schwer, die Kompetenzübertragung wieder rückgängig zu machen. Es kann durchaus überlegenswert sein, in Ausnahmesituationen, wie bei der Finanzkrise im Jahr 2008, Koordinationsaufgaben bei der Krisenbekämpfung an die Kommission zu übertragen. Hat aber erst einmal die Kommission die Kompetenzen, so ist es oft schwierig, diese wieder zurückzuverlagern, da im Entscheidungsprozess des Rats ein Status-Quo-Bias existiert. Hinzu kommt das Eigeninteresse der Kommission. Die Kommission kämpft nicht nur um zusätzliche Kompetenzen, weil eine Kompetenzübertragung effiziente Zielerfüllung ermöglicht, sondern einfach aus dem Eigeninteresse einer Verwaltung, die mehr Kompetenzen, mehr Macht, mehr Einfluss usw. anstrebt. Da aber die Kommission im Machtgefüge der Union eine dominante Position inne hat, ist zu erwarten, dass sie ihre Zentralisierungsbestrebungen auch verwirklichen kann.

3.5 Literatur

- Alesina, A./Perotti, R. (2004): The European Union: A Politically Incorrect View, in: Journal of Economic Perspectives, Vol. 18, S. 27 - 48.
- Alesina, A./Giavazzi, F. (2006): The Future of Europe, Cambridge Mass. u. London, Kapitel 10 u. 11.
- Blankart, Ch. B. (2005) : Warum ist die Europäische Verfassung so bürgerfern?, in: List Forum für Wirtschafts- und Finanzpolitik, Bd. 31, S. 45 - 54.
- Europäische Kommission (2010a): EU-Haushalt 2009 – Finanzbericht, Luxemburg.
- Europäische Kommission (2010b): Gesamthaushaltsplan der Europäischen Union für das Haushaltsjahr 2010 – Übersicht in Zahlen, Brüssel u. Luxemburg.
- Friedrich-Ebert-Stiftung (2009): Der EuGH und das soziale Europa – Für eine Aufwertung sozialer Grundrechte im EU-Rechtssystem, Berlin.
- Lieb, J./Maurer, A. (Hrsg.) (2009): Der Vertrag von Lissabon, 3. aktualisierte und erweiterte Auflage, SWP-Diskussionspapier, Berlin.
- Oates, W. E. (1972): Fiscal Federalism, New Jersey.
- Oates, W. E. (1999): An Essay on Fiscal Federalism, in: Journal of Economic Literature, Vol. 37, S. 1120 - 1149.
- Sinn, H.-W. (1994): How much Europe? Subsidiarity, Centralization and Fiscal Competition, in: Scottish Journal of Political Economy, Vol. 41, S. 85 - 107.
- Vaubel, R. (1993): Perspektiven der europäischen Integration: Die Politische Ökonomie der Vertiefung und Erweiterung, in: H. Siebert (Hrsg.), Die zweifache Integration: Deutschland und Europa, Tübingen, S. 3 - 31.

Kapitel 4
Europäisches System der Zentralbanken (ESZB)

Wenn wir uns in diesem Kapitel ausführlich mit dem Vertrag von Maastricht von 1992 und insbesondere mit den dort vereinbarten Konvergenzkriterien auseinandersetzen, so steht dabei nicht die historische Perspektive bezüglich der einzelnen Schritte zur Schaffung der Europäischen Währungsunion im Vordergrund, sondern primär die folgenden zwei Fragekomplexe: Erstens fragen wir uns, welche Vor- und Nachteile eine Währungsunion mit sich bringt. Diese Frage ist nicht nur aus der rückblickenden Perspektive, inwieweit die Einführung des Euro sinnvoll war, sowie aufgrund der radikalen Forderungen in einigen Mitgliedstaaten, die Europäische Währungsunion zu verlassen, angebracht. Sie ist auch wirtschaftspolitisch höchst aktuell, da bisher drei Mitgliedstaaten der EU15 – Großbritannien, Dänemark und Schweden – der Europäischen Währungsunion noch nicht beigetreten sind und die EU10 sowie Bulgarien und Rumänien – bis auf Slowenien, Slowakei und Estland – vor dem Beitritt zur Währungsunion stehen. Zweitens ist zu prüfen, ob die Beitrittskriterien des Maastricht-Vertrags gute Indikatoren sind, um zu bestimmen, welche Mitgliedstaaten Geldwertstabilität gewährleisten, was besonders für die EU10 von großer Bedeutung ist. In der zweiten Hälfte des Kapitels werden wir uns der einheitlichen Geldpolitik im Europäischen System der Zentralbanken (ESZB) zuwenden. Dabei werden wir erläutern, was die wesentlichen Charakteristika und Schwierigkeiten einer einheitlichen Geldpolitik sind. Sodann werden wir uns im Abschnitt "Institutionen des ESZB" mit den Trägern der Geldpolitik auseinandersetzen und in den anschließenden Abschnitten den Zielen und Strategien sowie den Instrumenten der einheitlichen Geldpolitik zuwenden.

4.1 Vor- und Nachteile einer Währungsunion

Kostenersparnis: Ein offensichtlicher Vorteil einer Währungsunion ist der Wegfall der hohen Gebühren, die man beim An- und Verkauf von anderen

Währungen zahlen muss. Dass dieser Aspekt nicht trivial ist, zeigt die heftige Auseinandersetzung zwischen der Kommission und dem privaten Bankensektor um die zu hohen Kosten bei EU-Auslandsüberweisungen, die die Banken ihren Kunden anrechneten. Umtauschkosten bei den Währungen dürfen aber nicht einfach mit gesellschaftlichen Kosten gleichgesetzt werden. Banken nutzen den Umtausch von Devisen, um Monopolrenten zu realisieren. Diese stellen in erster Linie eine reine Umverteilung zwischen Kunden und Banken dar. Unter allokativen Gesichtspunkten sind die realen Einsparungen durch eine gemeinsame Währung relevant. Zu denken ist dabei u. a. an die Personalkosten zur Durchführung von Devisengeschäften sowie das Vorhalten fremder Devisen für die Abwicklung der Devisentransaktionen. Auch beim Halten von Devisen aus Ländern außerhalb der Währungsunion entstehen gewisse Kosteneinsparungen, da die Mitgliedstaaten der Währungsunion das Halten fremder Währungen effizienter koordinieren können.

Die Kosteneinsparungen einer Währungsunion sind um so höher, je stärker der Integrationsgrad in einer Währungsunion ist. Dies bedeutet, je mehr wirtschaftliche Transaktionen zwischen den Mitgliedstaaten als mit Partnern außerhalb der Währungsunion vollzogen werden, um so attraktiver ist eine Währungsunion. Insgesamt wird z. B. von Artis (1994, S. 349) der diskutierte Einspareffekt auf ca. 0,2 % des Bruttoinlandprodukts der Mitgliedstaaten der Europäischen Währungsunion geschätzt.

Abbau des Wechselkursrisikos: Bedeutsamer – aber auch schwerer abschätzbar – sind die Vorteile einer Währungsunion, die sich aus dem Abbau von Risiken bei Direktinvestitionen in andere Mitgliedstaaten der Währungsunion ergeben. Um Wechselkursrisiken zu reduzieren, sind Unternehmen veranlasst, im jeweiligen Absatzland zu produzieren, was wiederum zu einer Streuung der Produktionsstätten führt. Auch wenn die Standortstreuung unter finanzwirtschaftlicher Perspektive für Unternehmen sinnvoll ist, führt sie doch zu gesellschaftlichen Verlusten. Erklärt werden sie durch economies of scale, die nur voll genutzt werden können, wenn sich das Unternehmen auf einen Standort konzentriert. Dieses Argument kann auch nicht durch den Hinweis entkräftet werden, dass man sich auf den Finanzmärkten vor dem Wechselkursrisiko absichern könne. Die notwendige Absicherung wäre für ein bis zwei Jahre durchaus finanzierbar, nicht aber über die gesamte Abschreibungsdauer eines Investitionsobjektes.

Niedrige Zinsen: Ergänzend wird von den Befürwortern einer Währungsunion auf den positiven Zinseffekt hingewiesen, der durch das gesunkene Wechselkursrisiko bedingt ist. Die Risikoprämie für Wechselkursschwankungen fällt in der Währungsunion weg, so dass sich die Finanzierungskonditionen für Investitionen verbessern und es zu einer Erhöhung der Investitionsquote kommt, die Wachstumsimpulse erzeugt.

Markttransparenz: Unumstritten ist der Vorteil der höheren Markttransparenz durch eine Währungsunion und die damit verbundene höhere allokative Effizienz. Die gemeinsame Währung erleichtert Preisvergleiche und folglich Arbitragegeschäfte, so dass das Gesetz der Unterschiedslosigkeit der

Preise von Jevons stärker zum Tragen kommt. Auch intertemporale Konsumentscheidungen bei langlebigen Produkten werden erleichtert, da die Wechselkursschwankungen wegfallen und der Preis seine Funktion als Knappheitsindikator besser erfüllen kann. Dieser Aspekt ist bedeutsam, weil – im Gegensatz zum Kaufkraftparitätentheorem – Wechselkursänderungen oft nicht realwirtschaftlich verursacht, sondern auf spekulative Finanztransaktionen zurückzuführen sind.

Stabilität und Attraktivität des Euro: Mit der Einführung des Euro wurde eine Währung geschaffen, die sich im Anlagekalkül sowohl von Privaten als auch der Notenbanken zu einem ernst zu nehmenden Konkurrenten des Dollars entwickelt hat. Übersteigt die Auslandsnachfrage nach Euro die bisherige Gesamtnachfrage nach den Zahlungsmitteln der Teilnehmerländer, entsteht durch den Seigniorageeffekt (Münzgewinn) des Euro, der durch die Geldschöpfung entsteht, eine weitere Wohlfahrtssteigerung. Hinzu kommt, dass die Stärke des Euro die Wahrscheinlichkeit gezielter Wechselkursbeeinflussungen durch Devisenspekulanten erheblich reduziert, die – wie die erfolgreichen Attacken gegen die britische und französische Währung Anfang der 90er Jahre gezeigt haben – bisher gegen die einzelnen Währungen der Teilnehmerstaaten durchaus vielversprechend waren. Wesentlich kritischer werden die nachfolgenden Argumente für eine europäische Währungsunion bewertet.

Disziplinierungseffekt bei den Tarifparteien: Die Anhänger erwarten, dass die Währungsunion die Tarifparteien bei ihren Lohnverhandlungen diszipliniert, da die Möglichkeit der Korrektur einer verfehlten Tarifpolitik durch eine Wechselkursanpassung entfällt. Darüber hinaus wird in einer Währungsunion Lohnzurückhaltung beschäftigungspolitisch stärker honoriert. Die dadurch verbesserte internationale Wettbewerbsfähigkeit kann dann nicht mehr mittels einer Aufwertung kompensiert werden. Im Kap. 9 werden wir diesen Komplex eingehend behandeln.

Stärkung der Autonomie der nationalen Zentralbanken und der Europäischen Zentralbank: In Anbetracht des Ziels der Geldwertstabilität ist das Argument, dass die Position einer gemeinsamen Zentralbank gegenüber den teilnehmenden Staaten stärker als die der bisherigen Zentralbanken gegenüber ihren Regierungen sei, besonders umstritten. Wie komplex und diffizil sich dieser Problemkreis darstellt, werden wir im Kap. 7 aufzeigen, wenn es um die Koordination der einheitlichen Geldpolitik mit den einzelnen Politikbereichen geht. Deshalb soll hier auf eine pauschale Bewertung des Arguments verzichtet werden.

Verlust des Wechselkurses als Schockabsorber: Die Kritiker, wie auch die Anhänger einer europäischen Währungsunion haben auf zwei Ebenen versucht, ihre Position zu rechtfertigen. Zum einen haben sie die Argumente der Gegenseite selbst in Frage gestellt. Des Weiteren haben sie neue Argumente für ihre Position in die Diskussion gebracht. Diese neuen Gegenargumente sollen nun kurz erläutert werden. Das wohl wichtigste und aus theoretischer Sicht interessanteste Gegenargument ist der Hinweis auf die fehlende

Möglichkeit, durch Wechselkursanpassungen asymmetrische exogene Schocks zu kompensieren. Dieses Argument ist um so bedeutsamer, je weniger die europäische Währungsunion einen optimalen Währungsraum darstellt, der u. a. durch hohe Flexibilität der Preise und Löhne gekennzeichnet ist.

Exogene asymmetrische Schocks sind solche, bei denen die jeweiligen Staaten z. B. aufgrund unterschiedlicher Produktionsstrukturen in unterschiedlicher Weise auf exogene Einflussfaktoren wie z. B. Rohölverteuerungen, Einbruch im Welthandel usw. reagieren. Asymmetrische Schocks sind insbesondere dann gegeben, wenn die Außeneinflüsse gegenläufige wirtschaftliche Entwicklungen in den betrachteten Ländern bewirken. Dies wäre z. B. der Fall, wenn ein exogener Schock in einem Land einen Boom und in einem anderen Land eine Rezession bewirkt. Diesen Extremfall eines asymmetrischen Schocks wollen wir anhand zweier Länder exemplarisch analysieren. Die Auswirkungen eines Schocks schlagen sich in der Verschiebung der aggregierten Nachfragefunktion einer Volkswirtschaft nieder. Während bei einem symmetrischen Schock die beiden Länder in gleicher Richtung getroffen werden und so in beiden gleiche kompensatorische Maßnahmen notwendig sind, gilt dies nicht für asymmetrische Schocks.

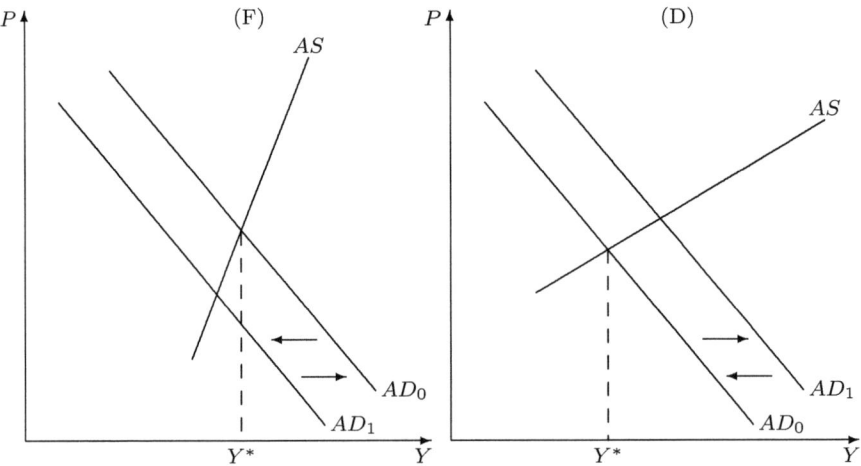

Abb. 4.1 Asymmetrische Schocks

Betrachten wir exemplarisch die beiden Länder Deutschland (D) und Frankreich (F), so unterstellen wir in Abb. 4.1 in Frankreich einen negativen Schock (Verschiebung der aggregierten Nachfragekurve von AD_0 nach AD_1) sowie für Deutschland einen gegenläufigen positiven Schock. Inwieweit sich der jeweilige Schock in einer veränderten Beschäftigung niederschlägt, hängt von der Elastizität der aggregierten Angebotsfunktion ab. Wir haben in Abb. 4.1 eine lineare Angebotsfunktion der Form $y = y^\star + a\,(p - p^e)$ gewählt. Die Größe $y^\star$ repräsentiert analog zur NAIRU (Non-Accelerating Inflation Rate of Unemployment) das Sozialprodukt bei Vollbeschäftigung. Des Weiteren nehmen wir an, dass sich die Preiserwartung p^e kurzfristig nicht ändert. Die Steigung $1/a$ der Angebotsfunktion kann den Wert von annähernd ∞ erreichen. Dann befinden wir uns im Modell der Klassiker mit unendlicher Anpassungsgeschwindigkeit der Preise und Löhne, die alle exogenen Schocks vollkommen absorbieren. Für den Fall, dass $1/a$ nahe bei 0 liegt, befinden wir uns in einer keynesianischen Welt, bei der reine Mengenanpassung vorliegt und die Preise und Löhne auf exogene Schocks nicht reagieren, so dass die Angebotsfunktion annähernd horizontal verläuft. Wir sehen, dass in einer keynesianischen Welt die Auswirkungen exogener Schocks auf Beschäftigung und Produktion durchaus von erheblicher Bedeutung sind und stabilitätspolitischen Handlungsbedarf schaffen. Im klassischen Modellrahmen bedarf es hingegen keiner kompensatorischer Maßnahmen.

Nun ist die Realität dadurch gekennzeichnet, dass gewisse Lohn- und Preisinflexibilitäten existieren und die Angebotsfunktion eine positive Steigung hat, wie dies in Abb. 4.1 skizziert ist, so dass ein stabilitätspolitischer Handlungsbedarf durchaus gegeben ist.

Existieren zwischen Deutschland und Frankreich flexible Wechselkurse, so stellen diese einen automatischen Stabilisator dar, der dafür sorgt, dass die Schocks kompensiert werden und die aggregierten Nachfragefunktionen zu ihrer ursprünglichen Lage zurückkehren (sich AD_1 nach AD_0 verschiebt). Betrachten wir zur Klärung dieses Sachverhaltes die aggregierten Nachfragekurven, die sich vereinfachend darstellen lassen als:

$$Y = C + I + G + (E - I)\,. \tag{4.1}$$

Von Interesse sind hier die Determinanten der beiden letzten Komponenten der aggregierten Nachfrage: der Export E und der Import I. Der Export Deutschlands nach Frankreich wird im Wesentlichen von der Gesamtnachfrage in Frankreich, dem DM-Preis und dem Wechselkurs bestimmt. Steigt der Wert der D-Mark gegenüber dem französischen Franc, verteuern sich deutsche Produkte in Frankreich und die Nachfrage nach deutschen Produkten – also die deutschen Exporte nach Frankreich – gehen damit zurück. Dies hat zur Folge, dass sich die aggregierte Nachfrage in Deutschland nach links verschiebt. Die Aufwertung der D-Mark bewirkt eine Preissenkung für Importe aus Frankreich, so dass sich die Importe erhöhen. Dies hat ebenfalls einen Rückgang der aggregierten Nachfragekurve in Deutschland sowie eine Linksverschiebung zur Folge. Durch eine Aufwertung der D-Mark ist es möglich, die durch den exogenen Schock bewirkte Überhitzung der deutschen Konjunktur zurückzufahren und so Preissteigerungen und eine Übernachfrage nach Arbeitskräften zu verhindern. Des Weiteren bewirkt die Aufwertung der D-Mark eine Konjunkturbelebung in Frankreich, die den negativen exogenen Schock kompensiert und die Beschäftigung stabilisiert. Bei flexiblen Wechselkursen existiert so ein automatischer Stabilisator, der asymmetrische exogene Schocks kompensiert.

Dieser automatische Stabilisator flexibler Wechselkurse funktioniert aber nur dann perfekt, wenn die Wechselkurse durch die realwirtschaftliche Entwicklung und nicht durch spekulative Finanztransaktionen determiniert werden.

Es kann auch durch weitere Einflussfaktoren zu einer Beeinflussung der aggregierten Angebotsfunktion kommen, die einer Stabilisierung zuwider läuft. Eine Verteuerung der Importe bedeutet z. B. für die Arbeitnehmer in Frankreich eine Reallohnsenkung. Entsprechend werden sie bei gegebenem Inlandspreisniveau ihr Arbeitsangebot verringern. Dies führt zu einer Verschiebung der aggregierten Angebotsfunktion nach links. Insbesondere besteht die Gefahr, dass eine Wechselkurskorrektur eine Lohn-Preisspirale induziert, so dass man nicht sagen kann, dass eine Wechselkursanpassung ein Allheilmittel darstellt, auf das man mit einer Währungsunion verzichtet.

Verstärkte Inflationsneigung: Von deutscher Seite wird insbesondere argumentiert, dass sich mit der Währungsunion die Inflationsneigung in Europa verstärkt. Während in Deutschland sowohl die Bundesbank als auch die Bevölkerung der Geldwertsicherung eine hohe Priorität zuordnen, würde sich Deutschland bei der europäischen Währungsunion mit Staaten zusammenschließen, die dem Ziel der Preisniveaustabilität nicht diese hohe Priorität zukommen lassen. Die Bundesrepublik würde so einer Inflationsgemeinschaft beitreten. Ob dieses negative Szenario eintritt, hängt aber entscheidend von der Unabhängigkeit der Europäischen Zentralbank ab, die wir in einem späteren Teil dieses Kapitels behandeln werden. Die in den ersten Jahren des Euros gemachten Erfahrungen zeigen aber, dass diese Sorge unberechtigt ist. Es kann jedoch durchaus sein, dass Deutschland durch die europäische Währungsunion einen Wohlfahrtsverlust erleidet. Deutsche Kreditnehmer müssen z. B. bei Eurokrediten mit einer höheren Risikoprämie als bei D-Markkrediten rechnen. Dieser deutsche Wohlfahrtsverlust bedeutet aber nicht zwingend, dass eine Währungsunion ökonomisch ineffizient ist. Denn die Argumente der Befürworter lassen durchaus die Schlussfolgerung zu, dass die Wohlfahrtsgewinne aller Teilnehmer die Verluste Deutschlands überkompensieren können.

Koordinationsprobleme: Für alle Teilnehmerstaaten schafft die Währungsunion ein neues Koordinationsproblem zwischen der zentralisierten Geldpolitik und der in nationaler Verfügungsgewalt bleibenden Fiskal- und Finanzpolitik. Welche Koordinationsprobleme dabei im Einzelnen auftreten, werden wir hier nicht vertiefen, sondern in den Kap. 7, 9 und 10 ausführlich behandeln.

Die Kritiker einer Währungsunion schlagen zur Lösung des Koordinationsproblems vor, erst die Vergemeinschaftung der Politikbereiche voranzutreiben und dann im Sinne einer Krönungstheorie diesen Integrationsprozess mit der europäischen Währungsunion abzuschließen. Dieser Alternativvorschlag ist aber wenig überzeugend. Wie wir in den nachfolgenden Kapiteln aufzeigen werden, ist eine Vergemeinschaftung vieler Politikbereiche ökonomisch nicht sinnvoll und auch nicht damit zu rechtfertigen, damit die Effizienz der Währungsunion zu gewährleisten. Würde man sich diese Strategie zu eigen machen, würde man die Währungsunion auf den Sankt-Nimmerleins-Tag verschieben. Denn die politischen Widerstände gegen eine Integration der dafür relevanten Politikbereiche ist so stark, dass diese Voraussetzung für eine Währungsunion niemals politisch durchsetzbar wäre. Von daher ist es ehrlicher, wenn man sich dann explizit gegen die europäische Währungsunion ausspricht.

Kosten des Wechsels: Die bisher angeführten Argumente sind bezüglich der Beurteilung einer Währungsunion mehr von grundsätzlicher Natur. Für die Beurteilung einer Währungsunion, die eine umfassende Reform der Kompetenzen in der Geldpolitik bedeutet, sind auch die Transformationskosten mit zu berücksichtigen, die mehr temporärer Natur, aber dennoch nicht unerheblich sind. Als erstes ist auf die Umstellungskosten im Bankensektor hinzuweisen, die auf ca. 10 Mrd. EUR geschätzt werden. So müssen die Banken ihre Geldautomaten neu programmieren und zum Teil ersetzen. Gravierender ist die mit dem Wechsel einhergehende Unsicherheit über die zukünftige geldpolitische Strategie und ihre Umsetzung in der europäischen Währungsunion. Es bestehen durchaus Zweifel, ob die neue Zentralbank tatsächlich konsequent ihre Politik auf das Ziel der Preisniveaustabilität ausrichtet. Insbesondere muss sich die neue Zentralbank die Reputation aufbauen, die zuvor z. B. die Deutsche Bundesbank besaß. Dies kann dazu führen, dass die neue Zentralbank das Ziel der Geldwertstabilität wesentlich konsequenter als die Deutsche Bundesbank verfolgt, und so bewusst gesellschaftliche Kosten in Form höherer Arbeitslosigkeit in Kauf nimmt, um ihre Unabhängigkeit zu demonstrieren und so Glaubwürdigkeit zu gewinnen. Nicht zu unterschätzen ist auch der psychologische Effekt der Währungsumstellung. Die nationalen Währungen hatten eine immense nationale Symbolkraft und waren durchaus identitätsstiftend. Dieser Anker entfällt mit der Währungsunion und der Euro stellt keinen Ersatz dar, da sich bei den Europäern die Meinung verfestigt hat, dass sie den "Teuro" bekommen haben, obwohl die Preisstatistik dieses Vorurteil nicht bestätigt.

Auf politischer Ebene wird auf die Gefahr der zwei Geschwindigkeiten hingewiesen, die durch die Währungsunion initiiert wird. Hat sie sich erst einmal etabliert und verfestigt, so ist die Sorge, dass dieses Konzept auch auf andere Politikbereiche der Union übertragen wird, nur sehr schwer auszuräumen. Man befürchtet sogar, dass die Währungsunion der Beginn eines Desintegrationsprozesses ist. Die Erfahrungen der letzten Jahre haben aber gezeigt, dass diese Befürchtungen unbegründet sind. Der Hinweis kann jedoch im Rahmen des sich hinausziehenden Beitritts der EU10 zur europäischen Währungsunion an Bedeutung gewinnen. Dabei kommt der Erfüllung der Konvergenzkriterien von Maastricht eine wesentliche Bedeutung zu, denen wir uns nun zuwenden wollen.

4.2 Konvergenzkriterien

Primäres Ziel der im Maastricht-Vertrag beschlossenen Konvergenzkriterien ist es, ein Auswahlraster zu entwickeln, das dafür sorgt, dass nur solche Mitgliedstaaten in die Währungsunion aufgenommen werden, die das Ziel der Geldwertstabilität in der Währungsunion nicht gefährden. Bei der Konzipierung der Konvergenzkriterien konnte man auf das Konzept des optimalen Währungsraums zurückgreifen. Mit den Konvergenzkriterien möchte man idealiter einen Euroraum schaffen, der einen optimalen Währungsraum darstellt, der durch einen hohen Integrationsgrad, Flexibilität sowie eine Produktionsstruktur gekennzeichnet ist, bei der asymmetrische Schocks nicht von zentraler Bedeutung sind. Die Maastricht-Konvergenzkriterien sollen kurz dargestellt und geprüft werden, inwieweit die Erfüllung der Kriterien die Sicherung des Geldwerts garantieren. In Tabelle 4.1 sind die Kriterien kurz dargestellt und sollen nun erläutert werden.

Tabelle 4.1 Maastricht-Kriterien

1. Preisniveaustabilität Preisniveau eines Landes darf nur 1,5 % höher als in den drei Ländern mit den geringsten Inflationsraten sein. 2. Wechselkursstabilität Wechselkurse müssen sich in den zwei Jahren vor der Prüfung ohne große Spannung in der normalen Bandbreite des Europäischen Währungssystems (EWS) gehalten haben. 3. Zinsstabilität Das langfristige nominale Zinsniveau darf nicht höher als 2 % der Zinssätze derjenigen drei Länder mit der niedrigsten Inflationsrate sein. 4. Staatsverschuldung a. Defizit des öffentlichen Haushaltes darf nicht größer als 3 % des Bruttoinlandproduktes sein. b. Öffentlicher Schuldenstand darf nicht mehr als 60 % des BIP betragen.

Das erste Kriterium verlangt die Verwirklichung von Preisniveaustabilität. Danach darf das Preisniveau nur höchstens 1,5 % größer als in den drei Ländern mit den geringsten Inflationsraten im Jahr vor der Beitrittsprüfung gewesen sein. Dabei wird die Preisentwicklung anhand des Verbraucherpreisindex gemessen. Leider ist dieses Kriterium nur wenig operational definiert, da sich die Marge von 1,5 % auf die drei Länder mit den niedrigsten Inflationsraten bezieht. Wie ist diese Marge zu verstehen, wenn die drei Besten erheblich in den Inflationsraten divergieren? Bezieht man sich dann bei den 1,5 % auf den Durchschnittswert, das Beste oder das Schlechteste der drei Länder? Die Operationalität des Kriteriums wird weiterhin dadurch eingeschränkt, dass die Preisniveaustabilität "anhaltend" sein muss, ohne dass dieser Begriff ausreichend definiert wird. Dass die Preisniveaustabilität anhaltend sein muss, ist deshalb notwendig, weil man kurzfristig durchaus die Inflationsentwicklung dämpfen kann, auch wenn die inflationären Tendenzen in einem Land sehr stark sind. So kann z. B. die jeweilige Regierung Erhöhungen der administrierten Preise zurückstellen. Des Weiteren kann sie über die Wechselkurspolitik den direkten Preiszusammenhang zu ihren Gunsten nutzen. Liegen flexible Wechselkurse vor, kann die jeweilige Regierung bzw. die Notenbank durch eine Aufwertung seine Stellung gegenüber anderen Staaten im Inflationsprozess verbessern. Eine Aufwertung führt zu billigeren Importen und so zu einer Dämpfung des Inflationsprozesses im aufwertenden Land. Ein weiteres Gefahrenmoment des 1,5 %-Kriteriums liegt darin, dass mehrere Beitrittskandidaten im Sinne einer konzertierten Aktion eine Inflationsgemeinschaft bilden und so das Kriterium aushebeln können. Das 1,5 %-Kriterium stellt nämlich nicht auf die absolute Inflationsrate, sondern nur auf die Varianz in den Inflationsraten ab. Wenn in allen Ländern die gleiche Inflationsrate annähernd realisiert wird, so ist diese auch bei einer Rate von 0 % bzw. 5 % oder 10 % mit dem Konvergenzkriterium vereinbar. Es muss nur ein Gleichschritt vorliegen. Unter diesem Aspekt stellt für die neuen Mitgliedstaaten dieses Kriterium mit der realisierten Währungsunion eine ganz andere Hürde dar, da für die neuen Mitgliedstaaten nun ein absolutes Vergleichsniveau mit den Inflationsraten der bisherigen Teilnehmerstaaten im Euroraum vorgegeben ist, das von der Europäischen Zentralbank bestimmt wird.

Die zentrale Schwäche des Inflationskriteriums liegt in ihrer fehlenden Zukunftsbezogenheit. Inwieweit in der Zukunft in einem Land Inflationstendenzen zu erwarten sind, die eine einheitliche Geldpolitik im Euroraum erschweren, lässt sich aus den bisher realisierten Inflationsraten nur schwer ablesen, da die kurzfristigen Beeinflussungsmöglichkeiten seitens der Politik zu groß sind.

Wir hatten schon auf die Möglichkeit hingewiesen, über Wechselkurse die Inflationsrate eines Landes zu beeinflussen. Um diese Eingriffsmöglichkeiten auszuschließen, besagt das zweite Maastricht-Kriterium: "Wechselkurse müssen sich in den zwei Jahren vor der Prüfung ohne große Spannung in der normalen Bandbreite des Europäischen Währungssystem (EWS) gehalten haben." Dabei ist das EWS der Vorläufer der Europäischen Währungsunion. Das EWS beinhaltete ein System fester Wechselkurse und eine Interventionspflicht der Mitgliedstaaten. Aufgrund der Währungsturbulenzen Anfang der neunziger Jahre führten gezielte Devisenspekulationen zu einer erzwungenen

Abwertung des britischen Pfund und des französischen Franc, die die Spannweite für zulässige Wechselkursanpassungen durchbrach. Daraufhin wurden die Ober- und Untergrenzen für zulässige Wechselkursanpassungen mit einer sehr hohen Spannweite von ± 15 % versehen. Damit wurde faktisch das EWS in ein System flexibler Wechselkurse mit deklatorischer Interventionspflicht transformiert. Das Kriterium der geforderten Wechselkursstabilität ist deshalb sinnvoll, da Wechselkursanpassungen nach dem Kaufkraftparitätentheorem dann zu erwarten sind, wenn die Inflationsraten zwischen den jeweiligen Ländern erheblich divergieren. Wenn die Inflationserwartungen auf erheblich unterschiedliche Inflationsentwicklungen hinweisen, kommt es zu Wechselkursanpassungen.

Besonders sensibel reagieren die langfristigen Nominalzinsen auf antizipierte Preisniveauveränderungen. Von daher stellen die langfristigen Nominalzinsen einen guten Indikator dafür dar, jene Staaten zu identifizieren, von denen nach dem Beitritt keine inflationären Entwicklungen ausgehen. Gehen wir von einem relativ stabilen langfristigen Realzins $r^\star$ sowie der Annahme aus, dass der langfristige Nominalzins $i = r^* + p^e$ ist, wobei p^e die Inflationserwartungen widerspiegelt. Nominalzinssteigerungen zeigen so an, dass sich die inflationären Tendenzen im betrachteten Land verstärkt haben. Von dieser Überlegung ausgehend verlangt das Maastricht-Kriterium für die Zinsentwicklung, dass das langfristige nominale Zinsniveau nicht höher als 2 % der Zinssätze derjenigen Länder mit den niedrigsten Inflationsraten sein darf. Das Zinsniveau-Kriterium stellt so eine Bonitätsprüfung dar, ob ein Land für Kreditgeber als inflationsgefährdet angesehen wird. Hinzu kommt, dass das Zinsniveau-Kriterium das Wechselkurskriterium sinnvoll ergänzt. Ein Land, das unter starkem Abwertungsdruck steht, kann durch hohe Zinsen versuchen, den Druck auf seine Währung herauszunehmen. Diese Politik führt aber dazu, dass man die Erfüllung des Wechselkurskriteriums nur auf Kosten des Zinsniveau-Kriteriums erfüllen kann.

Kritisch ist zu den bisher skizzierten drei Kriterien zu sagen, dass sie relativ wenig über die wichtigste Einflussgröße in der zu schaffenden Währungsunion sagen, nämlich über die zu erwartende Stabilitätsorientierung der Europäischen Zentralbank (EZB). Inwieweit die sich dem Geldwertstabilitätsziel verpflichtet fühlt und in der Lage ist, dieses auch zu realisieren, hängt nicht nur von der institutionellen Ausgestaltung der Währungsunion (siehe nächsten Abschnitt), sondern auch von ihrem Umfeld ab, insbesondere vom Interesse der Teilnehmerstaaten am Ziel der Geldwertstabilität und ihrer Bereitschaft, die Europäische Zentralbank bei ihren Stabilisierungsbemühungen zu unterstützen. Das Interesse an Geldwertstabilität und die Unterstützungsbereitschaft der Teilnehmerstaaten wird aber wesentlich durch die finanzielle Situation jedes Teilnehmerstaates bestimmt. Um mögliche Konflikte zwischen den Teilnehmerstaaten und der Europäischen Zentralbank auf ein Minimum zu reduzieren, sieht der Maastricht-Vertrag zwei Verschuldungskriterien vor, die jedes Beitrittsland als Beitrittsvoraussetzung erfüllen muss und die nach dem Stabilitäts- und Wachstumspakt (siehe Kap. 7) jeder Teilnehmerstaat auch nach dem Beitritt einhalten muss. Dabei geht es zum einen um das Defizit des öffentlichen Haushalts. Danach darf – von Ausnahmesituationen abgesehen – die Nettokreditaufnahme nicht höher als 3 % des Bruttoinlandprodukts ausfallen. Zum anderen darf der öffentliche Schuldenstand die Marge von 60 % des Bruttoinlandprodukts nicht übersteigen.

Auf den ersten Blick erscheinen die im Maastricht-Vertrag verankerten Defizitkriterien als willkürlich. Sie haben aber durchaus ihre eigene Logik. Das 60 %-Schuldenkriterium bestimmte sich als Durchschnittswert der Verschuldung in der EU anfangs der 90er Jahre. Das 3 %-Nettokreditaufnahme-Kriterium ist dabei so gewählt worden, dass es mit der Einhaltung dieses Kriteriums nicht zu einer Ausweitung des Schuldenstandes über die 60 % hinaus kommt. Dabei unterstellte die Kommission ein langfristiges Wachstum des nominalen Bruttoinlandsprodukts von ungefähr 5 %. Unter dieser Prämisse führt eine Nettokreditaufnahme von 3 % zu einer Verschuldungsquote von:

$$\frac{D_t}{BIP_t} = \frac{D_{t-1} + NK_t}{BIP_{t-1}(1+0,05)} = \frac{0,6BIP_{t-1} + 0,03 \cdot BIP_{t-1}(1+0,05)}{BIP_{t-1}(1+0,05)}$$

$$= \frac{0,6315}{1,05} \cong 0,6 \, ,$$

wenn sich in der Vorperiode der Schuldenstand auf 60 % belief, wobei D_t die Gesamtverschuldung und NK_t die Nettokreditaufnahme darstellen. Wenn wir uns mit dem Stabilitäts- und Wachstumspakt im Kap. 7 beschäftigen, werden wir eingehend prüfen, inwieweit diese beiden Verschuldungskriterien als Vorgabe für die Finanzpolitik sinnvoll sind, und uns fragen, ob sie nicht genauer spezifiziert werden sollten, damit besondere Umstände berücksichtigt werden können.

An dieser Stelle muss darauf hingewiesen werden, dass das Verschuldungs-Kriterium nur die explizite Schuld eines Landes berücksichtigt. Die Sozialversicherungen, die in der EU alle mehr oder weniger auf dem Umlageverfahren aufbauen, sind mit einer impliziten Schuld belastet, die bei den Maastricht-Kriterien nicht berücksichtigt wird. Die implizite Schuld der Deutschen Rentenversicherung in Form der zukünftigen Rentenansprüche der Versicherten ist aber wesentlich höher als die in den Schuldenkriterien berücksichtigte explizite Schuld der öffentlichen Hand, also des Bundes, der Länder, Kommunen und Sozialversicherungen. Eine explizite Schuld der Sozialversicherungen schließt das Umlageverfahren eigentlich aus, da nach diesem Prinzip die Einnahmen immer den Ausgaben entsprechen sollen. Unter Verletzung dieser Vorschrift haben z. B. die Gesetzlichen Krankenkassen in 2004 einige Milliarden Schulden aufgenommen, um Beitragsanpassungen zu vermeiden. Diese wurden voll bei den Schuldenkriterien berücksichtigt.

An dieser Stelle muss darauf hingewiesen werden, dass schon im Vertrag von Maastricht einige Formulierungen zu finden sind, die dazu führen, dass diese Kriterien sehr stark aufgeweicht werden können, und daher keine strengen Selektionskriterien darstellen. Man findet im Vertrag vage Formulierungen zur Rechtfertigung einer Ausnahme, wenn von einem "rückläufigen Schuldenstand" auszugehen ist, die Referenzwerte "die Nähe" des Kriteriums erreichen und die Verletzung des Kriteriums nur "vorübergehend" ist. Es reicht sogar u. U., dass sich die Staaten "bemühen", die Kriterien zu erfüllen. Diese Hinweise machen deutlich, dass sich der Rat der Europäischen Union mit dem Maastricht-Vertrag keinem strengen Regelmechanismus für den Beitritt unterwerfen wollte, sondern sich einen erheblichen diskretionären Spielraum eingeräumt hat, um so politisch über die Aufnahme der Mitglieder der Währungsunion zu entscheiden.

In der Tabelle 4.2 sind die Werte der Kriterien der EU15 dargestellt, die im Jahr 1998 die Grundlage für die Aufnahmeentscheidung in die Währungsunion bildeten.

Tabelle 4.2 Indikatoren für die Referenzwerte des Maastricht-Vertrages

Land	Verbraucher- preise Veränderung in vH gegenüber dem Vorjahr		Langfristige Zinsen in Prozent		Finanzierungsdefizit der öffentlichen Haushalte		Öffentliche Verschuldung[2]		
					in vH des nominalen Bruttoinlandsprodukts				
	1996	1997	1996	1997	1995 1996	1997	1995	1996	1997
Deutschland	1,5	1,5	6,2	6,0	3,6 3,8	3 bis 3,5[3]	58,1	60,6	62
Frankreich	2,0	1,75	6,5	6,0	4,8 4,1	3 bis 3,5	52,8	56,5	58
Grossbritannien	2,4	3,0	7,8	7,5	5,5 4,8	3 bis 3,5	53,9	55,0	55
Italien	3,9	2,5	9,2	7,0	6,9 6,8	3,5 bis 4	124,9	124,5	124
Spanien	3,6	2,5	8,7	7,0	6,6 4,4	3 bis 3,5	65,8	69,0	68
Niederlande	2,1	2,5	6,2	6,0	4,1 2,4	2 bis 2,5	80,0	79,0	76
Belgien	2,1	2,0	6,3	6,0	4,1 3,4	3 bis 3,5	133,7	130,0	127
Österreich	1,9	2,0	6,3	6,0	5,9 4,5	3 bis 3,5	69,0	72,0	73
Schweden	0,7	1,5	8,0	6,5	7,7 3,6	2 bis 2,5	79,4	79,0	78
Dänemark	2,1	2,5	7,1	6,5	1,9 1,5	0,5 bis 1	71,9	71,0	68
Finnland	0,6	1,5	6,0	6,0	5,1 2,6	1,5 bis 2	59,2	60,0	59
Griechenland	8,5	6,0	14,0	11,0	9,2 7,5	6 bis 6,5	111,8	110,0	109
Portugal	3,2	3,0	8,6	6,5	5,0 4,0	3 bis 3,5	71,7	71,0	69
Irland	1,6	2,0	7,5	6,5	2,3 1,0	1 bis 1,5	81,6	75,0	70
Luxemburg	1,4	1,5	6,3	6,0	-1,5 -0,9	0 bis -0,5	6,1	8,0	8

1) Für 1997 auf halbe Prozentpunkte gerundet.
2) Für 1997 auf volle Prozentpunkte gerundet.
3) Nicht gerundet: 3,2 vH.

Quelle: DIW u. a. (1997), S. 283.

Schaut man sich diese Tabelle genauer an, so stellt man fest, dass die Inflationsraten in den 90er Jahren gesunken sind und sich auf einem niedrigen Niveau um 2% eingependelt haben. Nur Griechenland verletzte den Referenzwert für die Inflationsrate erheblich. Auch bei den langfristigen Zinsen zeigt sich eine entsprechend günstige Lage. Wesentlich kritischer stellt sich die Ausgangsperspektive bei dem Haushalts- und Verschuldungs-Kriterium dar. Hier verletzten nur Schweden, Dänemark, die nicht beitreten wollten, Finnland, Irland, Luxemburg und die Niederlande das Defizitkriterium von 3% nicht. Irland und die Niederlande verletzten aber das Schuldenstandskriterium, so dass als einzige Staaten nur Finnland und Luxemburg alle Kriterien erfüllten.

Während für Großbritannien und Dänemark keine Beitrittsverpflichtung zur Europäischen Währungsunion besteht, haben die anderen, der noch nicht der Währungsunion beigetretenen Mitgliedstaaten, nicht das Recht, dieser fernzubleiben. Sie haben sich vertraglich gebunden, die Erfüllung der Konvergenzkriterien sicher zu stellen und den Euro baldmöglichst einzuführen. Da Schweden per Volksentscheid im Jahr 2003 einen Beitritt abgelehnt hat, verhindert Schweden den Beitritt, indem es nicht am Wechselkursmechanismus II (WKM II), der Nachfolgeinstitution des EWS, teilnimmt und damit das Wechselkurskriterium des Maastricht-Vertrages nicht erfüllen kann. Da mit der Einführung des Euro im Jahr 1998 das Europäische Währungssystem (EWS) auslief, müssen nun die Beitrittskandidaten am WKM II spannungsfrei über mindestens zwei Jahre teilnehmen und die Marge von ±15% bei den Wechselkursschwankungen einhalten.

Um zu prüfen, ob die noch nicht teilnehmenden Mitgliedstaaten der EU die Konvergenzkriterien erfüllen, erstellt die EZB alle zwei Jahre oder auf Antrag eines dieser Mitgliedstaaten einen Konvergenzbericht. Im Jahr 2010 hat die EZB einen Konvergenzbericht erstellt. Die Erfüllung der Konvergenzkriterien wird in Tabelle 4.3 deutlich.

Betrachtet man die Performance von Estland, insbesondere seine Haushaltssituation, so kann man Estland nur als einen Musterschüler bezeichnen, der zu Recht zum 1.1.2011 den Euro einführen darf. Sieht man von Ungarn ab, so ist die Verschuldungssituation der möglichen Beitrittskandidaten wesentlich günstiger als die im Euroraum. Dies gilt aber – und das relativiert das Ergebnis – nicht für die Nettokreditaufnahme. Besorgniserregend ist diese in Lettland, Litauen, Polen, Rumänien. Dabei ist auffällig, dass die Nettokreditaufnahme sehr unterschiedlich ausfällt. 2010 lag sie in Schweden, Estland und Bulgarien noch im 2 %-Bereich, hingegen in Rumänien, Litauen und Lettland über 8 %. Ungarn ist der einzige Staat, der mit 78,9 % nicht nur das 60 %-Kriterium der Bruttoverschuldung übersteigt, sondern auch in einem erheblichen Umfang.

4.3 Einheitliche Geldpolitik im Euroraum

Mit dem Vertrag von Maastricht wurden die Grundlagen für die europäische Währungsunion beschlossen. Im Jahr 1998 wurden gemäß der Maastricht-Kriterien die aufzunehmenden Mitgliedstaaten und die Einführung des Euro zum 01.01.1999 – zunächst nur für den Interbankensektor (bargeldloser Zahlungsverkehr) – und dann zum 01.01.2002 als gesetzliches Zahlungsmittel im

Tabelle 4.3 Übersicht über die Indikatoren der wirtschaftlichen Konvergenz

		Preisstabilität	Öffentliche Finanzen			Wechselkurs		Langfristige r Zinssatz
		HVPI-Inflation[1]	Land mit übermäßigem Defizit[2]	Finanzierungssaldo des Staates[3]	Bruttoverschuldung des Staates[3]	Am WKM II teilnehmende Währung[4]	Wechselkurs gegenüber dem Euro[5]	Langfristiger Zinssatz[6]
Bulgarien	2008	12,0	Nein	1,8	14,1	Nein	0,0	5,4
	2009	2,5	Nein	-3,9	14,8	Nein	0,0	7,2
	2010	1,7[1]	Nein[2]	-2,8	17,4	Nein[4]	0,0[5]	6,9[6]
Tschechische Republik	2008	6,3	Ja	-2,7	30,0	Nein	10,2	4,6
	2009	0,6	Ja	-5,9	35,4	Nein	-6,0	4,8
	2010	0,3[1]	Ja[2]	-5,7	39,8	Nein[4]	2,6[5]	4,7[6]
Estland	2008	10,6	Nein	-2,7	4,6	Ja	0,0	...[7]
	2009	0,2	Nein	-1,7	7,2	Ja	0,0	...[7]
	2010	-0,7[1]	Nein[2]	-2,4	9,6	Ja[4]	0,0[5]	...[7]
Lettland	2008	15,3	Nein	-4,1	19,5	Ja	-0,4	6,4
	2009	3,3	Ja	-9,0	36,1	Ja	-0,4	12,4
	2010	0,1[1]	Ja[2]	-8,6	48,5	Ja[4]	-0,4[5]	12,7[6]
Litauen	2008	11,1	Nein	-3,3	15,6	Ja	0,0	5,6
	2009	4,2	Nein	-8,9	29,3	Ja	0,0	14,0
	2010	2,0[1]	Ja[2]	-8,4	38,6	Ja[4]	0,0[5]	12,1[6]
Ungarn	2008	6,0	Ja	-3,8	72,9	Nein	-0,1	8,2
	2009	4,0	Ja	-4,0	78,3	Nein	-11,5	9,1
	2010	4,8[1]	Ja[2]	-4,1	78,9	Nein[4]	4,5[5]	8,4[6]
Polen	2008	4,2	Ja	-3,7	47,2	Nein	7,2	6,1
	2009	4,0	Ja	-7,1	51,0	Nein	-23,2	6,1
	2010	3,9[1]	Ja[2]	-7,3	53,9	Nein[4]	8,4[5]	6,1[6]
Rumänien	2008	7,9	Nein	-5,4	13,3	Nein	-10,4	7,7
	2009	5,6	Ja	-8,3	23,7	Nein	-15,1	9,7
	2010	5,0[1]	Ja[2]	-8,0	30,5	Nein[4]	2,9[5]	9,4[6]
Schweden	2008	3,3	Nein	2,5	38,3	Nein	-3,9	3,9
	2009	1,9	Nein	-0,5	42,3	Nein	-10,4	3,3
	2010	2,1[1]	Nein[2]	-2,1	42,6	Nein[4]	6,8[5]	3,3[6]
Referenzwert[8]		1,0		-3,0	60,0			6,0

Quellen: Europäische Kommission (Eurostat) und EZB.
1) Durchschnittliche Veränderung gegen Vorjahr in %. Die Angaben für 2010 beziehen sich auf den Zeitraum von April 2009 bis März 2010.
2) Diese Angabe bezieht sich darauf, ob zumindest für einen Teil des Jahres ein Beschluss des EU-Rates vorlag, wonach in diesem Land ein übermäßiges Defizit bestand. Die Angaben für 2010 beziehen sich auf den Zeitraum bis Redaktionsschluss für die in diesem Konvergenzbericht enthaltenen Statistiken (23. April 2010).
3) In % des BIP. Die Angaben für 2010 stammen aus den Prognosen der Europäischen Kommission vom Frühjahr 2010.
4) Die Angaben für 2010 beziehen sich auf den Zeitraum bis Redaktionsschluss für die in diesem Konvergenzbericht enthaltenen Statistiken (23. April 2010).
5) Durchschnittliche Veränderung gegen Vorjahr in %. Die Angaben für 2010 werden als prozentuale Abweichung des Durchschnitts im Zeitraum vom 1. Januar 2010 bis zum 23. April 2010 vom Durchschnitt des Jahres 2009 berechnet. Eine positive (negative) Zahl zeigt eine Aufwertung (Abwertung) gegenüber dem Euro an.
6) Durchschnittlicher Jahreszinssatz. Die Angaben für 2010 beziehen sich auf den Zeitraum von April 2009 bis März 2010.
7) Für Estland ist kein langfristiger Zinssatz verfügbar.
8) Für die HVPI-Infl ation und den langfristigen Zinssatz bezieht sich der Referenzwert auf den Zeitraum von April 2009 bis März 2010. Für die öffentlichen Finanzen gilt das Referenzjahr 2009.

Quelle: EZB (2010b), S. 35.

Eurosystem vereinbart. Wesentliches Kennzeichen der Währungsunion ist die einheitliche Geldpolitik, die als erstes skizziert werden soll. Entscheidendes Merkmal der einheitlichen Geldpolitik des Eurosystems ist der Tatbestand, dass die Teilnehmerstaaten ihre geldpolitische Autonomie an eine supranationale Einrichtung, die Europäische Zentralbank (EZB) mit Sitz in Frankfurt am Main, aufgegeben haben, so dass für die Teilnehmerstaaten die Geldpolitik vergemeinschaftet worden ist. Die an der Währungsunion teilnehmenden Mitgliedstaaten bilden mit ihren Nationalen Zentralbanken (NZB) und der EZB das Eurosystem und zusammen mit den NZB der anderen Mitgliedstaaten der EU das Europäische System der Zentralbanken (ESZB).

Wesentliches Merkmal einer einheitlichen Geldpolitik ist das Monopol der EZB bei der Schaffung und Vernichtung von Zentralbankgeld, das aus den Sichteinlagen bei der EZB bzw. den NZB und dem Bargeld besteht. Insbesondere wird von der EZB das Geldmengenziel und die Geldpolitik festgelegt.

Mit dem ESZB ändert sich die Orientierung bei den monetären Zielen und Politiken bei der einheitlichen Geldpolitik. Sie orientiert sich an einheitlichen Größen der gesamten Währungsunion. Dies bedeutet eine Orientierung an Durchschnittswerten und nicht an der spezifischen Situation einzelner Teilnehmerstaaten. Insbesondere kann sie sich nicht an den nationalen Inflationsraten und Beschäftigungsniveaus einzelner Teilnehmerstaaten ausrichten. Dies setzt die einheitliche Geldpolitik bei einer sehr disparaten Entwicklung dieser beiden Größen, die eigentlich eine auf die spezifische Situation des einzelnen Staates ausgerichtete Geldpolitik notwendig macht, unter starken Druck. Darüber hinaus verlangt die einheitliche Geldpolitik den Einsatz der gleichen geldpolitischen Instrumente. So kam vor der Währungsunion bei den Teilnehmerstaaten nicht der gleiche Instrumentenkasten zum Einsatz. Diese Staaten unterschieden sich bei den Instrumenten, die sie zur Steuerung der Geldmenge einsetzen. Nicht in allen Staaten wurde z. B. das Steuerungsinstrument der Mindestreserve eingesetzt. Um aber eine Diskriminierung auszuschließen und die gleiche Effizienz bei der Geldmengensteuerung in allen Teilnehmerstaaten zu gewährleisten, ist ein Einsatz der gleichen Instrumente notwendig. Aber auch diese Anforderung reicht nicht für eine einheitliche Geldpolitik. Hinzu kommt die Notwendigkeit des Einsatzes der Instrumente mit gleicher Intensität. Beispielsweise müssen bei der Kreditvergabe der EZB an die Banken die gleichen Konditionen und Zinssätze im Euroraum, den Staaten des Eurosystems, gelten. Wenn z. B. unterschiedliche nominale Zinssätze bei der Euro-Kreditvergabe verlangt würden, so käme es sofort zu Arbitragegeschäften und zu einer Nivellierung der Zinssätze. Die EZB ist deshalb gezwungen, einen einheitlichen Zinssatz im Euroraum zu verlangen.

Eine einheitliche Geldpolitik gestaltet sich um so schwieriger, je heterogener die wirtschaftliche Struktur im Euroraum ist. Drei Problemfelder sollen im Folgenden kurz angesprochen werden:

- Realwirtschaftliche Divergenzen,
- Divergenzen im Transmissionsprozess,
- Inflationsdivergenzen.

Während die Konvergenzkriterien des Maastricht-Vertrages auf monetäre und fiskalische Konvergenz abstellen, ist die reale Konvergenz für eine einheitliche Geldpolitik von immenser Bedeutung. Bei der realwirtschaftlichen Konvergenz geht es u. a. um den Entwicklungsstand der Teilnehmerstaaten, also um das Realeinkommen pro Kopf, die Produktivität, Produktionsstruktur, Exportorientierung usw. Dabei ist die Existenz eines gemeinsamen Konjunkturverbunds von Relevanz. Die realwirtschaftlichen Divergenzen werden zunehmen und an Bedeutung gewinnen, wenn weitere Mitglieder aus dem Kreis der EU8 aufgenommen werden. Von daher ist es bei der Beitrittsprüfung wichtig, diesen Aspekt intensiver zu berücksichtigen.

Bei der Beurteilung der realwirtschaftlichen Divergenzen kommt der Sachverständigenrat in seinem Gutachten 1998/99 zu dem Ergebnis, dass diese durchaus bestehen, sie sich aber in den letzten Jahren abgeschwächt haben.

Nicht unerheblich sind die Divergenzen beim Transmissionsprozess monetärer Impulse. Dabei geht es sowohl um die Wirkungen der Geldmenge auf den realen Sektor (Produktion und Beschäftigung) als auch auf den monetären Bereich (Inflationsrate). Bei diesem Transmissionsmechanismus monetärer Impulse treten schon deshalb unterschiedliche Effekte bei den Teilnehmerstaaten auf, da diese durch unterschiedliche Finanzierungs- und Finanzmarktstrukturen gekennzeichnet sind. So ist in Deutschland das Universalbankensystem besonders stark ausgeprägt, während in anderen Staaten des Euroraums das Trennsystem dominiert. Auch in den Eigenkapitalquoten unterscheiden sich die Teilnehmerstaaten sowie in der Finanzierung über Emissionen oder über Kreditaufnahme. Bei der Untersuchung der Transmissionsmechanismen im Euroraum kommt erschwerend hinzu, dass es keinen einheitlichen Theorieansatz zur Analyse gibt. So greift der Sachverständigenrat in seiner Analyse auf folgende konkurrierende Theorieansätze zurück: den keynesianisch orientierten Zinsmechanismus und den mehr monetaristisch ausgerichteten Kredit- sowie den Wechselkursmechanismus. Betrachten wir exemplarisch den Zinsmechanismus, der dem bekannten IS-LM-Modell zugrunde liegt, so sind für die Divergenzen bei den monetären Impulsen u. a.

- die Zinselastizität der Geldnachfrage,
- die Zinselastizität der Investitionsnachfrage und
- der Anteil der Investitionsnachfrage an der Gesamtnachfrage

ausschlaggebend.

Je größer der Anteil der Investitionsnachfrage an der Gesamtnachfrage ist, umso stärker ist der monetäre Impuls. Nun variiert aber nach der Analyse des Sachverständigenrates diese Größe im Euroraum zwischen 17 % und 26 %. Aber auch Unterschiede der Zinselastizität der Investitionsnachfrage können dazu führen, dass die einheitliche Geldpolitik unterschiedliche Effekte in den Staaten des Euroraums bewirkt. Betrachtet man eine wichtige Komponente im Bereich der Investitionsnachfrage, das Baugewerbe, so schwankt nach den Ausführungen des Sachverständigenrats die Zinselastizität zwischen 4,3 % in Frankreich und 7,8 % in Spanien. Noch schwieriger sind die Auswirkungen über die Unterschiede in der Geldnachfrage zu prognostizieren, da die ersten Schätzungen über die Geldnachfrage im Euroraum durch den mit der Einführung einer einheitlichen Geldpolitik verbundenen Strukturbruch noch zu keinen überzeugenden endgültigen Ergebnissen geführt haben. Nicht nur in der Stärke und Richtung divergiert der Transmissionsmechanismus. Eine einheitliche Geldpolitik wird insbesondere dann, wenn sie gezielt gegensteuern will, durch unterschiedliche time-lags im Transmissionsmechanismus erschwert. Liegt eine hohe Varianz in den time-lags vor, so kann der Extremfall eintreten, dass eine einheitliche Geldpolitik zu einem Zeitpunkt in einem Staat des Euroraums expansiv und in einem anderen restriktiv wirkt.

Bei den Inflationsdivergenzen, die bei einem einheitlichen Nominalzins automatisch zu Unterschieden in den Realzinsen führen und damit sich unterschiedlich auf die Investitionsnachfrage auswirken, können wir theoretisch

davon ausgehen, dass sie mit zunehmender Integration im Euroraum zurück-
gehen. Welche Relevanz Inflationsdifferenziale haben, zeigt Abbildung 4.2
auf, wobei der HVPI den harmonisierten Verbraucherpreisindex darstellt.

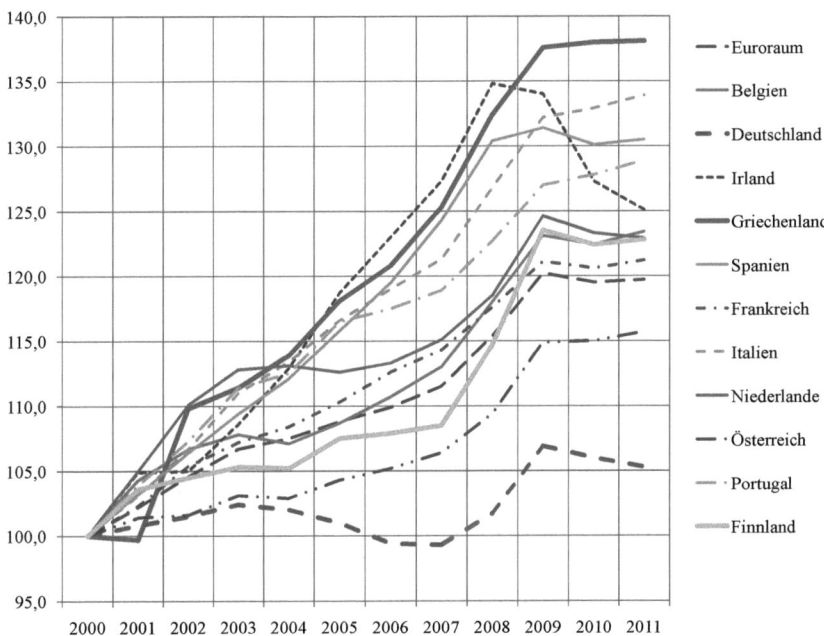

Quelle: Eurostat.

Abb. 4.2 Entwicklung des HVPI

Bemerkenswert war die Situation im Jahr 2000. Während Deutschland um
0,7 Prozentpunkte unter der durchschnittlichen Inflationsrate im Euroraum
lag, überstieg der Wert in Irland den Durchschnitt um 3,2 Prozentpunkte, so
dass hier die Differenz bei fast 4 Prozentpunkten lag. Bei einem hohen Integrationsgrad des Euroraums und insbesondere, wenn keine Transportkosten
existieren, dürfen eigentlich nach dem Gesetz der Unterschiedslosigkeit der
Preise von Jevons auf einem funktionsfähigen Markt keine Inflationsdifferenzen im Euroraum vorliegen. Nun existieren aber Transportkosten und der
Integrationsgrad im Euroraum ist immer noch steigerungsfähig, und – was
wesentlich wichtiger ist – es kommen weitere Faktoren hinzu. Inflationsdifferenzen sind auch zum Großteil "hausgemacht". Zu denken ist hier an die
unterschiedliche Ausrichtung der Finanzpolitik sowie an Unvollkommenhei-
ten auf den Güter- und Arbeitsmärkten. So unterscheiden sich die Ener-
giepreise in der EU aufgrund unterschiedlicher Unternehmenskonzentration
und Marktmacht sowie nationalstaatlicher Regulierung erheblich. Auch der

Lohnbildungsprozess und die Anpassungsflexibilität des Arbeitsmarktes sind weder in der EU noch im Euroraum einheitlich.

Existieren im Euroraum in erheblichem Umfang lokale Güter, die wie viele persönliche Dienstleistungen vor Ort produziert werden müssen und sich daher vor dem internationalen Wettbewerb abschotten, so sind Inflationsunterschiede zu erwarten. Dieser Aspekt gewinnt im Rahmen der EU-Osterweiterung an Bedeutung. Mit Hinweis auf das Balassa-Samuelson-Theorem wird argumentiert, dass mit dem Beitritt der EU8-Staaten die inflationären Spannungen im Euroraum zunehmen werden, und deshalb gefordert, deren Beitritt zum Euro zurückzustellen. Bei dem Theorem gehen wir davon aus, dass die Arbeitsproduktivitätssteigerungen bei lokalen Gütern geringer als bei den international gehandelten Gütern ausfallen. Des Weiteren unterstellt man, dass die aufholenden Länder ihre internationale Wettbewerbsfähigkeit sukzessive verbessern, so dass sie durch überdurchschnittliche Produktivitätssteigerungen bei den handelbaren Gütern im Gegensatz zu den lokalen Gütern gekennzeichnet sind. Liegt ausreichende Arbeitskräftemobilität zwischen beiden Arbeitsmarktsegmenten vor, so werden die Gewerkschaften annähernd gleiche Löhne in beiden Segmenten durchsetzen. Im Segment für handelbare Güter erzwingt der internationale Wettbewerb eine Lohnpolitik, die sich an der Entwicklung der Arbeitsproduktivität der erstellten handelbaren Güter orientiert. Wie im Kapitel "Lohnpolitik" ausführlich erläutert wird, bedingt eine "produktivitätsorientierte Lohnpolitik" konstante Lohnstückkosten und damit Preisniveaustabilität für die handelbaren Güter. Anders bei den lokalen Gütern. Hier führt die Lohnpolitik: "Gleicher Lohn für gleiche Arbeit" dazu, dass die Löhne stärker als die Arbeitsproduktivität steigen. Dies führt zu Lohnstückkostensteigerungen und damit zu Preiserhöhungen bei den lokalen Gütern. Das wiederum bedingt Inflation, die umso höher ist, je größer der Anteil der lokalen Güter ist und umso stärker die Produktivitätssteigerungen divergieren. Aus dieser Argumentation heraus ist zu erwarten, dass Inflationsunterschiede mit der Aufnahme der EU8-Staaten sowie Bulgarien und Rumänien in den Euroraum an Bedeutung gewinnen werden, da dort der Anteil lokaler Güter recht hoch ist und die Unterschiede in den Produktivitätsentwicklungen erheblich sind.

4.4 Institutionen des ESZB

Das ESZB besteht aus den NZB der Mitgliedstaaten der EU und der EZB mit Sitz in Frankfurt am Main. Die EZB ist ein Organ der Union mit eigener Rechtspersönlichkeit. Die NZB sind alleiniger Kapitalzeichner der EZB und damit auch Anteilseigner, sie sind aber andererseits weisungsabhängig von der EZB. Die Kapitalanteile bestimmen sich über den Anteil der Mitgliedstaaten an der Gesamtbevölkerung der Union und dem Anteil am Bruttoinlandsprodukt der Gemeinschaft. Die Kapitalanteile werden alle fünf Jahre neu bestimmt. Der Kapitalanteil Deutschlands liegt zur Zeit bei 19 %. Während die Mitgliedstaaten des Eurosystem ihre vollen Kapitalanteile einbringen müssen, sind die nicht teilnehmenden Mitgliedstaaten nur zu einer Einzahlung von 7 % ihres Kapitalanteils verpflichtet. Darüber hinaus stellen die Staaten des Eurosystems der EZB entsprechend ihrer Kapitalanteile Währungsreserven zur Verfügung. Die Gewinne der EZB werden anteilig auf die NZB ausgeschüttet.

Das ESZB ist für:

- Festlegung und Durchführung der einheitlichen Geldpolitik
- sowie Devisengeschäfte,
- Verwaltung der Währungsreserven und
- Abwicklung des Zahlungsverkehrs

zuständig.

Die Aufgaben der EZB sind:

- Festlegung der Politik des Eurosystems,
- Beschluss, Koordination und die Überwachung der geldpolitischen Operationen,
- Leitlinien und Weisungen,
- Strategische Planung, Koordinierung, Harmonisierung und Überwachung der Banknoten,
- Intervention auf Devisenmärkten (ggf. mit NZB) und
- Zusammenarbeit auf internationaler und europäischer Ebene.

Für die NZB ergeben sich dabei u. a. folgende Aufgaben:

- Durchführung der geldpolitischen Operationen,
- Verwaltung der Währungsreserven,
- Management und Kontrolle des nationalen Zahlungssysems und des Barzahlungsverkehrs und
- Erhebung statistischer Daten für die EZB.

Die Entscheidungsorgane der EZB sind der Rat und der Erweiterte Rat, deren Beschlüsse vom Direktorium als ausführendes Organ des ESZB umgesetzt werden. Das Direktorium wird vom Präsidenten geleitet, dem ein Vizepräsident zur Seite steht. Hinzu kommen weitere vier Direktoriumsmitglieder. Der Präsident sowie das Direktorium werden auf Vorschlag des Rats vom Europäischen Rat, der dazu das Parlament und die EZB anhört, mit qualifizierter Mehrheit gewählt. Die Amtszeit beträgt 8 Jahre. Zur Wahrung einer ausreichenden Unabhängigkeit ist eine Wiederernennung ausgeschlossen. Die EZB hat Weisungsbefugnisse gegenüber den NZB, nicht aber gegenüber den Mitgliedstaaten. Bei Vertragsverletzung steht der EZB nur der Klageweg zum EuGH offen. Wesentliche Voraussetzung dafür, dass die EZB ihre Aufgabe der Sicherung des Geldwertes des Euro erfüllen kann, ist ihre Unabhängigkeit. Diese Unabhängigkeit der EZB ist auf mehreren Ebenen abgesichert:

- Am wichtigsten ist die **funktionelle Unabhängigkeit**. Vorrangige Aufgabe des ESZB ist es, die Preisstabilität (korrekter die Preis*niveau*stabilität) zu gewährleisten. Nur wenn eine Beeinträchtigung des Ziels der Preisstabilität ausgeschlossen ist, hat das ESZB die allgemeine Wirtschaftspolitik zu unterstützen. Dabei ist das ESZB dem Grundsatz einer "offenen Marktwirtschaft"verpflichtet.
- Die **institutionelle Unabhängigkeit** ist gewährleistet, indem die Organe des ESZB unabhängig von den Weisungen Dritter sind. Nur im Bereich der Wechselkurspolitik ist diese Unabhängigkeit eingeschränkt. So kann der Rat einstimmig auf Empfehlung der Kommission ohne Empfehlung der EZB förmliche Vereinbarungen über ein Wechselkurssystem festlegen. Würde er sich für ein System fester Wechselkurse entscheiden, so wäre damit die EZB ihres geldpolitischen Spielraums beraubt. Aufgrund ihrer Interventionspflicht zur Wechselkursstabilisierung kann sie dann weder eine expansive noch eine restriktive Geldpolitik betreiben.
- Die EZB verfügt über eine **personelle Unabhängigkeit**. Diese ist durch die lange Amtszeit der nationalen Zentralbankpräsidenten von mindestens 5 Jahren sowie des Direktoriums von 8 Jahren gesichert. Die personelle Unabhängigkeit des Direktoriums wird dadurch gestärkt, das ihre Mitglieder nicht ein zweites Mal ernannt werden können. Damit werden sie zum Ende ihrer Amtszeit nicht "erpressbar". Bei der Möglichkeit einer zweiten Amtszeit bestünde die Gefahr, dass ein Mitglied des Direktoriums über Zugeständnisse an die politischen Entscheidungträger seine nochmalige Ernennungschance zu verbessern versucht. Nur bei schwerwiegenden Gründen kann ein Mitglied des Direktoriums durch den EuGH seines Amtes enthoben werden. Eine zusätzliche Beschäftigung ist den Mitgliedern untersagt.
- Das ESZB besitzt eine **finanzielle Unabhängigkeit**. Es ist mit ausreichenden Mitteln zur Erfüllung seiner Aufgaben ausgestattet. Insbesondere besteht nicht die Möglichkeit, durch Kürzung von zugewiesenen Mitteln das ESZB in seiner Aufgabenerfüllung zu beeinflussen, da insbesondere die Kapitalausstaatung der EZB nicht manipuliert werden kann und das ESZB durchweg Überschüsse erwirtschaftet.

Dem Rat der EZB gehören das Direktorium und die Präsidenten der NZB des Eurosystems an. Der Rat ist das oberste Beschlussorgan, das die Richtlinien der Geldpolitik und die Leitzinsen festlegt. Die nationalen Präsidenten dürfen sich zur Wiederwahl stellen und werden für mindestens 5 Jahre ernannt, so dass ihre Unabhängigkeit nicht so stark wie die des Direktoriums der EZB ist. Dem Erweiterten Rat gehören der Präsident und der Vizepräsident der EZB sowie alle Präsidenten der NZB der EU an. Er dient im Wesentlichen zum Informationsaustausch.

Mit dem Beitritt weiterer Mitgliedstaaten der EU in das Eurosystem sind sowohl die Entscheidungsfähigkeit des Rates als auch ein ausgewogenes Machtverhältnis zwischen Direktorium und den Präsidenten der NZB aufgrund der zunehmenden Größe des Rats der EZB gefährdet. Aus diesem

Grund hatte der Rat der Europäischen Union im Jahr 2003 beschlossen, ein Rotationssystem mit monatlichem Wechsel der Präsidenten der NZB einzuführen. Diese Vereinbarung wurde über die Satzung der EZB in den Lissabonvertrag übernommen. Zielsetzung ist es, das Stimmrecht der Präsidenten der NZB auf 15 zu beschränken. Auf Grundlage der neuen Satzung der EZB hat der EZB-Rat Ende des Jahres 2008 beschlossen, das Rotationsverfahren erst anzuwenden, wenn der EZB-Rat 19 Präsidenten der NZB umfasst.

4.5 Ziele und Strategien der einheitlichen Geldpolitik

Wie oben erwähnt, ist es vorrangiges Ziel des ESZB, "die Preisstabilität zu gewährleisten. Soweit dies ohne Beeinträchtigung des Zieles der Preisstabilität möglich ist, unterstützt das ESZB die allgemeine Wirtschaftspolitik in der Union" (Art. 127 des AEU-Vertrages). Während die Zielvorgaben für die Deutsche Bundesbank und für das US-amerikanische Federal Reserve System wesentlich flexibler formuliert worden sind, wird dem Ziel der Preisniveaustabilität seitens der ESZB eine absolute Priorität eingeräumt. Die Entwicklung des Geldwertes wird dabei am harmonisierten Verbraucherpreisindex (HVPI) gemessen. Dieser berücksichtigt die unterschiedlichen Konsumgewohnheiten in den Mitgliedstaaten, indem er allen Staaten den gleichen Warenkorb bei der Inflationsmessung vorgibt, während die einzelnen Staaten die Gewichtungsanteile gemäß der Kaufgewohnheiten ihrer Bevölkerung festlegen. Während in der Aufbauphase des ESZB ein Wert von 2 % Inflation als kritische Höchstmarge von der EZB angesehen wurde, interpretiert die EZB heute einen Wert, der nahe bei 2 % liegt, als Referenzwert für ihre Geldpolitik. Des Weiteren orientiert sich die EZB am inneren und nicht am äußeren Wert des Euro. Die EZB sieht so keine Interventionsnotwendigkeit, wenn z. B. der Euro gegenüber dem US-Dollar unter Druck gerät. Sie sieht eine Handlungsnotwendigkeit, wenn über den direkten Preiszusammenhang inflationäre Tendenzen durch eine Abwertung des Euro importiert werden.

Die geldpolitische Strategie der EZB stellt ihr langfristiges Konzept zur Realisierung der Geldwertstabilität dar. Dabei hat sich die EZB für eine Zwei-Säulen-Strategie ausgesprochen. Die erste Säule stellt das Geldmengenziel dar, ein Konzept, das seit dem Jahr 1973 die Deutsche Bundesbank erfolgreich angewandt hat. Die zweite Säule ist ein direktes Inflationsziel, bei dem andere Faktoren als die Geldmenge als Bestimmungsgrößen der Inflationsrate die Grundlage für die Geldpolitik bilden.

Die erste Säule des Geldmengenzieles ist sehr stark monetaristisch ausgerichtet. Dabei geht man davon aus, dass die Geldmenge zumindest langfristig die entscheidende Determinante für die Entwicklung des Preisniveaus darstellt. Bei der Operationalisierung des Geldmengenzieles orientiert sich die EZB an der Geldmenge M_3, deren Komponenten in Tabelle 4.4 deutlich werden. M_3 wurde gewählt, da die EZB u. a. davon ausgeht, dass der Zusammenhang zwischen M_3 und der Inflationsrate sehr eng ist und sie außerdem eine Variable darstellt, die die EZB relativ gut steuern kann. Die Zielvorgabe für die Wachstumsrate der Geldmenge bestimmt die EZB anhand der Quantitätsgleichung $M \cdot V = P \cdot Y$, wobei M die Geldmenge (M_3), V die Geldumlaufgeschwindigkeit, P das Preisniveau und Y das reale Volkseinkommen darstellen. In Wachstumsraten transformiert, erhalten wir dann die Beziehung: $w_M + w_V = w_P + w_Y$ als Orientierungsgröße für die Geldmengenpolitik. Die EZB legt bei der Bestimmung ihres Geldmengenzieles entsprechend der obigen Beziehung die langfristige Veränderungsrate der Umlaufgeschwindigkeit des Geldes, die erwartete Entwicklung des Preisniveaus und des realen Wachstums zugrunde und kam so in den letzten Jahren zu einem Referenzwert von 4,5 % als angestrebte Wachstumsrate für M_3. Wie aber Abb. 4.3 zeigt, hat die EZB diese Marge in den letzten Jahren erheblich überschritten.

Tabelle 4.4 Übersicht der monetären Variablen

(Quartalszahlen sind Durchschnittswerte; saison- und kalenderbereinigt)

	Bestand in % von M3 [1)	Jahreswachstumsraten					
		2009 Q3	2009 Q4	2010 Q1	2010 Q2	2010 Juli	2010 Aug.
M1	49,7	12,2	12,3	11,3	10,3	8,1	7,7
Bargeldumlauf	8,3	12,8	7,5	6,2	6,4	6,6	6,7
Täglich fällige Einlagen	41,4	12,0	13,3	12,4	11,1	8,4	7,9
M2 – M1 (= sonstige kurzfristige Einlagen)	38,6	-3,1	-7,6	-8,2	-8,0	-5,9	-4,5
Einlagen mit vereinbarter Laufzeit von bis zu 2 Jahren	18,9	-13,1	-22,0	-22,7	-21,5	-17,4	-15,1
Einlagen mit vereinbarter Kündigungsfrist von bis zu 3 Monaten	19,7	12,9	15,8	13,3	10,3	8,3	8,2
M2	88,3	4,5	2,2	1,7	1,4	1,5	2,0
M3 – M2 (= marktfähige Finanzinstrumente)	11,7	-7,6	-11,4	-11,7	-9,7	-8,3	-5,1
M3	100,0	2,7	0,3	-0,2	-0,1	0,2	1,1
Kredite an Nicht-MFIs im Euro-Währungsgebiet		3,7	3,0	1,9	1,7	1,8	2,2
Kredite an öffentliche Haushalte		12,0	14,2	9,9	9,0	7,7	7,4
Buchkredite an öffentliche Haushalte		2,6	3,1	3,8	6,7	5,9	6,1
Kredite an den privaten Sektor		2,1	0,9	0,3	0,2	0,6	1,0
Buchkredite an den privaten Sektor		0,4	-0,6	-0,4	0,2	0,8	1,2
Buchkredite an den privaten Sektor (um Kreditabsatz und Kreditverbriefungen bereinigt)		1,6	0,3	-0,2	0,2	0,8	1,3
Längerfristige finanzielle Verbindlichkeiten (ohne Kapital und Rücklagen)		4,8	6,7	5,5	4,4	2,3	1,8

Quelle: EZB (2010c), S. 26.

Anhand der Zielbestimmung der Geldmenge über die Quantitätsgleichung sowie der Konkretisierung der Bestimmungsgrößen wird deutlich, dass die EZB bei ihrer Geldmengenpolitik eine regelgebundene Politik verfolgt. Dabei betreibt sie sehr stark eine potenzialorientierte Politik, indem sie sich stark an der Entwicklung des Produktionspotenzials bei der Bestimmung des realen Wachstums orientiert.

Eine erheblich andere Ausrichtung finden wir bei der zweiten Säule, dem direkten Inflationsziel, die nicht von einer demand-pull-Inflation, sondern von

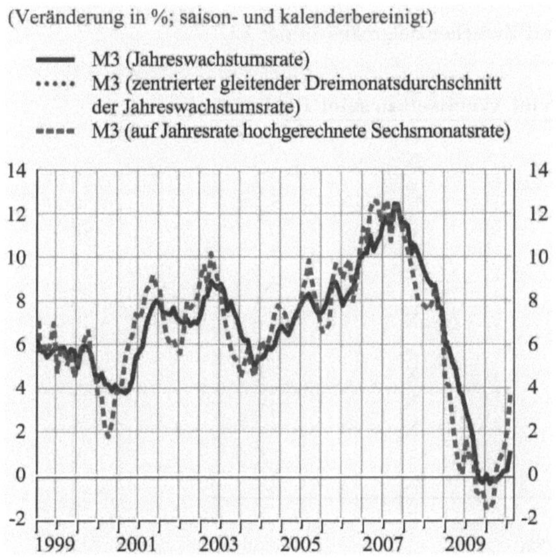

(Veränderung in %; saison- und kalenderbereinigt)

——— M3 (Jahreswachstumsrate)
••••• M3 (zentrierter gleitender Dreimonatsdurchschnitt
       der Jahreswachstumsrate)
---- M3 (auf Jahresrate hochgerechnete Sechsmonatsrate)

Quelle: EZB (2010c), S. 20.

Abb. 4.3 Wachstum der Geldmenge M3

einer cost-push-Inflation ausgeht. Diese Säule ist stärker diskretionär und kurz- und mittelfristig ausgerichtet. Anhand eines umfassenden ökonometrischen Modells werden die Determinanten der Inflation von der Kostenseite her bestimmt und deren Entwicklung sowie die der Inflationsrate selbst prognostiziert und die Geldpolitik der EZB entsprechend ausgerichtet. Wesentliche Bestimmungsgrößen für die Inflation sind dabei die Entwicklung der Löhne, Wechselkurse, der Zinsstruktur, der Auslastung des Produktionspotenzials, der nationalen Finanzpolitiken sowie die Erwartungsbildung im privaten Sektor.

Dass sich die EZB nicht auf eine konsistente Strategie mit nur einer Säule verständigen konnte, hat im Wesentlichen zwei Ursachen. Zum einen verlangt eine ausschließlich auf ein reines Geldmengenziel ausgerichtete Strategie, dass der EZB eine stabile und empirisch gut gesicherte Geldnachfragefunktion zur Verfügung steht. Diese war aufgrund des zu vermutenden Strukturbruchs im Vollzug der Einführung des Euro, z. B. aufgrund geänderter Kassenhaltungsgewohnheiten, nicht gegeben.

Hinzu kam, dass die EZB auf die Empfindlichkeiten der nationalen Zentralbanken Rücksicht nehmen musste. Wie die Übersicht in Tabelle 4.5 deutlich macht, verfolgten die europäischen Zentralbanken drei unterschiedliche geldpolitische Ziele: Geldmengen-, Wechselkurs- und Preisziel. Nur eine Ausrichtung auf ein Wechselkursziel stand für die EZB nicht zur Diskussion, da eine solche Zielvorgabe eine Ausrichtung am äußeren Wert des Euro beinhaltet und diese Strategie nur für ein kleines Land angemessen ist.

Tabelle 4.5 Geldpolitische Ziel- und Zwischenzielgrößen in der EU

Land	Geldmengenziel	Wechselkursziel	Preisziel
Belgien/Luxemburg	-	X	-
Dänemark	-	X	-
Deutschland	X	-	-
Finnland	-	-	X
Frankreich	X	X	-
Griechenland	X	-	-
Großbritannien	-	-	X
Irland	-	X	-
Italien	X	-	-
Niederlande	-	X	-
Österreich	-	X	-
Portugal	-	X	-
Schweden	-	-	X
Spanien	-	X	X
ESZB	X	-	X

Quelle: Duwendag u. a. (1999), S. 332.

4.6 Instrumente der einheitlichen Geldpolitik

Mit ihrem Instrumentarium will das Eurosystem den Tagesgeldsatz steuern und dem privaten Sektor eindeutige politische Signale setzen. Dazu verfügt die EZB über ein breites Spektrum von Instrumenten. Die EZB koordiniert den Instrumenteneinsatz, während die NZB den Einsatz durchführen. Die Instrumente der Geldpolitik des Eurosystems lassen sich in drei Bereiche aufteilen:

- Mindestreserve,
- Offenmarktgeschäfte und
- ständige Fazilitäten.

Bei den Mindestreserven muss der Bankensektor für bestimmte Kundeneinlagen (u. a. täglich fällige Einlagen sowie Einlagen mit einer Laufzeit bzw. Kündigungsfrist von bis zu zwei Jahren und Schuldverschreibungen mit einer entsprechenden Laufzeit) Guthaben in Höhe von zur Zeit 2 % ihrer Einlagen bei den NZB halten. Die Mindestreserven sollen zwei Funktionen erfüllen. Zum einen sollen sie zur Stabilisierung der Geldmarktsätze dienen und zum anderen sollen sie eine strukturelle Liquiditätsknappheit herbeiführen bzw. vergrößern. Damit der Bankensektor im Eurosystem im Vergleich zu seinen internationalen Konkurrenten nicht benachteiligt wird, wird das Mindestreserve-Soll zum marginalen Durchschnittszinssatz für die Hauptrefinanzierungsgeschäfte verzinst. Dieser liegt sehr eng bei dem Tagesgeldsatz. Die Hauptrefinanzierungsgeschäfte stellen die wichtigste Komponente bei den Offenmarktgeschäften dar, die in Tabelle 4.6 dargestellt sind.

Tabelle 4.6 Geldpolitische Operationen des Eurosystems

Geldpolitische Geschäfte	Transaktionsart		Laufzeit	Rhythmus	Verfahren
	Liquiditätsbereitstellung	Liquiditätsabschöpfung			
Offenmarktgeschäfte					
Hauptrefinanzierungs-geschäfte	Befristete Transaktionen	-	Eine Woche	Wöchentlich	Standardtender
Längerfristige Refinanzierungsgeschäfte	Befristete Transaktionen	-	Drei Monate	Monatlich	Standardtender
Feinsteuerungs-operationen	Befristete Transaktionen Devisenswaps	Befristete Transaktionen Hereinnahme von Termineinlagen Devisenswaps	Nicht standardisiert	Unregelmäßig	Schnelltender Bilaterale Geschäfte
Strukturelle Operationen	Befristete Transaktionen	Emission von Schuldverschreibungen	Standardisiert/nicht standardisiert	Regelmäßig und unregelmäßig	Standardtender
	Endgültige Käufe	Endgültige Verkäufe	-	Unregelmäßig	Bilaterale Geschäfte
Ständige Fazilitäten					
Spitzenrefinanzierungsfazilität	Befristete Transaktionen	-	Über Nacht	Inanspruchnahme auf Initiative der Geschäftspartner	
Einlagefazilität	-	Einlagenannahme	Über Nacht	Inanspruchnahme auf Initiative der Geschäftspartner	

Quelle: EZB (2008), S. 10.

Bei ihnen geht die Initiative von der Zentralbank aus, indem sie den Banken entweder befristete Transaktionen oder endgültige Käufe anbietet. Hauptrefinanzierungsgeschäfte dienen der Liquiditätsbereitstellung. Die Zentralbank stellt den Banken Liquidität zur Verfügung, indem sie refinanzierungsfähige Wertpapiere für eine Woche beleiht oder diese Wertpapiere mit der Rückkaufvereinbarung nach einer Woche kauft. Die zeitliche Befristung führt dazu, dass den Banken nur für eine Woche Liquidität zugeführt wird. Anders ist es bei den strukturellen Operationen und den Feinsteuerungsoperationen, bei denen die Zentralbank auch definitive Käufe zur Liquiditätsbereitstellung vornimmt oder mit definitiven Verkäufen Liquidität abschöpft. Des Weiteren sind die Hauptrefinanzierungsgeschäfte standardisiert. Sie finden nicht nur in einem festen Zeitrythmus statt, sondern auch das Versteigerungsverfahren (Tender) ist genau vorgegeben. Bei den Hauptrefinanzierungsgeschäften wendet die Zentralbank in den letzten Jahren nur noch einen Zinstender nach amerikanischem Verfahren an. Danach gibt die Zentralbank einen Mindestbietungssatz an, den die Banken bei ihren Angeboten für ihre Liquiditätsversorgung nicht unterschreiten dürfen. Dieser Mindestbietungssatz ist der wichtigste Leitzinssatz im Eurosystem.

Beim Zinstender beinhalten die Gebote der Banken Volumina sowie dazugehörige Zinsofferten. D. h. eine Bank möchte X_1 Mio. EUR zum Zinssatz Y_1 sowie X_2 Mio EUR zum zum Zinssatz Y_2 usw. Die EZB arbeitet die Offerten von oben nach unten ab. Es werden zuerst die Offerten mit dem höchsten Zinsangebot abgearbeitet. Die Zentralbank arbeitet die Offerten solange ab, bis bei einem Zinssatz die Nachfrage der Banken dem von der Zentralbank vorgegebenen Liquiditätsvolumen entspricht bzw. es erstmalig übersteigt. Der sich dabei ergebende Zinssatz stellt den marginalen Zuteilungssatz bei den Hauptrefinanzierungsgeschäften dar. Bei den Zinsofferten der Banken wird den Banken Liquidität nach dem amerikanischen Verfahren zu den Zinssätzen zur Verfügung gestellt, die die Banken bei ihrer Offerte selbst vorgegeben haben, und nicht wie beim holländischen Verfahren zum marginalen Zuteilungssatz. In Abbildung 4.4 findet man ein Beispiel für einen Zinstender für befristete Transaktionen.

Während bei den Offenmarktgeschäften die EZB die Banken zu einem Angebot auffordert, bietet das Eurosystem den Banken zwei ständige Fazilitäten an, die von den Banken autonom über Nacht in Anspruch genommen werden können. Die Banken können sich über die Spitzenrefinanzierungsfazilität kurzfristig Liquidität über Nacht besorgen bzw. über die Einlagefazilität überschüssige Liquidität anlegen. Beide Optionen sind für die Banken nicht besonders attraktiv – da von Ausnahmesituationen abgesehen – der Zinssatz für Spitzenrefinanzierungsfazilitäten 1 % über und der der Einlagefazilität 1 % unter dem Mindestbietungssatz lagen, wie dies aus Abb. 4.5 ersichtlich wird.

Der Mindestbietungs-, der Spitzenrefinanzierungs- und der Einlagesatz bilden die drei Leitzinssätze des Eurosystems.

4.7 Die Geldpolitik der EZB in der Finanzkrise

Die Finanzkrise, die im August 2007 begann, als der Subprime-Hypothekenmarkt in den USA zusammenbrach und die sich mit der Insolvenz von Lehman Brothers im September 2008 dramatisch verschärfte, stellte für die Geldpolitik der EZB eine doppelte Herausforderung dar. Zum einen musste sie den europäischen Finanzmarkt stabilisieren. Da die Banken sich in ihrer Solvenz wechselseitig in Frage stellten und sie das Interbankengeschäft drastisch runterfuhren, kam der Euro-Geldmarkt fast vollständig zum erliegen. Die damit einhergehenden Liquiditätsengpässe konnten die Banken nur dadurch überwinden, dass sie sich über das Eurosystem refinanzierten. Entsprechend musste die EZB reagieren und unkonventionelle Wege finden, den Liquiditätsbedarf der Banken zu befriedigen.

Zum anderen musste die EZB verhindern, dass die Finanzmarktkrise auf die Realwirtschaft durchschlägt und es zu Wachstumseinbußen und einem starken Rückgang in der Beschäftigung kommt. Zur Bewältigung beider Herausforderungen war die EZB bestrebt, den privaten Sektor ausreichend mit Zentralbankgeld auszustatten, um so den Bankensektor mit ausreichender Liquidität zu versorgen und der Wirtschaft mit niedrigen Zinsen einen monetären Impuls zu geben.

Um dies zu erreichen, beschloss die EZB im Oktober 2008 einige Maßnahmen zur Liquiditätssteuerung. Bei den Hauptrefinanzierungsgeschäften stellte sie ihren Zinstender, bei dem bisher nur eine beschränkte Zuteilung

Die EZB beschließt, dem Markt Liquidität über eine befristete Transaktion in Form eines Zinstenders zuzuführen.

Drei Geschäftspartner geben folgende Gebote ab:

Zinssatz (in %)	Betrag in Mio €				
	Bank 1	Bank 2	Bank 3	Gebote insgesamt	Kumulative Gebote
3,15				0	0
3,10		5	5	10	10
3,09		5	5	10	20
3,08		5	5	10	30
3,07	5	5	10	20	50
3,06	5	10	15	30	80
3,05	10	10	15	35	115
3,04	5	5	5	15	130
3,03	5		10	15	145
Insgesamt	30	45	70	145	

Die EZB beschließt, 94 Mio € zuzuteilen, sodass sich ein marginaler Zinssatz von 3,05 % ergibt.

Alle Gebote über 3,05 % (bis zu einem kumulativen Betrag von 80 Mio €) werden voll zugeteilt. Bei 3,05 % ergibt sich folgende prozentuale Zuteilung:

$$\frac{94 - 80}{35} = 40 \%$$

Die Zuteilung an Bank 1 zum marginalen Zinssatz beträgt zum Beispiel:

$$0,4 \times 10 = 4$$

Insgesamt ergibt sich für Bank 1 folgende Zuteilung:

$$5 + 5 + 4 = 14$$

Die Zuteilungsergebnisse lassen sich wie folgt zusammenfassen:

Geschäftspartner	Betrag in Mio €			
	Bank 1	Bank 2	Bank 3	Insgesamt
Gebote insgesamt	30,0	45,0	70,0	145
Zuteilung insgesamt	14,0	34,0	46,0	94

Wenn die Zuteilung nach dem holländischen Zuteilungsverfahren erfolgt, beträgt der Zinssatz für die den Geschäftspartnern zugeteilten Beträge 3,05 %.

Erfolgt die Zuteilung nach dem amerikanischen Zuteilungsverfahren, wird kein einheitlicher Zinssatz auf die den Geschäftspartnern zugeteilten Beträge angewandt: Bank 1 erhält zum Beispiel 5 Mio € zu 3,07 %, 5 Mio € zu 3,06 % und 4 Mio € zu 3,05 %.

Quelle: EZB (2008), S. 73.

Abb. 4.4 Liquiditätszuführende befristete Transaktionen über Zinstender

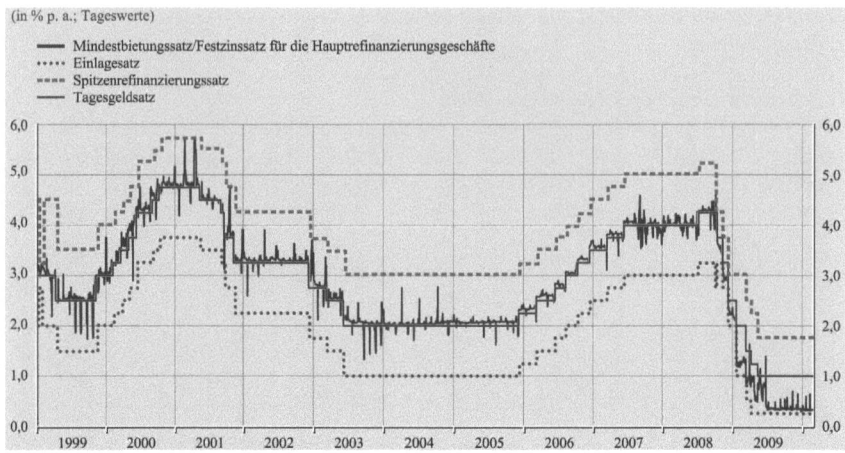

Quelle: EZB (2010a), S. 16.

Abb. 4.5 Notenbankzinsen und Tagesgeldsatz

(Kreditvolumen) vorgesehen war, auf einen Mengentender mit vollständiger Zuteilung um. Diese Umstellung hatte einige schwerwiegende geldpolitische Konsequenzen. Erstens verzichtete damit die EZB auf eine Geldmengensteuerung. Bei der vollständigen Zuteilung bestimmen die Banken, wieviel Zentralbankgeld sie halten wollen. Die faktische Aufgabe der Geldmengensteuerung durch die EZB ist solange unproblematisch, solange die Banken eine restriktive Kreditvergabe betreiben und mit der Aufgabe der Geldmengensteuerung keine inflationären Impulse verbunden sind. Die große Herausforderung für die EZB stellt sich, wenn sie auf das Anspringen der Konjunktur und ein Umschalten der Banken auf eine expansive Kreditpolitik reagieren muss.

Zweitens – und das ist andererseits das große Plus dieses Wechsels – sicherte diese Politik den Banken unbeschränkt Liquidität. Insbesondere wurde damit verhindert, dass eigentlich solvente Banken, die sich auf dem Interbankenhandel nicht ausreichend refinanzieren konnten, in die Insolvenz getrieben wurden.

Drittens sorgte diese Politik dafür, dass die durch die Liquiditätsengpässe entstandene enorme Zinsdifferenz zwischen marginalem Zuteilungs- und Mindestbietungssatz beim Zinstender beseitigt wurde. Die neue Politik der EZB gab den Banken die Sicherheit, dass sie die von ihnen benötigte Liquidität immer zum Mindestbietungssatz erhalten konnten.

Da der Geldmarkt aufgrund des Darniederliegens des Interbankenhandels funktionslos geworden war, blieb den Banken nur noch die Option, unerwartete überschüssige Liquidität als Einlagefazilität anzulegen und fehlende Liquidität über die Spitzenrefinanzierungsfazilität auszugleichen. Um auch hier die Zinsrisiken zu verringern, reduzierte die EZB vorübergehend bis Dezember 2008 den Korridor der beiden Fazilitäten von 2 % auf 1 %.

Als gravierender ist die folgende Maßnahme zu bewerten: Um den Liqui-
ditätsspielraum der Banken auszuweiten, lockerte die EZB den Sicherheits-
rahmen. Sie senkte u. a. für die Hauptrefinanzierungsgeschäfte den Bonitäts-
schwellenwert von A- auf BBB-. Dies war besonders für die Stabilisierung des
Bankensektors in den Euroländern wie Griechenland, Italien, Spanien, Portugal und Irland wichtig, in denen die Bonität von Staatsanleihen in der Finanzkrise kontinuierlich von den Ratinginstituten heruntergestuft wurde und
deren Staatsschulden zum Großteil vom heimischen Bankensektor finanziert
wurden. Des Weiteren hat die EZB den Zinssatz für Hauptrefinanzierungsgeschäfte schrittweise auf 1 % gesenkt. Dieser Wert wurde im Mai 2009 erreicht
und dann erst einmal festgeschrieben.

Diese von der EZB ergriffenen Maßnahmen stießen in der EU durchweg
auf positive Resonanz. In dieser Ausnahmesituation sah man keinen Konflikt
mit dem Ziel der Geldwertstabilität, so dass eine Unterstützung der Wirtschaftspolitik angebracht war. Des Weiteren ging man davon aus, dass diese
Maßnahmen nur von vorübergehender Natur waren.

Mit der sich im Jahr 2010 verschärfenden Griechenlandkrise sah sich die
EZB gezwungen, ihre Politik beizubehalten und zu intensivieren. Dieser neue
Politikwechsel der EZB als Reaktion auf die Griechenlandkrise stieß auf Kritik. Zum einen erweckte dabei die EZB den Eindruck, dass sie auf politischen
Druck handele, so dass ihre Glaubwürdigkeit als autonome Institution der
Geldwertstabilität in Zweifel gestellt wurde. Zum anderen wurden ihre Maßnahmen selbst kritisiert, da diese einen Wechsel in der Philosophie der EZB
und einen Tabubruch beinhalteten. Der EZB ist nach Art. 123 AEU-Vertrag
der direkte Erwerb von Schuldtiteln sowie die Einräumung von Überziehungs-
und Kreditfazilitäten für die Regierungen verboten. Dennoch hat die EZB im
Mai 2010 beschlossen, von den Banken Staatsanleihen zu kaufen, um damit
indirekt die Staatsverschuldung von Staaten des Euroraums zu finanzieren.
Dieses Security Markets Programme (SMP) der EZB widersprach zumindest
der Intention des Maastricht-Vertrages. Dieser auch im EZB-Rat umstrittene Beschluss wurde auch deshalb kritisiert, weil man vermutete, dass dieser
auf politischen Druck zustande kam, die Rettungsaktion für Griechenland
zu stärken. Insbesondere wurde argumentiert, dass damit ein Präzedenzfall
geschaffen worden ist. Die EZB würde nun bei zahlungsunfähigen Mitgliedstaaten intervenieren und durch den Ankauf von mehr oder weniger wertlosen
Staatsanleihen die Schulden bankrotter Mitgliedstaaten im Eurosystem so-
zialisieren.

Dazu hatte die EZB ihren Bonitätsstandard für Staatsanleihen weiter gesenkt, damit sie überhaupt griechische Staatsanleihen kaufen konnte. Im April
2010 hatte nämlich Standard&Poor Griechenlands Rating auf BB+ gesenkt,
was einem Ramschstatus entspricht. Insgesamt hat die EZB Staatspapiere
aus Griechenland, Portugal und Irland im Wert von über 60 Mrd. Euro aus
dem Markt genommen.

Neben diesem Tabubruch sind aus der Langfristperspektive die Regulie-
rungsmaßnahmen der EU von Bedeutung. Dabei muss aber gesehen werden,

dass hier nicht die EZB, sondern die Mitgliedstaaten die zentralen Akteure sind, die dabei auf die Zusammenarbeit mit anderen Staaten, wie die USA, China usw., angewiesen sind. EU-intern hat die Union die Finanzaufsicht verschärft und die notwendigen Verordnungen dazu auf den Weg gebracht. Damit wird die Grundlage für den Europäischen Ausschuss für Systemrisiken (ESRB) sowie die Banken- (EBA), Versicherungs- (EIOPA) und die Wertpapieraufsichtsbehörde (ESMA) geschaffen. Darüber hinaus wurde die Regulierung der Kreditratingagenturen eingeführt. Wenig erfolgreich war die EU bisher bei der Verhinderung von Moral Hazard bei systemrelevanten Finanzinstituten, deren Überleben für die Stabilität des Bankensektors unabdingbar ist. Systemrelevante Institute haben die Gewissheit, dass ihr Überleben durch staatliche Interventionen gewährleistet ist, was sie strategisch in Form riskanter, aber ertragreicher Aktivitäten nutzen können. Diese Problematik hat mit der Finanzkrise an Relevanz gewonnen, da mit ihr ein Konzentrationsprozess im Finanzsektor einherging, der den Anteil der systemrelevanten Einrichtungen erheblich erhöhte. Die wesentliche Aufgabe des Europäischen Ausschusses für Systemrisiken ist es, diese systemischen Risiken frühzeitig zu erkennen und die betroffenen Institute zum Umlenken zu veranlassen.

4.8 Literatur

- Artis, M. (1994): European Monetary Union, in: M. Artis, N. Lee (Hrsg.), The Economics of the European Union, Oxford, S. 346 - 367.
- DIW u. a. (1997): Frühjahrsgutachten 1997, in DIW-Wochenbericht, S. 281 - 320.
- Duwendag, D./Ketterer, K.-H./Kösters, W./Pohl, R./Simmert, D. B. (1999): Geldtheorie und Politik in Europa, 5. Aufl., Berlin u. a., S. 1 - 26 u. S. 314 - 363.
- Europäische Zentralbank (2008): Durchführung der Geldpolitik im Euro-Währungsgebiet, Frankfurt am Main.
- Europäische Zentralbank (2009): Die Umsetzung der Geldpolitik seit August 2007, in: Monatsberichte der EZB, Nr. 7, S. 85 - 100.
- Europäische Zentralbank (2010a): Jahresbericht 2009, Frankfurt am Main.
- Europäische Zentralbank (2010b): Konvergenzbericht, Frankfurt am Main.
- Europäische Zentralbank (2010c): Die Reaktion der EZB auf die Finanzkrise, in: Monatsberichte der EZB, Nr. 10, S. 63 - 79.
- Görgens, E./Rückriegel, K./Seitz, F. (2004): Europäische Geldpolitik, 4. Aufl., Stuttgart.
- Joebges, H./Niechoj, T. (2010): Rettungsmaßnahmen im Euroraum – Kurzfristig sinnvoll, aber nicht ausreichend, IMK Report, Nr. 52.
- Sachverständigenrat zur Begutachtung der gesamtwirtschaftlichen Entwicklung (1998): Jahresgutachten 1998/99. Vor weitreichenden Entschei-

dungen, Abschnitt: Transmissionskanäle der gemeinsamen Geldpolitik, Ziff. 261 - 265.

- Sachverständigenrat zur Begutachtung der gesamtwirtschaftlichen Entwicklung (2001): Jahresgutachten 2001/2002. Für Stetigkeit - gegen Aktionismus, Abschnitt: Inflationsdifferenzen im Euro-Raum, S. 424 - 443.
- Tumpel-Gugerell, G. (2010): Auswirkungen der Finanzkrise auf die Finanzwirtschaft: Lehren und Konsequenzen.

Kapitel 5
Europäische Kohäsionspolitik

Schon in der Präambel des EWG-Vertrages von 1957 erklären die Unterzeichnerstaaten ihren Willen "ihre Volkswirtschaften zu vereinigen und deren harmonische Entwicklung zu fördern, indem sie den Abstand zwischen einzelnen Gebieten und den Rückstand weniger begünstigter Gebiete verringern". Entscheidende Grundlage für diese Kohäsionspolitik bildet die Einheitliche Europäische Akte. Die wesentlichen Bestimmungen der Kohäsionspolitik findet man im Titel VIII: Wirtschaftlicher, sozialer und territorialer Zusammenhalt (Art. 174 - 178) des AEU-Vertrages. Hinzu kommt u. a. der Titel XI: Der Europäische Sozialfonds (Art. 162 - 164).

Den besonderen Stellenwert der Kohäsionspolitik gibt der Art. 3 des EU-Vertrages wieder, der die Ziele der EU formuliert. Danach fördert die Union "den wirtschaftlichen, sozialen und territorialen Zusammenhalt und die Solidarität zwischen den Mitgliedstaaten".

Die Kohäsionspolitik der Union wurde schrittweise ausgeweitet. Während 1973 erst 5 % der Haushaltsmittel dafür ausgegeben wurden, erhöhte sich mit der Süderweiterung der EU das Volumen auf über 31 % und heute ist sie nach den Agrarausgaben der zweitwichtigste Ausgabenbereich der Union. Die Notwendigkeit der Kohäsion liegt nach Ansicht der Kommission in der immer noch existierenden disparaten Entwicklung der EU begründet: Das BIP der zehn reichsten Regionen der EU25 lag zu Beginn der EU-Osterweiterung bei 189 % und das der zehn am wenigsten wohlhabenen Regionen bei 36 % des EU-Durchschnitts.

Besondere Relevanz für die Kohäsionspolitik hatte dabei die Auseinandersetzung in Politik und Wissenschaft, inwieweit die europäische Integration, die mit der Realisierung des Gemeinsamen Marktes und den vier Grundfreiheiten im Jahr 1992 neue Impulse bekam, zu einer Konvergenz oder Divergenz der Regionen in der EU führt.

Würde nämlich die Integration eine Konvergenz bedingen, wäre die Kohäsionspolitik im Prinzip überflüssig. Wenn aber Divergenzprozesse mit der Integration verbunden sind, so ist weiter zu prüfen, ob diese unvermeidbar sind. Auch in diesem Falle wäre die Kohäsionspolitik aufgrund ihrer Ineffizienz überflüssig.

5.1 Theoretische Fundierung der Kohäsionspolitik

Wenn man die Effekte der Integration bestimmen will, könnte man glauben, das sei eine reine Frage der Empirie. Man müsse sich nur die Entwicklung der EU anschauen und käme so zu einer klaren Antwort. Dass diese Frage nicht ohne ökonomische Theorie beantwortet werden kann, soll kurz skizziert werden. Damit lässt sich begründen, warum es so kontroverse Diskussionen im Rahmen der Kohäsionspolitik gibt.

Stellen wir anhand einer Längsschnittanalyse fest, dass z. B. die Divergenzen in den Regionen der EU zugenommen haben, so können wir nicht ohne weiteres daraus schließen, der Integrationsprozess sei dafür verantwortlich, wobei wir gar nicht auf die Problematik der Messung eingehen wollen. Analog zur Diskussion um die Effekte der Globalisierung bietet es sich an, dass andere Faktoren wie der technische Fortschritt usw. Ursache für divergente Entwicklungen sind.

Selbst wenn wir aufzeigen, dass diese Divergenzen zugenommen haben, sind daraus keine eindeutigen Konsequenzen für die Kohäsionspolitik der EU, die diese Divergenzen abbauen will, zu ziehen. Vorschnell könnte man argumentieren, dass die Kohäsionspolitik der letzten Jahre gescheitert sei, da ihr Ziel nicht realisiert wurde. Auch diese Argumentation ist wenig hilfreich. Man muss sich nämlich fragen, wie der Divergenzprozess abgelaufen wäre, wenn die Union auf die Kohäsionspolitik verzichtet hätte. Um dies untersuchen zu können, benötigen wir ein makroökonomisches Gleichgewichtsmodell, um die Entwicklungspfade der Integration mit und ohne Kohäsionspolitik bestimmen zu können. Auch hier ist ökonomische Theorie eminent wichtig. Wenden wir uns deshalb den ökonomischen Theorien zu, die für die Kohäsionspolitik relevant sind:

- Neoklassische Wachstumstheorie,
- Außenwirtschaftstheorie,
- Neue Wachstumstheorie,
- Neue Ökonomische Geographie.

Die Auswirkungen der Integration haben wir ausführlich im 2. Kapitel analysiert. Dabei stand die Frage der Effizienz des Integrationsprozesses im Vordergrund. Auf mögliche Kosten des Integrationsprozesses sind wir nur kurz eingegangen. Mögliche Opportunitätskosten der Integration als zentrale Herausforderung der Kohäsionspolitik sollen nun ausführlich behandelt werden. Dabei geht es im Wesentlichen um den Trade Off zwischen wirtschaftlichem Wachstum und Konvergenz, den beiden grundlegenden Zielen der Kohäsionspolitik. Wie gravierend dieser Konflikt zwischen den beiden Zielen möglicherweise ist, zeigt eine Untersuchung der Europäischen Zentralbank. Danach hat die Kohäsionspolitik Konvergenz dadurch realisiert, dass die Kohäsionspolitik das Wachstum in den Regionen, die Empfänger- bzw. gering zahlende Regionen sind, abgeschwächt wurde. Hingegen bewirkte sie in den anderen zahlenden Regionen einen noch stärkeren negativen Wachstumseffekt, so dass letztlich die Kohäsionspolitik zu einer "immiserising convergence" geführt hat.

Wie schwierig die theoretische Fundierung der Kohäsionspolitik ist, zeigt sich nicht nur darin, dass die vier zu skizzierenden Theorien sich sowohl in ihren Modellprämissen, als auch in ihren Politikempfehlungen unterscheiden, sondern auch darin, dass die Theorien kein in sich einheitliches Theoriegebäude darstellen, sondern selbst aus einer Vielzahl sich zum Teil widersprechender Modellvarianten bestehen.

Aus der Perspektive der neoklassischen Wachstumstheorie führt die Integration mit ihrer Marktöffnung zu Konvergenz und wirtschaftlichem Wachstum. Eine Kohäsionspolitik wäre demnach nicht nur überflüssig, sondern u. U. sogar schädlich, wenn sie den Integrationsprozess abschwächen würde. Drei Grundannahmen stützen diesen Optimismus: sinkende Grenzerträge, Diffusion des technischen Fortschritts und Strukturwandel. Sinkende Grenzerträge, die Kennzeichen einer neoklassischen Produktionsfunktion sind, führen dazu, dass bei unterschiedlicher Kapitalausstattung der Regionen, Kapital aus den Regionen, in denen es reichlich vorhanden ist, in die abwandert, in denen es relativ knapp ist. Dies setzt aber annähernd identische Produktionsfunktionen in den Regionen voraus. Ist dies gewährleistet, so ist in den Regionen mit hoher Kapitalausstattung die Grenzproduktivität im Vergleich zu den Regionen mit geringer Ausstattung niedrig, so dass es aufgrund der geringen Rentabilität zu Investitionen in den Regionen mit geringer Kapitalausstattung kommt. Aufgrund des Renditeausgleichstheorems nähern sich die Kapitalintensitäten in den Regionen an und damit auch die Entlohnung und die Produktivität der Produktionsfaktoren. Identische Produktionsfunktionen sind von daher zu erwarten, da im Gemeinsamen Markt alle vorhandenen Technologien gegen entsprechendes Entgelt im Prinzip zu erwerben sind. Auch der notwendige Strukturwandel ist gewährleistet, da im Gemeinsamen Markt freier Kapitalverkehr gegeben ist.

Die Erklärungskraft der neoklassischen Wachstumstheorie für die Beziehung zwischen Wachstum und Konvergenz ist aber zu relativieren. Zum einen ist das grundlegende Solow-Modell ohne räumlichen Bezug und kann das Phänomen Wachstum selbst nicht erklären. Denn im steady state (langfristigem sich reproduzierendem Gleichgewicht) ist das Pro-Kopf-Einkommen konstant und Wachstum wird nur durch den technischen Fortschritt generiert, der exogen vorgegeben wie Manna vom Himmel – auf die Regionen gleichmäßig verteilt – fällt.

Relevanter für die Kohäsionspolitik ist die Außenwirtschaftstheorie, die eine räumliche Dimension beinhaltet, auch wenn zur Vereinfachung Transportkosten oft vernachlässigt werden. Mit dieser Theorie haben wir uns anhand des Ricardomodells im 2. Kapitel auseinandergesetzt. Im Gegensatz zur neoklassischen Wachstumstheorie haben wir dabei unterschiedliche lineare Produktionsfunktionen für zwei Länder unterstellt. Aber auch für den Fall identischer neoklassischer Produktionsfunktionen sind die Überlegungen von Ricardo durchaus relevant. Betrachten wir zwei Regionen mit identischen neoklassischen Produktionsfunktionen und unterschiedlichen Intensitäten in der Ausstattung mit den beiden Faktoren Kapital und Arbeit. Für diesen Fall zeigt das Heckscher-Ohlin-Samuelson-Theorem, dass selbst wenn alle Produktionsfaktoren grenzüberschreitend immobil sind, es ebenfalls zu einer Angleichung der Faktorpreise kommt. Hier garantieren die Spezialisierung und der damit ermöglichte Handel eine Konvergenz der Regionen und eine Kohäsionspolitik ist auch in diesem Fall überflüssig. Diese Beurteilung der Kohäsionspolitik relativiert sich, wenn wir u. a. Transportkosten berücksichtigen und insbesondere lokale Güter einen großen Produktionsanteil haben.

Wesentlich positiver wird die Beurteilung der Kohäsionspolitik, wenn wir die neue Wachstumstheorie heranziehen. Zwei grundlegende Prämissen der neoklassischen Wachstumstheorie werden von ihr aufgeben. Zum einen ist es die Annahme der sinkenden Grenzerträge in der Produktion. Die neue Wachstumstheorie zeigt mit unterschiedlichen Modellannahmen auf, dass steigende Grenzerträge auftreten können. Dies impliziert zwei für die Kohäsionspolitik wichtige Ergebnisse: zum einen Agglomerationstendenzen und zum anderen Tendenzen zur Monopolbildung mit den entsprechenden allokativen Ineffizienzen. Insbesondere ist Konvergenz nicht mehr sichergestellt.

Wesentlicher Baustein für den Nachweis steigender Grenzerträge ist die Endogenisierung des technischen Fortschritts, so dass man auch von der endogenen Wachstumstheorie spricht. Technischer Fortschritt fällt nicht wie Manna vom Himmel, sondern es müssen Ressourcen zu seiner Produktion eingesetzt werden. Von daher ist die zweite Annahme der neoklassischen Wachstumstheorie, die Diffusion technischen Fortschritts, nicht plausibel. Auch wenn der neuen Wachstumstheorie der explizite räumliche Bezug fehlt, ergeben sich aus dieser Theorie einige Hinweise für die mögliche Effizienz der Kohäsionspolitik. Da technischer Fortschritt mit Ressourceneinsatz verbunden ist, sind die Regionen in einem strategischen Vorteil, in denen der öffentliche Sektor über ausreichende Haushaltmittel verfügt, um über Förderung von Forschung und Entwicklung eigene Grundlagenforschung usw. technischen Fortschritt zu generieren.

Diese Politik ist nicht nur effektiv, sondern auch effizient in dem Sinne, dass sie wohlfahrtssteigernd wirken kann. Für Innovationen sind oft keine perfekten Eigentumsrechte, auch nicht durch Patentschutz usw., realisierbar. Dies ermöglicht u. U. Imitationen durch Konkurrenten. Insbesondere partizipieren davon vor- und nachgelagerte Produktionsstufen. Im Extremfall stellen Innovationen öffentliche Güter dar, so dass hier Marktversagen vorliegt und staatliche Eingriffe durchaus allokativ erwünscht sein können. In diesem Fall bedingt eine Förderung der Innovationsprozesse im Rahmen der Kohäsionspolitik nicht nur einen positiven Wachstumseffekt, sondern verringert Divergenztendenzen, wenn insbesondere finanzielle Mittel in Regionen fließen, die über ein ausreichendes Wachstumspotenzial verfügen, in denen aber die Mittel für eine öffentliche Förderung von Forschung und Entwicklung nicht ausreichend vorhanden sind.

Wesentlich mehr und auch überzeugendere Argumente für die Effektivität als auch für die Effizienz der Kohäsionspolitik liefert die Neue Ökonomische Geographie (NÖG). In Abgrenzung zur Außenwirtschaftstheorie geht die NÖG im grundlegenden Modell von Krugman davon aus, dass ein Teil der Arbeitnehmer grenzüberschreitend mobil ist. Die Wanderung von Arbeitnehmern kann dabei zu Agglomerationsprozessen führen. Für die NÖG sind nicht natürliche Standortfaktoren, wie Arbeitskräftepotenzial, natürliche Ressourcen usw., die entscheidenden Bestimmungsfaktoren für die regionale Entwicklung, sondern zirkuläre bzw. kumulative Prozesse, die im Kern-Peripherie-Modell analysiert werden. Die Agglomeration von Arbeitskräften in einer Region sorgt nicht nur für ein ausreichendes Angebot an Arbeitskräften, sondern induziert eine zusätzliche Güternachfrage in der Region. Die zunehmende Marktgröße bedingt aufgrund unterstellter steigender Grenzerträge sinkende Durchschnittskosten, eine höhere Produktvielfalt und eine Zunahme monopolistischer Anbieter, was insgesamt zu Wohlfahrtssteigerungen in der Region führt.

Würden nur diese Agglomerationskräfte existieren, käme es zu einer vollständigen räumlichen Konzentration, die in der EU nicht gegeben ist, so dass die Erklärungskraft des Modells gering wäre. Die NÖG unterstellt aber realistischerweise, dass ein Teil der Arbeitskräfte immobil ist, so dass deren regional gebundene Nachfrage direkt vor Ort oder vom Agglomerationszentrum aus befriedigt werden muss. Hier ist die Höhe der Handels-(Transport-)kosten für die Ansiedlung der die Nachfrage befriedigenden Unternehmen entscheidend. Neben den Handelskosten sind weitere Größen wie hohe Bodenpreise und Löhne sowie Überfüllungskosten Faktoren, die Dispersionskräfte darstellen. Diese Agglomerations- und Dispersionskräfte führen zu einem regionalen Gleichgewicht.

Das Kern-Peripherie-Modell, das ein nicht lineares Modell ist, impliziert einige interessante Gleichgewichtseigenschaften, die von zentraler Relevanz für die Kohäsionspolitik sind.

- Es sind stabile und instabile Gleichgewichte möglich. Stabile Gleichgewichte sind nur mit relativ starkem Instrumenteneinsatz als lokale Gleichgewichte zu beeinflussen. Bei instabilen Gleichgewichten ist die Effektivität der Kohäsionspolitik immens, da nur marginale Eingriffe zu einer grundlegenden Veränderung führen.
- Es können mehrere Gleichgewichte existieren. Damit ergibt sich für die Kohäsionspolitik ein Auswahlproblem, das ihre Effektivität gewährleistet. Mit gezieltem Instrumenteneinsatz kann sie das angestrebte Gleichgewicht realisieren.
- Gleichgewichte können paretooptimal oder inferior sein. Damit ergibt sich für die Kohäsionspolitik die Chance der Effizienz. Liegt ein inferiores

Gleichgewicht vor, so kann die Kohäsionspolitik den Wechsel zu einem paretooptimalen herbeiführen.

- Die monopolistische Konkurrenz bedingt nicht, dass der Marktmechanismus zu effizienten Gleichgewichten führt. Pekuniäre Externalitäten, wie sinkende Löhne durch Zuwanderung, führen anders als bei vollständiger Konkurrenz, bei der die Faktorentgelte die gesellschaftlichen Kosten widerspiegeln, u. U. zu Wohlfahrtseinbußen.

- Gleichgewichte, die durch starke Agglomeration gekennzeichnet sind, sind u. U. paretooptimal, so dass eine Kohäsionspolitik, die Divergenzen abbaut, zu allokativer Ineffizienz führt. Hier besteht der Trade Off zwischen Konvergenz und Wachstum.

- Die NÖG lässt keine generellen Aussagen über Gleichgewichte zu. Welche Gleichgewichte zustande kommen und wie diese wohlfahrtsmäßig zu beurteilen sind, kann man nur sagen, wenn man die jeweiligen Parameterkonstellationen der Agglomerations- und Dispersionskräfte kennt. Über diese Kenntnisse verfügen im Allgemeinen nicht die Entscheidungsträger der Kohäsionspolitik vor Ort und erst recht nicht die Europäische Kommission.

Von daher zeigt die NÖG der Kohäsionspolitik interessante Optionen auf, konfrontiert sie aber andererseits mit immensen Informationsproblemen nach der Parole: Alles ist möglich, wir wissen im konkreten Fall nur nicht was.

5.2 Ziele und Instrumente der Kohäsionspolitik

Wie einleitend dargestellt, bestimmt der Art. 174 des AEU-Vertrags die Zielsetzung der Kohäsionspolitik. Bei der Umsetzung dieser Vorgabe stellt man aber mit der Verabschiedung der Lissabonstrategie (siehe dazu Kapitel 8) eine sukzessive Zielausweitung fest. Aufgrund der Misserfolge der Umsetzung der Lissabonstrategie wurde versucht, deren Effizienz durch eine integrierte Politik zu verbessern. Insbesondere sollte die Kohäsionspolitik zur Verwirklichung der beiden Ziele der Lissabonstrategie "Wachstum und Beschäftigung" beitragen. Im Folgenden wollen wir uns aber primär mit dem originären Ziel der Kohäsionspolitik, wirtschaftlicher und sozialer Zusammenhalt, beschäftigen, da wir Wachstum und Beschäftigung schwerpunktmäßig in Kapitel 8 behandeln.

Die generelle Zielsetzung der Kohäsionspolitik wird durch drei Ziele konkretisiert, denen die entsprechenden Instrumente wie in Abb. 5.1 dargestellt, zugeordnet sind.

Den Zielen Konvergenz (früher Ziel 1), Regionale Wettbewerbsfähigkeit und Beschäftigung (früher Ziel 2) und Europäische Territoriale Zusammenarbeit (INTERREG IV) sind entsprechende Regionen zugeordnet worden, in denen diese Ziele verwirklicht und die zugeordneten Instrumente eingesetzt werden sollen.

Ziele	Strukturfonds und –instrumente		
Konvergenz	EFRE	ESF	Kohä-sions-fonds
Regionale Wett-bewerbsfähigkeit und Beschäftigung	EFRE	ESF	
Europäische Territoriale Zusammenarbeit	EFRE		

Abb. 5.1 Ziele, Strukturfonds und -instrumente 2007 - 2013

Für das Ziel Konvergenz gibt es eine klare Abgrenzungsregel: Das Ziel umfasst Regionen, deren BNE unter 75 % des EU25-Durchschnitts liegt. Regionen, die nicht diesem Ziel zugeordnet sind, können dem Ziel Regionale Wettbewerbsfähigkeit und Beschäftigung (RWB) zugeordnet werden. Sie werden in gemeinsamer Absprache zwischen Kommission und dem jeweiligen Mitgliedstaat festgelegt. Dabei werden Regionen mit Struktur- und Anpassungsproblemen ausgewählt. Die zuzuordnenden Regionen werden auf der NUTS-2 Ebene definiert; in Deutschland entspricht dies der Ebene der Regierungsbezirke.

Dadurch, dass zehn relativ einkommensschwache Staaten im Jahr 2004 bei der EU-Osterweiterung der EU beigetreten sind, ist das Durchschnittseinkommen der EU gesunken. Regionen, wie z. B. der süd-westliche Teil Brandenburgs und Teile Sachsens, die vor der EU-Osterweiterung mit ihrem Pro-Kopf-BIP knapp unter den 75 % des EU15-Durchschnittseinkommens lagen, übersteigen nun mit ihrem Pro-Kopf-BIP die 75 % Marke des Durchschnittseinkommens der EU25 nach der Osterweiterung. Da sich für diese, dem statistischen Effekt unterliegenden Regionen durch die Osterweiterung die wirtschaftliche Situation nicht verbessert hat, wäre es für diese Regionen inakzeptabel, fielen sie aus der Konvergenzförderung heraus. Deshalb sieht die Kommission vor, diese "Phasing-out" Regionen vorübergehend, spezifisch und degressiv bis 2013 zu fördern.

Bisherige Ziel-1-Gebiete, die aufgrund ihrer positiven wirtschaftlichen Entwicklung nicht mehr das 75%-Kriterium der Konvergenzförderung erfüllen, erhalten unter dem Ziel Regionale Wettbewerbsfähigkeit und Beschäftigung eine vorübergehende Sonderunterstützung, die schrittweise bis 2013 abgebaut wird ("Phasing-in"). Diese Sonderunterstützung dient dazu, die bisherige hohe Ziel-1-Förderung nicht abrupt runterzufahren und den Aufholprozess zu konsolidieren.

Beim Ziel Europäische Territoriale Zusammenarbeit werden Regionen, die an Binnengrenzen und bestimmten Außengrenzen zu Lande liegen sowie bestimmte Regionen an innergemeinschaftlichen Seegrenzen, gefördert. Alle Regionen der EU können bei ihrem Aufbau von Kooperationsnetzen und eines Erfahrungsaustausches nach dem Ziel Europäische Territoriale Zusammenarbeit gefördert werden.

Gemäß dieser Zuordnung existieren in der EU folgende Typen von Regionen, wie sie in Tabelle 5.1 dargestellt sind.

Tabelle 5.1 Verteilung der EU-Regionen

	Anzahl Regionen	% der EU27-Bevölkerung
Konvergenz	84	31,7
Phasing-Out	16	3,4
Phasing-In	13	3,9
RWB	155	61
EU27	268	100

Wenden wir uns nun den Instrumenten zu, die bei der Realisierung der Ziele zum Einsatz kommen. Die beiden wichtigsten Instrumente sind die beiden Strukturfonds: EFRE und ESF. Der mit Abstand am besten mit finanziellen Mitteln ausgestattete Fonds ist der Europäische Fonds für die regionale Entwicklung (EFRE). Er wird für alle drei Ziele der Kohäsionspolitik eingesetzt. Mit diesem Fonds sollen Unternehmen, insbesondere KMU bei ihren Investitionen gefördert und Infrastrukturmaßnahmen usw. realisiert werden.

Der Europäische Sozialfonds (ESF) wird für Maßnahmen zur Verbesserung der Beschäftigungssituation verwendet. Dabei geht es u. a. um Anpassungsmaßnahmen bei Arbeitnehmern und Unternehmen, lebenslanges Lernen, Integration in den Arbeitsmarkt, soziale Eingliederung benachteiligter Personen, Antidiskriminierungspolitik, Humankapitalbildung.

Der dritte Fonds ist der Kohäsionsfonds, der 1994 eingerichtet wurde, um den strukturschwachen Mitgliedstaaten die Erfüllung der Maastricht-Kriterien und den Beitritt in die Währungsunion zu erleichtern. Förderfähig sind Mitgliedstaaten mit einem Bruttoinlandsprodukt pro Kopf unter 90 % des EU-Durchschnitts, die die Bedingungen des Stabilitäts- und Wachstumspaktes (3 %-Verschuldungskriterium) erfüllen. Entsprechend erhalten Bulgarien, Rumänien, Zypern, Estland, Griechenland, Ungarn, Lettland, Litauen, Malta, Polen, Portugal, die Tschechische Republik, die Slowakei und Slowenien Mittel aus dem Fonds. Spanien erhält eine Übergangsförderung, da das spanische BIP pro Einwohner unter dem Durchschnitt der EU15 liegt. Mit dem Kohäsionsfonds werden größere Projekte im Bereich der Umwelt- und Verkehrsinfrastruktur gefördert.

Damit die Zielsetzung der Lissabonstrategie auch ausreichend berücksichtigt wird, ist die Lissabon-Zweckbindung eingeführt worden, nach der im Bereich Konvergenz 60 % der Fondsmittel und im Bereich Regionale Wettbewerbsfähigkeit und Beschäftigung 75 % zur Realisierung der Strategie verwendet werden müssen.

Die Kohäsionspolitik ist langfristig ausgerichtet, um allen Akteuren Planungssicherheit zu verschaffen. Entsprechend wird die Förderung einer Maßnahme, die über mehrere Jahre dauern kann, vor Maßnahmenbeginn durch einen Maßnahmenbescheid verbindlich zugesagt. Die Förderung erfolgt in Form nicht rückzahlbarer Zuschüsse. Dabei ist eine Kofinanzierung durch die EU vorgesehen, bei der die Höchstsätze nach Zielen wie folgt gestaltet ist:

- Konvergenz: 75 % - 85 %,
- Regionale Wettbewerbsfähigkeit und Beschäftigung: 50 % - 85 %,
- Europäische Territoriale Zusammenarbeit: 75 % - 85 %.

Für den Kohäsionsfonds gilt generell ein Höchstsatz von 85 %.

Die Einordung der Regionen nach Zielgebieten ist nicht nur für den Instrumenteneinsatz von Bedeutung, sondern auch für das europäische Beihilferecht nach Art. 107 des AEU-Vertrags. Im Allgemeinen sind Beihilfen an Unternehmen, die den Wettbewerb verfälschen oder zu verfälschen drohen, unzulässig. Das Gemeinschaftsrecht sieht aber Ausnahmen vor, wie Beihilfen zur Förderung der wirtschaftlichen Entwicklung von Gebieten mit niedrigem Pro-Kopf-Einkommen, hoher Arbeitslosigkeit usw. (Art. 107(3)(a)) sowie zur Förderung von Wirtschaftszweigen in strukturschwachen Regionen oder -gebieten, soweit diese Förderung die Handelsbedingungen in der EU nicht merklich verzerrt (Art. 107(3)(c)). In diesen Ausnahmefällen sind Höchstsätze vorgesehen, die in Tabelle 5.2 dargestellt sind.

Die Umsetzung der Kohäsionspolitik erfolgt in mehreren Schritten. In Absprache mit den Mitgliedstaaten schlägt die Kommission gemeinsame Leitlinien zur Kohäsion vor. Auf diesem EU-Konzept aufbauend konzipieren die einzelnen Mitgliedstaaten in Absprache mit der Kommission einen Nationalen Strategischen Rahmenplan (NSRP), der für die jeweilige Förderperiode gilt. In Verbindung mit dem Rahmenplan entwickeln die Regionen die Operationellen Programme (OP), in denen prioritäre Maßnahmen aufgeführt werden. Diese Programme müssen von der Kommission genehmigt werden. Nach Genehmigung durch die Kommission können die Mitgliedstaaten diese umsetzen. Die Umsetzung der Kohäsionspolitik setzt seine Finanzierung voraus. Diese wird von Seiten der Union durch den mittelfristigen Finanzrahmen (siehe Kapitel 3) sichergestellt. In Tabelle 5.3 sind die wesentlichen Daten für die aktuelle Förderperiode 2007 - 2013 dargestellt.

In Tabelle 5.4 findet man eine Übersicht, wie sich die Mittel auf die einzelnen Mitgliedstaaten verteilen.

Zusätzlich zu den bis jetzt behandelten "klassischen Fonds" wurden weitere Fonds geschaffen. Aufgrund der Überschwemmungen in Deutschland, Öster-

Tabelle 5.2 Beihilfenintensität nach Fördergebieten und Unternehmensgröße

Investitions-beihilfen	Gebiete gem. Art. 107(3)a AEU-V				Gebiete gem. Art. 107(3)c AEU-V		Gebiete gem. Art. 107(3)c AEU-V, die an Art. 107(3)a-Gebiete grenzen
	BIP/Kopf im Verhältnis zum EU-25 Durchschnitt			Phasing-Out Regionen	Grund-sätzlich	Falls: BIP pro Kopf > 100% und Arbeitslo-senquote < EU-25-Durchschnitt	
	< 45%	< 60%	< 75%				
Große Unternehmen	50%	40%	30%	30% bis 31.12.2010 20% ab 1.1.2011	15%	10%	15% Ausnahmslos
Mittlere Unternehmen	60%	50%	40%	40% bis 31.12.2010 30% ab 1.1.2011	25%	20%	25%
Kleine Unternehmen	70%	60%	50%	50% bis 31.12.2010 40% ab 1.1.2011	35%	30%	35%

reich, der Tschechischen Republik und Frankreich im Jahr 2002 wurde der Solidaritätsfonds der Europäischen Union (EUSF) mit einem jährlichen Volumen von 1 Mrd. EUR eingerichtet. Er dient der Hilfe für Mitgliedstaaten, die eine Naturkatastrophe erlitten haben. Anspruch auf Mittel des Fonds haben Mitgliedstaaten, deren Schaden mehr als 3 Mrd. EUR oder mehr als 0,6 % ihres BIP beträgt.

Im Jahr 2007 wurde der Europäische Globalisierungsfonds (EGF) eingerichtet. Er kann jährlich bis zunächst 2013 den Mitgliedstaaten maximal 500 Mio. EUR zur Verfügung stellen, um Arbeitskräften, die aufgrund struktureller Veränderungen im Globalisierungsprozess entlassen wurden, zu helfen, ins Erwerbsleben zurückzukehren. Des Weiteren können zusätzlich Arbeitskräfte, die aufgrund der Wirtschafts- und Finanzkrise im Jahr 2008 entlassen wurden, gefördert werden. Voraussetzung für die Inanspruchnahme des Fonds durch einen Mitgliedstaat ist, dass in einem Unternehmen oder Sektor mindestens 1000 Arbeitskräfte entlassen worden sind.

Darüber hinaus wurden von der Kommission Kredit- und Beratungsprogramme zur Ergänzung der Strukturfonds auf den Weg gebracht (Jaspers, Jeremie und Jessica).

Während die bisher erläuterten Fonds der Förderung der Mitgliedstaaten dienen, stellt das Instrument der Heranführungshilfe (IPA) eine Förderung für die Beitrittskandidaten dar.

Tabelle 5.3 Kohäsionspolitik 2007 - 2013

Programme und Instrumente	Förderfähigkeit	Prioritäten	Mittelausstattung
Ziel "Konvergenz" *einschließlich des Sonderprogramms für Regionen in äußerster Randlage*			**81,54% (251,2 Mrd. EUR)**
Regionale und nationale Programme	Regionen mit einem Pro-Kopf-BIP < 75% des Durchschnitts der EU-25	- Innovation - Umwelt - Risikoprävention - Zugänglichkeit - Infrastrukturen	70,51% = 177,0 Mrd. EUR
EFRE, ESF	Statistischer Effekt: Regionen mit einem Pro-Kopf-BIP < 75% des Durchschnitts der EU-15 und > 75% der EU-25	- Humankapital - Verwaltungs- kapazität	4,99% = 12,5 Mrd. EUR
Kohäsionsfonds	Mitgliedsstaaten mit einem BSP/Kopf < 90% des europäi- schen Durchschnitts	- Verkehr (TEN) - nachhaltiger Verkehr - Umwelt	23,22% = 58,3 Mrd. EUR
	Regionen mit einem Pro-Kopf-BIP < 90% des Durchschnitts der EU15 und > 90% der EU25	- erneuerbare Energien	1,29% = 3,3 Mrd. EUR
Ziel "Regionale Wettbewerbsfähigkeit und Beschäftigung"			**15,95% (49,1 Mrd. EUR)**
Regionale Pro- gramme (EFRE) und nationale Programme (ESF)	Die Mitgliedsstaaten schlagen eine Liste der Regionen (NUTS 1 oder NUTS 2) vor.	- Innovation - Umwelt - Risikoprävention - Zugänglichkeit - Europäische Be- schäftigungsstrategie	78,86% = 38,7 Mrd. EUR
	„Phasing-In"- Regionen unter Ziel 1 zwischen 2000 und 2006, die nicht unter das Ziel „Konvergenz" fallen.		21,14% = 10,4 Mrd. EUR
Ziel "Europäische Territoriale Zusammenarbeit"			**2,52% (7,8 Mrd. EUR)**
Grenzüberschreitende und transnationale Programme und Netze (EFRE)	Grenzregionen und Räume der transna- tionalen Zusammen- arbeit	- Innovation - Umwelt / Risikoprävention - Zugänglichkeit - Kulturelle Bildung	73,86% = 5,6 Mrd. EUR grenzübergrei- fend 20,95% = 1,5 Mrd. EUR transnational 5,19% = 0,4 Mrd. EUR Netze

Quelle: Europäische Kommission.

Tabelle 5.4 Mittelaufteilung nach Mitgliedstaaten, 2007 - 2013

	Konvergenz			Regionale Wettbewerbsfähigkeit und Beschäftigung		Europäische Territoriale Zusammenarbeit	Gesamt
	Kohäsionsfonds	Konvergenz	Phasing-out	Phasing-in	Regionale Wettbewerbsfähigkeit und Beschäftigung		
Belgien			638		1 425	194	2 258
Bulgarien	2 283	4 391				179	6 853
Tschechische Rep.	8 819	17 064			419	389	26 692
Dänemark					510	103	613
Deutschland		11 864	4 215		9 409	851	26 340
Estland	1 152	2 252				52	3 456
Irland				458	293	151	901
Griechenland	3 697	9 420	6 458	635		210	20 420
Spanien	3 543	21 054	1 583	4 955	3 522	559	35 217
Frankreich		3 191			10 257	872	14 319
Italien		21 211	430	972	5 353	846	28 812
Zypern	213			399		28	640
Lettland	1 540	2 991				90	4 620
Litauen	2 305	4 470				109	6 885
Luxemburg					50	15	65
Ungarn	8 642	14 248		2 031		386	25 307
Malta	284	556				15	855
Niederlande					1 660	247	1 907
Österreich			177		1 027	257	1 461
Polen	22 176	44 377				731	67 284
Portugal	3 060	17 133	280	448	490	99	21 511
Rumänien	6 552	12 661				455	19 668
Slowenien	1 412	2 689				104	4 205
Slowakei	3 899	7 013			449	227	11 588
Finnland				545	1 051	120	1 716
Schweden					1 626	265	1 891
Vereinigtes Königreich		2 738	174	965	6 014	722	10 613
Internationale Zusammenarbeit/ Vernetzung						445	445
Technische Unterstützung							868
Gesamt	**69 578**	**199 322**	**13 955**	**11 409**	**43 556**	**8 723**	**347 410**

NB: Angaben in Millionen Euro

NB: Aufgrund der gerundeten Zahlenwerte sind die Gesamtwerte unter Umständen nicht exakt.

Quelle: Europäische Kommission (2008), S. 8.

5.3 Reformpotenzial der europäischen Kohäsionspolitik

Die Kohäsionsberichte der Kommission der letzten Jahre zusammenfassend ist festzustellen:

- dass innerhalb der EU erhebliche regionale Disparitäten existieren,
- dass wir schwache Tendenzen zur Konvergenz feststellen und

- dass diese auf der Ebene der Mitgliedstaaten stärker als auf der Ebene der Regionen sind.

Nachdem wir in 5.1 theoretische Überlegungen zur Kohäsionspolitik und ihrer Effizienz vorgetragen haben, wollen wir diese Überlegungen in einen breiteren wirtschaftspolitischen Kontext stellen. Sodann nehmen wir die Erfahrungen, die man bei der Umsetzung der Kohäsionspolitik im Alltagsgeschäft gemacht hat, zum Anlass, Schwachstellen der Kohäsionspolitik zu bestimmen. Außerdem wird der Frage nachgegangen, ob die EU oder die Mitgliedstaaten der zentrale Akteur der Kohäsionspolitik sein sollen.

5.3.1 Wirtschaftspolitische Argumente für eine europäische Kohäsionspolitik

Da Kohäsionspolitik fast ausschließlich auf Interventionismus beruht, also in das Marktgeschehen steuernd eingreift, liegt die Beweislast zur Rechtfertigung von Eingriffen bei den Befürwortern. Dies gilt insbesondere dann, wenn man sich in der EU paradigmatisch für die Schaffung eines Gemeinsamen Marktes ausgesprochen hat. Aus dieser Sicht ist die europäische Kohäsionspolitik nur mit regionalem Marktversagen zu rechtfertigen. Dazu werden in der Literatur ganz unterschiedliche Argumente vorgetragen.

Gleichheits- und Fairnessprinzip: Im Sinne gleichwertiger Lebensverhältnisse wird hier distributionspolitisch eine Korrektur des Marktergebnisses im Sinne einer regionalen Ausgleichspolitik gefordert. Diese Forderung ist normativ begründet und dieses Werturteil muss aus rein wissenschaftlicher Perspektive akzeptiert werden. Dennoch stellen sich auch hier einige Fragen:

- Welche Formen von Ungleichheit akzeptiert die Union?
- Welche Kosten ist die Union bereit, zur Finanzierung der Kohäsionspolitik zu tragen?
- Sind andere Politikbereiche besser geeignet, dieses Ausgleichsziel zu erreichen?

Einer theoretischen Bewertung zugänglicher sind hingegen allokationstheoretisch fundierte Begründungen.

Zusätzliches Einkommen und erhöhter Output: Rückständige Regionen sind durch hohe Arbeitslosigkeit gekennzeichnet. Arbeitslosigkeit bedeutet unausgelastetes Produktionspotenzial. Regionalpolitik ist dann gerechtfertigt, wenn sie zu einer besseren Auslastung des Produktionspotenzials führt. Entsprechend sind die in 5.1 skizzierten theoretischen Einwände gegen eine Kohäsionspolitik relativ irrelevant. Die verwendeten Modelle – und dies gilt insbesondere für neoklassischer Provenienz – gehen von Vollbeschäftigung aus und werden so den europäischen Gegebenheiten wenig gerecht.

Niedrigere Inflationsraten und stärkeres Wachstum durch Beseitigung von regionalen Engpässen: Je synchroner über alle Sektoren und Regionen die wirtschaftliche Entwicklung abläuft, umso spannungsfreier entfaltet sich die Dynamik der Wirtschaft. Bei disparater wirtschaftlicher Entwicklung kann es dazu kommen, dass es in besonders boomenden Regionen zu Überhitzungserscheinungen kommt, die sich in niedrigerem Wachstum und höheren Inflationsraten niederschlagen. Dieses Argument gewinnt bei Betrachtung der Effizienz der Stabilisierungspolitik und unter Annahme unterschiedlicher Reagibilitäten der Regionen auf stabilitätspolitische Impulse an Bedeutung. Je stärker aber die Regionen in einem Gemeinsamen Markt integriert und je mobiler die Produktionsfaktoren sind, umso mehr verliert dieses Argument an Gewicht.

Räumliche Externalitäten: Bleibt als letztes und wohl auch überzeugendstes Argument das der räumlichen Externalitäten. Dieses Argument hat durch die neue Wachstumstheorie, die die Relevanz von Innovationen als öffentliche Güter für die regionale Entwicklung betont, an Stellenwert gewonnen. Externalitäten können in vielfältiger Form auftreten. Zu denken ist hier an Überfüllung, Umweltverschmutzung, Agglomeration, Netzwerke usw. Sie alle können regionales Marktversagen begründen.

Sinnvoll ist, dabei zwischen Externalitäten auf der Ebene der Mitgliedstaaten und EU-weiten Externalitäten zu unterscheiden. Dass die bisher aufgezeigten Externalitäten auf der Ebene der Mitgliedstaaten vorliegen, ist unstrittig. Zu prüfen ist aber, inwieweit sie EU-weite Externalitäten beinhalten. Als EU-weite Externalitäten sind u. a. Auswirkungen auf die EU-Inflationsrate und das EU-Wachstum zu bezeichnen.

Die Bürger der EU sind nach dem Selbstverständnis der EU nicht nur an ihrem eigenen Wohlbefinden interessiert, sondern auch an dem der anderen. Für sie stellt eine gerechte regionale Wohlstandsverteilung einen Wert an sich dar. Liegt diese altruistische Einstellung vor, so liegt eine EU-weite Externalität vor. Diese soll durch die europäische Kohäsionspolitik internalisiert werden. Interesse an der ökonomischen Situation in anderen Regionen haben die EU-Bürger auch aufgrund fiskalischer Externalitäten. Ist die Performance einer Region gut, dann zahlt sie z. B. über den BIP- sowie den Mehrwertsteueranteil in den Haushalt der EU ein und entlastet so die anderen Regionen. Eine gute Performance hat auch positive Auswirkungen auf andere Politikbereiche der EU, wie die europäische Beschäftigungspolitik, und die Attraktivität des Standortes Europa steigt insgesamt im globalen Wettbewerb. Im Falle der Vernetzung des europäischen Wirtschaftsraumes ist es offensichtlich, dass EU-weite Externalitäten gegeben sind. Hinzu kommen nicht-ökonomische Größen, die EU-weite Externalitäten begründen. Zu denken ist hier z. B. an den sozialen Frieden in der EU, der durch ausreichende Beschäftigung in den Regionen gestärkt werden kann.

5.3.2 Schwachstellen der europäischen Kohäsionspolitik

Selbst wenn man die Argumente für die Kohäsionspolitik akzeptiert, so muss man einige Schwachstellen dieser Politik sehen, auf die nun eingegangen werden soll.

Förderung von Regionen anstelle von Problemgruppen: Im Mittelpunkt der Kohäsionspolitik sollten die EU-Bürger und nicht Regionen stehen. Von daher macht die Förderung von Regionen nicht zwingend Sinn. Nur wenn Regionen in sich völlig homogen wären und Wohlfahrtsdifferenzen allein auf regionale Faktoren zurückzuführen wären, überzeugte eine rein regionalpolitisch orientierte Politik. Regionalpolitik differenziert nicht ausreichend. Sie fördert u. a. indirekt reiche EU-Bürger in armen Regionen durch eine verbesserte Infrastruktur und vernachlässigt entsprechend Arme in besser gestellten Regionen. Hinzu kommt die Mobilität der Bürger. Arbeitet ein Großteil der Bürger in einer reichen Region wie Hamburg und wohnt in einer Region mit geringer Beschäftigung und entsprechend geringem Inlandsprodukt wie Lüneburg, so wird die scheinbar arme Region gefördert. Bei der Auswahl der zu fördernden Regionen orientiert sich die Kohäsionspolitik am Inlands- und nicht am Inländerprodukt. Sind die Einwohner mobil, so ist die Effizienz regional politischer Eingriffe generell gefährdet. Fördert man mit der Kohäsionspolitik Standorte und kann dennoch die Abwanderung – wie dies in den neuen Bundesländern der Fall ist – nicht verhindern, so werden künstlich Überkapazitäten geschaffen, die oft bei der Infrastruktur mit immensen Unterhaltskosten verbunden sind, die die "schrumpfende" Region überhaupt nicht finanzieren kann.

Förderung von strukturschwachen Regionen wirtschaftsstarker Mitgliedstaaten: Grundlage der Kohäsionspolitik ist die Solidarität der Mitgliedstaaten. Diese sollte man nicht überstrapazieren. Konstitutiv für die Solidarität in der EU ist das Subsidiaritätsprinzip. Solidarität sollte dabei als Hilfe zur Selbsthilfe eingefordert werden, wenn die Hilfe Sinn macht (Frage der Effizienz der Kohäsionspolitik) und wenn sie benötigt wird. Dieses wichtige zweite Kriterium wird bei der Kohäsionspolitik fundamental verletzt. Anders als bei dem Kohäsionsfonds haben auch reiche Mitgliedstaaten mit armen Regionen Anspruch auf Strukturfondsmittel. Dies widerspricht dem Subsidiaritätsprinzip, da die reichen Mitgliedstaaten finanziell durchaus in der Lage sind, ihre regionalpolitischen Aufgaben selbst zu lösen und es für die armen Mitgliedstaaten eine Zumutung darstellt, die reichen über ihren Beitrag zum EU-Haushalt mitzufinanzieren.

Dominanz von Verteilungsinteressen (Ausgleichspolitik): Wenn es um die beiden größten Ausgabenposten der EU, den Agrar- und Kohäsionsausgaben, geht, so dominieren oft die Eigeninteressen der Mitgliedstaaten über Prinzipien wie Solidarität und Effizienz. Oft sind die Mitgliedstaaten bestrebt, ihre Nettozahlungen dadurch zu reduzieren, dass sie selbst Mittel aus dem jeweiligen Etat bekommen. Denn eine Reduzierung der eigenen Beiträge zum EU-Haushalt ist faktisch unmöglich, da dies einen einstimmigen

Beschluss des Rats der Europäischen Union sowie die Zustimmung der nationalen Parlamente verlangt (siehe Kap. 3). Von daher dominiert in der EU das Prinzip: Juste retour. Wer viel in den Haushalt der EU einzahlt, der möchte auch so viel wie möglich wieder herausholen. Wie erfolgreich diese Politik ist, zeigt die immense Rücklaufquote bei den Nettozahlern der Kohäsionspolitik. So zeigt Santos (2008) auf, dass bei den Strukturfonds der EU15 in der letzten Förderperiode sich die Regionen in erheblichem Umfang und noch wesentlich stärker die Mitgliedstaaten selbst finanzieren (vgl. Abb. 5.2).

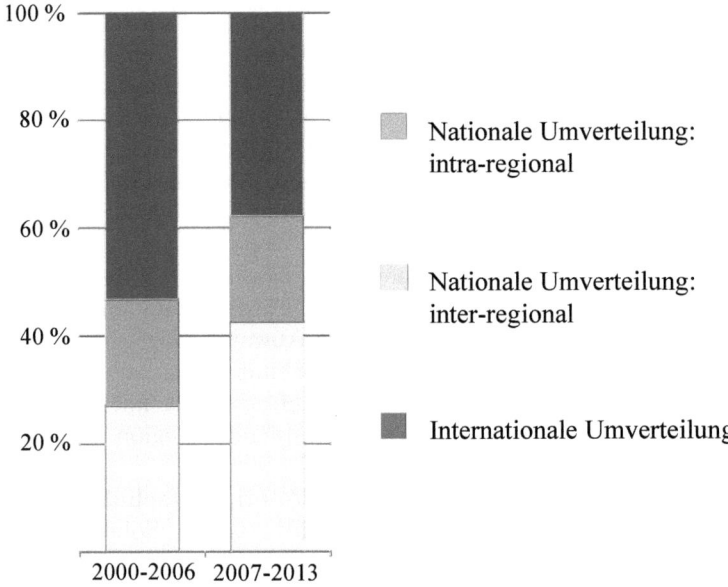

Quelle: Vgl. Santos (2008), S. 1.

Abb. 5.2 Strukturfondsbedingte Umverteilung, EU15-Durchschnitt

So finanzieren sich in Großbritannien in der aktuellen Förderperiode die Regionen zu 97 % selbst.

Je enger aber der Zusammenhang zwischen Beiträgen und Zahlungen auf der Ebene der Mitgliedstaaten ist, umso geringer ist der Effekt der Kohäsionspolitik, wenn es um die Einschränkung des Steuerwettbewerbs in der EU geht. Würden Mitgliedstaaten, die durch Steuersenkungen ihr Steueraufkommen erhöhen, mit entsprechenden Kürzungen bei den Kohäsionszuweisungen konfrontiert, so würde ihr Interesse an Steuersenkungen abgeschwächt, da sich dadurch ihre Finanzkraft per Saldo nicht wesentlich verbessert.

Starre Absorptionsgrenze: Auch die Absorptionsgrenze von 3,7 % des BIP, die mit steigendem BNE pro Kopf im Verhältnis zum EU-Durchschnitt sinkt und die ein Mitgliedstaat bezüglich der Höhe seiner Kohäsionsmittel nicht überschreiten darf, ist nicht nur effizienzorientiert, sondern auch verteilungspolitisch motiviert. Diese Restriktion ist aber nur für die meisten neuen Mitgliedstaaten bindend. Für die Zielsetzung, eine effiziente Mittelverwertung, die durch eine ineffiziente Verwaltung, Korruption usw. gefährdet ist, sicherzustellen, ist dieses Kriterium wenig hilfreich, da es der spezifischen Situation des jeweiligen Mitgliedstaates nicht gerecht wird. Auch schon 1 % kann immense Ineffizienz zur Folge haben. Und die Frage, warum reiche Mitgliedstaaten weniger effizient mit den Mitteln umgehen sollten, bleibt unbeantwortet.

Ineffiziente Staffelung der Kofinanzierungssätze: Geht es um die Internalisierung EU-weiter externer Effekte, so ist zu bezweifeln, dass sie so stark sind, dass eine Kofinanzierung seitens der EU von bis zu 85 % angebracht ist. Diese hohen Quoten sprechen für Ausgleichspolitik und nicht für allokative Effizienz. Auch die Staffelung der Kofinanzierungssätze nach dem Pro-Kopf-Einkommen ist die Konsequenz von Ausgleichspolitik. Warum sollten z. B. arme Regionen stärkere EU-weite Externalitäten generieren als für die EU zentrale Agglomerationszentren? Letztlich entscheidend sind aber nicht die Zuweisungen selbst, sondern die Nettoposition der Regionen. Warum werden aber zwei Regionen bezüglich ihrer Nettoposition unterschiedlich durch die Union gefördert, je nachdem, ob sie in einem Mitgliedstaat platziert sind, der in großem oder geringem Umfang den Haushalt der EU finanziert?

Ineffizienz des zweistufigen Entscheidungsprozesses: Durch den Abstimmungsprozess zwischen Kommission und Mitgliedstaaten werden die Regionen mit einem vorgegebenen Rahmenplan und entsprechenden Mitteln konfrontiert. Da aber das Finanzvolumen im Vorfeld festgelegt worden ist, ist der Spielraum der Kommission dann nur noch gering, die konkrete Auswahl und Umsetzung von Projekten zu beeinflussen. Dies wäre fundamental anders, wenn der Kommission konkrete Projekte vorgeschlagen werden müssten und mit der Kommission über deren Finanzierung verhandelt werden müsste.

Unzureichende Additionalität: Ziel der Kohäsionspolitik ist es, mit den eingesetzten Mitteln einen Hebeleffekt, also Zusatzaktivitäten in den Regionen zu bewirken. Das Eigeninteresse der Region führt aber oft dazu, die EU-Mittel als Substitut für den eigenen Mitteleinsatz zu verwenden. Um dies zu verhindern, ist das Prinzip der Additionalität vorgesehen. Nur wenn die Mitgliedstaaten ihre eigenen Aktivitäten nicht zurückfahren, haben sie Anspruch auf die Mittel aus den Fonds. Die Schwäche dieses Prinzips liegt u. a. darin, dass dies nicht für den Kohäsionsfonds verankert worden und insgesamt wenig operational ist, so dass die Mitgliedstaaten dieses Prinzip recht leicht aushebeln können.

Fehlanreiz der Zweckbindung: Durch die Zweckbindung werden die regionalen Entscheidungsträger oft vor die Wahl gestellt, ein Projekt anzunehmen oder abzulehnen. Man argumentiert dann: "Stimmen wir nicht zu, sind das Geld und das Projekt verloren, da die Mittel dann anderweitig verwendet werden". Es liegt so ein typisches Common-Pool-Dilemma vor, bei dem eine Null-Kosten-Mentalität dominiert: "Warum sollen wir dem Projekt nicht zustimmen, es kostet uns doch nichts und bringt doch einen gewissen Nutzen". Dabei werden dann auch noch die Folgekosten des Projektes vernachlässigt. Es wäre unter diesem Aspekt effizienter, den regionalen Entscheidungsträgern ein ungebundenes Finanzvolumen – gerade wenn es um reine Ausgleichspolitik geht – zur Verfügung zu stellen, damit das Projekt mit den geringsten Opportunitätskosten beschlossen wird.

Renationalisierung: Die Problematik der hohen Rücklaufquote könnte man relativ einfach lösen, indem man sich auf reine Nettozahlungen bei der Kohäsionspolitik beschränkt. Dadurch würden aber viele Mitgliedstaaten von der Kohäsionspolitik ausgeschlossen und der Einfluss der Kommission würde dramatisch sinken. Bevor man diesen Wechsel vollzieht, sollte man ein wenig grundsätzlich die Frage der Kompetenzzuweisung bei der Kohäsionspolitik unter Rückgriff auf die Überlegungen des fiscal federalism (siehe Kapitel 3) angehen.

Würde man die Kohäsionspolitik als reine finanzielle Ausgleichspolitik verstehen, wäre die Reduktion dieser Politik auf einen Finanzausgleich in Form reiner Nettozahlungen nicht nur aus verwaltungstechnischen Gesichtspunkten sinnvoll.

Sieht man aber die Aufgabe der Kohäsionspoliltik darin, EU-weite öffentliche Güter sicherzustellen und EU-weite externe Effekte zu internalisieren, so wäre ein solches Finanzsystem wenig sinnvoll. Denn dann wäre das Problem der EU-weiten Spillover in den Mitgliedstaaten, die Nettozahler sind, für die Kommission nicht mehr angehbar. Sie könnte allokative Effizienz nur noch in den Nettoempfängerstaaten sicherstellen.

Für eine Kompetenzverlagerung bei der Kohäsionspolitik von der EU-Ebene auf die der Mitgliedstaaten ist neben dem Kriterium der Existenz EU-weiter Externalitäten bzw. öffentlicher Güter das Kriterium der Homogenität der Präferenzen zu prüfen. Zuerst ist zu bestimmen, ob überhaupt eine Identität zwischen den Zielen der EU-Bürger und den Zielen der Kommission besteht.

Die zuständige Generaldirektion "Regionalpolitik" der Kommission ist dabei sehr autonom, da weder Parlament noch Rat das Recht haben, bei dem Tagesgeschäft der Generaldirektion zu intervenieren. Von daher ist zu befürchten, dass in der Generaldirektion die Verhaltensweisen dominieren, wie sie die ökonomische Bürokratietheorie herausgearbeitet hat. So geht es bei den Projekten der Direktion mehr um Kompetenzausweitung, Entscheidungsbefugnisse, Präsentation als Finanzier usw.

Gleiches gilt, wenn auch in modifizierter Form, für die politischen Entscheidungsträger auf der regionalen und nationalen Ebene. Dabei muss man aber einen entscheidenden Vorteil der Kohäsionspolitik sehen. Aufgrund der rechtlichen Vorgaben ist es zwingend notwendig, dass in den Entscheidungs- und Planungsprozess die Arbeitgeberseite und die Gewerkschaften und auch Organisationen aus der Zivilgesellschaft mitwirken.

Für eine Zentralisierung auf EU-Ebene spricht auch, dass die Kommission unabhängig vom Tagesgeschäft der Politik agieren und bei ihren Entscheidungen eine Langzeitperspektive durchsetzen kann. Das bewirkt natürlich zwangsläufig eine gewisse Bürgerferne. Auf der regionalen und nationalen Ebene dominiert wesentlich stärker die kurze Frist unter dem Aspekt der Wiederwahl. Gerade auf der regionalen Ebene existieren oft Interessenkoalitionen, die Reformen aus Verteilungs- und Machtinteressen blockieren. Hier kann durchaus Druck aus Brüssel hilfreich sein. Auch wenn dabei der top down Ansatz der Kommission hilfreich ist, muss das damit in Kauf genommene Legitimationsdefizit gesehen werden.

Letztlich ist für die Kompetenzzuordnung entscheidend, inwieweit zwischen den Mitgliedstaaten homogene Präferenzen existieren. Da der Kohäsionspolitik eine stringente theoretische Fundierung fehlt, kann nicht erwartet werden, dass alle Mitgliedstaaten das gleiche theoretische Konzept zur Grundlage ihrer Politik machen. Vielmehr ist für sie entscheidend, welche Erfahrungen man bisher mit unterschiedlichen Konzepten gemacht hat, so dass bei der theoretischen Orientierung von einer gewissen Heterogenität auszugehen ist. Aber auch bei den konkreten Zielen existiert – gerade nach der EU-Osterweiterung – eine gewisse Heterogenität zwischen den Mitgliedstaaten. Diese Heterogenität spricht aber nicht zwingend gegen eine Vergemeinschaftung der Regionalpolitik, solange die Kommission in der Lage ist, im Planungs- und Entscheidungsprozess auf die Spezifika der Regionen und Mitgliedstaaten einzugehen. Es ist eine Stärke der Kohäsionspolitik, dass diese sehr flexibel ausgestaltet werden kann.

Als letztes Kriterium sind mögliche Synergieeffekte zu prüfen. Die Kommission betont nachdrücklich die Chancen, die die Kohäsionspolitik den Mitgliedstaaten einräumt, wenn es um einen Gedankenaustausch, wechselseitiges Lernen usw. geht. Hier finden wir die gleichen Argumente, die wir bei der Offenen Methode der Koordinierung diskutieren werden (siehe Kapitel 8). Dabei bleibt immer noch zu fragen, ob wir dazu eine Zentralisierung der Kohäsionspolitik benötigen. Gerade bei der Kohäsionspolitik benötigt man spezifisches Wissen vor Ort, das oft nicht für Dritte zugänglich und insbesondere nicht verallgemeinerungsfähig ist. Reine Adaption wäre da wenig hilfreich.

5.3.3 Ausblick

Gerade in der Diskussion um die Aufstellung des Finanzrahmens 2007 - 2013 ist die Renationalisierungsstrategie nicht unproblematisch, könnten doch einige Mitgliedstaaten den Strategiewechsel dazu nutzen, sich von den kohäsionspolitischen Verpflichtungen der Union gegenüber den neuen Mitgliedstaaten zu verabschieden.

Des Weiteren muss die oben unterstellte Annahme relativ identischer kohäsionspolitischer Präferenzen in der EU, die die Voraussetzung für die Effizienz ungebundener Transfers ist, in Frage gestellt werden. In vielen Bereichen der Kohäsionspolitik der Union existieren erhebliche Konfliktpotenziale. Dies ist z. B. auf der Ebene der Regionen bei der Ansiedlung von Unternehmen gegeben. Hier stehen die Regionen trotz aller Solidarität in einem immensen Wettbewerb. Ungebundene Transfers würden dazu führen, dass es zu einem race to the top bei den Subventionen für Ansiedlungen kommen würde. Deshalb verlangt ergänzend eine Renationalisierung der Kohäsionspolitik eine strikt zentrale Regulierung der staatlichen Beihilfen für Unternehmen, wie sie in Artikel 107 des AEU-Vertrages zu finden ist.

Nicht nur auf der Ebene der Regionen, sondern auch zwischen den Mitgliedstaaten besteht ein Koordinationsbedarf durch die Union. Dieser ist z. B. im Bereich der Kohäsionspolitik dann gegeben, wenn bei ungebundenen Transfers die Mittel zur Finanzierung von Steuererleichterungen für Unternehmen verwendet werden und so ein unfairer Ansiedlungswettbewerb induziert wird. Auch hier muss die Kommission im Falle einer Renationalisierung der Kohäsionspolitik zentrale Koordinationsaufgaben erfüllen.

Auch wenn die hier angestellten Überlegungen dafür sprechen, Reformen in Richtung einer Renationalisierung vorzunehmen, so muss man aber sehen, dass schon bei marginalen Änderungen die Widerstände enorm sind. Es kann nicht im Interesse der Kommission sein, auf Kompetenzen zu verzichten. Mit Recht würde sich die Kommission auf Artikel 174 des AEU-Vertrages berufen, der eine regionenzentrierte Kohäsionspolitik vorsieht. Es gibt aber auch Widerstand bei den Mitgliedstaaten. Viele Staaten – insbesondere die neuen Mitgliedstaaten – befürchten, die Verlierer der Reform zu werden. Erst nachdem der finanzielle Rahmen für die Kohäsionspolitik für 2007 - 2013 festgezurrt war, bestand ausreichende finanzielle Sicherheit, um qualitative Veränderungen vorzunehmen. Nachdem jedoch erst einmal die Mittel verteilt waren, war das Reforminteresse nicht mehr gegeben.

5.4 Literatur

- Armstrong, H. (2004): Regional policy, in: A. M. El-Agraa (Hrsg.), The European Union. Economics and Policies, 7. Aufl., Harlow u. a., S. 401 - 420.
- Barca, F. (2009): An Agenda for a Reformed Cohesion Policy – A place-based approach to meeting European Union challenges and expectations, Brüssel.
- Europäische Kommission (2008): Kohäsionspolitik 2007-2013 – Nationale Strategische Rahmenpläne, Brüssel.
- Europäische Kommission (2010): Fifth Report on Economic, Social and Territorial Cohesion, Brüssel.
- Pflüger, M. (2008): Die Neue Ökonomische Geographie: Ein Überblick, in: WiSt, 37, S. 150 - 158.

- Santos, I. (2008): Is structural spending on solid foundations?, Bruegelpolicybrief, Nr. 2.
- ZEW (2009): Zukunft der EU-Strukturpolitik, Mannheim.

Kapitel 6
Agrarpolitik

Die Agrarpolitik der EU ist komplex, nur schwer überschaubar und in sich widersprüchlich. Einerseits subventioniert die EU stark den Tabakanbau und andererseits engagiert sie sich gegen das Rauchen. Will man diese Politik verstehen, ist es notwendig, sich dem historischen Werdegang der europäischen Agrarpolitik zuzuwenden.

Der Agrarpolitik kommt eine zentrale Stellung unter den EU-Politiken zu, da sie die erste ist, die auf einer konsequenten Vergemeinschaftung beruht. Bei ihr haben, aufbauend auf den Römischen Verträgen, schon im Jahr 1962 die sechs Gründungsmitglieder der EWG ihre agrarpolitischen nationalstaatlichen Kompetenzen in Form der Gemeinsamen Agrarpolitik (GAP) auf die Gemeinschaft übertragen. Entsprechend muss man den Moloch GAP aus historischer Perspektive ein wenig differenzierter sehen. Die europäische Agrarpolitik ist keine Neuschöpfung der EU, die den liberalen Agrarmarktorganisationen der Mitgliedstaaten künstlich übergestülpt worden ist. Die GAP ist vielmehr ein auf der Konferenz in Stresa im Jahr 1958 gefundener Kompromiss zur Integration der ausufernden marktwidrigen nationalen Regelungen, die in keiner Form mit dem Konzept eines Gemeinsamen Marktes vereinbar waren. Von daher fußt die GAP auf den nationalstaatlichen Sünden. Dieser Aspekt erklärt, entschuldigt aber nicht, dass der Anteil der Agrarausgaben am EU-Haushalt an 70 % heran reichte und nach hartem Ringen heute immer noch fast 40 % des EU-Haushaltes ausmacht. Vergleicht man dies mit den im einstelligen Prozentbereich angesiedelten Ausgaben für Zukunftsaufgaben der EU, so liegt hier ein erhebliches Missverhältnis vor. Berücksichtigt man dabei, dass nur die Agrarpolitik nicht aber die zukunftsweisenden Politikbereiche vergemeinschaftet worden sind, dann relativiert sich der Sachverhalt. Daher muss man die GAP-Ausgaben mit den Gesamtausgaben aller Mitgliedstaaten in den einzelnen Politikfeldern vergleichen.

Dass die GAP einen so immensen Stellenwert errungen hat und – wie wir sehen werden – sowohl bei ihren Zielvorgaben als auch im Instrumentenbereich mit fundamentalen Schwächen behaftet ist, ist nicht nur auf ihr nationalstaatliches Erbe zurückzuführen. Ende der fünfziger Jahre, als die grundlegenden Weichenstellungen für die GAP getroffen wurden, war das agrarpolitische Umfeld völlig anders als heute. In der Aufbauphase der EWG waren fast 20 % der Erwerbsbevölkerung in der Landwirtschaft beschäftigt und produzierten ungefähr 12 % des BIP der EWG-Staaten. Heute sind es trotz der EU-Osterweiterung weniger als 7 % der Erwerbspersonen, die ein BIP-Anteil von ungefähr 3 % produzieren. Hinzu kamen die Nachwirkungen der Versorgungsengpässe in der Kriegs- und Nachkriegszeit, wie die Sorge der unzureichenden Versorgung in der Phase des kalten Krieges. Die ideologische Verherrlichung der Landwirtschaft als Hort der natürlichen Produktion ist ebenfalls nicht zu vernachlässigen. Dies waren Einflussfaktoren, die aus heutiger Sicht der Überproduktion, der Chemieorientierung großindustrieller Produktionsweisen im Agribusiness wenig nachvollziehbar sind. Da in dieser Phase die Einkommen der EU-Bürger schneller zunahmen als die Preise der Agrarprodukte, war auch der Widerstand der Bürger in dieser Phase gering.

6.1 Ziele der Agrarpolitik

Die GAP dient den im Folgenden erläuterten Zielen der Agrarpolitik, die in dem Artikel 39 des AEU-Vertrages festgelegt wurden. Die Gesamtheit aller Regelungen der europäischen Agrarpolitik findet man in den Artikeln 38 - 44 des AEU-Vertrages. Die Problematik der GAP wird sofort deutlich, wenn man sich die Zielvorgaben des Artikels 39 aus gesamtgesellschaftlicher Perspektive anschaut und einer rationalen Prüfung unterzieht. Der Artikel beinhaltet fünf Zielvorgaben:

- Steigerung der Produktivität,
- Gewährleistung einer angemessenen Lebenshaltung der landwirtschaftlichen Bevölkerung,
- Stabilisierung der Märkte,
- Sicherstellung der Versorgung und
- Belieferung der Verbraucher zu angemessenen Preisen.

Unproblematisch ist die Zielvorgabe der Produktivitätssteigerung. Diese ist aber keine spezifische agrarpolitische Vorgabe, sondern betrifft alle Produktionsbereiche. Es wäre z. B. anhand von Marktversagen zu begründen, warum die Förderung der Produktivität in der Landwirtschaft besonders notwendig und diese Aufgabe der Union zu übertragen ist. Die Produktivitätssteigerungen in der Landwirtschaft sind in den letzten Jahren durchaus hoch gewesen. Die Frage ist aber, ob sie dies nicht auch ohne die GAP bei geringeren gesellschaftlichen Kosten gewesen wären. Des Weiteren ist zu prüfen, ob die damit einhergehende Überproduktion auf Fehlanreizen der GAP beruht und ökonomisch ineffizient ist, insbesondere wenn man den hohen Energieverbrauch in der Landwirtschaft und die erzeugten Umweltschäden mitberücksichtigt.

Auch die Zielsetzung der Erhöhung des Pro-Kopf-Einkommens zur Sicherung einer angemessenen Lebenshaltung ist unproblematisch, solange sie durch Effizienzverbesserungen realisiert wird. Dies ist aber nicht die primäre Intention dieser Zielvorgabe. Es geht vielmehr um die Legitimierung von Markteingriffen, die – wie wir sehen werden – zu ökonomischen Ineffizienzen führen und die letztlich eine Einkommensabsicherung auf Kosten der Verbraucher darstellen. Aus Gerechtigkeitserwägungen ist diese Absicherung von Partikularinteressen absolut inakzeptabel. Warum fordert man eine Absicherung der Landwirtschaft, nicht aber die z. B. der Handwerker durch die Union. Wären Beschäftigte in der Landwirtschaft generell arm, was nicht der Fall ist, wäre eine solche Zielsetzung vielleicht gerechtfertigt. Armutsvermeidung ist aber nach dem Maastricht-Vertrag primäre Aufgabe der Sozialpolitiken der Mitgliedstaaten.

Auch die Zielsetzung der Stabilisierung der Märkte kann nur akzeptiert werden, wenn der landwirtschaftliche Sektor intertemporales Marktversagen aufweisen würde, es z. B. ohne GAP zu drastischen Preisschwankungen kommen würde und die Preise ihre intertemporale Lenkungsfunktion nicht erfüllen könnten. Warum future markets gerade für landwirtschaftliche Produkte versagen sollen, ist wenig nachvollziehbar. Natürlich gibt es Ernteschwankungen, die sich aber bei intensiven Handelsverflechtungen weitgehend neutralisieren. Schwankungen werden um so mehr ausgeglichen, je lagerfähiger Agrarprodukte und je geringer die Transportkosten sind. Von daher würde zumindest in der jetzigen Zeit eine weltweite Marktintegration dem Ziel der Stabilisierung des Agrarmarktes dienlicher sein als eine auf Marktabschottung aufbauende interventionistische GAP.

Auch die Zielsetzung der Sicherstellung der Versorgung ist keine originäre Gemeinschaftsaufgabe. Warum wird sie nicht auch für die lebenswichtige Wasserversorgung der EU-Bürger gefordert? Damit könnte man auch die Energieversorgung als Gemeinschaftsaufgabe deklarieren. Gerade in einer Phase, in der die Union durch eine ineffiziente Überversorgung an Nahrungsmitteln gekennzeichnet ist, macht das historisch zu erklärende Ziel der Sicherstellung der Versorgung wenig Sinn.

Dass es Zielsetzung der GAP sein soll, die Verbraucher mit Agrarprodukten zu angemessenen Preisen zu versorgen, ist eigentlich selbstverständlich. Ohne dass wir uns der GAP im Detail zuwenden, ist offensichtlich, dass die GAP zur Realisierung dieser Zielsetzung wenig geeignet ist. Angemessene Preise erhält man, indem man den Wettbewerb intensiviert und Märkte öffnet, nicht aber dadurch, dass man Märkte reguliert und den Wettbewerb einschränkt und den Agrarmarkt von der internationalen Konkurrenz abschottet. Dass die GAP nur unzureichend den Interessen der Verbraucher gerecht wird und das Ziel angemessener Preise für Agrarprodukte nicht verwirklicht, wird an zwei Sachverhalten deutlich. Zum einen liegen die Marktpreise in der EU für Agrarprodukte zum Teil erheblich über dem Weltmarktpreis. Zum anderen tragen letztlich die Verbraucher noch zusätzlich die immensen Kosten der GAP, die sich auf immerhin fast 0,4 % des BIP der EU belaufen. Wenn

man diese 0,4 % in Relation zu den 3 % BIP-Anteil des landwirtschaftlichen
Sektors am BIP der EU setzt, wird die immense Belastung der Verbraucher
deutlich. Insgesamt kann man schon bei der Zielanalyse kritisch bemerken,
dass die Zielvorgaben der GAP wenig legitimiert und stark sektorspezifisch
ausgerichtet sind und primär den Partikularinteressen der Landwirtschaft
dienen. Dieses Urteil bestätigt sich, wenn wir uns den Marktorganisationen
und den Instrumenten der GAP zuwenden.

6.2 Instrumente der GAP

Das Instrumentarium der GAP ist kontinuierlich erweitert und verfeinert worden, so dass es erhebliches Fach- und Detailwissen bedarf, um alle Veräste-
lungen der GAP zu beschreiben bzw. zu erklären und dabei nicht die Gesamt-
übersicht zu verlieren. Aufgrund der Komplexität der Materie ist es sinnvoll,
nicht die für die einzelnen Produkte existierenden gemeinsamen Agrarmarktorganisationen, wie die für Bananen, Waren des Blumenhandels, Faserflachs
und -hanf, Rindfleisch usw., sondern die Instrumente der GAP systematisch
darzustellen und zu analysieren. Die Agrarmarktorganisationen für die einzelnen Agrarprodukte existieren für über 20 landwirtschaftliche Produkte und
bestimmen den Instrumenteneinsatz auf dem jeweiligen Produktmarkt. Die
Gemeinsamen Marktorganisationen (GMO) ersetzen im Sinne der Vergemeinschaftung die nationalen Marktordnungen. Für ungefähr 90 % der landwirtschaftlichen Enderzeugung existieren GMO. Für Alkohol und Kartoffeln gibt
es keine gemeinsamen Marktorganisationen. Muss man daraus den Schluss
ziehen, dass auf diesen beiden Märkten die Ziele der GAP schlechter verwirklicht werden? Die GMO sollen eine der folgenden Organisationsformen
aufweisen:

- gemeinsame Wettbewerbsregeln,
- bindende Koordinierung der verschiedenen nationalen Marktordnungen
  oder
- eine gemeinsame europäische Marktordnung.

Für die Ausgestaltung der GMO wurden im Jahr 1962 folgende drei Grund-
prinzipien der GAP vorgegeben:

- **Einheit des Marktes:** freier Verkehr für landwirtschaftliche Produkte,
  wie er für den Gemeinsamen Markt charakteristisch ist. Dies verlangt insbesondere den Einsatz gleicher Instrumente und Regulierungsmechanis-
  men.
- **Gemeinschaftspräferenz:** bedeutet nichts anderes als Marktabschottung gegenüber Drittstaaten und eine Diskriminierung von Agrarprodukten von Nicht-EU-Anbietern.

- **Finanzielle Solidarität:** Die Ausgaben der GAP werden über den Unionshaushalt getragen. Damit wird insbesondere eine Renationalisierung der Agrarpolitik ausgeschlossen.

Die GAP wird von zwei Säulen getragen (siehe Abb. 6.1). Die 1. Säule bilden die GMO und die Direktzahlungen. Diese Säule wird aus den Mitteln der EU über den Europäischen Garantiefonds für die Landwirtschaft (EGFL) finanziert. Mit der GMO wurde bis zur MacSharry-Reform im Jahr 1992 in erster Linie die Preisstützung finanziert, nach der Reform Produktprämien. Charakteristisch für diese Politik war es, dass von dieser Argrarpolitik allokative Fehlanreize in Form von Überproduktion ausgingen und es zu immensen internationalen Wettbewerbsverzerrungen kam, auf deren Abschaffung die WTO bestand. Die WTO forderte eine Entkoppelung der Agrarförderung von der Produktion. Entsprechend wurde mit den Luxemburger Beschlüssen im Jahr 2003 eine Umschichtung der Mittel hin zu sogenannten Direktzahlungen beschlossen, die in Form der Betriebsprämie im Jahr 2005 umgesetzt wurde.

1. Säule	2. Säule
GMO Direktzahlungen (Betriebsprämie)	Förderung der Entwicklung des ländlichen Raumes
EGFL	ELER

Abb. 6.1 Die Säulen der GAP

Die 2. Säule beinhaltet die Förderung der Entwicklung des ländlichen Raumes. Diese wird finanziert aus dem Europäischen Landwirtschaftsfonds für die Entwicklung des ländlichen Raumes (ELER) und von den Mitgliedstaaten kofinanziert. Die Instrumente der GMO sollen im Folgenden erläutert werden.

6.2.1 Instrumente der GMO

In der Übersicht (Abb. 6.2) sind die wichtigsten Instrumente, die das Rückgrat der Agrarmarktordnungen darstellen und die alle über den EGFL finanziert werden, skizziert. Vereinfachend kann man die Zielsetzung all dieser Instrumente nach Baldwin/Wyplosz (2006, S. 206) dahingehend zusammenfassen, dass sie – wenn auch auf unterschiedliche Weise - einen Mindestpreis für Agrarprodukte sicherstellen sollen, den wir zunächst vereinfachend als Interventionspreis p_i bezeichnen wollen. Einen solchen Mindestpreis muss man auf zwei Ebenen absichern. Zum einen muss man dafür sorgen, dass aus-

ländische Anbieter, die preiswerter als zum Mindestpreis produzieren, diesen
Mindestpreis nicht unterbieten können. Um diese außenwirtschaftliche Absicherung zu ermöglichen, kann die EU auf die Instrumente der Wert- und
Mengenzölle und der variablen Zölle, der sogenannten Abschöpfung, zurückgreifen.

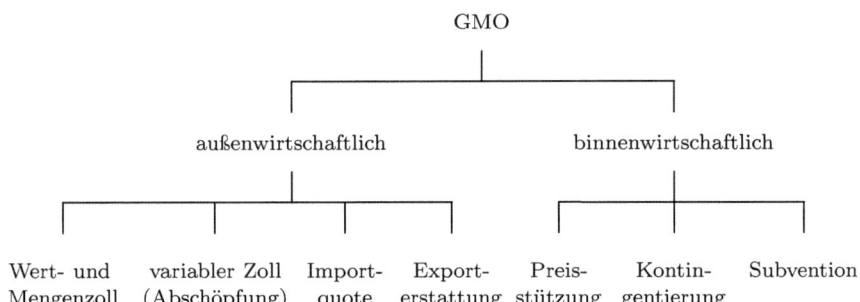

Abb. 6.2 Instrumente der GMO

Die außenwirtschaftliche Absicherung ist aber nur eine notwendige Bedingung zur Durchsetzung von Mindestpreisen. Damit sich die Mindestpreise in der EU durchsetzen, bedarf es des zusätzlichen Einsatzes der binnenwirtschaftlichen Instrumente, sei es als Preisstützung, Kontingentierung oder
Subventionierung.

Mit dem Instrumentarium der Zölle und ihren Wirkungen haben wir uns
schon in Kapitel 2 ausführlich auseinandergesetzt, so dass wir hier nur noch
einige agrarpolitische Ergänzungen einfügen und z. B. die Wohlfahrtseffekte
von Mindestpreisen durch Zölle nicht mehr erläutern müssen. Während Zölle, sei es als Wertzoll, bei dem ein prozentualer Aufschlag auf den Wert des
importierten Gutes erhoben wird, oder als Mengenzoll bzw. spezifischen Zoll,
bei dem ein fester Zoll pro Mengeneinheit erhoben wird, zu den tarifären
Handelshemmnissen gehören, gilt dies nicht für variable Zölle. Diese wurden
in Form der Abschöpfung bei importierten Agrarprodukten von der EU bisher sehr intensiv angewandt. In der Uruguay-Runde im Jahr 1994 hat man
sich im Rahmen der WTO-Verhandlungen darauf geeinigt, diese sukzessive
aufzugeben. Nur bei Getreide darf die EU das Instrument der Abschöpfung
noch anwenden.

In Abb. 2.5 des zweiten Kapitels werden die durchaus gravierenden Unterschiede zwischen Wert- und Mengenzöllen sowie variablen Zöllen in Form der
Abschöpfung nicht deutlich. Dies liegt zum einen daran, dass wir in dieser
Abbildung vom Fall einer kleinen Volkswirtschaft ausgegangen sind. In diesem Fall können wir unterstellen, dass die Nachfrage der EU keinen Einfluss
auf den Weltmarktpreis hat, so dass die Weltangebotsfunktion in diesem Fall
horizontal verläuft. Da bei einem Wertzoll $P_{ZW} = (1 + z)\,P_W$ und bei einem
Mengenzoll $\mathrm{P}_{ZM} = P_W + z$ gelten, wobei P_W den Weltmarktpreis darstellt,

bedingt eine horizontale Angebotsfunktion, dass sich nach Einrechnung des Zolls in beiden Fällen die Angebotsfunktion parallel nach oben, wie in Abb. 2.5 dargestellt, verschiebt. Gleiches gilt für eine Abschöpfung P_A, bei der der Importpreis auf dem Niveau des Interventionspreises P_i fixiert wird. Die Abschöpfung vollzieht sich so, dass ein Importeur immer die Differenz zwischen P_i und P_W als Ausgleichsabgabe zu zahlen hat.

Allerdings stellt die EU bei Agrarprodukten sowohl auf der Angebots- als auch auf der Nachfrageseite im weltweiten Handel kein kleines Land dar, so dass die Weltangebotsfunktion für Importe der EU einen normalen steigenden Verlauf aufzeigt. In diesem Fall bewirkt ein Wertzoll eine Drehung, hingegen ein Mengenzoll eine Parallelverschiebung der Weltimportangebotsfunktion nach oben.

Wir haben unterstellt, dass der Gleichgewichtspreis auf dem Weltmarkt konstant bleibt. Die Unterschiede in den betrachteten Alternativen werden aber bezüglich ihrer verzerrenden Effekte erst deutlich, wenn man Veränderungen des Weltmarktpreises betrachtet. Ändert sich P_W, so gilt für die relativen Preisänderungen:

$$\frac{\mathrm{d}P_{ZW}}{P_{ZW}} = \frac{(1+z)\mathrm{d}P_W}{(1+z)P_W} = \frac{\mathrm{d}P_W}{P_W} \,, \tag{6.1}$$

$$\frac{\mathrm{d}P_{ZM}}{P_{ZM}} = \frac{\mathrm{d}(P_W + z)}{P_W + z} = \frac{\mathrm{d}P_W}{P_{ZM}} = \frac{P_W}{P_{ZM}} \cdot \frac{\mathrm{d}P_W}{P_W} \,. \tag{6.2}$$

Relative Preisänderungen werden daher bei einem Wertzoll voll weitergegeben. Da aber $P_W < P_{ZM}$ ist, gilt dies hier nicht für einen Mengenzoll. Bei diesem werden Weltmarktpreisschwankungen nur eingeschränkt an die Nachfrager in der EU weitergegeben, so dass der Preismechanismus seine Lenkungsfunktion bei Veränderungen der weltweiten Knappheitsverhältnisse nur eingeschränkt wahrnimmt. Die EU schottet sich völlig vor Veränderungen der Knappheitsverhältnisse bei der Anwendung der Abschöpfung ab. In diesem Fall gilt $dP_A/P_A = 0$. Da die EU durch die Abschöpfung ihren Agrarmarkt gegen weltweite Schocks immunisiert, induziert sie einen negativen Spillover-Effekt, indem sie die Instabilität des weltweiten Agrarmarktes erhöht. Aus dieser Perspektive ist es nur verständlich, dass die WTO die EU gezwungen hat, das Instrument der Abschöpfung nur noch eingeschränkt einzusetzen.

Um die Überlegungen noch einmal graphisch zu verdeutlichen, haben wir die Abb. 2.5 für den Fall einer großen Volkswirtschaft in Abb. 6.3 modifiziert. Beim Weltmarktpreis P_{W_0} würde die EU X_1X_4 importieren. Hebt sie durch protektionistische Maßnahmen den Preis in der EU auf P_Z an, so gehen die Weltimporte auf X_2X_3 zurück. Da die EU eine große Volkswirtschaft darstellt, hat dieser nicht unerhebliche Nachfragerückgang eine Senkung des Weltmarktpreises vom ursprünglichen Wert P_{W_0} auf P_{W_1} zur Folge, so dass Protektionismus aufgrund dieses Terms of Trade Effekts - Veränderung des Austauschverhältnisses von importierten zu exportierten Gütern - für große

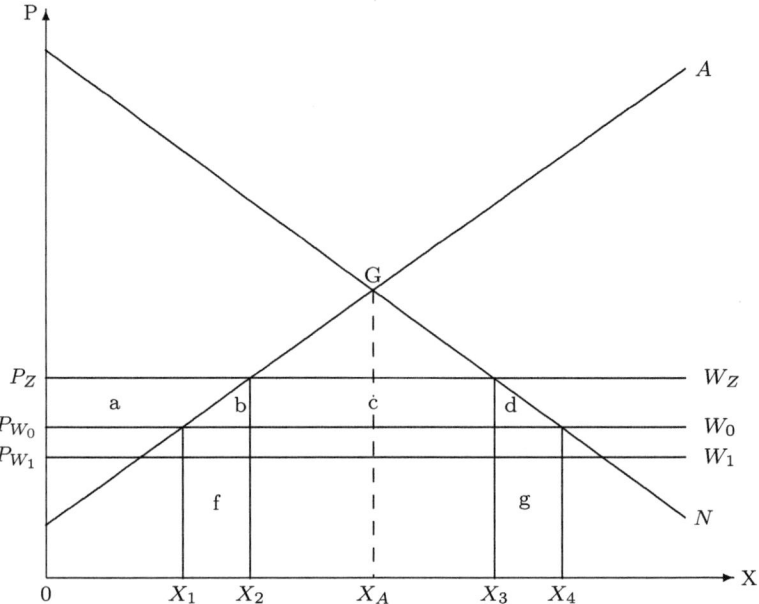

Abb. 6.3 Protektionismus in einer großen Volkswirtschaft

Volkswirtschaften relativ vorteilhaft ist. Nimmt die EU z. B. eine Abschöpfung vor, so führt die induzierte Senkung des Weltmarktpreises zu zusätzlichen Einnahmen. Wir sehen an dieser Abbildung auch die Wirkungen der Variation von P_{W_1} aufgrund exogener Schocks. Die Änderung von P_Z in Abhängigkeit der Änderung von P_{W_1} findet bei einer reinen Abschöpfung gar nicht, bei einem Mengenzoll geringer und bei einem Wertzoll stärker statt.

Eine Kontingentierung von Importen gehört zu den nichttarifären Handelshemmnissen und ist nach den WTO-Regeln auch bei Agrarprodukten nicht zulässig. Um einen Mindestmarktzugang für ausländische Agrarprodukte zu gewährleisten, wurden aber Importquoten als Mindestnormen vereinbart. Jedes Mitglied der WTO muss für die einzelnen Agrarproduktgruppen eine Mindesteinfuhr von 5 % des Verbrauchs der Bezugsperiode 1986/88 gewährleisten. Diese Vorschrift gewinnt an Bedeutung, wenn bei einer Produktgruppe ein Land einen Überschuss produziert, der am Weltmarkt abgesetzt werden muss, und insbesondere wenn sich ein Land zu einer Begrenzung seiner subventionierten Exporte verpflichtet hat. Wie in Abb. 6.4(a) dargestellt, ist im Falle eines Einfuhrbedarfs, bei dem die einheimische Produktion zur Befriedigung der Nachfrage nicht ausreicht, eine Mindestimportquote relativ unproblematisch und führt nur zu reduzierten Zolleinnahmen. Durch die Importquote verschiebt sich das inländische Angebot um die Importquote im Bereich zwischen P_W und P_i nach rechts. Importquoten führen zu um die Fläche $BCDE$ verringerten Zolleinnahmen, die dann $ABEF$ betragen, je nachdem wie hoch der jeweilige Präferenzzoll t bei der Importquote ist. Auf einem vollkommenen Markt würden diese Zollverluste ganz an die Importeure fließen, da sie die Importe auf dem Weltmarkt zum Preis P_W einkaufen und die Menge $q_2 - q_1$ zum Interventionspreis P_i in die EU importieren können. Von daher gehen bei den Importquoten die Exportländer, zu denen überwiegend bei Agrarprodukten auch die Entwicklungsländer gehören, im Großen und Ganzen leer aus.

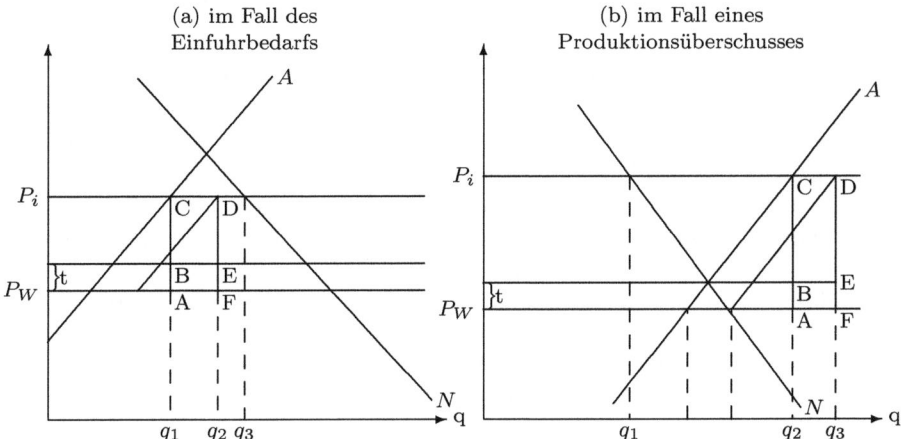

Abb. 6.4 Wirkung von Mindesteinfuhren

Wesentlich wirksamer sind Importquoten im Falle eines Produktionsüberschusses, den die EU bei vielen Agrarprodukten erreicht hat. In Abb. 6.4(b) ist diese Situation skizziert. Beim Interventionspreis P_i beläuft sich die EU-Nachfrage auf die Menge q_1. Durch die Importquote $q_3 - q_2$ erhöht sich der EU-Überschuss von $q_2 - q_1$ auf $q_3 - q_1$. In dieser Konstellation erhält die EU beim Präferenzzoll t zusätzliche Zolleinnahmen in Höhe von $ABEF$. Diese Zolleinnahmen sind aber teuer erkauft. Da nun ein ausgeweiteter Überschuss in Höhe von $q_3 - q_1$ vorliegt, muss die EU auch diesen zusätzlichen Überschuss in Höhe von $q_3 - q_2$ auf dem Weltmarkt absetzen. Dies könnte sie dadurch realisieren, dass sie zum Interventionspreis P_i die Überschussmenge $q_3 - q_2$ aufkauft und zum Weltmarktpreis P_W weltweit weiter verkauft. Bei dieser Vorgehensweise würde die Gemeinschaft eine Nettobelastung des Agrarhaushaltes in Höhe der Fläche $BCDE$ in Kauf nehmen. Diese zusätzliche Nettobelastung zwingt die WTO-Mitgliedsländer, sich bei der Bestimmung ihres Interventionspreises diszipliniert zu verhalten. Je höher der Interventionspreis P_i ist, umso größer ist der Abstrafungseffekt der Mindestquote. Der Disziplinierungseffekt der Importquote wird durch die WTO-Vorschrift, nur eine Höchstmenge der Exporte zu subventionieren, verstärkt, da vor der Höchstmenge vorab die Importquote abgedeckt werden muss. Für die Sub-

ventionierung der einheimischen Überproduktion bleibt dann eine geringere
Marge übrig, so dass der Handlungsspielraum der EU durch die Importquote
eingeschränkt wird.

Oben wurde gezeigt, dass die EU die Mindestimporte selbst aufkaufen
und dann auf dem Weltmarkt anbieten kann. Diesen Weg hat die EU bisher
nicht eingeschlagen, sondern den der Exporterstattung gewählt. Die Exporterstattung beinhaltet eine Ausfuhrsubventionierung und ist im Rahmen der
WTO-Regelungen bei Agrarprodukten unter Berücksichtigung der Export-
mengenbeschränkung zulässig. Eingeschränkt wird die Anwendung dieses Instrumentes durch die vage Vorschrift, dass durch die Exporterstattung "nicht
mehr als ein angemessener Anteil an der Weltproduktion" erreicht wird. Um
den Begriff "angemessen" zu konkretisieren, hat man sich auf der Uruguay-
Runde geeinigt, dass die EU u. a. bis zum Jahr 2000 die Menge der subventionierten Exporte um 21 % und die Ausgaben der Exporterstattung um
36 % reduziert. In der bisher gescheiterten Doha-Runde hatte die EU einen
vollständigen Abbau der Exporterstattung bis zum Jahr 2013 angeboten.

Die Exporterstattung findet in der Form statt, dass Exporteure die Agrarprodukte zum Interventionspreis P_i aufkaufen und diese auf dem Weltmarkt
zum Preis P_W anbieten und den Differenzbetrag $P_i - P_W$ von der Union
als Exporterstattung ausgezahlt bekommen. Die Exporterstattung stellt das
Spiegelbild einer Einfuhrbelastung mit negativen Vorzeichen dar, so dass deren Effekte nicht noch einmal en detail dargestellt werden müssen.

Bei unserer bisherigen Analyse sind wir vom Interventionspreis P_i als ein-
zigem regulativen Preis ausgegangen, zu dem die EU inländische Überschüsse aufkaufen muss. Diese Einkaufsverpflichtung zum Interventionspreis, die
ungefähr 70 % aller landwirtschaftlichen Produkte betrifft, gilt aber nicht
uneingeschränkt. Sie beschränkt sich z. B. bei Getreide zeitlich auf die Monate November bis Mai, so dass aufgrund exogener Schocks der Marktpreis
vom Interventionspreis abweichen kann. Hinzu kommt, dass die Interventionspflicht nur bei der Erfüllung von vorgegebenen Qualitäten gegeben ist, so
dass für ein Agrarprodukt der Marktpreis für Durchschnittsqualität tendenziell unter dem Interventionspreis liegt. Um den EU-Markt vom Weltmarkt
abzuschotten, muss dafür gesorgt werden, dass Importe zumindest marginal
teurer als der Interventionspreis sind, so dass der Marktpreis P_M eher über
dem Interventionspreis liegt. Da es die EU vermeiden will, erst Überschüsse
zum Interventionspreis vom Markt zu nehmen und diese teuer einzulagern
und später doch auf dem Weltmarkt hoch subventioniert anzubieten, ist es
für sie sinnvoll, auf Ankäufe zum Interventionspreis zu verzichten und sofort
eine Exporterstattung vorzunehmen. Dies ist nur möglich, wenn die Exporterstattung für die Anbieter günstiger als die Zahlung des Interventionspreises
ist. Diese Überlegungen verdeutlichen, dass die regulierenden Preisvorgaben
der EU komplexer gestaltet werden müssen, als dass man für jedes Agrarprodukt nur einen Interventionspreis vorgibt.

Etwa im April jedes Jahres legt der Rat der Europäischen Union in der
Zusammensetzung der Agrarminister den Richtpreis (target price) z. B. für

Getreide fest, der als Richtschnur für die Ausgestaltung der Preispolitik der GMO dient. Dieser Sollwert bestimmt sich als Großhandelspreis für den Standort Duisburg. Der Interventionspreis, der als Grundlage für den Aufkauf von Überschüssen im Rahmen der Preisstützung dient, auf die wir später eingehen werden, liegt meist 12 % bis 20 % niedriger als der Richtpreis. Vom Interventionspreis weicht der sogenannte Schwellenpreis ab, der die Grundlage für die Abschöpfung bei Importen ist. Dieser Schwellenpreis bestimmt sich als Richtpreis abzüglich der Transportkosten für Getreide, das über Rotterdam importiert und dann in Duisburg verkauft wird. Der Schwellenpreis liegt immer oberhalb des Interventionspreises. Aufgrund der WTO-Vorschriften darf der Schwellenpreis bei maximal 150 % des Interventionspreises liegen. Bisher haben wir Interventions- und Schwellenpreis vereinfachend gleichgesetzt.

Auch wenn sich die Abschöpfung nur auf Getreide mit einer Mindestqualität bezieht, hat die Regulierung für diese Agrarproduktgruppe erhebliche Auswirkungen auf den gesamten Agrarmarkt. Verteuert sich z. B. das Getreide aufgrund der Abschöpfung, so führt diese Preiserhöhung zu einer verstärkten Nachfrage nach Substituten wie Mais und Sojabohnen, die sich dann auch entsprechend verteuern. Weil Getreide zur Milch- und Fleischproduktion eingesetzt wird, wirkt sich die Abschöpfung auch auf diese Agrarprodukte aus.

Umstritten ist die Aufnahme der sanitären und phytosanitären Auflagen in den Katalog der außenwirtschaftlichen Instrumente der GAP. Man kann mit diesem Instrument zwei konträre Ziele verfolgen, die zu ganz unterschiedlichen Wohlfahrtseffekten führen. Dieses Instrument beinhaltet Mindeststandards, die Importe erfüllen müssen. Sie beziehen sich aber nicht allein auf Importe, sondern auch auf den Warenverkehr innerhalb der EU. Wären die Standards gegenüber Importen strenger, so wäre dies ein Zeichen, dass die Auflagen primär ein der WTO widersprechendes Handelshemmnis darstellen, das zu Wohlfahrtseinbußen führt. Nur wenn die Standards sowohl für den Binnenverkehr als auch für die Importe gelten, kann man erwarten, dass sie wohlfahrtssteigernde Qualitätsstandards sind. Zu denken ist hier z. B. an das Verbot des Verkaufs hormonbehandelten Fleisches sowie von genetisch verändertem Reis, an das Reinheitsgebot bei Molkereiprodukten usw. Selbst wenn Standards nicht zwischen inländischer und ausländischer Produktion diskriminieren, ist daraus nicht zwangsläufig abzuleiten, dass kein Handelshemmnis vorliegt. Die Schwierigkeit der Zuordnung wird deutlich, wenn wir an die Auseinandersetzungen zwischen den USA und der EU vor der WTO bezüglich hormonbehandelten Fleisches denken. Der Verzicht auf Hormonbehandlungen in der EU und das damit einhergehende Verbot ist nach der Auffassung der USA ein künstliches Handelshemmnis, da nach Ansicht der amerikanischen Produzenten hormonbehandeltes Fleisch völlig gleichwertig zu nicht hormonbehandeltem Fleisch ist. Dem steht die Auffassung der EU und insbesondere einiger Mitgliedstaaten entgegen, dass der Verzehr von hormonbehandeltem Fleisch zu einer gesundheitlichen Beeinträchtigung führt.

Die WTO-Regeln lassen sanitäre und phytosanitäre Importauflagen dann nur zu, wenn wissenschaftlich nachgewiesen ist, dass sie z. B. zum Schutz vor gesundheitlichen Schäden notwendig sind. Das Problem der Zuordnung von entsprechenden Auflagen liegt nun darin, dass es erhebliche wissenschaftliche Kontroversen über die Notwendigkeit von Auflagen gibt. Dies zeigt sich im Hormonstreit zwischen den USA und der EU.

Eines der Grundanliegen der EU ist es, die bisherigen intensiven Handelsbeziehungen zu den ehemaligen Kolonialstaaten, aus denen in erheblichem Umfang Agrarprodukte zu günstigen Preisen importiert wurden, nicht abbrechen zu lassen. Von daher war die GMO darauf ausgerichtet, diese Staaten besonders zu begünstigen und die protektionistischen Maßnahmen ihnen gegenüber nicht voll zum Tragen kommen zu lassen. Nun gilt aber auch für die GMO das Meistbegünstigungsprinzip bzw. die Meistbegünstigtenregel. Nach dieser müssen einzelnen WTO-Mitgliedern eingeräumte Handelsvorteile auch uneingeschränkt an andere WTO-Mitgliedstaaten gewährt werden. Für die Entwicklungsländer gilt dieses Gleichbehandlungsprinzip aber nicht. Bei ihnen ist eine Präferierung zulässig, um durch die Gewährung von Handelsvorteilen ihren Entwicklungsrückstand abzubauen. Diese Ausnahmeregelung hat die EU im Bereich der GMO genutzt. So hat sie u. a. im Jahr 1975 mit einigen ehemaligen Kolonialstaaten Afrikas, der Karibik und des Pazifischen Raums das sogenannte AKP-Abkommen geschlossen, das Handelserleichterungen für Agrarprodukte beinhaltet. Ein weiteres umfassendes Präferenzabkommen, das sogenannte "Everything but Arms" (EBA)-Abkommen, wurde im Jahr 2001 mit den 49 ärmsten Entwicklungsländern geschlossen. Dieses Abkommen sieht einen freien Import von Agrarprodukten außer Bananen, Reis und Zucker vor. Diese Produkte sollten aber auch bis zum Jahr 2009 von allen Handelsbeschränkungen befreit werden. Die bisher aufgezeigten Instrumente dienen letztendlich der Flankierung des Einsatzes der binnenwirtschaftlichen Instrumente, denen wir uns nun zuwenden wollen.

Eines der wesentlichen Ziele der GAP ist die Stabilisierung der Einkommen in der Landwirtschaft. Dies wird u. a. über die Stabilisierung der Preise für landwirtschaftliche Produkte angestrebt. Ziel ist zum einen ein Ausgleich von zufallsbedingten Preisschwankungen. Zum anderen soll über die Preisstabilisierung direkt in den Produktionsprozess eingegriffen werden, um bestimmte Produktionsverfahren und Formen der Tierhaltung gezielt zu fördern. Das entscheidende Instrument zur Stabilisierung der Preise ist das der Interventionspreise. Dabei sind die EU-Interventionsstellen verpflichtet, exakt definierte Qualitäten von vorher festgelegten Agrarprodukten unter bestimmten Bedingungen zu garantierten Preisen anzukaufen. Für Getreide, Zucker, Butter und Magermilchpulver existiert eine obligatorische Aufkaufpflicht. Hingegen ist sie bei Rindfleisch und Schweinen sowie bei Obst und Gemüse nur fakultativ. Durch den Ankauf zum Interventionspreis wird die Nachfrage abschnittsweise vollkommen preiselastisch. Die Interventionspflicht kann aber mengenmäßig beschränkt werden. So gibt es für Milchprodukte eine fest vorgegebene Interventionsmenge (30.000 t Butter, 109.000 t Magermilchpulver)

bis zu der zum Interventionspreis aufgekauft wird, so dass man eine wie in
Abb. 6.5 dargestellt geknickte Nachfragekurve erhält.

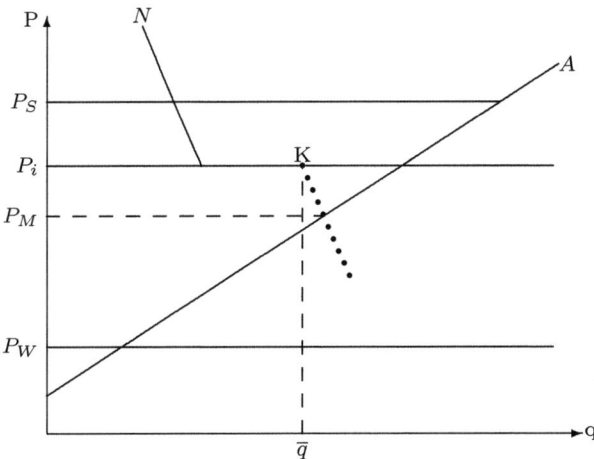

Abb. 6.5 Preisstützung bei Milchprodukten

   In diesem Fall verpflichtet sich die Interventionsstelle nur bis zum Punkt
K das Restangebot von $\bar{q}$ vom Markt zu nehmen, so dass sich am Markt ein
Gleichgewichtspreis P_M herausbildet, der unter dem Interventionspreis liegt.
Ein weiteres binnenwirtschaftliches Instrument stellt die Quotierung dar, die
besonders auf dem Zucker- und dem Milchmarkt zum Tragen kommt. Dabei
erhält jeder Mitgliedstaat der EU Quoten, die er an die Landwirtschaft verteilt. Für Milch erhält z. B. ein Betrieb eine Garantiemenge (Quote). Liefert
ein Landwirt mehr Milch als seine Quote bei seiner Molkerei an, so muss
er für die überschüssige Milch eine extrem hohe Abgabe zahlen. Um die Intervention auf dem Milchmarkt zurückzuführen, wird die Milchquote in den
Mitgliedsstaaten Jahr für Jahr erhöht. Sie soll 2015 völlig auslaufen. Wie der
Milchmarkt durch die GMO beeinflusst wurde, wird in Abb. 6.6 deutlich.
   Subventionen sind ein weiteres Instrument der GMO. Sie stellen Zahlungen
der EU ohne marktmäßige Gegenleistungen dar. Sie werden aber meist mit
bestimmten Auflagen verbunden. Bei der GMO existiert ein breites Spektrum
von Subventionen. Zu nennen sind u. a. Flächenprämien, Tierprämien, Preisausgleichszahlungen, Anpassungsbeihilfen, Investitionshilfen, Flächenstilllle-
gungsprämien, Dieselölverbilligung und finanzielle Leistungen für die Alterssicherung der Landwirte. Subventionen haben im Rahmen der MacSharry-
Reform an Bedeutung gewonnen. Im Rahmen dieser Reform erhielten die
Landwirte Preisausgleichszahlungen, um die Einkommensverluste, die sich
aus der Senkung der Interventionspreise ergaben, zu kompensieren. Darüber
hinaus beinhaltet die in Berlin verabschiedete Agenda 2000, dass die Preis-

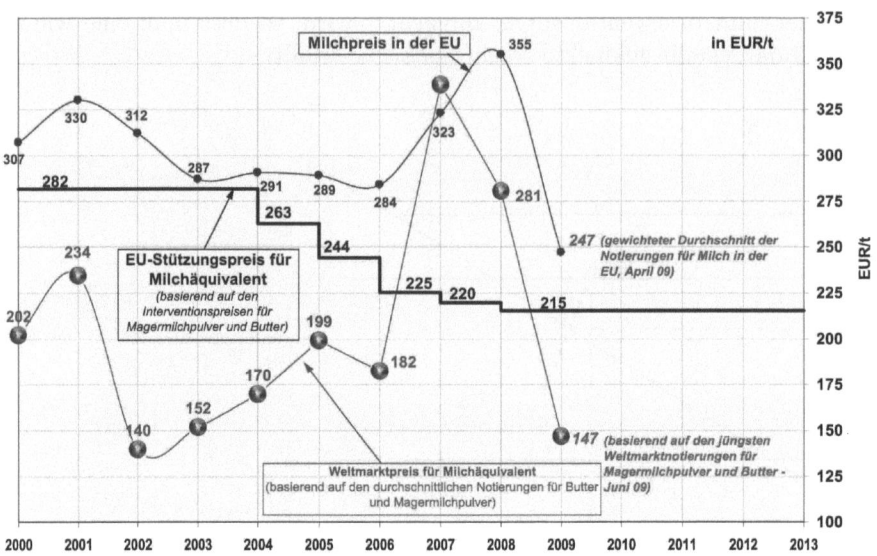

Quelle: Europäische Kommission (2009): Die Lage auf dem Milchmarkt im Jahr 2009, S. 4.

Abb. 6.6 Entwicklung des Milchmarktes

ausgleichszahlungen als Direktzahlungen an die genutzte Fläche gebunden werden.

Die grundlegende Kritik an der Subventionspolitik der EU richtet sich darauf, dass die Subventionen einen starken Erhaltungscharakter haben und den notwendigen Strukturwandel in der Landwirtschaft hemmen. Die entscheidende Schwäche der Subventionspolitik ist dabei, dass viele Subventionen nicht produktionsneutral, sondern oft sogar produktionsstimulierend wirken. Nach den Vereinbarungen mit der WTO sollte sich die GAP auf produktionsneutrale Subventionen konzentrieren. Dies wäre z. B. durch verstärkte personengebundene Transfers, die wesentlich gezielter eingesetzt werden können, zu bewerkstelligen.

6.2.2 Förderung der Entwicklung des ländlichen Raumes

Wenden wir uns der 2. Säule der GAP, der Förderung der Entwicklung des ländlichen Raums, zu, die von ihrer Intention nicht wie die GMO symptom-, sondern ursachenorientiert sein soll. Die Relevanz der Entwicklung des ländlichen Raumes zeigt sich darin, dass 90 % der Fläche der erweiterten EU dem ländlichen Raum zuzuordnen sind. Hinzu kommt, dass fast 60 % der EU-Bevölkerung in ländlichen Gebieten wohnt. Für die Förderperiode 2007 - 2013 sind drei Schwerpunkte der Förderung festgelegt worden:

- Steigerung der Wettbewerbsfähigkeit der Landwirtschaft,
- Verbesserung der Umwelt und der Landwirtschaft durch Förderung der Landbewirtschaftung sowie
- Steigerung der Lebensqualität im ländlichen Raum und Förderung der Diversifizierung der Wirtschaft.

Um diese Schwerpunkte zu realisieren, steht der GAP ein breites Spektrum von Instrumenten zur Verfügung. Die Landwirte und andere Begünstigte im ländlichen Raum erhalten Unterstützung für eine Vielzahl von Maßnahmen:

- Schulung in neuen Anbautechniken und ländlichen Handwerksberufen;
- Unterstützung für Junglandwirte bei der Gründung eines landwirtschaftlichen Betriebs;
- Unterstützung für ältere Landwirte, die in den Ruhestand gehen;
- Modernisierung von Betriebsgebäuden und Maschinen;
- Unterstützung der Landwirte bei der Erfüllung anspruchsvoller EU-Standards, z. B. in den Bereichen Umwelt, Tierschutz und Gesundheit;
- Hilfe bei der Errichtung von Anlagen zur Nahrungsmittelverarbeitung im landwirtschaftlichen Betrieb, damit die Landwirte durch die Wertschöpfung mehr Einkommen aus den Erzeugnissen erzielen können;
- Verbesserung der Produktqualität und der Vermarktung von Qualitätserzeugnissen;
- Gründung von Erzeugergemeinschaften in den neuen Mitgliedsstaaten;
- Unterstützung der Landwirtschaft in Berggebieten und anderen benachteiligten Gebieten;
- Sanierung von Dörfern und ländlichen Einrichtungen;
- Förderung des Fremdenverkehrs;
- Schutz und Erhaltung des kulturellen Erbes;
- Agrarumweltmaßnahmen für mehr Umweltschutz;
- Entwicklungsstrategien lokaler Aktionsgruppen.

Um den Maßnahmen für die Entwicklung des ländlichen Raums mehr Gewicht zu verleihen, wurden die im Zeitraum 2005 bis 2012 erzielten Einsparungen bei den Kürzungen der Direktzahlungen den Mitgliedstaaten mit der Auflage zur Verfügung gestellt, diese für die Entwicklung des ländlichen Raums zu verwenden. Für die Förderperiode 2007 - 2013 stehen insgesamt 150 Mrd. EUR im Finanzrahmen zur Verfügung. Zusätzlich finanzieren die Mitgliedsstaaten 40 % der Ausgaben.

6.2.3 Direktzahlungen

Mit den Luxemburgbeschlüssen von 2003 wurde auch die Beihilfepolitik grundlegend geändert und wesentlich verbessert. Eine entscheidende und schon lange von der Wissenschaft, aber auch von der WTO geforderte Änderung war dabei die Entkopplung der Beihilfen von der Produktion, um die Fehlanreize der GMO zu einer wohlfahrtsmindernden Überproduktion einzuschränken. Wesentliches Instrument zur Verwirklichung dieser Zielsetzung ist die Direktzahlung in Form der Einheitlichen Betriebsprämie (EBP), die jeder Landwirt seit dem Jahr 2005 beantragen kann. Sie stellt eine jährliche Einkommensbeihilfe dar. Für die alten Mitgliedstaaten bestimmt sich für einen Betrieb die Höhe der Prämie anhand der Zahlungen im Referenzzeitraum 2000 - 2002. Die EBP muss bis zum Jahr 2007 in allen Staaten der EU15 (bis zum Jahr 2009 in der EU10) eingeführt werden. Bei der Verteilung dieser Direktbeihilfe können die Mitgliedstaaten zwischen zwei Verfahren optieren bzw. diese kombinieren. Bei dem traditionellen Verfahren zur Bestimmung der Höhe der Zahlung werden die Beihilfen an die Betriebe anhand der im Referenzzeitraum 2000 - 2002 gemäß der unterschiedlichen Erzeugung gewährten Prämien im Sinne einer Fortschreibung verteilt. Bei dem alternativen regionalen Verfahren werden die Beihilfen einer Region nach den Betriebsflächen verteilt, wobei zwischen Ackerland und Grünland differenziert werden kann. Die Mitgliedstaaten müssen die Entkopplung aber nicht sofort vollständig realisieren. So ist den Mitgliedstaaten eine erzeugungsspezifische Förderung als Option für Tierprämien bei Rindern und Schafen eingeräumt worden, da hier die Verteilungseffekte der Entkopplung am stärksten sind. Bis zum Jahr 2012 muss aber die Entkopplung abgeschlossen sein. Die neuen Mitgliedstaaten können alternativ eine vereinfachte Regelung in Form der bis zum Jahr 2013 zulässigen SAPS wählen. Dabei werden einheitliche Beträge bis zu der in den Beitrittsvereinbarungen festgelegten nationalen Obergrenze pro Hektar förderfähige Fläche gezahlt. Wie grundlegend sich die Förderkulisse der GAP geändert hat, zeigt die folgende Abbildung (Abb. 6.7).

Die EBP sind als gebundene Transfers ausgestaltet und verpflichten die Empfänger zur Einhaltung von Umwelt-, Lebensmittelsicherheits- und Tierschutznormen (Cross-Compliance). Bei Nichteinhaltung dieser Normen kann es zu Kürzungen der EBP kommen. Darüber hinaus dienen die EBP zur Modulation, zur schrittweisen Reduzierung der Direktzahlungen. Folgende Regelungen sind dazu beschlossen worden: Im Jahr 2005 werden die EBP um 3 %, in 2006 um 4 % und in den nachfolgenden Jahren bis zum Jahr 2012 um jeweils 5 % gekürzt. Über diese Einsparungen können die Mitgliedstaaten mit der Auflage verfügen, sie für die Entwicklung des ländlichen Raums zu verwenden. Das System der EBP wird für eine Anzahl von Agrarprodukten durch besondere Stützungsregeln weiter eingeschränkt. Vorgesehen sind sie u. a. für Hartweizen, Eiweißpflanzen, Reis, Schalenfrüchte, Energiepflanzen, Kartoffelstärke, Milcherzeugnisse, Saatgut, landwirtschaftliche Kulturpflanzen, Schaf- und Ziegenfleisch, Rindfleisch, Körnerleguminosen, Baumwolle, Tabak, Hopfen sowie für Landwirte, die Olivenhaine erhalten. Darüber hinaus erhalten die Milcherzeuger ab dem Jahr 2007 zusätzlich zur EBP Ergänzungszahlungen. Diese breite Palette von Sonderregelungen macht deutlich, dass es mit den EBP nur eingeschränkt gelungen ist, die GAP zu vereinfa-

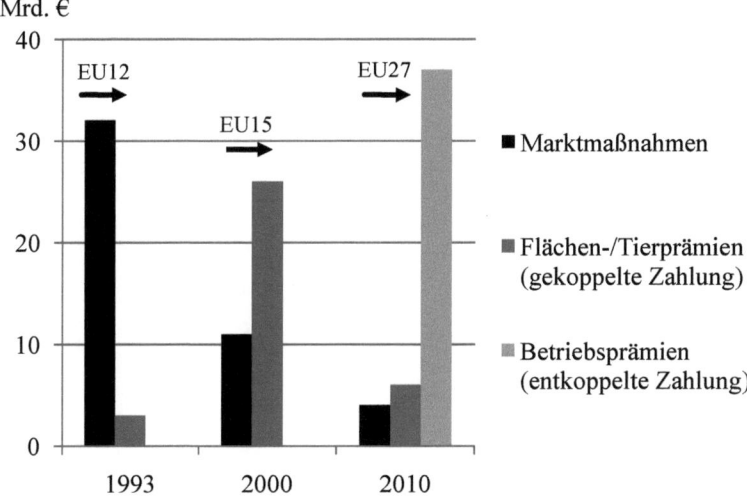

Quelle: Europäische Kommission.

Abb. 6.7 Wandel der GAP

chen. Mit der Reform von 2003 wurde darüber hinaus der mit der Agenda 2000 eingeschlagene Weg der Reduzierung der Marktstützung fortgesetzt.

6.3 Ausblick

Wenn man die Reformbemühungen zur GAP rückwirkend bewertet, so ist festzustellen, dass sich die Reformbemühungen – wenn auch langsam – in die richtige Richtung bewegen. Dies schlägt sich nicht nur in einem kontinuierlich geringeren Anteil der Agrarausgaben am EU-Haushalt nieder, sondern es hat auch einige grundlegende qualitative Verbesserungen im Bereich der agrarpolitischen Regulierung gegeben. So ist das allokativ ineffiziente und den internationalen Wettbewerb einschränkende Instrument der Abschöpfung weitgehend aufgegeben worden. Das Niveau des agrarpolitischen Protektionismus ist durch Zollsenkungen usw. reduziert worden und mit dem Instrument der Einheitlichen Betriebsprämie ist die GAP vereinfacht und effizienter geworden. Dennoch bleiben einige grundlegende Systemfehler der GAP, aufgrund derer die Reformbemühungen verstärkt fortgesetzt werden müssen. Dass von der GAP weiterhin sowohl weltweite negative allokative als auch distributive Effekte ausgehen, wird in Abb. 6.8 deutlich.

Die Relevanz dieser in der Abbildung skizzierten Überlegungen wird deutlich, wenn man sich vor Augen hält, dass die EU weltweit der größte Importeur und der zweitgrößte Exporteur von Agrarprodukten ist. In Abb. 6.8

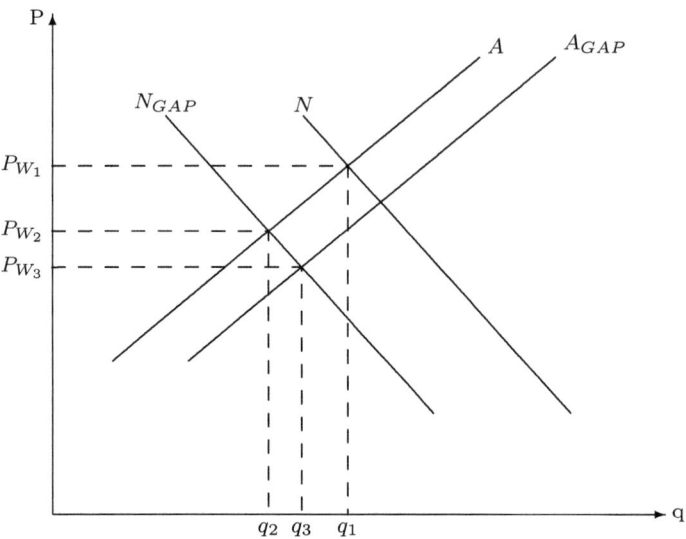

Abb. 6.8 Auswirkungen der GAP auf den Weltmarkt

sind die Nachfrage- N und die Angebotsfunktion A auf dem Weltmarkt für
Importe von Agrarprodukten für den Fall dargestellt worden, dass die EU
auf jegliche Regulierung des Agrarmarktes sowie entsprechende protektionistische Maßnahmen verzichtet. Auf dem Weltmarkt würde der Gleichgewichtspreis P_{W_1} realisiert. Wenn die entsprechenden Bedingungen für das
I. Fundamentaltheorem der Wohlfahrtstheorie darüber hinaus erfüllt wären,
würde Paretooptimalität vorliegen. Durch die GAP wird aber diese Effizienz reduziert. Durch den Einsatz der außenwirtschaftlichen Instrumente der
GAP kommt es zu einer Abschottung des europäischen Agrarmarktes von
ausländischen Importen. Dieser Protektionismus führt zu einer Verschiebung
der weltweiten Nachfrage nach Agrarimporten von N nach N_{GAP}, so dass der
Weltmarktpreis von P_{W_1} auf P_{W_2} sowie die weltweiten Importe und damit
auch die Exporte von q_1 auf q_2 sinken. Von diesen negativen Effekten des
Protektionismus der EU sind besonders die Entwicklungsländer betroffen, da
sie oft nur beim Export von Agrarprodukten wettbewerbsfähig sind. Durch
den Protektionismus der EU leiden sie in doppelter Hinsicht. Sie erzielen nur
noch einen niedrigeren Preis pro Exporteinheit und können bei der verschärf-
ten Konkurrenz beim Absatz von Überschüssen auf dem Weltmarkt nur noch
weniger absetzen. Durch die Präferenzabkommen werden diese negativen Effekte nur zum Teil reduziert.

Aber auch der Einsatz der binnenwirtschaftlichen Instrumente der GAP
wirkt sich negativ auf den Weltmarkt aus. Durch die Fehlanreize, insbesondere der Preisstützungspolitik, kommt es zu einer Produktionsausweitung in
der EU. Diese führt entweder zu einer Verdrängung der EU-Importe oder zu

einer Ausweitung des EU-Angebots auf dem Weltmarkt. Beide Effekte schlagen sich in einer entsprechenden Verschiebung der Importangebotsfunktion von A nach A_{GAP} nieder. Auch hier kommt es zu einer weiteren Preisreduktion von P_{W_2} auf P_{W_3} und die Absatzmengen des Welthandels erhöhen sich von q_2 auf q_3. Dies bedeutet aber für die Anbieter außerhalb der EU eine Verschlechterung ihrer Absatzchancen. Denn die künstliche Ausweitung des EU-Absatzes von A nach A_{GAP} ist größer als die Strecke q_2q_1, so dass sich die Absatzsituation der EU-Konkurrenten verschlechtert. Wir können so zusammenfassend das Fazit ziehen, dass unter den Ineffizienzen der GAP nicht nur die EU-Bürger zu leiden haben, sondern dass die GAP zu weltweiten Ineffizienzen führt. So kann es nur ein legitimes Interesse der WTO sein, gegen diese Ineffizienzen anzugehen. Marktineffizienzen könnte man hinnehmen, wenn diese tatsächlich zu mehr Gerechtigkeit führen würden. Aufgabe dieser rationalen GAP wäre es dann, durch Reformen den Trade Off zwischen allokativer Effizienz und Gerechtigkeit abzubauen, wie dies mit dem Instrument der EBP angestrebt wurde. Wie eingangs schon ausgeführt, ist die Sicherung des Pro-Kopf-Einkommens in der Landwirtschaft als Durchschnittsgröße keine sinnvolle, insbesondere unter Gerechtigkeitsaspekten keine akzeptable Umverteilungszielsetzung. Dass in der Vergangenheit die Einkommen der Landwirte geringer gestiegen sind als die anderer Berufsgruppen, kann nicht per se Anlass für kostspielige Umverteilungsmaßnahmen sein. Landwirte sind nicht generell arm und hilfsbedürftig.

Schaut man sich aus der Armutsvermeidungsperspektive die Umverteilungspolitik der GAP detaillierter an, so stellt man sogar fest, dass sie ein umfassender Umverteilungsmechanismus von Arm zu Reich ist. Deshalb wehrten sich einige Regierungen der Mitgliedstaaten wie die Bundesrepublik vehement dagegen, den Bürgern die Subventionsströme mitzuteilen, weil dies zu einer Fundamentalkritik an der GAP führen würde. Die Mitgliedsstaaten sind aber heute verpflichtet, Informationen über die Empfänger von GAP-Mitteln und deren Höhe zur Verfügung zu stellen. Der EuGH hat im November 2010 entschieden, dass aus Datenschutzgründen eine personenbezogene Veröffentlichung im Internet nicht zulässig sei. Zu einem Großteil wird die Umverteilung zugunsten der Landwirtschaft von den Konsumenten über höhere Preise finanziert. Der relative Anteil der Ausgaben für Grundnahrungsmittel usw. ist aber bei den Haushalten mit niedrigem Einkommen relativ hoch, so dass sie überproportional an der Finanzierung beteiligt sind und ein regressives Finanzierungssystem vorliegt. Schauen wir uns die Verteilung der Mittel der GAP an, so ist festzustellen, dass die kleinen landwirtschaftlichen Betriebe, bei denen das Einkommen der Landwirte meist gering ist, relativ wenig vom großen Kuchen erhalten. Es gilt die Faustregel, dass in den Mitgliedstaaten die großen Agrarbetriebe mit einem Anteil von 20 % ungefähr 80 % der Zuwendungen erhalten. Dieser verteilungspolitische Missstand wird leider auch durch die EBP nicht abgestellt. Denn sowohl bei dem traditionellen, als auch bei dem regionalen Verteilungssystem der EBP werden die Großen bevorzugt, sei es weil sie immer schon viel bekommen haben, sei es, weil sie über große Flächen verfügen.

Bei der EBP kommt ein neues Gerechtigkeitsproblem hinzu. Mit ihr wird der Faktor Boden und nicht der Landwirt subventioniert. Da das Angebot an Boden fast völlig unelastisch ist, werden die Landeigentümer sich diese Rente langfristig aneignen, so dass Pächter bei der EBP leer ausgehen werden. Pächter sind aber im Allgemeinen finanziell schlechter als die Landwirte gestellt, die ihren eigenen Grund und Boden bewirtschaften. Von daher ist es nur angebracht, dieses allokativ relativ vorteilhafte System der EBP kontinuierlich im Finanzvolumen zu reduzieren. Gerade die EBP macht deutlich, wie schwierig der Konflikt zwischen Effizienz und Gerechtigkeit für eine rationale Wirtschaftspolitik ist. Die Ineffizienz der agrarpolitischen Umverteilung wird noch dadurch verstärkt, dass ein Großteil der Mittel nicht in den Landwirtschaftssektor fließt, sondern von multinationalen Lebensmittelkonzernen abgeschöpft wird.

Diese hier aufgezeigten Schwächen der GAP waren auch Anlass für Reformen, auf die sich die Landwirtschaftsminister der EU mit dem GAP-Gesundheitscheck 2008 geeinigt haben.

Positiv am GAP-Gesundheitscheck sind folgende Beschlüsse zu erwähnen:

- Einschränkung der Interventionskäufe,
- Erhöhung der Milchquote,
- Abschaffung der obligatorischen Handhabung der EBP,
- Eingliederung produktbezogener Zahlungen in die EBP,
- Anhebung der Modulationssätze von 5 % im Jahr 2008 auf 10 % im Jahr 2012 und Möglichkeit der Verwendung der freien Mittel im Bereich Klimawandel, erneuerbarer Energien usw.,
- Verbesserung im Bereich Cross-Compliance,
- Möglichkeit der Verwendung von Mitteln für Direktzahlungen für das Risikomanagement.

Auch wenn diese Reformmaßnahmen alle durchaus positiv zu beurteilen sind, verdeutlicht der Katalog des GAP-Gesundheitschecks, dass grundlegende Reformen mit ihm nicht verwirklicht worden sind. Deshalb bietet es sich an, für die Zeit nach 2013 eine völlige Neuorientierung der GAP schon heute ins Auge zu fassen, da dann der Finanzrahmen 2007 - 2013 ausläuft und entsprechend die GAP durch die finanziellen Vorgaben des Finanzrahmens nicht mehr festgelegt ist.

Insbesondere wäre zu prüfen, inwieweit die EBP tatsächlich die Ultima Ratio für die GAP darstellen kann. Ursprünglich sollte mit ihr eine Entkopplung sowie ein temporärer Ausgleich für Einkommensverluste geschaffen werden, die sich aus dem Abbau der Agrarmarktinterventionen ergeben. Die aktuelle Diskussion zeigt aber, dass die Direktzahlungen, die heute ein Volumen von knapp 40 Mrd. EUR umfassen, zu einer agrarpolitischen Dauereinrichtung werden sollen. Hingegen schlägt der Wissenschaftliche Beirat für Agrarpolitik beim Bundesministerium für Ernährung, Landwirtschaft und Verbraucherschutz (2010) vor, das gegenwärtige System der Direktzahlungen bis 2020 schrittweise abzuschaffen und die freien Mittel für eine gezielte Agrarpolitik zu verwenden. Dieser Vorschlag macht Sinn, wenn man die GAP nicht als eine Schutz- oder Verteilungspolitik für den Agrarsektor versteht, sondern sie ausrichtet auf die Politikbereiche Naturschutz-, Klima-, Energie-, Technologie-, Tierschutz-, Verbraucher-, Welternährungspolitik usw. Zur Realisierung dieser Ziele ist aber die Kombination von Cross-Compliance und Direktzahlungen wenig geeignet. Cross-Compliance beinhaltet die Internalisierung externer Effekte über Ge- und Verbote und führt zu Ausweichreaktionen und entsprechend hohen Kontrollkosten. Direktzahlungen stellen Zahlungen dar, die nicht selektiv wirken und damit völlig ineffizient bei der Internalisierung externer Effekte sind. Auch die Kombination zweier relativ unwirksamer Instrumente zur Internalisierung lassen nicht erwarten, dass mit ihr die zentralen Ziele der GAP, wie sie der Beirat (2010) definiert:

- Effiziente Bereitstellung qualitativ hochwertiger, sicherer Lebensmittel und Rohstoffe,
- Verbesserung der Wettbewerbsfähigkeit des heimischen Agrar- und Ernährungssektors,
- Ressourcenschutz, Erzeugung öffentlicher Güter, Entwicklung ländlicher Räume,

realisiert werden.

Wie notwendig Agrarreformen im Vergleich zu anderen Staaten sind, macht der internationale Vergleich der OECD deutlich. Im Zeitraum 2006 - 2008 belief sich im Agrarland Neuseeland der Anteil der Erzeugerstützung an den Bruttoeinnahmen der Landwirtschaft auf 1 %, in den USA auf 10 %, in der EU auf 27 %, in Japan auf 58 % und in Norwegen auf 62 %.

Um die Reformdiskussion voranzubringen, hat die Kommission (2010) ein „Konzept für eine zukunftsorientierte Gemeinsame Agrarpolitik nach 2013" vorgelegt. Intention der Kommission ist es, die GAP „umweltfreundlicher, gerechter, effizienter und wirkungsvoller" auszugestalten. Deshalb soll die Höhe der Direktzahlungen an die Erfüllung von Umweltstandards ausgerichtet und die Direktzahlungen pro Fläche zwischen alten und neuen Mitgliedstaaten angeglichen werden.

6.4 Literatur

- Baldwin, R./Wyplosz, Ch. (2006): The Economics of European Integration, 2. Aufl., London u. a., Kapitel 9: The Common Agricultural Policy.
- Europäische Kommission (2005): GAP – Die Gemeinsame Agrarpolitik erklärt, Brüssel.
- Europäische Kommission (2008): Landwirtschaft: GAP-Gesundheitscheck hilft Landwirten, neue Herausforderungen zu bewältigen, Brüssel.

- Europäische Kommission (2009): Die Lage auf dem Milchmarkt im Jahr 2009, Brüssel.
- Europäische Kommission (2010): Die GAP bis 2020: Nahrungsmittel, natürliche Ressourcen und ländliche Gebiete – die künftigen Herausforderungen, Brüssel.
- Köster, U. (2010): Grundzüge der landwirtschaftlichen Marktlehre, 4. Aufl., München, Kapitel 7: Instrumente der EU-Agrarmarktpolitik.
- Köster, U./El-Agraa, A. M. (2004): The Common Agricultural Policy, in: A. M. El-Agraa (Hrsg.), The European Union, Economics and Policies, 7. Aufl., Harlow u. a., S. 354 - 390.
- Rohwer, A. (2010): Gemeinsame Agrarpolitik der EU – Fluch oder Segen?, in: ifo Schnelldienst, 63. Jg., H. 3, S. 27 – 36.
- Wissenschaftlicher Beirat für Agrarpolitik beim BMELV (2010): EU-Agrarpolitik nach 2013 – Plädoyer für eine neue Politik für Ernährung, Landwirtschaft und ländliche Räume.

Kapitel 7
Koordination der Finanzpolitik – Stabilitäts- und Wachstumspakt

Schauen wir uns die einzelnen Politikbereiche in der EU an, so stellen wir fest, dass einige wichtige Politikbereiche vergemeinschaftet worden sind. Die Mitgliedstaaten haben diese Bereiche in die Verfügungsgewalt der Union übertragen. Dies gilt u. a. für die einheitliche Geldpolitik im ESZB und für die europäische Agrarpolitik. In anderen Politikfeldern, wie die Beschäftigungs-, Steuer- und Finanzpolitik, sind die Mitgliedstaaten relativ autonom. Aber auch diese nicht vergemeinschafteten Politikbereiche haben eine europäische Dimension. Da zwischen unterschiedlichen Politikbereichen meist wechselseitige Interdependenzen existieren, entsteht beim Instrumenteneinsatz ein Koordinationsproblem. Dabei können wir zwischen einer vertikalen und einer horizontalen Koordination bei den Politikfeldern der EU differenzieren.

Bei der vertikalen Koordination geht es um die Abstimmung der Politik zwischen der Union und den Mitgliedstaaten. Bei diesem Aspekt wenden wir uns dem Stabilitäts- und Wachstumspakt zu, bei dem es im Wesentlichen um die Koordination der einheitlichen Geldpolitik mit der Finanzpolitik der Mitgliedstaaten geht. Aber auch in den Politikbereichen, in denen die Mitgliedstaaten ihre Autonomie gewahrt haben, kann es einen Koordinationsbedarf aufgrund von Interdependenzen zwischen den Politiken der Mitgliedstaaten geben. Dabei ist oft umstritten, ob dieser Koordinationsbedarf tatsächlich gegeben ist. Wenn es um die Abstimmung zwischen den Mitgliedstaaten innerhalb eines Politikbereiches geht, dann wollen wir von einer horizontalen Koordination sprechen. Paradebeispiel für diese Form der Koordination ist die europäische Beschäftigungspolitik.

Horizontale und vertikale Koordinationsaufgaben können simultan auftreten. Dies wird offensichtlich, wenn wir die nationalen Wirschaftspolitiken und die einheitliche Geldpolitik betrachten. Hier gibt es nicht nur Abstimmungsprobleme im Bereich der Wirtschaftspolitik zwischen den Mitgliedstaaten (horizontale Koordination), sondern auch zwischen den Politikbereichen Geldpolitik und den nationalen Wirtschaftspolitiken (vertikale Koordination).

Bei der Konzipierung der europäischen Währungsunion standen zwei konträre Auffassungen im Raum: Nach der Krönungstheorie sollte man solange mit der Realisierung einer einheitlichen Geldpolitik warten, bis die horizontale Koordination im Bereich der Wirtschaftspolitik – im Extremfall durch eine Vergemeinschaftung dieses Bereiches – gewährleistet ist.

Dem stand die Lokomotivtheorie gegenüber, nach der auch ohne ausreichende horizontale Koordination eine einheitliche Geldpolitik verwirklicht werden sollte, da über die Notwendigkeit einer vertikalen Koordination eine horizontale Koordination erzwungen wird. Diese Überlegung hat sich durchgesetzt und im Stabilitäts- und Wachstumspakt ihren Niederschlag gefunden.

7.1 Theoretische Fundierung des Stabilitäts- und Wachstumspakts

Bevor der Stabilitäts- und Wachstumspakt (SWP) im Einzelnen dargestellt wird, soll zunächst auf die Frage eingegangen werden, warum eine Koordination der einheitlichen Geldpolitik und der nationalen Verschuldungspolitiken notwendig ist. Geht man von der monetaristischen These aus, dass Inflation langfristig ein rein monetäres Phänomen ist und durch die Steuerung der Geldmenge kontrolliert werden kann, so ist im Prinzip eine Koordinierung mit den nationalen Verschuldungspolitiken nicht zwingend notwendig. Dennoch gibt es einige gute Argumente, die für eine Koordination in diesem Bereich sprechen.

Durch eine die Geldpolitik konterkarierende Verschuldungspolitik können die Mitgliedstaaten in erheblichem Umfang die gesellschaftlichen Kosten der stabilitätsorientierten Geldpolitik vergrößern und so die Verfolgung dieser Geldpolitik im politischen Prozess der Union gefährden. Bei unvollständiger Information des privaten Sektors hängt der Erfolg der Stabilitätsbemühungen der EZB von ihrer Glaubwürdigkeit ab. Je größer die Glaubwürdigkeit der EZB ist, umso schneller und umso stärker wird der private Sektor auf die Ankündigungen der monetären Instanzen reagieren. Insbesondere schließt eine hohe Glaubwürdigkeit verfestigte Inflationserwartungen aus, die eine restriktive Geldpolitik nur bei Inkaufnahme hoher Arbeitslosigkeit durchbrechen kann. Wird aber durch die Verschuldungspolitik seitens der Mitgliedstaaten dokumentiert, dass sie die Stabilitätsbemühungen der EZB nicht unterstützen bzw. sogar zu unterlaufen versuchen, so ist die Glaubwürdigkeit der EZB als eine strenge Hüterin des Euro gefährdet. Die Kosten der monetären Stabilisierung durch die EZB werden auch schon dadurch reduziert, dass bei einer unterstützenden Verschuldungspolitik der Instrumenteneinsatz (z. B. Zinsen) weniger stark dosiert werden muss.

Die bis jetzt angestellten Argumente sind nicht neu. Sie galten schon in der Situation der einzelnen Mitgliedstaaten, als diese vor der Währungsunion eine eigenständige Geldpolitik betrieben. Vor der Währungsunion existierte aber in keinem Mitgliedstaat der EU etwas Analoges zum SWP auf der nationalen Ebene. Jedoch hat es mit der einheitlichen Geldpolitik einen fundamentalen Wandel in den Anreizstrukturen bei den Entscheidungsträgern für die Finanzpolitik gegeben, der die Absicherung der einheitlichen Geldpolitik durch einen SWP erforderlich machte. Liegt die Geldpolitik in der Hand der nationalen Zentralbank, so kann sie anders als die EZB direkt ihre Geldpolitik auf die jeweilige Verschuldungspolitik des eigenen Staates ausrichten. Dies ist für die EZB nicht möglich, da sie mit ihrer einheitlichen Geldpolitik nur auf die Gesamtverschuldungspolitik aller Mitgliedstaaten der Eurozone reagieren kann. Von daher ist ihr Sanktionspotenzial u. U. geringer.

Dass die EZB auf die Verschuldungspolitik eines einzelnen Mitgliedstaates nicht reagieren kann, ist u. U. auch eine Stärke der EZB. Eine nationale Zentralbank ist im Allgemeinen einem größeren Druck ausgesetzt, die nationale Verschuldungspolitik zu alimentieren. Hier gibt es aber Mechanismen, die diese im Falle der Alimentierung der Verschuldungspolitik abstrafen. Zum einen gerät die jeweilige Währung unter Abwertungsdruck. Zum anderen verliert der Staat bei hoher Verschuldung und laxer Geldpolitik an Kreditwürdigkeit, so dass eine Risikoprämie auf den Zinssatz aufgeschlagen wird, die die Kreditkosten erhöht und so den Schuldner abstraft. Damit liegen selektive Anreize bei einer nationalen Geldpolitik vor, die die Attraktivität einer expansiven Verschuldung langfristig ausschließen und so einen SWP auf nationaler Ebene überflüssig machen. Dies gilt erst recht, wenn die nationale Zentralbank – wie die Deutsche Bundesbank – eine ausreichende Unabhängigkeit besitzt und die Verschuldungspolitik nicht alimentiert. Dann wird eine zu starke Verschuldung direkt mit höheren Nominalzinsen abgestraft, was insbesondere den Staat in seiner Schuldnerposition trifft.

Betrachten wir die neuen Anreize bei der Verschuldungspolitik eines Staates der Eurozone. Zum einen muss ein einzelner teilnehmender Staat davon ausgehen, dass die EZB die Geldmenge bei einer Schuldenausweitung nicht ausreichend erhöht, da kein teilnehmender Staat geldpolitisch eine dominante Position in der EU hat, auf die die EZB zwingend reagieren muss. Dies hat aber gleichzeitig für den teilnehmenden Staat den Vorteil, dass die Zinseffekte in der Eurozone gering sind, da die monetären Auswirkungen der Verschuldungspolitik alle teilnehmenden Staaten betreffen. Wir stellen so einen externen Effekt fest, den alle teilnehmenden Staaten – und auch diejenigen, die kein übermäßiges Defizit zu verantworten haben – tragen müssen. Damit liegt eine Sozialisierung von Kosten vor, die die anderen teilnehmenden Staaten über den Crowding-out-Effekt auch beschäftigungspolitisch zu spüren bekommen. Zum anderen reduziert das zunehmende Defizit nicht nur die Kreditfähigkeit des verursachenden Staates, sondern auch die aller teilnehmenden Staaten. Insbesondere ist dies relevant, wenn die Gläubiger erwarten, dass letztlich die anderen Mitgliedstaaten hier für die Schulden aufkommen müssen. Theoretisch kann der Euro durch ein übermäßiges Defizit einzelner Teilnehmer aufgrund hoher Zinsen unter Aufwertungsdruck geraten. Das kann bei den Teilnehmern, die schon mit einer hohen Arbeitslosigkeit zu kämpfen haben, zu einer nachfrageseitig bedingten zusätzlichen Arbeitslosigkeit führen. Alimentiert die EZB die Verschuldungspolitik, so kommt es zu einer inflationären Entwicklung, unter der alle Mitgliedstaaten leiden.

Mit dem SWP wird eine Internalisierung dieser negativen externen Effekte über selektive Anreize in Form von Strafen geschaffen. Dabei ist man sich bewusst, dass das Externalitätenproblem nicht allein dadurch gelöst wird, dass kein Mitgliedstaat für die Schulden eines anderen aufkommen muss. Diese in Artikel 125 AEU-Vertrag verankerte no-bail-out-Klausel soll eine exzessive Verschuldung auf Kosten der anderen Mitgliedstaaten verhindern, räumt aber nicht die oben aufgezeigten Externalitäten aus. Des Weiteren ist zu befürchten, dass die no-bail-out-Klausel im Zweifelsfall nicht durchsetzbar ist, weil die negativen Externalitäten für die anderen Mitgliedstaaten so groß sind, dass sie sich veranlasst sehen, für den hoch verschuldeten Mitgliedstaat ein Entschuldungsprogramm aufzulegen.

Dass die no-bail-out-Klausel nicht glaubwürdig ist, liegt daran, dass sich das Eurosystem in einem Samariter-Dilemma befindet. Die Teilnehmerstaaten haben dabei zwei Optionen: Sie können dem verschuldeten Staat helfen oder die no-bail-Klausel anwenden. Hingegen kann der betrachtete Mitgliedstaat sich verschulden oder eine solide Haushaltspolitik betreiben. Wir erhalten so folgende Auszahlungsmatrix 7.1, deren Werte kurz erläutert werden sollen.

Tabelle 7.1 Samariter-Dilemma

		Mitgliedstaat	
		keine Schulden	Schulden
Euroraum	haften	I (3,3) →	II (2,4)
	nicht haften	III (4,2) ←	IV (1,1)

Für den Euroraum wäre der Fall III der Idealzustand. Wir sehen, dass für den Mitgliedstaat der Wechsel nach Fall IV nicht vorteilhaft ist, weil im Falle von no-bail-out er sich durch seine Verschuldung letztlich nur selbst schadet. Wie glaubwürdig ist aber diese no-bail-out-Klausel? Bei der realisierten Verschuldung des Falls IV muss der Euroraum überlegen, wie er darauf reagiert. Wie wir in der Griechenlandkrise im Jahr 2009 gesehen haben, wird seitens des Eurosystems argumentiert, dass der Euro gefährdet wäre und die anderen schwachen Mitgliedstaaten ebenfalls in den Abwärtsstrudel mitgerissen würden. Entsprechend wird der Euroraum den Fall II dem Fall IV vorziehen. Diese Konstellation von Haftung und Verschuldung ist aber stabil, da der

verschuldete Staat keinen Anreiz hat, zu Fall I zu wechseln, in dem er seine
Verschuldungspolitik aufgibt.

Wenn aber die no-bail-out-Klausel zeitinkonsistent ist und von einzelnen
Mitgliedstaaten strategisch genutzt wird, ergibt sich ein Effizienzproblem für
den Euroraum. Normalerweise reagiert der Kapitalmarkt effizient auf die Verschuldung einzelner Teilnehmer des Euroraums, indem er eine effiziente Allokation des Kapitals über die entsprechenden Risikoprämien herstellt. Wenn
aber Schulden per se sozialisiert werden, fällt die Risikoprämie weg und die
Schuldnerstaaten attrahieren zu viel Kapital, das in diesen Staaten zu Fehlinvestitionen führt.

7.2 Darstellung des Stabilitäts- und Wachstumspakts

Der SWP wurde vom Europäischen Rat im Jahr 1996 beschlossen und dann
im Vertrag von Amsterdam sowie im Protokoll über das Verfahren bei einem
übermäßigen Defizit rechtlich verankert. Im Lissabonvertrag wurde dann die
umstrittenen Kompetenzen von Kommission und Rat klarer abgegrenzt und
die Position des Rates gestärkt. Mit ihm sollen übermäßige Haushaltsdefizite in der Eurozone verhindert werden, um das Vertrauen in die Stabilität
der Eurozone zu stärken und eine solide sowie dauerhafte Konvergenz der
Volkswirtschaften in der Eurozone zu gewährleisten. Um diese Ziele zu verwirklichen, sind mit dem Pakt zwei Säulen geschaffen worden. Zum einen soll
die multilaterale Überwachung der Haushalte eine Koordination der Finanzpolitiken in der EU ermöglichen (präventiver Arm). Zum anderen soll ein
Sanktionspotenzial mit dem Verfahren bei übermäßigen Haushaltsdefiziten
geschaffen werden, das eine stabilitätswidrige Finanzpolitik in der Eurozone verhindert (korrektiver Arm). Für die Durchführung des Stabilitäts- und
Wachstumspaktes ist die Europäische Kommission zuständig. Im Sinne der
skizzierten Krönungstheorie kann man den SWP als eine minimale Harmonisierung der europäischen Finanzpolitik interpretieren.

Bei der ersten Säule geht es um die multinationale Überwachung der Haus-
haltsplanungen im Rahmen der Koordinierung der Wirtschaftspolitik gemäß
Art. 121 AEU-Vertrag. Dabei stellt der Rat auf Empfehlung der Kommission
einen Entwurf für die Grundzüge der Wirtschaftspolitik der Mitgliedstaaten
und der Union auf, der vom Europäischen Rat erörtert wird, der dann die
Schlussfolgerungen zu den Grundzügen aufstellt. Auf diesen Grundzügen aufbauend verabschiedet dann der Rat seine Empfehlungen zur Wirtschaftspolitik. Die Kommission stellt daraufhin Berichte zur wirtschaftlichen Entwicklung für die Mitgliedstaaten auf, anhand derer der Rat die Wirtschaftspolitik überwacht und anhand der Empfehlungen bewertet. Die Mitgliedstaaten
informieren zum Zwecke der multilateralen Überwachung über die wichtigsten wirtschaftspolitischen Maßnahmen. Die Staaten des Eurosystems stellen

Stabilitäts-, hingegen jene außerhalb des Euroraums Konvergenzprogramme auf.

Stellt der Rat fest, dass die Wirtschaftspolitik eines Mitgliedstaates nicht mit den Empfehlungen zu vereinbaren ist oder die Wirtschafts- und Währungsunion gefährden könnte, so kann die Kommission eine Verwarnung an den betreffenden Mitgliedstaat aussprechen. Zusätzlich kann der Rat dem Mitgliedstaat auf Empfehlung der Kommission weitere Empfehlungen geben, die er auf Vorschlag der Kommission veröffentlichen kann (blauer Brief). Dabei beschließt der Rat mit qualifizierter Mehrheit ohne Beteiligung des betroffenen Mitgliedstaats. Der Einfluss des Parlaments ist dabei marginal. Es hat lediglich ein Informationsrecht.

Um die Koordination der Wirtschaftspolitik zu intensivieren und eine stärker stabilitätsorientierte Haushaltsplanung zu erzielen, haben sich die teilnehmenden Mitgliedstaaten darauf verständigt, dass jeder teilnehmende Mitgliedstaat einen mittelfristig ausgeglichenen Haushalt oder einen Überschuss ausweisen soll. Staaten, die noch ein strukturelles Haushaltsdefizit aufweisen, sollen dieses jährlich um 0,5 % reduzieren. Dazu werden länderspezifische Zielvorgaben vereinbart.

Wenden wir uns der zweiten Säule, dem Verfahren bei einem übermäßigen Defizit, zu. Bei der Ausgestaltung des Defizitverfahrens standen zwei wirtschaftspolitische Strategien zur Verfügung. Zum einen konnte man das Verfahren als eine rein diskretionäre Politik ausgestalten, bei der von Fall zu Fall festgestellt wird, ob ein übermäßiges Defizit vorliegt. Dabei werden rein fallbezogen Empfehlungen und Sanktionen ausgesprochen, so dass der Entscheidungsträger einen erheblichen Entscheidungsspielraum besitzt und sehr flexibel auf Veränderungen sowie neue Erkenntnisse reagieren kann. Zum anderen konnte man eine regelgebundene Politik bei dem Defizitverfahren anwenden. Dabei wird erstens ein eindeutiges operationales Kriterium für ein übermäßiges Defizit vorgegeben. Zweitens muss ein Messverfahren für die Zielabweichung definiert werden sowie eindeutig festgelegt werden, welche Sanktionen in Abhängigkeit von der Zielabweichung automatisch in Kraft treten. Bei einer regelgebundenen Politik muss nur einmal über den Regelmechanismus selbst entschieden werden. Sodann ist der Handlungsspielraum des Entscheidungsträgers gleich null und Sanktionen werden automatisch wirksam. Regelgebundene Politik hat den wesentlichen Vorteil, dass sie vorhersehbar und berechenbar und – was für die europäische Stabilitätspolitik besonders bedeutsam ist – glaubwürdig ist, da hier eine Selbstbindung des Entscheidungsträgers vorliegt.

Wenn wir uns die Ausgestaltung des Defizitverfahrens anschauen, so stellen wir leider fest, dass dieses eine in sich widersprüchliche Kombination beider Strategien beinhaltet. Dies wird schon deutlich, wenn man die Definition eines übermäßigen öffentlichen Defizits näher betrachtet. Im Sinne einer regelgebundenen Politik liegt ein übermäßiges Defizit vor, wenn

a) die Nettokreditaufnahme 3 % des Bruttoinlandsproduktes und/oder

b) der Schuldenstand 60 % des Bruttoinlandsproduktes übersteigen.

Diese eindeutigen Vorgaben des Art. 126 des AEU-Vertrags werden aber relativiert, indem der Kommission ein zusätzlicher Ermessensspielraum eingeräumt wird. So liegt bei einem Defizit über 3 % keine Verletzung der Haushaltsdisziplin vor, wenn die prozentuale Überschreitung erheblich und laufend zurück gegangen ist und einen Wert in der Nähe der 3 % erreicht hat oder die 3 % nur ausnahmsweise und vorübergehend geringfügig überschritten wird. Im Sinne eines Regelmechanismus wird dann der Begriff der ausnahmsweisen und vorübergehenden Überschreitung als gegeben angesehen, wenn eine Naturkatastrophe eingetreten oder das reale Bruttoinlandsprodukt innerhalb eines Jahres um mindestens 2 % zurück gegangen ist. Ein negatives Wachstum kann angesichts weiterer relevanter Umstände auf Initiative des betreffenden Mitgliedstaates von dem Rat (Ecofin) als ein Ausnahmetatbestand einer ausnahmsweisen und vorübergehenden Überschreitung interpretiert werden. Mit der Reform des SWP von 2005 sind weitere Faktoren aufgenommen worden, die eine 3 %-Überschreitung erlauben, wie z. B.: Umsetzung der Lissabon-Strategie, Ausgaben für Forschung, Haushaltskonsolidierung in "guten" Zeiten, Öffentliche Investitionen und Rentenreformen. Dieser Katalog schwächt die Regelbindung des SWP erheblich.

Letztlich entscheidet aber der Ecofin über das Vorliegen eines übermäßigen Defizits. Noch größer ist der dem Ecofin eingeräumte diskretionäre Spielraum beim 60 % Schuldenstands-Kriterium. Ein Überschreiten der 60 % Marge ist auch dann zulässig, wenn die Überschreitung nach Ansicht des Ecofin hinreichend rückläufig ist und sich rasch genug dem Referenzwert von 60 % nähert. Der diskretionäre Spielraum wird ebenfalls offensichtlich, wenn man das Sanktionspotenzial im Falle eines übermäßigen Defizits betrachtet. Es reicht von der Verpflichtung, vom Rat vorgegebene Angaben vor der Emission von Schuldverschreibungen und sonstiger Wertpapiere zu veröffentlichen, über unverzinsliche Einlagen in angemessener Höhe, bis zu Geldbußen in angemessener Höhe. Dabei wird aber in der entsprechenden Verordnung 1467/97 exakt die Höhe der Einlage bzw. der endgültigen Strafe im Sinne eines Regelmechanismus festgelegt. Sie besteht bei einem übermäßigen Defizit aus einer festen Komponente von 0,2 % des BIP sowie zusätzlich von 0,1 mal der Abweichung des Defizits von der 3 % Vorgabe. Insgesamt darf die Einlage bzw. Strafe aber 0,5 % des BIP nicht überschreiten. Die mit der Einlage verbundenen Einnahmen bzw. die Strafe werden bezogen auf das BIP anteilig an die anderen teilnehmenden Mitgliedstaaten, die kein übermäßiges Defizit vorweisen, verteilt und fließen nicht wie sonstige Strafen in den EU-Haushalt. Beim Verfahren, das bei einem übermäßigen Defizit in Kraft tritt, liegt aber kein automatischer Sanktionsmechanismus vor. Vielmehr wird in einem komplizierten Entscheidungsverfahren zwischen Kommission und Rat festgelegt, ob erstens ein Defizit vorliegt. Sodann wird zweitens beim Vorliegen bestimmter Tatbestände entschieden, ob Sanktionen beschlossen werden. Dieser mehrstufige Entscheidungsprozess soll in seinen Grundzügen skizziert werden (siehe Abb. 7.1).

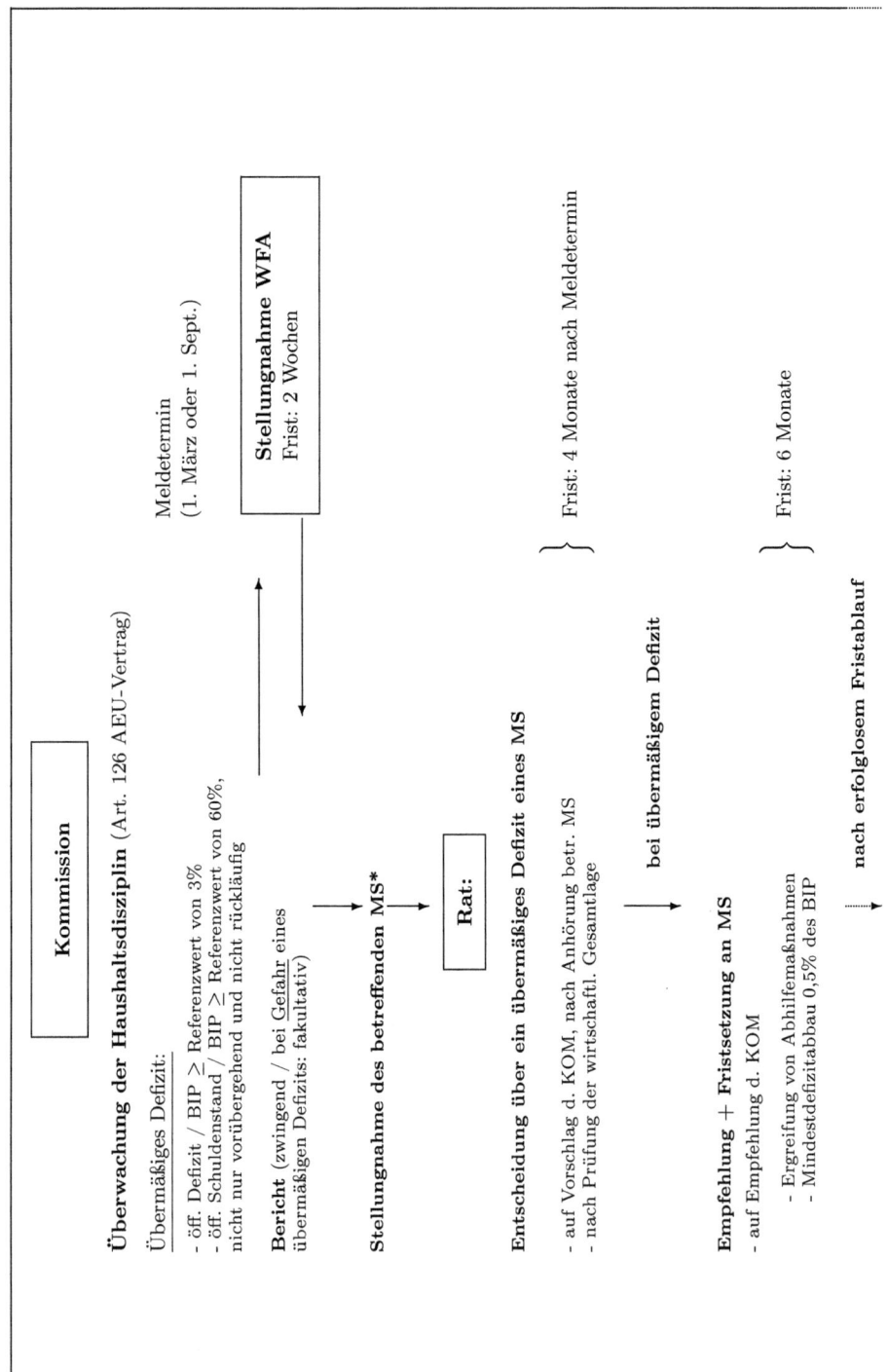

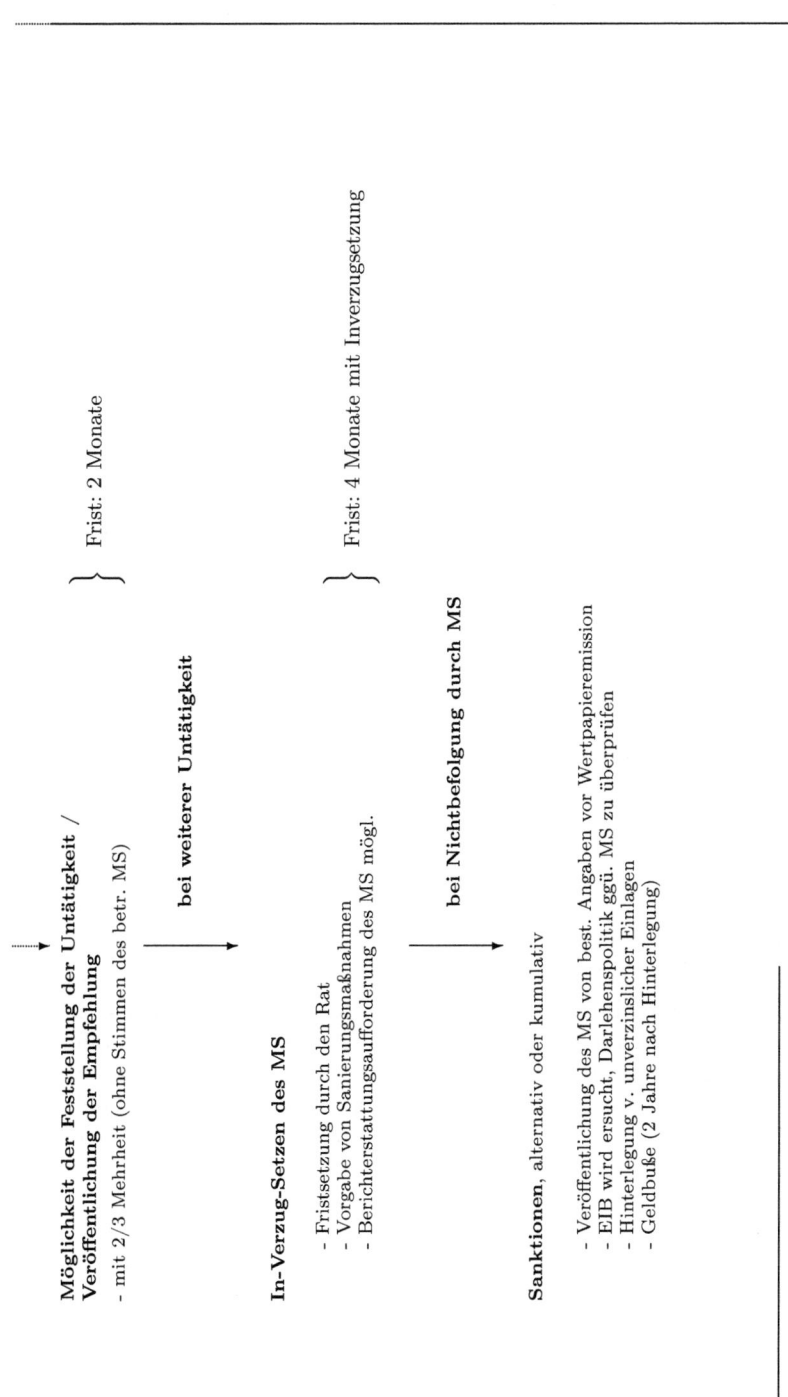

Möglichkeit der Feststellung der Untätigkeit /
Veröffentlichung der Empfehlung
- mit 2/3 Mehrheit (ohne Stimmen des betr. MS)

bei weiterer Untätigkeit ⟩ Frist: 2 Monate

In-Verzug-Setzen des MS

- Fristsetzung durch den Rat
- Vorgabe von Sanierungsmaßnahmen
- Berichterstattungsaufforderung des MS mögl.

bei Nichtbefolgung durch MS ⟩ Frist: 4 Monate mit Inverzugsetzung

Sanktionen, alternativ oder kumulativ

- Veröffentlichung des MS von best. Angaben vor Wertpapieremission
- EIB wird ersucht, Darlehenspolitik ggü. MS zu überprüfen
- Hinterlegung v. unverzinslicher Einlagen
- Geldbuße (2 Jahre nach Hinterlegung)

* MS = Mitgliedsstaat

Abb. 7.1 Das Verfahren nach Art. 126 AEU-Vertrag

Die Initiative zur Eröffnung eines Defizitverfahrens geht von der Kommission aus. Ihr müssen die teilnehmenden Mitgliedstaaten zum 1. März und 1. September jedes Jahres die erwarteten und tatsächlichen Defizit- und Schuldenstände ("Maastricht-Meldung") mitteilen. Wird von einem Mitgliedstaat eine Verletzung des 3 % bzw. 60 % Referenzwertes mitgeteilt, so prüft die Kommission, ob ein übermäßiges Haushaltsdefizit vorliegt und erstellt einen Bericht. Sieht sie die Gefahr, dass ein übermäßiges Defizit vorliegt, so entscheidet der Ecofin mit qualifizierter Mehrheit auf Grundlage u. a. der Stellungnahme und Empfehlung der Kommission, ob ein Defizit vorliegt. Stellt der Ecofin fest, dass ein übermäßiges Defizit vorliegt, so spricht er dem jeweiligen Mitgliedstaat Empfehlungen zur Beseitigung des übermäßigen Defizits aus. Dabei setzt der Ecofin eine Frist von höchstens 6 Monaten für das Ergreifen wirksamer Maßnahmen sowie eine Frist zum Abbau des übermäßigen Defizits. Setzt der Mitgliedstaat die Empfehlungen um, so kann der Ecofin beschließen, das Verfahren ruhen zu lassen. Sodann beurteilt der Ecofin die ergriffenen Maßnahmen des Mitgliedstaates. Kommt der Ecofin zu einer negativen Beurteilung, so kann er seine Empfehlungen veröffentlichen und so Druck auf den Mitgliedstaat ausüben. Während bei dem Frühwarnsystem schon präventiv Empfehlungen beschlossen werden, wenn es um zu erwartende übermäßige Defizite geht (Ex-ante-Koordination), kommen im Defizitverfahren hingegen die tatsächlichen Überschreitungen der Referenzwerte zum Tragen (Ex-post-Koordination), die entsprechend korrigiert werden müssen. Innerhalb von zwei Monaten nach der negativen Beurteilung kann nun der Ecofin das Strafverfahren in Gang setzen, indem er den Mitgliedstaat mit der Maßgabe in Verzug setzt, innerhalb von vier Monaten Maßnahmen zur Beseitigung des übermäßigen Defizits zu ergreifen. Leistet der Mitgliedstaat nicht Folge, so kann der Ecofin mit qualifizierter Mehrheit die oben skizzierten Sanktionen beschließen, wobei der betroffene Mitgliedstaat kein Stimmrecht hat. Dabei wird zunächst eine Strafe in Form einer unverzinslichen Einlage bei der EZB ausgesprochen. Kommt der Rat zu dem Schluss, dass das Defizit nach zwei Jahren nach Erhebung der Einlage nicht beseitigt ist, so wird die Einlage in eine Geldbuße umgewandelt. Nicht teilnehmende Mitgliedstaaten sind von dem Strafverfahren in dem Defizitverfahren nicht betroffen. Sie können weder in "Verzug gesetzt" werden, noch können gegen sie Strafen verhängt werden. Sie dürfen sich deshalb auch nicht an den Entscheidungen über das In-Verzug-Setzen sowie der Verhängung von Strafen beteiligen.

7.3 Der Stabilitäts- und Wachstumspakt und die Finanzkrise

Für eine Bewertung des SWP sollte zuvor klar sein, welche Ziele mit ihm erreicht werden sollen. Dabei können mindestens zwei Zielsetzungen dem SWP zugeordnet werden:

- Geldwertstabilität und
- Schuldenreduzierung.

Bei Betrachtung der Inflationsraten (siehe Abb. 4.2 in Kapitel 4) in der EU lässt sich das Fazit ziehen, dass der SWP die Aufgabe, den Geldwert zu sichern, bewältigt hat. Differenzierter wird die Beurteilung der zweiten Zielsetzung. Hier sollte man zwischen der Verschuldung vor und nach der Finanzkrise differenzieren (siehe Tab. 7.2). Bis zur Finanzkrise 2008 stellt sich die Entwicklung der Nettokreditaufnahme im Euroraum durchaus zufriedenstellend dar, sieht man von Griechenland ab. Dramatisch ist aber die Schuldenentwicklung infolge der Finanzkrise, die zur Konsequenz hatte, dass gegen 23 Mitgliedstaaten im Jahr 2010 ein Defizitverfahren eingeleitet wurde.

Tabelle 7.2 Finanzierungsüberschuss bzw. -defizit des Gesamtstaates (in % des BIP) (1)

	Durchschnittswert über 5 Jahre			2005	2006	2007	2008	Schätzungen 2009	Voraus-Schätzungen 2010	Szenario unveränderter Politik 2011	
	1992-96	1997-01	2002-06								
BE	-5,4	-0,7	-0,6	-2,7	0,3	-0,2	-1,2	-6,0	-5,0	-5,0	BE
DE	-3,0	-1,6	-3,3	-3,3	-1,6	0,2	0,0	-3,3	-5,0	-4,7	DE
IE	-1,7	2,4	1,2	1,6	3,0	0,1	-7,3	-14,3	-11,7	-12,1	IE
EL	-9,6	-4,2	-5,3	-5,2	-3,6	-5,1	-7,7	-13,6	-9,3	-9,9	EL
ES	-5,6	-1,9	0,4	1,0	2,0	1,9	-4,1	-11,2	-9,8	-8,8	ES
FR	-4,9	-2,1	-3,2	-2,9	-2,3	-2,7	-3,3	-7,5	-8,0	-7,4	FR
IT	-8,3	-2,2	-3,5	-4,3	-3,3	-1,5	-2,7	-5,3	-5,3	-5,0	IT
CY	-	-3,6	-3,7	-2,4	-1,2	3,4	0,9	-6,1	-7,1	-7,7	CY
LU	1,6	4,5	0,6	0,0	1,4	3,6	2,9	-0,7	-3,5	-3,9	LU
MT	-	-7,6	-5,1	-2,9	-2,6	-2,2	-4,5	-3,8	-4,3	-3,6	MT
NL	-3,3	0,0	-1,3	-0,3	0,5	0,2	0,7	-5,3	-6,3	-5,1	NL
AT	-4,1	-1,6	-1,9	-1,7	-1,5	-0,4	-0,4	-3,4	-4,7	-4,6	AT
PT	-4,7	-3,4	-3,8	-6,1	-3,9	-2,6	-2,8	-9,4	-8,5	-7,9	PT
SI	-	-3,1	-2,0	-1,4	-1,3	0,0	-1,7	-5,5	-6,1	-5,2	SI
SK	-	-7,6	-3,9	-2,8	-3,5	-1,9	-2,3	-6,8	-6,0	-5,4	SK
FI	-5,8	2,7	3,1	2,7	4,0	5,2	4,2	-2,2	-3,8	-2,9	FI
€ area	-5,0	-1,6	-2,5	-2,5	-1,3	-0,6	-2,0	-6,3	-6,6	-6,1	€ area
BG	-	1,4	1,1	1,9	3,0	0,1	1,8	-3,9	-2,8	-2,2	BG
CZ	-	-4,4	-4,5	-3,6	-2,6	-0,7	-2,7	-5,9	-5,7	-5,7	CZ
DK	-2,5	0,9	2,6	5,2	5,2	4,8	3,4	-2,7	-5,5	-4,9	DK
EE	-	-0,5	1,5	1,6	2,5	2,6	-2,7	-1,7	-2,4	-2,4	EE
LV	-	-1,5	-1,2	-0,4	-0,5	-0,3	-4,1	-9,0	-8,6	-9,9	LV
LT	-	-4,9	-1,1	-0,5	-0,4	-1,0	-3,3	-8,9	-8,4	-8,5	LT
HU	-	-5,3	-8,0	-7,9	-9,3	-5,0	-3,8	-4,0	-4,1	-4,0	HU
PL	-	-3,9	-4,9	-4,1	-3,6	-1,9	-3,7	-7,1	-7,3	-7,0	PL
RO	-	-4,0	-1,6	-1,2	-2,2	-2,5	-5,4	-8,3	-8,0	-7,4	RO
SE	-7,7	1,2	0,7	2,3	2,5	3,8	2,5	-0,5	-2,1	-1,6	SE
UK	-6,1	0,5	-3,0	-3,4	-2,7	-2,8	-4,9	-11,5	-12,0	-10,0	UK
EU	-	-1,4	-2,5	-2,5	-1,4	-0,8	-2,3	-6,8	-7,2	-6,5	EU
US	-4,2	0,3	-3,7	-3,2	-2,0	-2,7	-6,4	-11,0	-10,0	-9,9	US
JP	-2,5	-7,3	-6,1	-6,7	-1,6	-2,5	-2,0	-6,9	-6,7	-6,6	JP

(1) Der Finanzierungsüberschuss (-defizit) enthält 2000-2005 einmalige Erlöse aus UMTS-Lizenzen.

Quelle: Europäische Kommission (2010): Frühjahrsprognose 2010-2011, S. 7.

Darüber hinaus stieg die Schuldenstandsquote von durchschnittlich 66 % in 2007 auf 84 % im Jahr 2010. Der vom Europäischen Rat bestätigte Beschluss der Finanzminister des Euroraums im Mai 2010, für Griechenland ein Rettungspaket aufzulegen, kann als Scheitern des SWP angesehen werden. Damit wurde die no-bail-out-Klausel außer Kraft gesetzt. Strittig ist dabei, ob dieses Vorgehen mit dem Art. 125 AEU-Vertrag vereinbar ist, der ein Haftungsausschluss für Verbindlichkeiten einzelner Mitgliedstaaten vorsieht. Wenig überzeugend ist auch die Rechtfertigung des Rettungspaktes über den

Art. 122(2) AEU-Vertrag, nach dem bei außergewöhnlichen Ereignissen, die sich der Kontrolle des jeweiligen Mitgliedstaates entziehen, diesem unter bestimmten Bedingungen ein finanzieller Beistand der Union gewährt werden kann. Dass sich die griechische Schuldenkrise der Kontrolle der griechischen Regierung entzogen hat, ist wohl wenig glaubhaft. Andererseits kann man argumentieren, dass nach Art. 143 AEU-Vertrag bei Zahlungsschwierigkeiten eines Mitgliedstaates, der den Euro noch nicht eingeführt hat, Hilfen seitens der Union zulässig sind. Warum sollte man diese Hilfe "im Geiste der Solidarität" (Art. 122) nicht auch einem Teilnehmer des Eurosystems gewähren?

Das Rettungspaket für Griechenland umfasst 110 Mrd. Euro mit einer Laufzeit von 3 Jahren. Es soll die Refinanzierung Griechenlands absichern. Die Absicherung erfolgt über Kredite und Bürgschaften von Teilnehmern des Eurosystems (80 Mrd. Euro) und des IWF (30 Mrd. Euro).

Da nicht nur Griechenland, sondern weitere Teilnehmer des Eurosystems (PIIGS: Portugal, Italien, Irland, Griechenland und Spanien) unter finanziellen Druck gerieten und sich bei ihnen immense Refinanzierungsschwierigkeiten zeigten, wurde zusätzlich ein europäischer Rettungsschirm mit einem Volumen von 750 Mrd. Euro geschaffen. Es wurde, um spekulative Attacken abzuwehren, eine Zweckgesellschaft, die Europäische Finanzmarktstabilisierungsfazilität (EFSF), eingerichtet. Diese Zweckgesellschaft soll Kredite an notleidende Mitgliedstaaten gewähren. Die Kredite sollen durch die Auflage und den Vertrieb von Anleihen finanziert werden. Um ein gutes Rating zu erhalten, garantiert jeder Mitgliedstaat 120 % seiner gezeichneten Anleihen. Es sind Anleihen der Mitgliedstaaten in Höhe von maximal 366 Mrd. Euro vereinbart, die mit entsprechend 440 Mrd. Euro abgesichert werden müssen. Damit wird ein höheres Rating als das durchschnittliche des Euroraums erzielt. Die 440 Mrd. Euro an Garantien aus dem Euroraum werden um 60 Mrd. Euro aus dem EU-Etat (European Financial Stability Mechanism (dem Gemeinschaftsinstrument EFSM)) sowie 250 Mrd. Euro aus IWF-Mitteln auf 750 Mrd. Euro aufgestockt. Bisher war die Zweckgesellschaft in dem Sinne erfolgreich, dass die spekulativen Attacken nach ihrer Errichtung beendet wurden und zunächst keine Kredite in Anspruch genommen werden mussten. Aber schon Ende November 2010 sah sich Irland veranlasst, die EFSF mit 85 Mrd. Euro in Anspruch zu nehmen.

Sowohl die immensen Haushaltsdefizite als auch die Aushebelung der nobail-out-Klausel verstärkten die Kritik am SWP und führten zu entsprechenden Reformvorschlägen. Schon vor der Finanzkrise wurde erhebliche Kritik am SWP geübt. Dabei standen sich zwei konträre Positionen gegenüber: Keynesianer argumentierten, dass die 3 % Regel zu restriktiv sei und insbesondere prozyklisch wirken würde.

Die neoliberalere Position – so der SVR (2009/10 Ziff. 123) – kritisiert, der SWP sei:

- nicht ehrgeizig,
- intransparent,
- nicht stringent,

- nicht zielführend.

Der SWP ist nicht ehrgeizig, da er nur auf ein Unterschreiten der 3 % Regel ausgerichtet und intransparent ist, weil er der breiten Öffentlichkeit nicht vermittelbar ist und auf wenig öffentliche Resonanz stößt. Insbesondere ist das mehrstufige Defizitverfahren viel zu komplex und unübersichtlich, besonders in den Verantwortlichkeiten. Des Weiteren ist er nicht stringent, da die Mehrzahl der Entscheider über Strafen selbst hoch verschuldet sind und ihnen eine Strafe droht. Der SWP ist auch nicht zielführend, denn Strafen verschärfen noch die schwierige Haushaltssituation der Teilnehmer des Eurosystems.

Die Intransparenz könnte verringert werden, indem man das Defizitverfahren strafft. Sanktionen sind wenig überzeugend, wenn sie frühestens $3^1/_2$ Jahre nach Regelverletzung eintreten und auf 6 Jahre im Extremfall hinaus gezögert werden können.

Die Stringenz könnte man erhöhen, indem man entweder die Regelbindung erhöht oder – wie es die Kommission vorgeschlagen hat – eine umgekehrte Abstimmung einführt. Schlägt danach die Kommission eine Sanktion vor, so gilt sie als beschlossen, sofern sie der Rat nicht mit qualifizierter Mehrheit ablehnt.

Um den SWP stärker zielführend zu gestalten, wird im deutsch-französischen Positionspapier vorgeschlagen, als Sanktion bei Regelverstößen das Stimmrecht auszusetzen. Besonders nach der Finanzkrise ist es notwendig, dass der SWP ehrgeiziger wird. Es muss eine Exit-Strategie der hochverschuldeten Mitgliedstaaten vereinbart werden. Dazu ist aber der präventive Arm des SWP zu schwach, da er über kein Sanktionspotenzial verfügt. Entsprechend gibt es eine Vielzahl von Vorschlägen für die Einführung von Konsolidierungsprogrammen. Eine weitere Herausforderung stellt die einseitige Haftung für zahlungsunfähige Mitgliedstaaten dar. Schulden werden in der EU sozialisiert, hingegen erhalten die Gläubiger die Risikoprämien der hoch verschuldeten Mitgliedstaaten.

Die einseitige Haftung könnte dadurch geändert werden, indem man ein Insolvenzrecht für zahlungsunfähige Mitgliedstaaten einführt. Sowohl die Schaffung eines Insolvenzrechts als auch die Aberkennung des Stimmrechts machen aber ein grundlegendes Reformdilemma der Union deutlich. Reformen, die wirklich zielführend sind, verlangen eine Änderung des Primärrechts. Reformen, die über Rechtsakte realisierbar sind, sind nur marginal zielführend. Da aber in absehbarer Zeit eine Änderung des Lissabonvertrags illusorisch ist, sind wirklich zielführende Reformen des SWP nicht zu erwarten.

7.4 Literatur

- BMF (2009): Umsetzung des Stabilitäts- und Wachstumspakts, in: Monatsberichte des BMF, H. 12, S. 49 - 53.

- Deutsche Bundesbank (2005): Defizitbegrenzende Haushaltsregeln und nationaler Stabilitätspakt, in: Monatsbericht der Deutschen Bundesbank, H. 4, 57. Jg., S. 23 - 38.
- Deutsche Bundesbank (2005): Die Änderungen am Stabilitäts- und Wachstumspakt, in: Monatsbericht der Deutschen Bundesbank, H. 4, 57. Jg., S. 16 - 22.
- Europäische Kommission (2010): Verstärkung der wirtschaftspolitischen Koordinierung, Brüssel.
- Europäische Zentralbank (1999): Die Umsetzung des Stabilitäts- und Wachstumspakts, in: Monatsbericht der EZB, H. 5, S.49 - 68.
- Europäische Zentralbank (2005): Die Reform des Stabilitäts- und Wachstumspakts, in: Monatsbericht der EZB, H. 8, S. 63 - 80.
- Sachverständigenrat zur Begutachtung der gesamtwirtschaftlichen Entwicklung (2009): Ein Konsolidierungspakt für Europa, in: Jahresgutachten 2009/10, S. 79 - 92.
- Siebert, H. (2003): Weshalb die Europäische Währungsunion den Stabilitätspakt braucht, in W. Franz, K. G. Adam (Hrsg.), Instrumente der Finanzpolitik, Frankfurt a. Main, S. 170 - 181.

Kapitel 8
Europäische Beschäftigungspolitik und die Offene Methode der Koordinierung

Eines der wichtigsten Ziele der EU ist das der Vollbeschäftigung. Nun ist aber die Beschäftigungspolitik originäre Aufgabe der Mitgliedstaaten. Erst mit der Verabschiedung des Titels "Beschäftigung" durch den Vertrag von Amsterdam von 1997 hat sich ein gewisser Wandel vollzogen. So sieht der Artikel 145 des AEU-Vertrags die Entwicklung "einer koordinierten Beschäftigungsstrategie" vor und im Artikel 146 wird explizit betont, dass "die Förderung der Beschäftigung als Angelegenheit von gemeinsamem Interesse" betrachtet wird. Nach Artikel 147 trägt die Gemeinschaft zu einem hohen Beschäftigungsniveau bei. Dabei wird aber die Zuständigkeit der Mitgliedstaaten beachtet.

Bevor wir auf die Ausgestaltung der europäischen Beschäftigungspolitik eingehen, die im Jahr 2000 mit der Europäischen Beschäftigungsstrategie (EBS) umgesetzt wurde, ist es sinnvoll, zu klären, weshalb es zu ihrer Entstehung kam. Der europäische Arbeitsmarkt ist durch eine immense Heterogenität gekennzeichnet. Dies gilt nicht nur für seine institutionelle Ausgestaltung und für die Arbeitsmarkt- und Beschäftigungspolitik der Mitgliedstaaten, sondern auch bezüglich der Performance auf dem Arbeitsmarkt. So finden wir eine hohe Varianz in den Arbeitslosenraten der Jugendlichen, der Langzeitarbeitslosen sowie der Beschäftigungsraten. Aufgrund dieser Heterogenität macht eine einheitliche EBS eigentlich keinen Sinn.

Der Frage, warum es zur EBS gekommen ist, können wir aus zwei unterschiedlichen Blickwinkeln nachgehen. Zum einen können wir auf die Überlegungen des fiscal federalism zurückgreifen und uns fragen, welche theoretischen Überlegungen dafür sprechen können, Kompetenzen bei der Beschäftigungspolitik von den Mitgliedstaaten auf die Union zu übertragen. Dabei werden wir uns zunächst den Ursachen der Arbeitslosigkeit und dann den Instrumenten ihrer Bekämpfung zuwenden und prüfen, ob diese eher zentral auf EU-Ebene oder dezentral auf Ebene der Mitgliedstaaten gesteuert werden sollen.

Zum anderen werden wir uns politischen Argumenten zuwenden, mit denen wir anhand der geänderten Interessenlage nach der europäischen Währungsunion begründen können, warum es zur EBS kam.

Dass sich die Mitgliedstaaten auf eine europäische Beschäftigungspolitik und die EBS einigen konnten, liegt zum einen an ihrer Ausgestaltung, bei der die Autonomie der Mitgliedstaaten im Bereich der Beschäftigungspolitik weitgehend gesichert bleibt. Zum anderen hatte sich die Beschäftigungssituation in allen EU-Mitgliedsländern zu Beginn der 90er Jahre verschlechtert, so dass man einen gemeinsamen Handlungsbedarf auf europäischer Ebene feststellte. Mit dem Maastricht-Vertrag über die Währungsunion wurde aufgrund der Konvergenzkriterien eine konzertierte Haushaltskonsolidierungsstrategie bei den Mitgliedstaaten erzwungen, was zu mehr Preisniveaustabilität führte, jedoch mit durchaus negativen Auswirkungen für den europäischen Arbeitsmarkt verbunden war. Die Notwendigkeit einer EBS ergibt sich nach Ansicht der Kommission aber nicht nur in der Einführungsphase der Währungsunion. Auch mit der einheitlichen Geldpolitik steht die Beschäftigungspolitik der Mitgliedstaaten vor neuen Herausforderungen. Zum einen kann die einheitliche Geldpolitik nicht gezielt auf die jeweiligen Beschäftigungsprobleme eines Mitgliedstaates ausgerichtet werden. Zum anderen wird der Handlungsspielraum der Mitgliedstaaten durch den Stabilitäts- und Wachstumspakt eingeschränkt.

Mit der Einführung der europäischen Währungsunion geht eine Verschiebung in der grundlegenden Zielsetzung der EU in dem Sinne einher, dass dem Ziel der Geldwertstabilität eine übergeordnete Rolle eingeräumt wird und die EZB nur diesem Ziel verpflichtet ist. Von daher führte die Währungsunion nach Meinung der Anhänger einer EBS zu einer sozialpolitischen Schieflage, indem mehr wirtschaftliche Aspekte in den Vordergrund und soziale Fragen sowie die Kohäsion in der EU in den Hintergrund rückten. Um diese Schieflage zu beseitigen, wurde mit dem Beschäftigungskapitel dem Ziel der Vollbeschäftigung ein zentraler Stellenwert eingeräumt. Mit der Realisierung des Gemeinsamen Marktes und der anstehenden Währungsunion wuchs die Furcht, dass der schon durch den Globalisierungsprozess induzierte verstärkte Wettbewerb zu einem Sozialdumping unter den Mitgliedstaaten führen würde. Durch Sozialkürzungen u. Ä. könnten einige Mitgliedstaaten – so die große Sorge – versuchen, ihre Wettbewerbsposition und damit auch ihre Beschäftigungssituation zu verbessern.

8.1 Theoretische Begründung der Europäischen Beschäftigungsstrategie

In der perfekten Welt der neoklassischen Arbeitsmarkttheorie kann es eigentlich nur freiwillige Arbeitslosigkeit geben. Unternehmer und Arbeitnehmer sind vollständig informiert, verhalten sich als reine Mengenanpasser und betrachten den Lohn als Datum und flexible Löhne und Preise erfüllen ihre Markträumungsfunktion. In dieser perfekten Welt stellt sich für die EU überhaupt nicht die Frage der adäquaten Ausgestaltung der EBS. Sie ist einfach überflüssig, auf welcher Ebene auch immer.

Nun hat aber diese perfekte Welt der neoklassischen Arbeitsmarktökonomik wenig mit der europäischen Realität zu tun. Arbeitgeber und Arbeitnehmer sind durch immense Informationsdefizite gekennzeichnet, was sie zu Suchprozessen auf dem Arbeitsmarkt veranlasst. Beide Seiten besitzen zudem durchaus Marktmacht, so dass sie den Lohnbildungsprozess beeinflussen können. Löhne und Preise sind rigide und erfüllen ihre Markträumungsfunktion nur unzureichend, so dass unfreiwillige Arbeitslosigkeit eintritt, wie sie von Carlin/Soskice (2006) mit dem Konzept des Arbeitsmarktes mit unvollkommenem Wettbewerb erklärt wird. Hier stellt das neoklassische Modell einen – wenn auch unrealistischen – Extremfall dar.

Während im neoklassischen Modell die Arbeitsnachfrage LD der Kurve des Grenzproduktes des Faktors Arbeit entspricht, da im Gewinnmaximum der Reallohn der Grenzproduktivität entspricht, verläuft auf einem Arbeitsmarkt mit unvollständigem Wettbewerb die Preissetzungskurve PS unterhalb der LD-Kurve (siehe Abb. 8.1). Je größer der Abstand beider Kurven, umso unvollkommener ist der Wettbewerb auf dem Gütermarkt. Die PS-Kurve gibt an, welche Preise die Unternehmen auf dem Gütermarkt bei gegebenen Löhnen durchsetzen können. Im einfachen Falle einer isoelastischen Güternachfrage und einer linear-homogenen Produktionsfunktion bedingt bei monopolistischer Konkurrenz das Gewinnmaximierungsverhalten der Unternehmen eine horizontale PS-Kurve (Zuschlagskalkulation).

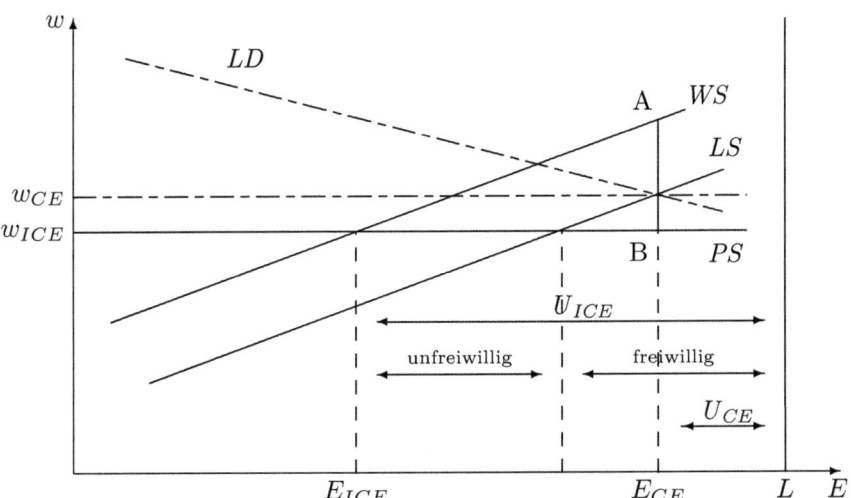

Quelle: in Anlehnung an Carlin/Soskice (2006), S. 52.

Abb. 8.1 Konzepte der Arbeitslosigkeit

Im neoklassischen Modell maximieren die Arbeitnehmer ihren Nutzen und bestimmen für gegebenen Reallohn ihr optimales Arbeitsangebot LS. Der Schnittpunkt der LD- und LS-Kurve determiniert den neoklassischen Gleichgewichtslohn w_{CE} und das Vollbeschäftigungsniveau E_{CE}. Auf einem unvollkommenen Arbeitsmarkt bestimmen institutionelle Faktoren den Lohnbildungsprozess. Die WS-Kurve, die aufzeigt, wie sich die Nominallöhne bei gegebenen Preisen bilden, verläuft oberhalb der LS-Kurve. Je größer der Abstand beider Kurven ist, umso stärker weicht die Lohnbildung vom neoklassischen Idealfall ab. Für die Bestimmung des Verlaufs der WS-Kurve gibt es unterschiedliche theoretische Erklärungen. Zu erwähnen sind zum einen ein reines Lohnverhandlungsmodell zwischen Gewerkschaften und Arbeitgeber und zum anderen die Effizienzlohntheorie, nach der Arbeitgeber, um die Lohnstückkosten zu minimieren, freiwillig Löhne über dem Gleichgewichtslohn anbieten.

Unterstellen wir, dass alle Akteure die Inflation korrekt antizipieren, d. h. $p = p^e$, so können sie das Gleichgewicht E_{ICE} auf einem Arbeitsmarkt mit unvollständigem Wettbewerb bestimmen. Dabei ist die Preisbildung der Unternehmen mit dem Lohnsetzungsprozess kompatibel ist. Diese Kompatibilität ergibt sich beim Reallohn w_{ICE} der sich als Schnittpunkt der WS- und PS-Kurve ergibt.

Anhand dieses einfachen Modells sind wir in der Lage, präzise freiwillige von unfreiwilliger Arbeitslosigkeit abzugrenzen. Darüber hinaus können wir mit diesem Ansatz auch die Determinanten der NAIRU (non accelerating inflation rate of unemployment) skizzieren. Denn das Gleichgewicht E_{ICE} entspricht genau der NAIRU bzw. der gleichgewichtigen Beschäftigung bei der Phillipskurve, bei der $p = p^e$ ist.

Für die EBS ist von zentraler Bedeutung, wie wir die PS- und WS-Kurve und damit die gleichgewichtige Beschäftigungsrate beeinflussen können, wobei hier auf eine ausführliche theoretische Begründung verzichtet werden muss.

Determinanten für die PS-Kurve sind:

- Tax wedge,
- Wettbewerb auf dem Gütermarkt,
- Produktivität,

  - technischer Fortschritt,
  - Humankapitalinvestitionen,

- Grad der Arbeitsmarktderegulierung.

Die Tax wedge gibt die Spanne zwischen den Bruttolohnkosten der Unternehmen und den Nettoeinkommen der Arbeitnehmer wieder. Steigt diese Spanne bei gegebenem Nettolohn, so werden die Unternehmen diese Steigerung auf die Preise überwälzen, die PS-Kurve verschiebt sich nach unten, der Abstand zwischen PS- und LD-Kurve erhöht sich und die Beschäftigung sinkt.

Nimmt hingegen der Wettbewerb auf dem Gütermarkt zu, so reduziert sich der Abstand zwischen beiden Kurven. Dies hat ein höheres gleichgewichtiges Beschäftigungsniveau sowie eine Verbesserung der Verteilungssituation der Arbeitnehmer zur Folge, da der Abstand zwischen ihrem Reallohn gemäß der PS-Kurve und ihrer Grenzproduktivität zurückgeht.

Steigt die Arbeitsproduktivität, so verschieben sich sowohl die PS- als auch die LD-Kurve nach oben und die Beschäftigung steigt. Die Arbeitsproduktivität kann sowohl aufgrund des technischen Fortschritts als auch durch Humankapitalinvestitionen steigen. Umstritten ist hingegen, ob durch eine Deregulierung des Arbeitsmarktes ein positiver Beschäftigungseffekt bewirkt werden kann. Dazu ist eine pauschale Antwort nicht möglich, sondern man muss sich schon die jeweilige Deregulierungsmaßnahme en detail anschauen.

Man kann auch nicht pauschal sagen, dass eine Produktivitätssteigerung per se zu mehr Beschäftigung führt. Zum einen muss es zu einer entsprechenden Ausweitung der Nachfrage kommen, zum anderen hängt der Beschäftigungseffekt entscheidend davon ab, inwieweit die Tarifparteien die Produktivitätssteigerung in höhere Löhne umsetzen, also inwieweit eine Produktivitätssteigerung eine Verschiebung der WS-Kurve nach oben bedingt. Betreiben die Tarifparteien eine produktivitätsorientierte Lohnpolitik (siehe dazu das nächste Kapitel), so ist dieser Zusammenhang gegeben.

Insgesamt wird auf folgende Faktoren hingewiesen, die den Verlauf der WS-Kurve beeinflussen:

- Produktivität,
- soziale Absicherung bei Arbeitslosigkeit,
- Macht der Gewerkschaften,

  - Zentralisationsgrad,
  - Organisationsgrad,
  - Tarifvertragsgesetz,

- freiwillige Lohnvereinbarungen.

Wenn man diese Einflussfaktoren betrachtet und die Möglichkeiten der Mitgliedstaaten, diese zu beeinflussen, so muss man sich fragen, was durch eine Vergemeinschaftung der Beschäftigungspolitik an Effizienz gewonnen wird. Prüfen wir die Argumente des fiscal federalism, die für eine Vergemeinschaftung sprechen, so liegen relativ homogene Präferenzen bei dem abstrakten Ziel Vollbeschäftigung vor. Diese Homogenität relativiert sich aber, wenn man die Mitgliedstaaten fragt, was sie zur Realisierung des Beschäftigungsziels zu zahlen bereit sind. Inwieweit durch eine Vergemeinschaftung Synergieeffekte verwirklicht werden, werden wir später bei der Offenen Methode der Koordinierung prüfen. Dass Vollbeschäftigung kein EU-weites öffentliches Gut darstellt, ist offensichtlich. Es bleibt zu prüfen, ob Spillover-Effekte von der Beschäftigungspolitik eines Mitgliedstaates auf andere ausgehen. Dies prüfen wir im Kapitel 9, in dem es um eine zurückhaltende Lohnpolitik geht, mit der die Wettbewerbsfähigkeit und damit die Beschäftigungssituation eines

Mitgliedstaates verbessert werden soll. Außerdem kommen wir im Kapitel 10
darauf zurück, wenn es darum geht, mit einer expansiven Fiskalpolitik über
eine Nachfragebelebung mehr Beschäftigung zu ermöglichen. Wenn es aber
um Beschäftigungspolitik im Sinne einer reinen Arbeitsmarktpolitik geht, so
spricht allerdings wenig für eine Vergemeinschaftung.

Spillover wären aber durchaus relevant, wenn wir eine hohe Mobilität des
Faktors Arbeit in der EU hätten. Dann würden Arbeitslose in andere, durch
eine bessere Beschäftigungssituation gekennzeichnete Mitgliedstaaten abwandern. Es käme zu einem Export von Arbeitslosigkeit und zu einer Nivellierung
der Arbeitslosenraten. Die Mobilität ist aber in der EU nur schwach ausgeprägt. Dies zeigt sich nicht nur in den niedrigen Wanderungsraten, sondern
wird besonders deutlich in den Unterschieden der NAIRU der Mitgliedstaaten
(siehe Abb. 8.2), die einen einheitlichen EU-Arbeitsmarkt ausschließen.

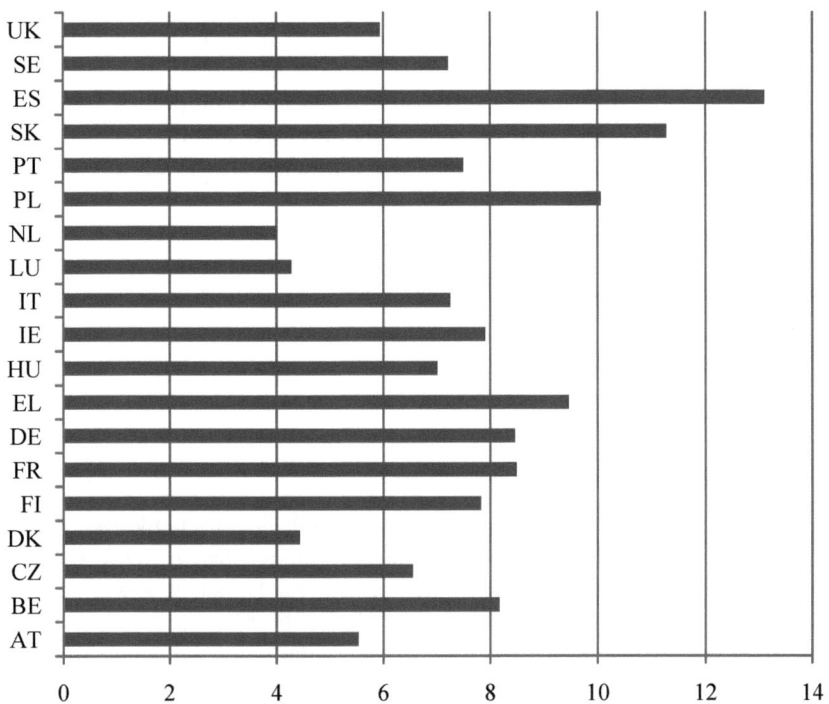

Quelle: CESifo.

Abb. 8.2 Die NAIRU der Mitgliedstaaten 2011

Mit den Unterschieden in der NAIRU ist aber ein statistischer Effekt verbunden, der durchaus die Durchschnittsarbeitslosigkeit in der EU erhöhen

kann. Da nahe bei Vollbeschäftigung Gewerkschaften hohe Lohnsteigerungen durchsetzen wollen, ist in diesem Bereich die Reallohnreagibilität recht stark. Anders ist bei hoher Arbeitslosigkeit die Bereitschaft – je stärker das soziale Sicherheitsnetz ausgeprägt ist – Lohnkonzessionen zu machen relativ schwach und die Lohnrigidität entsprechend ausgeprägt. Dies impliziert einen konvexen Verlauf der WS-Kurve. Je größer die Varianz der Beschäftigungsrate in der EU ist, umso höher ist aufgrund der Konvexität das Reallohnniveau in der EU, wie dies in Abb. 8.3 deutlich wird. Die WS-Kurve verschiebt sich entsprechend in der EU nach oben.

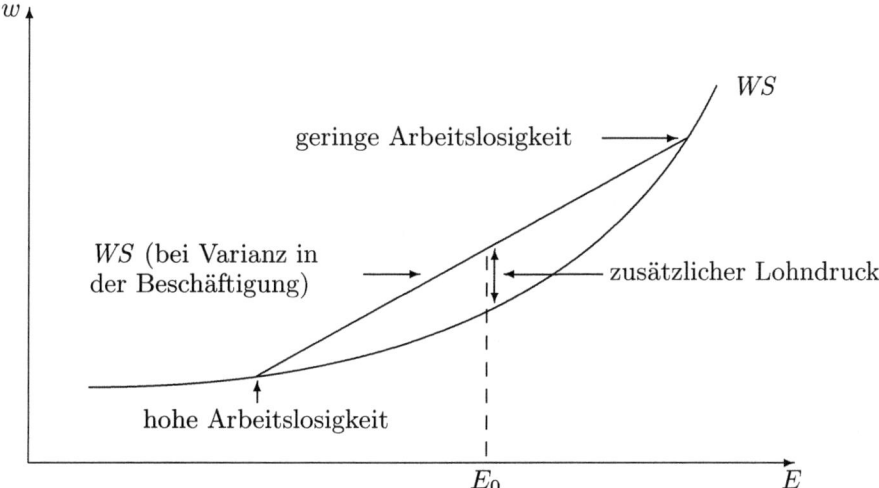

Quelle: in Anlehnung an Carlin/Soskice (2006), S. 766.

Abb. 8.3 Einfluss der Varianz der Beschäftigung auf den durchschnittlichen Reallohn

Unterstellen wir aufgrund des Gemeinsamen Marktes und des hohen Integrationsgrades mehr oder weniger identische PS-Kurven, so impliziert die nach oben verschobene WS-Kurve eine höhere durchschnittliche Arbeitslosigkeit in der EU. Um diesen negativen Spillover-Effekt zu vermeiden, könnte es ein Interesse in der EU geben, die Varianz in der Arbeitslosigkeit zu reduzieren. Die obigen Ausführungen lassen aber bezweifeln, dass dies tatsächlich mit einer gemeinsamen Beschäftigungspolitik realisiert werden kann.

8.2 Darstellung und Entwicklung der europäischen Beschäftigungspolitik

Die EBS beinhaltet eine jährliche Analyse der Beschäftigungslage der Union in Form eines Jahresberichtes des Ministerrats und der Europäischen Kommission. Anhand des Berichts prüft der Europäische Rat die Beschäftigungslage in der EU. Nach dem AEU-Vertrag ist die Europäische Kommission die Agenda-Setting-Institution der EBS. Sie schlägt aufbauend auf den Schlussfolgerungen des Europäischen Rates dem Rat beschäftigungspolitische Leitlinien vor, die von diesem nach Anhörung des Europäischen Parlaments, des Ausschusses der Regionen sowie des im Rahmen der EBS neu geschaffenen Beschäftigungsausschusses mit qualifizierter Mehrheit beschlossen werden. Die Leitlinien der Kommission werden dann von den Mitgliedstaaten in ihrer Beschäftigungspolitik berücksichtigt, über die diese jährlich einen Bericht erstellen. Anhand der Berichte und der Stellungnahme des Beschäftigungsausschusses nimmt der Europäische Rat eine Evaluierung vor. Er kann auf Empfehlung der Kommission mit qualifizierter Mehrheit Empfehlungen an die Mitgliedstaaten aussprechen. Die Union verfügt aber über kein Sanktionspotenzial bei der EBS. Diese recht vagen Prinzipien der EBS wurden in sogenannten Prozessen schrittweise konkretisiert und umgesetzt.

Im Luxemburg-Prozess wurden vom Europäischen Rat beschäftigungspolitische Leitlinien aufgestellt, die auf vier Säulen aufbauen:

- Verbesserung der Beschäftigungsfähigkeit,
- Förderung des "Unternehmensgeistes",
- Verbesserung der Anpassungsfähigkeit von Unternehmen und Arbeitnehmern,
- Förderung der Chancengleichheit von Männern und Frauen (Gender Mainstreaming).

Diese Leitlinien werden von den Mitgliedsländern durch Nationale Aktionspläne (NAP) umgesetzt. Diese werden dann durch einen gemeinsamen Beschäftigungsbericht der Kommission und des Europäischen Rates evaluiert und es werden von ihnen – wenn notwendig – Empfehlungen für die Mitgliedsländer ausgesprochen. Mit der Konkretisierung im Luxemburg-Prozess wurden die Eckpfeiler für die Offene Methode der Koordinierung (OMK) geschaffen, die auf dem Gipfel von Lissabon in das Gemeinschaftsrecht übernommen wurde und die wir später ausführlich darstellen werden.

Im Cardiff-Prozess von 1998 wurde eine Erweiterung der EBS vorgenommen. Will man mehr Beschäftigung, dann reicht es nicht aus, die Reformen allein auf den Arbeitsmarkt zu konzentrieren. Die Arbeitsnachfrage der Unternehmen bestimmt sich als abgeleitete Nachfrage, wie in Abbildung 8.1 dargestellt, über die vorgelagerte Güternachfrage. Von daher kommt der Wettbewerbssituation auf den Güter- und Finanzmärkten eine zentrale Stellung zu. Reformdefizite auf den Güter- und Finanzmärkten lassen sich nicht vollständig mittels Arbeitsmarktreformen kompensieren. Bei den im Cardiff-Prozess angestoßenen Reformen geht es um so grundlegende Aufgaben wie: Erhöhung der Marktflexibilität, Öffnung des öffentlichen Auftragswesens, Verbesserung der Rahmenbedingungen für KMU.

Eine weitere Vertiefung der EBS wurde mit dem Köln-Prozess von 1999 verwirklicht, in dem ein makroökonomischer Dialog angestoßen wurde. Bei dieser korporatistischen Politik sollen sich die zentralen Akteure: Rat, Kommission, EZB und die Tarifparteien in ihren wirtschaftspolitischen Strategien absprechen. Es geht dann nicht mehr nur um eine koordinierte Beschäftigungspolitik in der EU, sondern auch um eine Koordination der Beschäftigungs- mit der Geld-, Fiskal- und Lohnpolitik auf der EU-Ebene.

Als ein Meilenstein in der Entwicklung der EBS wird der Gipfel des Europäischen Rates in Lissabon im Jahr 2000 bezeichnet. Mit der Lissabon-Strategie wurde die OMK nicht nur rechtlich verankert, sondern diese spezifische Methode der EBS wurde dahingehend verallgemeinert, dass sie auch in anderen Politikbereichen der Gemeinschaft angewandt werden kann. Der Europäische Rat definierte auf dem Lissabon-Gipfel die OMK wie in Tabelle 8.1 dargestellt.

Tabelle 8.1 Definition der OMK

Definition der OMK gemäß den Schlussfolgerungen des Europäischen Rats von Lissabon 2000:
„Festlegung von Leitlinien für die Union mit einem jeweils genauen Zeitplan für die Verwirklichung der von ihnen gesetzten kurz-, mittel- und langfristigen Ziele; gegebenenfalls Festlegung quantitativer und qualitativer Indikatoren und Benchmarks im Vergleich zu den Besten der Welt, die auf die in den einzelnen Mitgliedstaaten und Bereichen bestehenden Bedürfnisse zugeschnitten sind, als Mittel für den Vergleich der bewährten Praktiken; Umsetzung dieser europäischen Leitlinien in die nationale und regionale Politik durch Vorgabe konkreter Ziele und den Erlaß entsprechender Maßnahmen unter Berücksichtigung der nationalen und regionalen Unterschiede; regelmäßige Überwachung, Bewertung und gegenseitige Prüfung im Rahmen eines Prozesses, bei dem alle Seiten voneinander lernen."

Mit der Lissabon-Strategie wurde die langfristige Orientierung der EBS verstärkt, indem sehr anspruchsvolle Zielvorgaben für die Zeit bis zum Jahr 2010 vereinbart wurden. Neben der generellen Zielsetzung "der wettbewerbsfähigste und dynamischste wissensbasierte Wirtschaftsraum der Welt zu werden", wurde konkret beschlossen, dass die allgemeine Beschäftigungsquote von 61 % bis zum Jahr 2010 auf 70 % und die der Frauen von 51 % auf 60 % erhöht werden sollen. Zentraler Ansatz zur Realisierung dieser Zielvorgaben ist dabei die Steigerung der Pro-Kopf-Investitionen in Humanressourcen in einer wissensbasierten Gesellschaft.

Auf dem Gipfel von Stockholm im Jahr 2001 wurden die langfristigen Zielvorgaben durch drei Zwischenziele konkretisiert: Bis zum Jahr 2005 soll die allgemeine Beschäftigungsquote 67 %, die von Frauen 57 % und die der älteren Arbeitnehmer bis zum Jahr 2010 den Wert von 50 % erreichen. Die mit der Lissabon-Strategie ermöglichte Ausweitung der OMK auf andere Politikbereiche wurde sukzessive genutzt. Folgende weitere Politikbereiche wurden in die OMK überführt:

- Ausgrenzung und Diskriminierung,
- Alterssicherung,
- Asyl- und Migrationspolitik,
- Jugendpolitik,
- Bildungspolitik,
- Gesundheitspolitik.

Im Jahr 2005 wurde eine Anpassung der Lissabon-Strategie vorgenommen und die EBS überarbeitet. Zielsetzung der Reform ist es, die Zusammenarbeit zwischen den Mitgliedstaaten und den EU-Institutionen zu verbessern. Aufgrund der unzureichenden Umsetzung der Lissabon-Strategie einigte man sich auf sogenannte Integrierte Beschäftigungspolitische Leitlinien für den Governance-Zyklus 2005 - 2008, um die drei grundlegenden Ziele der EBS "Vollbeschäftigung, Arbeitsplatzqualität und Arbeitsproduktivität, sozialer Zusammenhalt und soziale Eingliederung" zu verwirklichen. Um die Koordination zwischen den Politikbereichen zu verbessern, entwickelte die Kommission "Integrierte Leitlinien für Wachstum und Beschäftigung (2005 - 2008)", in denen die makroökonomischen, mikroökonomischen und die beschäftigungspolitischen Leitlinien zusammengeführt wurden (siehe Tabelle 8.2), deren Bewertung wir uns zuwenden.

8.3 Der Mehrwert der europäischen Beschäftigungspolitik und der Offenen Methode der Koordinierung

Die durch die EBS initiierte und getragene OMK baut nach Ansicht der Kommission auf fünf Schlüsselelementen auf, die den Mehrwert dieser Methode ermöglichen.

Subsidiarität: Nach dem Vertrag von Maastricht verfügen die Mitgliedstaaten im Bereich der Beschäftigungspolitik über vollständige Souveränität. Mit der OMK wird diese Souveränität gewahrt und dennoch über die Festlegung von gemeinsamen Zielen in Form von Leitlinien eine ausreichende Koordination verwirklicht. Dabei können die Mitgliedstaaten bei der Umsetzung der Leitlinien über die NAP eine eigenständige Beschäftigungspolitik

Tabelle 8.2 Integrierte Leitlinien

Makroökonomische Leitlinien

(1) Wirtschaftliche Stabilität sichern.

(2) Wirtschaftliche Nachhaltigkeit gewährleisten.

(3) Eine effiziente Ressourcenallokation fördern.

(4) Eine größere Kohärenz zwischen makroökonomischer Politik und Strukturpolitik herstellen.

(5) Sicherstellen, dass die Lohnentwicklung zur makroökonomischen Stabilität und zum Wachstum beiträgt.

(6) Dynamik und Funktionieren der WWU verbessern.

Mikroökonomische Leitlinien

(7) Den Binnenmarkt, einschließlich der Dienstleistungen, erweitern und vertiefen.

(8) Die Märkte offen und wettbewerbsorientiert gestalten.

(9) Das Unternehmensumfeld attraktiver machen.

(10) Unternehmerische Kultur fördern und das Wirtschaftsumfeld KMU-freundlicher gestalten.

(11) Die europäische Infrastruktur ausbauen und verbessern und vereinbarte prioritäre grenzüberschreitende Projekte durchführen.

(12) Mehr und effizienter in FuE investieren.

(13) Innovation und IKT-Integration fördern.

(14) Eine nachhaltige Ressourcennutzung begünstigen und die Synergien zwischen Umweltschutz und Wachstum stärken.

(15) Zur Schaffung einer soliden industriellen Basis beitragen.

Beschäftigungspolitische Leitlinien

(16) Die Beschäftigungspolitik ausrichten auf Vollbeschäftigung, Steigerung der Arbeitsplatzqualität und Arbeitsproduktivität und Stärkung des sozialen und terretorialen Zusammenhalts.

(17) Einen lebenszyklusorientierten Ansatz in der Beschäftigungspolitik fördern.

(18) Arbeitssuchende und benachteiligte Menschen besser in den Arbeitsmarkt integrieren.

(19) Den Arbeitsmarkterfordernissen besser gerecht werden.

(20) Flexibilität und Beschäftigungssicherheit in ein ausgewogenes Verhältnis bringen und die Segmentierung der Arbeitsmärkte verringern.

(21) Die Entwicklung der Lohnkosten und der sonstigen Arbeitskosten beschäftigungsfreundlich gestalten.

(22) Die Investitionen in Humankapital steigern und optimieren.

Quelle: Europäische Kommission (2005)

verwirklichen. Es muss aber kritisch gefragt werden, ob dieses neue Politikinstrument, das auf soft law beruht, langfristig tragfähig ist oder nur von transitorischem Charakter ist. Die OMK baut letztlich auf Freiwilligkeit auf und ist eine Politik der Moral Suasion, die z. B. in Deutschland in Form der konzertierten Aktion mehr oder weniger gescheitert ist. Bei der OMK kann die Kommission durch "naming, blaming, shaming" bei Zielabweichungen einen gewissen Druck auf die Mitgliedstaaten ausüben. Da aber die OMK auf der nationalen Ebene keinen hohen politischen Stellenwert besitzt, wird dieser Druck nicht ausreichen.

Effektiver ist die Strategie der Kommission, die Erfüllung der Zielvorgaben der EBS mit der Mittelvergabe aus den Strukturfonds zu verknüpfen. Entspricht der NAP eines Mitgliedstaates nicht den beschäftigungspolitischen Vorstellungen der Kommission, so kann sie über die erforderliche Genehmigung der Entwicklungsprogramme für die Strukturfonds, insbesondere für den beschäftigungsrelevanten ESF, Kompromisse erzwingen. Dieser Spielraum, Druck ausüben zu können, ist für die Kommission durch die "leistungsgebundene Reserve" der Strukturfondsmittel verstärkt worden, die ab dem Jahr 2003/04 nach Leistungskriterien im Sinne von Best Practice vergeben wird. Sind erst einmal die Entwicklungsprogramme, die eine Laufzeit von sieben Jahren haben, von der Kommission genehmigt worden, so besitzt die Kommission für eine geraume Zeit kein Sanktionspotenzial. Dies gilt nicht für die leistungsgebundene Reserve. Mit der Halbzeitevaluierung der Entwicklungsprogramme und der damit verbundenen Möglichkeiten der Programmanpassung wird der Sanktionsspielraum der Kommission erweitert. Diejenigen, die eine Stärkung der EBS fordern, vertreten deshalb auch die Auffassung, dass die OMK ihr Sanktionspotenzial ausweiten und sie mit hartem Recht gestärkt werden sollte. Damit würde sie ihre Zwitterstellung als dritten Weg zwischen dem Gemeinschaftsrecht in Form von Richtlinien und Verordnungen und der intergouvernementalen Zusammenarbeit verlieren. Diese Entwicklung ist aber mit dem Subsidiaritätsprinzip der Union nicht vereinbar.

Konvergenz: Von Konvergenz kann man auf drei Ebenen sprechen, Zielvorgabe, Instrumenteneinsatz und Zielrealisation. Alle drei Ebenen werden von der OMK beeinflusst. Zum einen beschließt der Europäische Rat einheitliche Leitlinien der EBS. Dabei muss aber gefragt werden, ob diese Einheitlichkeit nicht durch Beliebigkeit und Vagheit erkauft wird. Schaut man sich z. B. den umfangreichen Katalog von Leitlinien in Tabelle 8.2 an, so sind sie alle ohne weiteres konsensfähig. Wer ist schon nicht für wirtschaftliche Stabilität, effiziente Ressourcenallokation usw.

Auf der Ebene des Instrumenteneinsatzes müssen zwei Fragen aufgegriffen werden. Erstens, gibt es eine Konvergenz im Instrumenteneinsatz im Rahmen der EBS? Diese ist bei den Mitgliedstaaten empirisch nicht festzustellen und aufgrund der Unterschiede in der Ausgestaltung der Arbeitsmarktbeziehungen und sozialen Sicherungssysteme auch nicht zu erwarten. Zweitens ergibt sich die Frage, ob ein harmonisierter Instrumenteneinsatz überhaupt erwünscht ist. Auch hier wird die Antwort eher nein sein. Diese Überlegungen haben aber zur Folge, dass oft die mit großem Enthusiasmus gelobten Steuerungsinstrumente wie Benchmarking und Best Practice kritischer gesehen werden müssen.

Konvergenz macht auf der dritten Ebene der Zielrealisation im Sinne der wirtschaftlichen und sozialen Kohäsion Sinn, da bezüglich des Ziels der Vollbeschäftigung ein EU-weiter Konsens existiert. Von daher ist die EBS im Gegensatz zu anderen Politikbereichen, bei denen schon die Definition, an welchem Ziel Konvergenz gemessen werden soll, strittig ist, für die OMK geeignet.

Gegenseitiges Lernen: Die obigen Ausführungen deuten schon an, dass es nicht unbedingt gerechtfertigt ist, die optimistische Einschätzung der Kommission bei der Bewertung der OMK zu teilen. Ob die praktischen Erfahrungen einzelner Mitgliedstaaten bei der EBS ohne weiteres übertragbar sind, muss bezweifelt werden. Dies ist besonders dann fraglich, wenn sie sich nicht auf einen einzigen theoretischen Ansatz der Erklärung der Arbeitslosigkeit bezieht, sondern von konkurrierenden, aber bisher gut bewährten Theorien ausgeht. Auch wenn die neoklassische Theorie im Rahmen der EBS auf breite Akzeptanz stößt, so ist damit nicht gesagt, dass sie die einzig richtige Theorie darstellt, auch wenn sie in vielen Bereichen konkurrierenden Theorieansätzen überlegen ist. Die Unterstellung einer einzig wahren theoretischen Erklärung und der damit einhergehenden Best Practice kann durchaus zur Aushebelung des demokratischen Diskurses auf der EU-Ebene führen. Sie impliziert, dass andere keine guten Ergebnisse realisiert haben, weil sie nicht bereit sind, die Best Practice anzuwenden. Dieser Ansatz führt schnell zu Verschwörungstheorien – im Sinne von nicht lernen wollen oder können –, die demokratiefeindlich sind und zur Lösung des Beschäftigungsproblems wenig beitragen. Hinzu kommt, dass dieses Konzept u. U. nicht den politischen Realitäten gerecht wird. Zum einen kann es sein, dass eine Regierung wohlbegründet auf die Umsetzung von Best Practice verzichtet, da der gesellschaftliche Widerstand die Realisierung nicht zulässt. Dieser klugen Regierung dann mangelnde Lernfähigkeit zu unterstellen, ist nicht angemessen. Zum anderen kann der Erfolg von besonderen Gegebenheiten eines Mitgliedstaates abhängen, die in anderen Ländern nicht gegeben sind, was aufgrund der Heterogenität in der EU nicht unwahrscheinlich ist.

Ein integriertes Konzept: Die Erkenntnis der Kommission und des Europäischen Rates, dass die hohe Arbeitslosigkeit in der EU nicht ausschließlich ein Problem des Arbeitsmarktes, sondern auch auf Defizite in anderen Politikbereichen zurückzuführen ist, muss begrüßt werden. Daraus aber den Schluss zu ziehen, dass diese umfassende Herausforderung im Rahmen der OMK nur durch eine integrierte Politik aller Bereiche zu bewältigen ist, wie dies in dem integrierten Konzept für Wachstum und Beschäftigung geäußert wird, ist problematisch. Zum einen passt dieser holistische Ansatz, der die Kenntnis aller Interdependenzen zwischen den Politikbereichen voraussetzt, nicht zu einem iterativen Prozess des kontinuierlichen Lernens durch Erfahrungsaustausch. Es besteht auch bei diesem umfassenden Ansatz die Gefahr, dass sich die Union verzettelt, da sie alle beschäftigungsrelevanten Probleme gleichzeitig angehen will. Eine Konzentration auf das Wesentliche ist hier anzuraten.

Führen nach Zielen: Greift man auf die klassische Definition rationaler Politik im Sinne "vorgegebener Ziele mit einem optimalen Instrumenteneinsatz zu maximieren" zurück, so muss man diese Zielorientierung der OMK nur gut heißen. Insbesondere die Vorgabe quantifizierter Ziele erleichtert die

Evaluierung der EBS. Ob aber damit, wie die Kommission unterstellt, die Politik transparenter gemacht und offener für die Bewertung durch die Öffentlichkeit wird, muss bezweifelt werden. Die öffentliche Resonanz auf die OMK war bisher sehr bescheiden. Die Bevölkerung interessiert sich nicht für einen Wust von 80 Indikatoren im Rahmen der OMK, die oft sehr abstrakt sind, immenses Detailwissen voraussetzen und nur wenig Bezug zu ihren konkreten Alltagsproblemen haben. Hier stellt die OMK eher eine intellektuelle Überforderung dar. Selbst ausgewiesene Experten haben große Schwierigkeiten, anhand der Vielzahl von Indikatoren nachvollziehbare Aussagen zur Best Practice zu machen, da die unterschiedliche Gewichtung der vielen Indikatoren zu recht unterschiedlichen Bewertungen führen kann. Von daher suggerieren Benchmarking und Best Practice eher Pseudoobjektivität.

Benötigt die EBS überhaupt eine Führung nach Zielen? Zum einen muss man sich fragen, ob wir zur Koordinierung im Gegensatz zu einer Harmonisierung von Politik (siehe dazu ausführlich Kap. 13) ein einheitliches Zielsystem von Leitlinien benötigen, wenn die OMK recht heterogene NAP zulässt. Wäre es nicht sinnvoller, auf der EU-Ebene einen beschäftigungspolitischen Konsens zu finden, indem man sich bei unterschiedlichen Zielsetzungen direkt auf konkrete Maßnahmen einigt, anstatt sich auf recht vage Ziele zu einigen, die von jedem Mitgliedstaat in seinem Sinne interpretiert und realisiert werden können? Selbst wenn der hier angesprochene Mehrwert der OMK gegeben ist, so entscheidet letztlich die Effektivität und Effizienz über die Überlebensfähigkeit der OMK. Analysieren wir die beschäftigungspolitische Bilanz der OMK, so ist die Bilanz mehr als bescheiden. Mit der Einführung der OMK ist die Arbeitslosigkeit in vielen Ländern gestiegen und höher als zum Zeitpunkt ihrer Einführung. Im Sinne von Best Practice ist der Abstand zu den USA in dem letzten Jahrzehnt vor der Finanzkrise eher größer geworden. Betrachtet man die Zwischenbilanz zur Lissabon-Strategie, so kann mit Sicherheit nicht von einer Erfolgsgeschichte der OMK gesprochen werden. Die hier skizzierte Diskussion soll aufzeigen, dass die von vielen als neue Form der governance titulierte OMK bestimmt kein Allheilmittel ist. Sie bietet durchaus eine Plattform für gute Politiken. Dabei muss aber eine weitere essenzielle Voraussetzung erfüllt werden.

Legitimität: Um die Akzeptanz der OMK bei den Bürgern der EU zu erhöhen, müssen klarere Verantwortungen und Adressaten für Kritik und Lob geschaffen werden. Es sind immer die Regierungen der Mitgliedstaaten, die letztlich zur Verantwortung herangezogen werden und nicht die Kommission. Diese Diskrepanz muss abgebaut werden. Des Weiteren ist die OMK mit einer Entpolitisierung in Richtung von Expertenherrschaft verbunden. Die Aufstellung der NAP vollzieht sich eher im Bereich der internen Politik. Die Quantifizierung von Zielen und die Steuerung über Indikatoren verlangt immenses Fachwissen, über das nur Experten verfügen. Hier ist ein Kurswechsel notwendig. Besonders problematisch an der OMK ist, dass sowohl die nationalen Parlamente als auch das Europaparlament nur unzureichend an dem

Entscheidungsprozess der OMK beteiligt sind. Auch sie werden letztlich an einer Politik beurteilt, die sie selbst nicht zu verantworten haben.

8.4 Literatur

- Carlin, W./Soskice, D. (2006): Macroeconomics – Imperfections, Institutions & Policies, Oxford, Kapitel 2, Abschnitt 5 u. 6, S. 44 - 53.
- Europäische Kommission (2005): Integrierte Leitlinien für Wachstum und Beschäftigung (2005 - 2008), Brüssel, KOM (2005) 141.
- Europäische Kommission (2010): Lisbon Strategy evaluating document, Brüssel, SEC (2010) 114 final.
- Europäische Zentralbank (2005): Die Lissabon-Strategie – Fünf Jahre später, in: Monatsberichte der EZB, H. 7, S. 77 - 93.
- Goetschy, J. (2005): The open method of coordination and the Lisbon strategy: the difficult road from potential to results, in: Transfer, Vol. 11, S. 64 - 80.
- Hodson, D./Maher, I. (2001): The Open Method as a New Mode of Governance: The Case of Soft Economic Policy Co-ordination, in: Journal of Common Market Studies, Vol. 39, S. 719 - 746.
- Kok, W. u. a. (2004): Die Herausforderung annehmen - Die Lissabon Strategie für Wachstum und Beschäftigung. Bericht der Hochrangigen Sachverständigengruppe unter Vorsitz von Wim Kok, Luxemburg.

Kapitel 9
Koordination der Lohnpolitik

Wenn wir uns den Lissabonvertrag anschauen, so stellen wir fest, dass im Gegensatz zu der Beschäftigungspolitik die Lohnpolitik nicht Gegenstand des Vertrages ist. Im Art. 153(5) des AEU-Vertrages wird explizit festgeschrieben, dass Aspekte des Arbeitsentgelts, das Koalitionsrecht, das Streikrecht und das Aussperrungsrecht nicht in den Aufgabenbereich der Union fallen.

Damit ist auch ausgeschlossen, dass die Sozialpartner nach Art. 155 im Rahmen des sozialen Dialogs Tarifvereinbarungen treffen, die dann nach Zustimmung des Rates auf Vorschlag der Kommission und Unterrichtung des Parlaments für die Mitgliedstaaten rechtsverbindlich werden, wie dies sonst in Form der Vereinbarung sozialpolitischer Mindeststandards möglich ist.

Dennoch besteht die Möglichkeit, dass die Tarifparteien auf freiwilliger Basis einen europäischen Tarifvertrag abschließen. Dies stößt aber auf immensen Widerstand der Arbeitgeberverbände, die solche Vereinbarungen generell ablehnen. Auch die Bereitschaft der Gewerkschaften, eine einheitliche EU-weite Tarifpolitik zu betreiben, ist gering. Es gibt wohl Bestrebungen unter den europäischen Gewerkschaften, ihren Informationsaustausch zu intensivieren. Darüber hinaus existiert eine gewisse Bereitschaft, sich über allgemeine Regeln und Normen zu koordinieren. So haben sich die Gewerkschaften und Gewerkschaftsverbände aus Deutschland und den Beneluxländern 1998 im sogenannten Doornabkommen auf eine lohnpolitische Kooperation geeinigt. Danach wollen sie sich bei ihren Tarifverhandlungen auf eine produktivitätsorientierte Lohnpolitik ausrichten, die wir später erläutern werden.

Zu einer Harmonisierung der Lohnpolitik auf europäischer Ebene, was einheitliche Lohnsteigerungen und eine Kompetenzverlagerung auf eine zentrale europäische Verhandlungsebene bedeuten würde, sind aber die europäischen Gewerkschaften nicht bereit.

Auch wenn auf der Seite der Gewerkschaften und insbesondere der Arbeitgeber die Bereitschaft zur Europäisierung der Tarifpolitik gering ist, so gibt es doch einige politische und ökonomische Entwicklungen, die eine explizite oder implizite Koordination der Tarifpolitik in der EU erforderlich machen.

Solange Volkswirtschaften voneinander abgeschottet sind, der Warenaustausch (Offenheitsgrad der jeweiligen Volkswirtschaften) gering ist und die Arbeitskräfte sowie der Faktor Kapital immobil sind, haben die Tarifparteien auf der nationalen Ebene eine relativ starke Autonomie in ihren Lohnverhandlungen und müssen die lohnpolitischen Entwicklungen ihrer Nachbarländer nicht berücksichtigen. Diese Situation ist aber in der EU nicht gegeben. Mit dem Gemeinsamen Markt sind die vier Grundfreiheiten – freier Waren- und Dienstleistungsverkehr, freier Kapitalverkehr, Dienstleistungsfreiheit und Arbeitnehmerfreizügigkeit – realisiert und intensiviert worden. Von daher stehen alle Mitgliedsländer der EU in einem starken Wettbewerb. Da die Lohnpolitik entscheidend die Wettbewerbsfähigkeit zwischen den Mitgliedsländern beeinflusst, kommt ihr bei der Verbesserung der Absatzchancen der Unternehmen eine zentrale Stellung zu. Durch Lohnkonzessionen können die Gewerkschaften den Unternehmen einen preislichen Spielraum verschaffen.

Der europäische Wettbewerb wurde aber nicht nur durch die Schaffung des Gemeinsamen Marktes, sondern auch durch die Globalisierung intensiviert. Im Gegensatz zu den Agrarprodukten können wir bei den Industriegütern und Dienstleistungen nicht von einer Festung Europa sprechen, die sich dem internationalen Wettbewerb entzieht. Lohnpolitik hat auch einen nicht zu vernachlässigenden Einfluss auf die internationale Wettbewerbsfähigkeit. Europäische Unternehmen stehen schließlich nicht nur untereinander im Wettbewerb, sie stehen auch im globalen Wettbewerb.

Diese Intensivierung des internationalen Wettbewerbs wirkt sich über den Gütermarkt auf den Arbeitsmarkt aus, indem die abgeleitete Arbeitsnachfrage der Unternehmen elastischer wird. Je elastischer aber die Arbeitsnachfrage wird, umso wichtiger wird eine beschäftigungskonforme Lohnpolitik. Abweichungen vom Gleichgewichtslohn führen bei einer elastischen Arbeitsnachfrage zu deutlichen Abweichungen vom Vollbeschäftigungsniveau, d. h. die Auswirkungen zu hoher Lohnforderungen auf die Arbeitslosigkeit sind erheblich. Je unelastischer die Arbeitsnachfrage in den einzelnen Branchen und zwischen den Mitgliedsländern der EU ist, umso unproblematischer ist eine fehlende Abstimmung der Lohnpolitik auf nationaler und EU-Ebene.

Die Elastizität der Arbeitsnachfrage nimmt nicht allein aufgrund des verstärkten globalen Wettbewerbs zu. Hinzu kommen die weltweite Expansion und die gestiegene Effizienz des Kapital- und Kreditmarktes. Kapital kann heute weltweit mehr oder weniger risikolos angelegt werden und Finanzkapital ist immens reagibel und mobil geworden. Marginale Renditedifferenzen können zu erheblichen Kapitalströmen führen. Diese Einflüsse schlagen sich in einer größeren Elastizität der Arbeitsnachfrage nieder.

Als weitere markante Herausforderung für eine europäische Lohnpolitik ist die Europäische Währungsunion anzuführen. Durch die einheitliche Geldpolitik ist den nationalen Zentralbanken die Chance genommen worden, Koordinationsfehler in der Lohnpolitik zwischen den Mitgliedsländern zu korrigieren. Vereinbaren die Tarifparteien stabilitätswidrige Löhne, so konnte die Zentralbank die unerwünschten Beschäftigungseffekte vor der Währungsunion durch eine gezielte Geldpolitik korrigieren. Bezüglich ihres negativen Realloh-neffektes konnte sie zu hohe Nominallöhne prinzipiell durch Inflation mittels expansiver Geldpolitik kompensieren. Verzichtete sie darauf, so konnte die internationale Wettbewerbssituation über eine Wechselkursanpassung mehr oder weniger automatisch verbessert werden. Diese Möglichkeit der kompen-satorischen Geldpolitik sowie die der Wechselkursanpassung stehen jedoch nicht mehr zur Verfügung.

Die EZB verfolgt eine einheitliche Geldpolitik. Dies besagt u. a. – wie in Kapitel 4 dargestellt –, dass sich die EZB an europäischen Durchschnittswer-ten, wie der europäischen Inflationsrate, und nicht nach nationalspezifischen Entwicklungen ausrichtet und sie auch nicht in der Lage ist, eine auf die je-weilige spezifische Situation eines Mitgliedstaates ausgerichtete Geldpolitik zu betreiben.

Hinzu kommt, dass sich mit der Währungsunion die "Spielstruktur" grund-legend geändert hat. Als die Geldpolitik noch in der Hand der NZB lag, ging es um bilaterale Beziehungen zwischen den jeweiligen NZB und den Ta-rifparteien. Im Rahmen der einheitlichen Geldpolitik geht es nun um eine multilaterale Beziehung zwischen dem zentralen Akteur EZB und den vielen Tarifparteien auf der europäischen Ebene, wobei wir hier die Koordinations-probleme, die sich für die Tarifparteien auf der jeweiligen nationalen Ebene ergeben, vereinfachend vernachlässigen.

Diese beiden Entwicklungen, europäische Integration und einheitliche Geld-politik, bedingen zwei Koordinationsaufgaben für die europäische Lohnpoli-tik: Zum einen müssen die Tarifparteien zwischen den Mitgliedstaaten ihre Lohnpolitik in irgendeiner Form koordinieren. Dieser Aspekt betrifft die hori-zontale Koordination der Lohnpolitik, den wir zuerst behandeln. Zum ande-ren geht es um die Koordination der Lohnpolitik zwischen den europäischen Tarifparteien und der EZB. Dieser Aspekt ist besonders für die zweite Säule der Geldpolitik der EZB bedeutsam, bei der die Effekte der Lohnkosten auf den Geldwert betont werden.

9.1 Horizontale Koordination der europäischen Lohnpolitik

Um die Konsequenzen der europäischen Integration und der Währungsuni-on zu verdeutlichen, wollen wir zwei Szenarien gegenüberstellen und auf ih-re wirtschaftspolitischen Konsequenzen hin analysieren. Zunächst betrachten wir eine geschlossene Volkswirtschaft, wie sie bei geringer Integration typisch ist. Sodann wenden wir uns der heutigen Situation im Euroraum zu. Wir betrachten eine Volkswirtschaft mit einem relativ hohen Offenheitsgrad und unterstellen aufgrund der Währungsunion feste Wechselkurse, so dass – wie in Kapitel 4 dargestellt – asymmetrische Schocks nicht mehr über Wechsel-kursanpassungen korrigiert werden können. Stattdessen konzentrieren wir uns

in der komparativen Analyse auf den Aspekt der möglichen Schockabsorbie-
rung durch die jeweiligen Marktkräfte und bestimmen den Handlungsbedarf
für die Stabilisierungspolitik.

Als Referenzsystem wählen wir – wie im Kapitel 8 schon in seinen Grundzügen skizziert – unser Arbeitsmarktmodell für den Fall unvollkommenem
Wettbewerbs. Wenden wir uns nun dem Fall eines negativen exogenen Nachfrageschocks für eine geschlossene Volkswirtschaft zu und analysieren den
induzierten Anpassungsprozess, wie er in Abbildung 9.1 dargestellt wird.

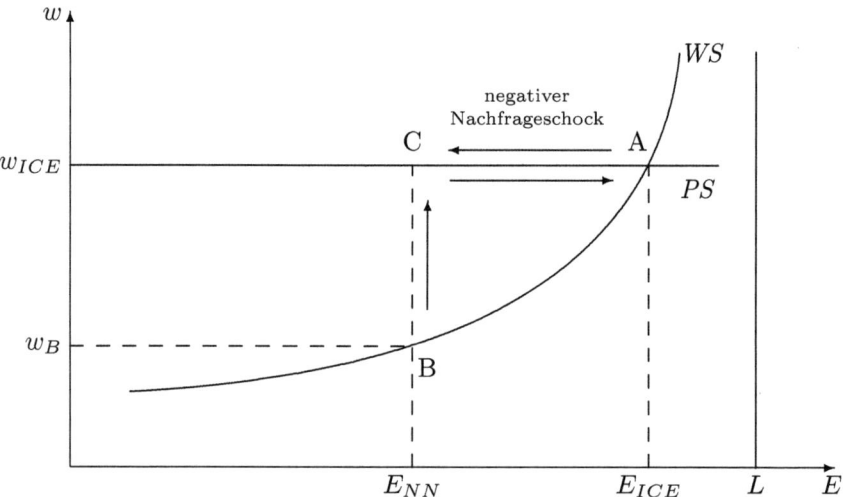

Quelle: in Anlehnung an Carlin/Soskice (2007), S. 114.

Abb. 9.1 Anpassungsprozess in einer geschlossenen Volkswirtschaft

Ausgangspunkt bildet das natürliche Beschäftigungsniveau, wie es sich als
Gleichgewicht anhand der PS- und WS-Kurve im Punkt A ergibt. Tritt ein
negativer Nachfrageschock auf, so verschiebt sich das Beschäftigungsniveau
von dem Wert E_{ICE} nach E_{NN} und die Lohn- und Preispolitik sind nicht
kompatibel. Aufgrund der Nachfrageschwäche und dem entsprechend niedrigen Beschäftigungsniveau werden die Tarifparteien, das Reallohnniveau von
W_{ICE} auf W_B absenken. Dies ist mit den Gewinnmaximierungsvorstellungen
der Unternehmen nicht vereinbar. Sie möchten einen Preis am Gütermarkt
durchsetzen, der entsprechend der PS-Kurve den Reallohn W_{ICE} zur Folge hat. Da die Unternehmen flexibler als die Lohnpolitik reagieren können,
setzen sie sich durch. Anstelle der Lohn-Beschäftigungskonstellation B wird
die Konstellation C durch die Preissenkungen der Unternehmen verwirklicht.
Diese Preissenkung bedeutet aber eine Erhöhung der Reallöhne und damit
einhergehend der realen effektiven Nachfrage und kompensiert den ursprünglichen Nachfrageschock, so dass wieder der Ausgangspunkt A realisiert wird.

Exogene Nachfrageschocks können in diesem Szenario nur kurzfristige Abweichungen von der NAIRU bewirken.

Welche Änderungen ergeben sich nun für den entsprechenden Fall einer Volkswirtschaft mit hohem Offenheitsgrad und festen Wechselkursen? Hier bewirken Preissenkungen nicht nur eine Erhöhung der realen Nachfrage, sondern auch eine Stärkung der preislichen Wettbewerbsfähigkeit der betrachteten Volkswirtschaft. Sinkt das inländische Preisniveau P und bleibt das Weltmarktpreisniveau P^* konstant, was bei einem ausschließlich nationalen Nachfrageschock plausibel ist, so bewirkt dies einen niedrigeren realen Wechselkurs P/P^*, wobei $*$ das Ausland kennzeichnet.

Eine Änderung der realen Wechselkurse hat aber Einfluss auf die Lage der PS-Kurve über zwei Effekte. Die Gesamtkosten eines Unternehmens umfassen zum einen die inländischen Produktionskosten und zum anderen die Kosten für die importierten Güter. Wenn P^* hoch ist, muss ein Großteil der Wertschöpfung an das Ausland abgegeben werden, so dass der Anteil der Reallöhne am Wertgrenzprodukt entsprechend gering ausfällt und der Abstand zwischen PS-Kurve und LD-Kurve in Abbildung 8.1 im letzten Kapitel recht groß ist. Zum anderen bedeutet ein hohes P^* einen preislichen Wettbewerbsvorteil für die inländischen Unternehmen und ermöglicht ihnen, einen relativ hohen Gewinnaufschlag durchzusetzen. Auch diese gestiegene Marktmacht erhöht den Abstand zwischen PS- und LD-Kurve. Wir sehen also, dass eine Senkung des realen Wechselkurses eine Verschiebung der PS-Kurve nach unten bewirkt, unabhängig davon, ob die inländischen Preise P gesunken oder der Weltmarktpreis P^* gestiegen sind. Diesen Sachverhalt haben wir in Abbildung 9.2 dargestellt.

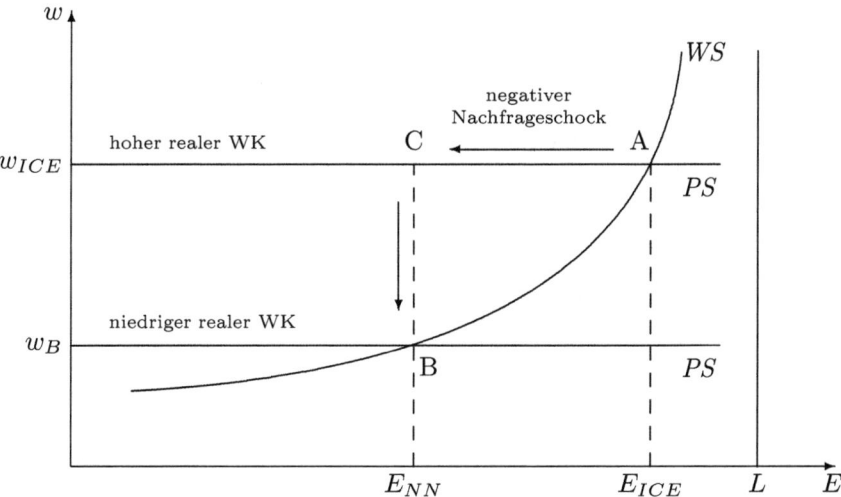

Quelle: in Anlehnung an Carlin/Soskice (2007), S. 115.

Abb. 9.2 Anpassungsprozess über reale Wechselkurse

Kommt es zu einem negativen exogenen Nachfrageschock, so reagiert die Lohnpolitik darauf entsprechend mit einer Reallohnsenkung von W_{ICE} nach W_B, was die Unternehmen mit Preissenkungen beantworten. Diese Preissenkungen bedingen aber automatisch einen niedrigeren realen Wechselkurs, da P^* konstant ist, so dass sich die PS-Kurve nach unten verschiebt und ein neues Gleichgewicht in B realisiert wird. Durch den kompensatorischen Effekt der realen Wechselkursanpassung etabliert sich ein neues Gleichgewicht $E_{NN} < E_{ICE}$. Die NAIRU ist durch den transitorisch Schock erhöht worden, so dass ein Hysteresisphänomen vorliegt. Sowohl aus der Sicht des jeweiligen Mitgliedstaates als auch der EU ist dieses Ergebnis nicht zu begrüßen. Obwohl der Reallohn von W_{ICE} auf W_B gesunken ist und die Arbeitnehmer einen Reallohnverlust hinnehmen müssen, verschlechtert sich die Beschäftigungssituation in dem Mitgliedstaat. Für die anderen Mitgliedstaaten der EU bedeutet aber die Reallohnsenkung eine Verschlechterung ihrer preislichen Wettbewerbsfähigkeit, die sich tendenziell negativ auf ihre Beschäftigungslage auswirkt. Es ist zu vermuten, dass sie darauf u. U. mit entsprechenden konzertierten Aktionen einer zurückhaltenden Lohnpolitik reagieren, um ihre preisliche Wettbewerbsfähigkeit zu verbessern. Dies könnte u. U. im Euroraum zu einem race to the bottom führen und – was einige Ökonomen befürchten – einen Deflationsprozess induzieren. Ob dieser Deflationsprozess in Gang kommt, hängt entscheidend von der Reaktion der EZB auf die Lohnpolitik ab, worauf wir noch bei der vertikalen Koordination der Lohnpolitik ansatzweise eingehen werden.

Zu einem race to the bottom wird es aber nur kommen, wenn eine zurückhaltende Lohnpolitik zu positiven Beschäftigungseffekten führt. Dass dies aber nicht für alle Mitgliedstaaten des Euroraums der Fall sein muss, werden wir anschließend zeigen. Zuvor ist aber noch darauf hinzuweisen, dass bei offenen Volkswirtschaften mit festen Wechselkursen multiple Gleichgewichte einer Ökonomie möglich sind und transitorische Schocks bestimmen, welches Gleichgewicht verwirklicht wird. Dies bedeutet aber, dass die Lohnpolitik kein Substitut der nationalen Nachfragepolitik und im Euroraum der Fiskalpolitik sein kann. Im Euroraum kommt der Fiskalpolitik aufgrund ihrer Effizienz eine strategische Bedeutung für alle Mitgliedstaaten zu, auf die wir im nächsten Kapitel eingehen werden.

Verzichtet ein Mitgliedstaat auf eine antizyklische Fiskalpolitik, so kommt es zu der oben beschriebenen Anpassung des realen Wechselkurses, der die preisliche Wettbewerbsfähigkeit im Euroraum neu bestimmt und damit unterschiedliche Beschäftigungseffekte bewirkt.

Ist für jeden Mitgliedstaat im Euroraum eine zurückhaltende Lohnpolitik ein sinnvolles Vorgehen, um seine Beschäftigungssituation zu verbessern? Dass dieser Weg durchaus erfolgreich sein kann, haben die Niederländer im Jahr 1982 mit dem Abkommen von Wassenaar gezeigt, bei dem die Zentralverbände der Arbeitgeber und Arbeitnehmer sich zur Verbesserung der Wettbewerbsfähigkeit auf eine zurückhaltende Lohnpolitik geeinigt haben.

Zu untersuchen bleibt, inwieweit diese positiven Erfahrungen verallgemeinerungsfähig sind.

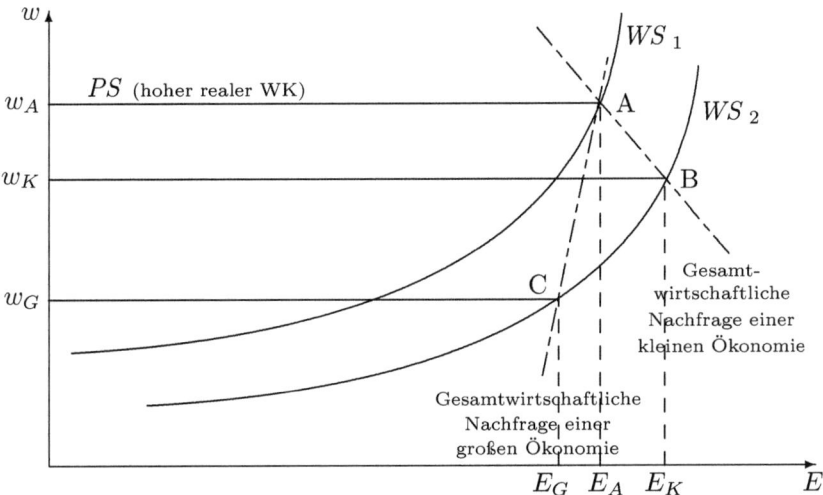

Quelle: in Anlehnung an Carlin/Soskice (2007), S. 120.

Abb. 9.3 Beschäftigungseffekte einer zurückhaltenden Lohnpolitik

Greifen wir dazu auf unsere obigen Modellüberlegungen zurück, wie sie in Abbildung 9.3 skizziert sind. Ausgangspunkt bildet das hohe Reallohnniveau und das nicht zufriedenstellende Beschäftigungsniveau E_A, das bei einem hohen realen Wechselkurs in A verwirklicht wird. Einigen sich die Tarifparteien auf eine moderate Lohnpolitik, so verschiebt sich die WS-Kurve entsprechend von WS_1 nach unten zu WS_2. Die moderate Lohnpolitik bewirkt niedrige Nominallohnsteigerungen, die von den Unternehmen in niedrigere Preise weitergegeben werden, so dass das Preisniveau und damit auch der reale Wechselkurs sinken. Entscheidend für den Beschäftigungseffekt ist der Nachfrageeffekt, den der Rückgang des Reallohns und des realen Wechselkurses bewirken kann. Der niedrigere reale Wechselkurs verbessert die preisliche Wettbewerbsfähigkeit und bewirkt einen positiven Nachfrageeffekt über höhere Exporte und niedrigere Importe. Dem stehen aber die negativen Nachfrageeffekte der Reallohnsenkung und des niedrigeren Preisniveaus gegenüber. Erstens bewirken geringere Reallöhne einen Rückgang in der Konsumnachfrage. Bei gegebener Geldpolitik der EZB steigt der Realzins aufgrund des niedrigeren Preisniveaus und damit geht die Investitionstätigkeit als eine weitere Komponente der Inlandsnachfrage zurück.

Für kleine Volkswirtschaften mit einem tendenziell hohen Offenheitsgrad überwiegt im Allgemeinen der positive Nachfrageeffekt der höheren Wettbewerbsfähigkeit, so dass eine Reallohnsenkung zu einer höheren gesamtwirtschaftlichen Nachfrage führt und die entsprechende Kurve fallend verläuft.

Die Reallohnsenkung bewirkt einen niedrigeren realen Wechselkurs und –
was entscheidend ist – mehr Beschäftigung (siehe Punkt B).

Völlig anders stellt sich der Anpassungsprozess in einer großen Volkswirtschaft dar. Hier überwiegt der negative Nachfrageeffekt durch den Rückgang
der Inlandsnachfrage aufgrund der Reallohnsenkung, so dass die Nachfragekurve steigend verläuft. In einer großen Volkswirtschaft sind entsprechend
die Arbeitnehmer die großen Verlierer. Sie müssen Reallohneinbußen in Kauf
nehmen und werden mit weniger Beschäftigung (siehe Punkt C) bestraft.
Dieser Fall entspricht der Situation in Deutschland. Deutschland verfügte in
den Jahren nach 2000 über eine der niedrigsten Lohnstückkostensteigerungen
in der EU (siehe Abb. 9.4 im Abschnitt 9.3). Wenn aber die Arbeitslosenraten
und die Wachstumsraten des Sozialprodukts Deutschlands mit den anderen
Mitgliedstaaten z. B. Frankreichs verglichen werden, steht Deutschland nicht
besonders gut da.

Als Fazit können wir schon hier eine grundlegende Problematik einer Koordination der Lohnpolitik in dem Euroraum aufzeigen. Auch im Falle symme-
trischer exogener Schocks im Euroraum ist eine einheitliche Lohnpolitik zur
Bewältigung des Schocks nicht im Interesse aller Mitgliedstaaten. Je nachdem, wie sich die Nachfrageeffekte einer Reallohnanpassung darstellen, gibt
es Befürworter und Gegner der gemeinsamen lohnpolitischen Strategie. Das
bedeutet, es ist nicht davon auszugehen, dass es zu einer konsensfähigen gemeinsamen lohnpolitischen Reaktion kommt. Ein Scheitern bedeutet dann
aber nicht zwingend fehlende europäische Solidarität und fehlender guter
Wille der Beteiligten. Das Scheitern ist einfach darin begründet, dass eine
gemeinsame Strategie beschäftigungspolitisch ineffizient ist.

Sie ist auch deshalb schon ineffizient, da es eine bessere Alternative im Falle
des symmetrischen Schocks gibt: eine beschäftigungsorientierte Geldpolitik
der EZB sowie die Fiskalpolitik der Mitgliedstaaten.

Im Falle asymmetrischer Schocks wird die Situation noch schwieriger. Aufgrund der Unübersichtlichkeit und der starken Divergenzen in den Interessen-
lagen ist eine koordinierte Lohnpolitik im Euroraum wenig vorstellbar. Aber
auch die einheitliche Geldpolitik kann asymmetrische Schocks nicht bewältigen, so dass dies die Stunde der Fiskalpolitik ist, auf die wir im nächsten
Kapitel eingehen werden.

Die Grenzen der europäischen Lohnpolitik als Substitut für flexible Wechselkurse werden nicht nur bei der Bewältigung asymmetrischer Schocks deutlich, sondern bei einem schwerwiegenderen Problem, das bei der Einführung
des Euros noch nicht erkannt wurde. Es geht um das gerade mit der Verschul-
dungskrise Griechenlands manifest gewordene systematische Ungleichgewicht
in den Leistungsbilanzen der Euroländer. Während z. B. Deutschland kontinuierlich Leistungsbilanzüberschüsse realisierte, zeigen Mitgliedstaaten wie
Griechenland, Italien, Spanien, Portugal und Irland, die ein wenig despektier-
lich als PIIGS bezeichnet werden, nicht nur Probleme bei ihren öffentlichen
Haushalten, sondern auch gravierende Leistungsbilanzdefizite. Mit der Einführung des Euro fehlt diesen Ländern nun der Wechselkurs als ein Automa-

tismus zum Abbau dieses Leistungsbilanzdefizits. Bei flexiblen Wechselkursen gerieten Länder mit hohen Leistungsbilanzdefiziten unter Abwertungsdruck und mit der Abwertung wurden die Export- und Importströme durch die induzierten Preisänderungen in Richtung Abbau des Leistungsbilanzdefizits korrigiert. Dieser Mechanismus ist im Euroraum nicht mehr gegeben und es muss nach Alternativen gesucht werden.

Schaut man die Mitgliedstaaten mit permanenten Leistungsbilanzüberschüssen und -defiziten an, so stellt man fest, dass die Überschussländer eine signifikant höhere preisliche Wettbewerbsfähigkeit als die Defizitländer besitzen, wenn man als Indikator für die Wettbewerbsfähigkeit die Lohnstückkosten heranzieht. Deren Relevanz werden wir noch später ausführlich erläutern. So sind in Deutschland die Lohnstückkosten in den letzten 10 Jahren im Gegensatz z. B. zu Irland nur geringfügig gestiegen (siehe Abb. 9.4 im Abschnitt 9.3).

Aufgrund dieses empirischen Sachverhaltes ist es nur naheliegend, dass von einigen Ökonomen gefordert wird, dass die Mitgliedstaaten mit hohen Leistungsbilanzüberschüssen ihre zurückhaltende Lohnpolitik aufgeben, um somit die Inlandsnachfrage zu beleben und die preisliche Wettbewerbsfähigkeit der durch Leistungsbilanzdefizite gekennzeichneten Mitgliedstaaten zu verbessern. Konsequent weiter gedacht wird auch eine symmetrische Lösung in dem Sinne gefordert, dass beide Seiten ihren lohnpolitischen Beitrag erbringen sollen.

Dieser auf den ersten Blick überzeugende Lösungsvorschlag ist aber wenig problemadäquat. Natürlich sollte Deutschland prüfen, ob für das eigene Land die bisherige zurückhaltende Lohnpolitik erfolgreich war. Die Überlegungen des letzten Abschnitts lassen das bezweifeln. Damit ist aber noch nichts darüber gesagt, ob eine expansive deutsche Lohnpolitik auch den PIIGS beim Leistungsbilanzdefizitabbau hilft. Dies ist aus folgenden Gründen zu bezweifeln. Saldenmäßig betrachtet erzielt Deutschland einen Großteil seines Leistungsbilanzüberschusses außerhalb der EU und schließt so die Lücke der EU gegenüber den Nicht-EU-Staaten. Eine Rückführung des Leistungsbilanzüberschusses Deutschlands würde die Leistungsbilanzsituation der Defizitstaaten nicht grundlegend verbessern. Von daher wäre eine asymmetrische Lösung schon sinnvoller, bei der die Defizitländer durch eine zurückhaltende Lohnpolitik ihre preisliche Wettbewerbsfähigkeit verbessern. Das wird von den betroffenen Gewerkschaften abgelehnt, während sich die Gewerkschaften in den Überschussländern naheliegenderweise für eine lohnpolitische Lösung aussprechen. Der grundlegende Fehler in dem Vorschlag der Lohnanpassung liegt in der Kausalität. Entscheidend für unsere Überlegungen zum Modell des unvollkommenen Wettbewerbs, das wir im 8. Kapitel skizziert haben, ist der Sachverhalt, dass der Gleichgewichtslohn auf dem Arbeitsmarkt eine endogene Größe ist, die sich über das Preissetzungs- und Lohnsetzungsverhalten der relevanten Akteure bestimmt. Deren Verhalten wird im Wesentlichen durch die jeweilige Beschäftigungslage bestimmt und nicht umgekehrt. Bei dieser Kausalitätsstruktur kann die Politik nur indirekt Lohnpolitik betreiben, indem sie die Verhaltensdeterminanten der Akteure beeinflusst.

Zentral ist aber, dass die Lohnpolitik Reflex der Marktbedingungen und nicht Ursache derselben ist, was die Anhänger der symmetrischen Lösung übersehen. Die hohen Zuwachsraten in den Lohnstückkosten in den Defizitländern sind nach Meinung der Deutschen Bundesbank u. a. in erster Linie nachfragebedingt: in Spanien beispielsweise durch starke Investitionsaktivitäten bei zurückgehender Sparneigung und in Griechenland durch das hohe Haushaltsdefizit. Eine ursachenkonforme Politik verlangt diese Nachfragekomponenten zurückzuführen und nicht über die Folgen starker nachfrageinduzierter Lohnsteigerungen das Problem zu kurieren. Wir sehen, dass wir auch zum Abbau der Leistungsbilanzungleichgewichte im Euroraum nicht unbedingt eine koordinierte europäische Lohnpolitik brauchen.

9.2 Vertikale Koordination der europäischen Lohnpolitik

Würde sich die Wirtschaftspolitik auf die rein monetaristische Lehre verlassen, so gäbe es überhaupt kein vertikales Koordinationsproblem zwischen den Lohnpolitiken der Mitgliedstaaten im Euroraum und der einheitlichen Geldpolitik der EZB. Die EZB wäre ausschließlich für die Sicherung des Geldwertes zuständig, hingegen die Tarifparteien wären für die Realisierung des Vollbeschäftigungsziels verantwortlich. Es läge so eine klare Aufgabenverteilung vor, bei der eine Koordination der Aktivitäten völlig überflüssig ist.

Die Zwei-Säulen-Strategie der EZB zeigt aber, dass die EZB sich diese reine Lehre nicht zu Eigen macht. Sie betont den Einfluss von Kostenfaktoren auf die Inflationsentwicklung bei der Analyse des direkten Inflationsziels. Die Lohnkosten sind aber die gesamtwirtschaftlich wichtigsten Kosten. Von daher ist die EZB an einer Lohnpolitik interessiert, die mit dem Inflationsziel der EZB kompatibel ist. Aber auch für die lohnpolitischen Akteure ergibt sich ein Koordinationsproblem mit der EZB. In unseren Analysen zur Lohnbildung haben wir eine Gleichgewichtsanalyse vorgenommen, bei der wir perfekte Voraussicht über die Inflationsentwicklung unterstellt haben. Die Tarifparteien bestimmten unter Kenntnis der tatsächlichen Inflationsrate ihren optimalen Nominallohn. Unter dieser Prämisse wurde die WS-Kurve abgeleitet. Diese Annahme perfekter Voraussicht ist aber nicht besonders realistisch. Vielmehr ist es notwendig, die Erwartungsbildung der Tarifparteien explizit in die Analyse mit aufzunehmen.

Die Erwartungsbildung ist aber für die Tarifparteien mit Einführung des Euro viel schwieriger geworden. Während vor der Einführung des Euro sich die NZB und die nationalen tarifpolitischen Akteure gegenüberstanden, wird heute die EZB mit den nationalen Akteuren der Euroländer konfrontiert. Diese sind durch heterogene Zielsetzungen, divergierende Strategien und fehlende horizontale Koordination gekennzeichnet, wobei die Koordination auf nationaler Ebene mehr oder weniger stark ausgeprägt ist. Bei dieser diffusen Gemengelage von Interessen kann sich keine "intime Kommunikation" herausbilden, wie sie durchaus in Deutschland gegeben war. Jede Seite wusste genau, was die andere Seite macht, so dass Erwartungsirrtümer relativ selten waren.

Das Informationsproblem der Tarifparteien kann und versucht die EZB über eine regelgebundene Politik zu lösen, indem sie den Akteuren präzise vorgibt, wie sie auf deren Tarifpolitik reagieren wird. Aber eine konsequent umgesetzte regelgebundene Geldpolitik löst das Informationsproblem im Euroraum nicht befriedigend. Die einheitliche Geldpolitik der EZB ist auf Durchschnittsgrößen – z. B. die Inflations- und die Beschäftigungsrate im Euroraum – und nicht auf spezifische Entwicklungen in den einzelnen Euroländern ausgerichtet. Entsprechend bezieht sich die Regelbindung der EZB auf diese Durchschnittswerte. Die Akteure der Tarifpolitik müssen aber diese Durchschnittswerte kennen, um die Reaktion der EZB zu bestimmen.

Wäre der Euroraum eine homogene Ökonomie, so wäre diese Bestimmung auf der EU-Ebene nicht schwieriger als auf der nationalen. Da aber der Euroraum immer noch recht heterogen in den Inflations-, Beschäftigungsraten usw. ist, bedingt die Bestimmung dieser Durchschnittswerte immense Schwierigkeiten. Die Akteure müssen nämlich antizipieren, welche Tarifpolitik die anderen Euroländer betreiben, damit sie die Reaktion der EZB bestimmen können. Da aber die Lohnpolitik im Euroraum wenig koordiniert ist, ist es beispielsweise für die einzelnen Akteure fast unmöglich, exakt zu bestimmen, welcher inflationäre Druck von den Lohnpolitiken der anderen Länder ausgeht, um davon ausgehend die Reaktion der EZB zu berechnen und die eigene optimale Strategie zu bestimmen. Auf den Punkt gebracht kann man sagen, dass eine vertikale Koordination zwischen Lohn- und einheitlicher Geldpolitik nur möglich ist, wenn die horizontale Koordination der nationalen Lohnpolitiken im Euroraum gewährleistet ist.

Dieses Informationsdilemma wiegt umso schwerer für die lohnpolitischen Akteure, da die EZB mit ihrer Geldpolitik sowie die Unternehmen mit ihrer Preispolitik realativ schnell auf Datenänderungen reagieren können, hingegen die Tarifparteien über ihre Tarifverträge über ein bis zwei Jahre lohnpolitisch gebunden sind.

Neben dem Informationsproblem ergibt sich für den Euroraum eine fundamentale Beschränkung des Handlungsspielraums der EZB durch die einheitliche Geldpolitik, die Fehlanreize für die Lohnpolitik beinhaltet und die in einem heterogenen Euroraum sogar destabilisierend wirkt. Vor dem Euro konnten die NZB die Tarifparteien bei tarifpolitischen Fehlentwicklungen gezielt abstrafen. Allein die Androhung der Strafe wirkte schon disziplinierend. Da z. B. die Tarifparteien wussten, dass Lohnsteigerungen, die die preisliche Wettbewerbsfähigkeit des Landes beeinträchtigten, nicht über eine Alimentierung der NZB mit einer entsprechenden Abwertung kompensiert werden, wurden diese erst gar nicht vorgenommen. Mit dem Euro hat sich aber der Spielraum der nationalen Tarifparteien grundlegend geändert. Auf eine infla-

tionäre Lohnpolitik in einem einzelnen Euroland wird die EZB nicht reagieren. Das wäre nur der Fall, wenn dies mehrere Euroländer vornehmen und
der Inflationsdruck im Euroraum steigt. Darauf wird dann die EZB mit restriktiven Maßnahmen reagieren. Diese "kollektive Abstrafung" hat aber den
Nachteil, dass sie alle Euroländer mehr oder weniger gleich abstraft. Dies ist
weder gerecht noch allokativ erwünscht. Länder, die eine inflationsfreie Lohnpolitik betrieben haben, werden dafür von der EZB nicht honoriert, sondern
genauso abgestraft, wie die Länder, die eine inflationäre Lohnpolitik betrieben haben.

Diese undifferenzierte Reaktion der EZB hat aber einen erheblichen negativen allokativen Effekt, der destabilisierend wirkt. Länder mit einer zurückhaltenden Lohnpolitik realisieren niedrige nationale Inflationsraten. In diesen
Ländern ist der Realzins entsprechend hoch. Dies führt zu einer schwachen
Investitionsnachfrage. Diese wirkt zusätzlich dämpfend auf die Inflation und
ist mit negativen Beschäftigungseffekten verbunden. Umgekehrt stellt sich
die Situation in den Ländern mit sehr hohen Lohnsteigerungen dar. Je diver-
genter die Lohnentwicklungen sind, umso verzerrender wirkt die einheitliche
Geldpolitik. Sie setzt über den Realzinseffekt Anreize für eine inflationsin-
duzierende Lohnpolitik, führt zu inflationsbedingten Fehlinvestitionen und
stärkt die Divergenzprozesse im Euroraum.

9.3 Produktivitätsorientierte Lohnpolitik als europäische Koordinierungsleitlinie

Die bisher behandelten Koordinationsschwierigkeiten und offenen Fragen haben deutlich gemacht, dass eine "Europäisierung der Tarifpolitik" eine reine
Utopie darstellt, wenn man Koordinierung im Sinne der Einigung auf exakte
numerische Vorgaben für die avisierten Lohnsteigerungen versteht. Koordinierung – und dies gilt in erster Linie für die horizontale – muss stattdessen
als eine qualitative Einigung über allgemeine Regeln und Richtlinien verstan-
den werden. Folgende Kriterien sollte eine normative lohnpolitische Vorgabe
erfüllen:

- Um eine vertikale Koordination sicherzustellen, sollte sie für den Euroraum
  zu inflationsfreien Tarifeinigungen führen, von denen kein inflationärer
  Druck von der Kostenseite ausgeht.
- Bei der horizontalen Koordination sollte die Leitlinie sicherstellen, dass
  keine Divergenzprozesse bei den nationalen Inflationsraten in Gang gesetzt
  werden, die die Effizienz der einheitlichen Geldpolitik gefährden.
- Des Weiteren sollen von der Leitlinie keine negativen Effekte auf die preisliche Wettbewerbsfähigkeit ausgehen. Insbesondere soll die Leitlinie keinen
  ruinösen race to bottom bei der Lohnpolitik initiieren.

- Auf nationaler Ebene soll die Leitlinie zu akzeptablen Verteilungsergeb-nissen zwischen Kapital und Arbeit führen. Insbesondere soll sie sicher-stellen, dass die Arbeitnehmer an Wohlstandssteigerungen partizipieren, indem Produktivitätssteigerungen sich auch entsprechend in Lohnerhö-hungen niederschlagen. Dabei sollte sie insbesondere Vollbeschäftigung zu-lassen, wenn nicht sogar fördern.

Als Leitlinie für die europäische Lohnpolitik wird eine produktivitätsorien-tierte Lohnpolitik vorgeschlagen. Danach soll die Wachstumsrate der Nomi-nallohnsteigerungen der Wachstumsrate der Produktivitätssteigerung zuzüg-lich der Inflationsrate entsprechen.

Inwieweit diese Leitlinie die obigen Anforderungen erfüllt, wollen wir im Folgenden prüfen. Dabei wollen wir diese Leitlinie zunächst aus der Perspek-tive eines einzelnen Mitgliedstaates und anschließend aus europäischer Sicht analysieren.

Zentrale Determinanten für die produktivitätsorientierte Lohnpolitik sind die Arbeitsproduktivität

$$\frac{Y}{L} \tag{9.1}$$

bzw. die Wachstumsrate der Arbeitsproduktivität

$$w\left(\frac{Y}{L}\right) \tag{9.2}$$

und die Inflationsrate w_P. Folgende Definitionen werden verwendet:

Y = Realeinkommen, Produktion
L = Arbeitszeit
Y/L = Arbeitsproduktivität
$(l \cdot L)/(P \cdot Y)$ = Lohnquote (LQ)
$(l \cdot L)/Y$ = nominale Lohnstückkosten
$(l \cdot L)/(P \cdot Y)$ = reale Lohnstückkosten.

Für Wachstumsraten gilt allgemein:

$w_{x \cdot y} = w_x + w_y$
$w_{x/y} = w_x - w_y$, so dass
$w_{LQ} = w_l + w_L - (w_P + w_Y) =$
$w_{l/P} - w_{Y/L}.$

Den Ausgangspunkt der Überlegungen bildet die Lohnquote $(l \cdot L) / (P \cdot Y) = (l/P)/(Y/L)$, wobei die Lohnquote dem Quotienten aus Reallohn und Ar-beitsproduktivität entspricht. Für die Lohnquote LQ gilt in Wachstumsraten ausgedrückt:

$$w_{LQ} = w_l + w_L - (w_P + w_Y) = w_{l/P} - w_{Y/L} \tag{9.3}$$

Die produktivitätsorientierte Lohnpolitik verlangt, dass die Wachstumsrate der Nominallöhne folgender Gleichung genügen soll:

$$w_l = w_{Y/L} + w_P. \tag{9.4}$$

Welche Auswirkungen ergeben sich aus dieser Politik für die Ziele der Lohnpolitik? Wenn keine Inflation vorliegt, bleiben die nominalen Lohnstückkosten $(l \cdot L)/Y = l/(Y/L)$ konstant, da dann $w_{(l \cdot L)/Y} = w_l - w_{Y/L} = 0$ nach (9.4) ist. Von dieser Lohnpolitik geht keine Gefährdung des Ziels der Geldwertstabilität aus, da die konstanten Lohnstückkosten die Kostensituation der Unternehmen nicht verschlechtern. Darüber beeinträchtigt diese Politik auch nicht die preisliche Wettbewerbsfähigkeit der Unternehmen, so dass man sie als beschäftigungskonform bezeichnen kann. Liegt eine Inflation in Höhe von $x\%$ vor, steigen in diesem Fall die nominalen Lohnkosten um genau diese Inflationsrate, da

$$w_{\frac{l \cdot L}{Y}} = w_l - w_{Y/L} = w_{Y/L} + w_P - w_{Y/L} = w_P \tag{9.5}$$

gilt.

Die produktivitätsorientierten Lohnpolitik bedingt, dass mit der Verfolgung dieses Konzeptes faktisch auf alle Umverteilungsbestrebungen verzichten wird. Denn für die Lohnquote $(l \cdot L)/(P \cdot Y)$, die den realen Lohnstückkosten entspricht, gilt bei einer produktivitätsorientierten Lohnpolitik:

$$w_{LQ} = w_{(l \cdot L)/(P \cdot Y)} = w_l - w_{Y/L} - w_P = 0. \tag{9.6}$$

Welche Kritikpunkte werden auf nationaler Ebene an diesem Konzept vorgetragen? Sowohl von Arbeitgeberseite als auch vom Sachverständigenrat, der in seinen Gutachten eine "moderate Lohnpolitik" einfordert, wird an dieser Form der produktivitätsorientierten Lohnpolitik kritisiert, dass der Beitrag der Lohnpolitik zur Verbesserung der Beschäftigungssituation nicht ausreiche. Sie fordern, dass die Gewerkschaften ihren Verteilungsspielraum nicht voll nutzen. Halten sich die Gewerkschaften lohnpolitisch zurück, so sinken die realen Lohnstückkosten und die Wettbewerbssituation der Unternehmen verbessert sich. Der Sachverständigenrat begründet seine Position u. a. mit dem Argument, dass die statistisch ausgewiesene Veränderung der Arbeitsproduktivität überzeichnet ist, da die Steigerung der Arbeitsproduktivität zum Teil beschäftigungsbedingt ist. Werden die unproduktiveren Arbeitskräfte entlassen, so steigt automatisch die durchschnittliche Arbeitsproduktivität. Die Gewerkschaften argumentieren dagegen, dass bei dieser Modifikation einseitig auf die Kostenseite geschaut wird und dass dabei die negativen Nachfrageeffekte für die Beschäftigung nicht ausreichend berücksichtigt werden. Dass diese Argumentation der Gewerkschaften durchaus für große Volkswirtschaften fundiert ist, haben wir oben bei der Analyse einer zurückhaltenden Lohnpolitik aufgezeigt.

Besonders schmerzlich an der produktivitätsorientierten Lohnpolitik ist der Sachverhalt, dass mit dieser Leitlinie auf eine Umverteilung völlig verzichtet und somit ein originäres tarifpolitisches Ziel der Gewerkschaften aufgegeben wird. Dies bedeutet letztlich, dass die Gewerkschaften dem Vollbeschäftigungsziel eine absolute Priorität vor Lohnsteigerungen einräumen, was der Realität nicht entspricht. Hinzu kommt, dass die Leitlinie keinen Korrekturmechanismus beinhaltet. Haben z. B. die Gewerkschaften aufgrund unerwartet hoher Produktivitätssteigerungen ihren Verteilungsspielraum nicht genutzt und ist die Lohnquote unnötig gesunken, so können die Gewerkschaften diesen Fehler im Nachhinein nicht korrigieren, da die Leitlinie "gedächtnislos" ist. Entsprechendes gilt natürlich für unnötige Zugeständnisse der Arbeitgeberseite. Ein verteilungspolitischer Spielraum würde sich ergeben, wenn man eine kostenneutrale Lohnpolitik anwenden würde. Dieses Konzept, das in den sechziger Jahren vom Sachverständigenrat entwickelt wurde, konzentriert sich nicht allein auf die Arbeitskosten, sondern berücksichtigt alle Kostenfaktoren. Sinken z. B. die Importpreise oder die Kapitalkosten, so ergeben sich daraus Verteilungsspielräume für höhere kostenneutrale Löhne.

Das Konzept der produktivitätsorientierten Lohnpolitik könnte mit all den oben aufgezeigten Schwächen ohne weiteres auf die europäische Ebene übertragen werden, wäre der Euroraum ein optimaler Währungsraum, der durch eine homogene Struktur gekennzeichnet ist. Diese Homogenität des Euroraums ist aber sowohl im Hinblick auf die nationalen Produktivitäten als auch auf die nationalen Inflationsraten nicht gegeben. Die Inhomogenität wird besonders deutlich, wenn wir uns die Entwicklung der Lohnstückkosten in der EU anschauen (siehe Abb. 9.4).

Diese divergieren erheblich und machen deutlich, dass Deutschland als "lohnpolitischer Musterknabe" eine produktivitätsorientierte Lohnpolitik konsequent umgesetzt hat. Sowohl bei den Produktivitäten als auch bei den Inflationsraten stellen wir erhebliche Unterschiede in den Entwicklungen fest, die nicht nur temporären, sondern zum Teil permanenten Charakters sind.

Dass die Produktivitätssteigerungen im Aufholprozess in den neuen Mitgliedstaaten in den letzten Jahren durchaus höher waren als in der EU15, ist für das Konzept der produktivitätsorientierten Lohnpolitik unproblematisch. Davon geht kein inflationärer Druck aus und die Arbeitnehmer partizipieren an dem durch die gestiegene Produktivität zunehmenden Wohlstand und schließen so die Einkommenslücke zu den alten EU-Mitgliedstaaten. Problematischer sind für das Konzept die Inflationsdifferenzen, wie sie in Abb. 4.2 im Kapitel 4 dargestellt sind.

Relativ hohe Inflationsraten finden wir – u. a. aufgrund des Balassa-Samuelson-Theorems – bei den neuen Mitgliedstaaten. Da aber fast alle von ihnen nicht dem Euroraum angehören, können diese Verschlechterungen ihres realen Wechselkurses mit entsprechenden Abwertungen kompensieren. Wesentlich problematischer stellt sich die Situation für Mitgliedstaaten im Euroraum mit systematisch hohen Inflationsraten wie Griechenland, Italien und Spanien und Irland dar. Die hohen Inflationsraten sind in diesen Staa-

(Index: 2000 = 100)

—— Euro-Währungsgebiet	— · — Frankreich
····· Belgien	— = · Italien
= = = Deutschland	— — ··· Niederlande
—— Irland	— · · · — Österreich
· · · · · Griechenland	— — — Portugal
- - - - - Spanien	— · · — · Finnland

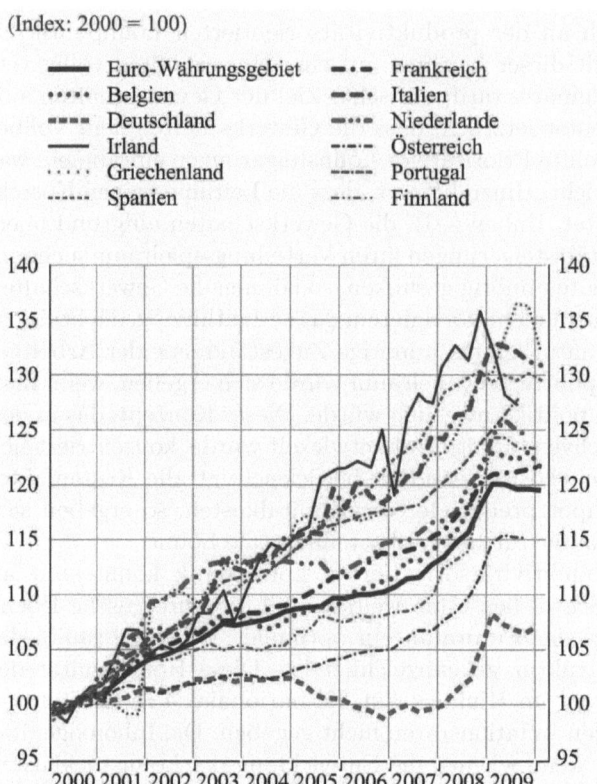

Quelle: EZB Monatsbericht Juli 2010, S.69.

Abb. 9.4 Entwicklung der Lohnstückkosten

ten im Wesentlichen nachfragebedingt, sei es aufgrund der Immobilienblase mit ihrem Bauboom in Spanien oder des Investitionsbooms mit sinkender Sparneigung in Irland. Sind aber erhebliche Inflationsdivergenzen aufgrund landesspezifischer Entwicklungen gegeben, so muss bei der produktivitäts-orientieren Lohnpolitik auf der Ebene des Euroraums bestimmt werden, ob sich die Leitlinie an der nationalen Inflationsrate oder der des Euroraums ausrichtet.

Eine Ausrichtung auf die nationalen Inflationsraten hätte zur Folge, dass die Inflationsdivergenzen zementiert würden, was aus Sicht der EZB nicht erwünscht ist. Hinzu kommt, dass sich damit durch die Lohnpolitik die preisliche Wettbewerbssituation für die inflationären Staaten im Euroraum verschlechtern und seitens der Lohnpolitik nicht gegengesteuert würde. Das schlägt sich insgesamt in entsprechend hohen Leistungsbilanzdefiziten nieder. Der Vorteil einer Ausrichtung auf die nationalen Inflationsraten, liegt darin, dass sich mit dieser Ausrichtung die Verteilungsposition der Arbeitnehmer nicht verschlechtert. Dies bedingt auch seine hohe Akzeptanz.

Hinzu kommt, dass es aufgrund der einheitlichen Geldpolitik in diesen Staaten zu entsprechend niedrigen Realzinsen kommt. Dies belebt die Investionsneigung und erhöht über die Nachfragebelebung den Inflationssog.

Völlig anders ist eine Ausrichtung auf die Inflationsrate des Euroraums zu beurteilen. Sie bedingt eine Konvergenz der Inflationsraten im Euroraum, die aber mit erheblichen Verteilungseffekten verbunden ist.

Besonders bedeutsam ist, dass sich durch diese Politik erhebliche Interessenskonflikte bei der europäischen Lohnpolitik ergeben. Staaten mit unterdurchschnittlichen Inflationsraten verlieren dabei an preislicher Wettbewerbsfähigkeit, werden aber mit niedrigeren Realzinsen honoriert. Dem stehen entsprechend lohnpolitisch bedingte Inflationsraten gegenüber. Verlierer im Verteilungskampf sind hier die Unternehmen aufgrund steigender Lohnstückkosten. Völlig umgekehrt ist die Situation in den Staaten mit überdurchschnittlichen Inflationsraten im Euroraum.

Diese aufgezeigten Konflikte und Schwierigkeiten machen deutlich, dass das einfache und relativ leicht verständliche Konzept einer produktivitätsorientierten Lohnpolitik nicht das perfekte Koordinationsinstrument für die Lohnpolitik im Euroraum sein kann. Entsprechend bleibt das Fazit zu ziehen, dass diese "Schönwetterformel" nur bei Abwesenheit von Schocks eine sinnvolle Orientierung bieten kann. Es ist keine adäquate Leitlinie, wenn unterschiedliche Preis-Mengenschocks mit unterschiedlichen Reagibilitäten sowie unterschiedliche Arbeitsmärkte im Euroraum vorliegen.

9.4 Literatur

- Blanchard, O. (2005): European Unemployment: The Evolution of Facts and Ideas, NBER Working Paper 11750.
- Carlin, W./Soskice, D. (2007): Reformen, makroökonomische Politik und Wirtschaftsentwicklung Deutschland, in: Schettkat, R./Langkau, J. (Hrsg.): Aufschwung für Deutschland, Bonn, S. 105 - 164.
- Deutsche Bundesbank (2010): Zur Problematik makroökonomischer Ungleichgewichte im Euro-Raum, Monatsbericht Nr. 7, S. 17 - 40.
- DIW (2005): Auswirkungen von länderspezifischen Differenzen in der Lohn-, Preisniveau- und Produktivitätsentwicklung auf Wachstum und Beschäftigung in den Ländern des Euroraums, Berlin.
- Horn, G./Mülhaupt, B./Rietzler, K. (2005): Quo vadis Euroraum? Deutsche Lohnpolitik belastet Währungsunion, IMK Report, Nr. 1.
- Horn, G./Sturn, S/Treeck, T. van (2010): Die Debatte um die deutsche Exportorientierung, in: Wirtschaftsdienst, 90. Jg., S. 22 - 28.

- Nickell, S. (1997): Unemployment and Labour Market Rigidities: Europe versus North America, in: Journal of Economic Perspectives, 11(3), pp. 55 - 75.

Kapitel 10
Koordination der Fiskalpolitik

Im Kap. 7 zum Stabilitäts- und Wachstumspakt haben wir schon sehr ausführlich den vertikalen Aspekt der Koordination der Fiskalpolitik behandelt, indem wir uns mit der Abstimmung zwischen der einheitlichen Geld- und der Finanzpolitik auseinandergesetzt haben. Die Finanz- ist mit der Fiskalpolitik sehr eng verwoben. Bei der Koordination der Fiskalpolitik wollen wir uns im Wesentlichen auf den Nachfrageeffekt fiskalpolitischer Maßnahmen konzentrieren. Die Fiskalpolitik wird hier aus der keynesianischen Perspektive der Nachfragesteuerung betrachtet. Diese Perspektive hat durch die Realisierung des ESZB erheblich an Bedeutung gewonnen. Durch die einheitliche Geldpolitik haben die an der Währungsunion teilnehmenden Mitgliedstaaten auf ein Instrument zur gezielten Beeinflussung ihrer nationalen Nachfrage verzichtet. Insbesondere richtet sich die einheitliche Geldpolitik nicht an der landesspezifischen Nachfrageentwicklung eines Mitgliedstaates aus. Von daher kommt der Fiskalpolitik für die Mitgliedstaaten eine kompensatorische Aufgabe zu. Das, was man bisher mittels der eigenen Geldpolitik steuern konnte, muss nun allein durch die Fiskalpolitik beeinflusst werden.

Wenn die Fiskalpolitik eine zentrale Stellung im policy mix der Mitgliedstaaten gewonnen hat, so stellt sich sofort die Frage, ob eine autonome Fiskalpolitik der Mitgliedstaaten effizient ist und ob sie eventuell durch eine horizontale Koordination oder auch Kooperation verbessert werden kann. Die Frage der Notwendigkeit der Koordination stellt sich dann, wenn Externalitäten in Form von Spillover-Effekten zwischen den Mitgliedstaaten vorliegen, deren Existenz und Relevanz im Folgenden hinterfragt werden soll. Bei unserer Analyse der möglichen Nachfrageeffekte fiskalpolitischer Maßnahmen steht die kurze Frist im Vordergrund. Gemäß keynesianischer Tradition unterstellen wir deshalb Preisinflexibilität, so dass bei exogenen Schocks primär Anpassungen der Mengen angenommen werden.

10.1 Koordinationserfordernisse bei der Fiskalpolitik im Euroraum?

Dass mit der Einführung des Euro die Fiskalpolitik für die Eurostaaten an Bedeutung gewonnen hat, ist unstrittig. Von daher werden sie bemüht sein, ihre nationale Souveränität in diesem Politikfeld zu wahren. Ihre Bereitschaft, über eine Vergemeinschaftung der Fiskalpolitik einen weiteren Autonomieverlust in Kauf zu nehmen, ist entsprechend gering.

Um aber die Effizienz der einheitlichen Geldpolitik zu verbessern, wäre es sinnvoll, die Bedingungen für einen optimalen Währungsraum in der EU so weit wie möglich zu verwirklichen. Eine Bedingung dafür ist die Verwirklichung einer starken Zentralregierung mit einem hohen Budget, das ihr die Möglichkeit einer antizyklischen Konjunkturpolitik einräumt. Im Vergleich zu den USA mit einem Budgetanteil von 20 % der Regierung in Washington ist das Budget der Europäischen Kommission von ca. 1 % des BNE eher bescheiden. Erschwerend kommt noch hinzu, dass der EU-Haushalt eine Kreditfinanzierung ausschließt, was den konjunkturpolitischen Handlungsspielraum der Kommission weiter erheblich einschränkt.

Darüber hinaus fehlen dem EU-Haushalt built-in stabilizer (automatische Stabilisatoren), da die EU über keine eigenen Steuern verfügt, sondern sich über die Zuweisungen der Mitgliedstaaten finanziert und fast alle Zahlungsverpflichtungen, wie die im Agrarhaushalt, relativ konjunkturunabhängig sind.

Auch die im Kapitel 3 angestellten Überlegungen zum fiscal federalism sprechen für einen über ausreichende Finanzmittel verfügenden Zentralstaat, wenn es um die Nachfragepolitik geht. Die Steuerung der Nachfrage stellt für die Mitgliedstaaten der EU ein EU-weites öffentliches Gut dar, wenn die entsprechenden Ausgaben hinreichend streuen und nicht gezielt zur Förderung einzelner Regionen usw. eingesetzt werden. Das würde die Effizienz der Nachfragesteuerung einschränken. Die Erstellung EU-weiter öffentlicher Güter soll aber in der Hand des Zentralstaates liegen, was ebenfalls für eine Vergemeinschaftung der Konjunkturpolitik sprechen würde.

Da aber in absehbarer Zeit eine signifikante Erhöhung des Haushaltsvolumens der EU ausgeschlossen ist, könnte man als alternative Lösung eine Koordinierung der Fiskalpolitik der Eurostaaten realisieren. Sie könnten ihre Budgets zusammenlegen und mit einer kooperativen Strategie den Zentralstaat ersetzen.

Die Eurostaaten werden sich aber fragen, ob sie den schmerzlichen Autonomieverlust dafür in Kauf nehmen wollen. Unter anderem werden sie die Notwendigkeit einer Koordinierung in Frage stellen. Zum einen kann man auf die Wirksamkeit der einheitlichen Geldpolitik und zum anderen auf die monetaristische Kritik an einer keynesianischen Nachfragepolitik hinweisen. Empirische Arbeiten belegen aber, dass die Fiskalpolitik sinnvoll eingesetzt, bei starken Nachfrageschocks durchaus wirksam ist. Hingegen ist die Geldpolitik – wenn überhaupt – nur bei symmetrischen Schocks wirksam. Da bei asymmetrischen Schocks im Euroraum der Wechselkurs als Ausgleichsmechanismus ausfällt, bleibt so den Eurostaaten nur die Fiskalpolitik zur Kompensation eines asymmetrischen Nachfrageschocks. Damit ist aber noch nicht nachgewiesen, dass wir zur Bekämpfung der Auswirkungen asymmetrischer Schocks eine Koordination der nationalen Fiskalpolitiken benötigen. Dass bei symmetrischen Schocks eine Koordination notwendig ist, ist relativ plausibel. Für den Fall asymmetrischer Schocks ist dies wesentlich schwieriger nachzuweisen.

Im anschließenden theoretischen Teil werden wir mögliche Spillover-Effekte herausarbeiten, die sowohl bei symmetrischen als auch bei asymmetrischen Schocks auftreten, und damit die Notwendigkeit einer Koordination begründen können. Dabei werden wir auf zwei zentrale Effekte eingehen: den Einkommens- und den Zinseffekt. Da wir dabei eine keynesianische Welt der reinen Mengenanpassung unterstellen, werden wir den Inflationseffekt der Fiskalpolitik als Spillover vernachlässigen.

Bevor wir uns der theoretischen Wirkungsanalyse der Fiskalpolitik zuwenden, ist es angebracht, zu prüfen, welchen Spielraum der Lissabonvertrag für eine Koordination der Fiskalpolitik einräumt.

Der Artikel 119 des AEU-Vertrages lässt nicht nur eine Koordination der Wirtschafts- und damit auch der Fiskalpolitik zu, sondern sieht explizit die Einführung "einer Wirtschaftspolitik, die auf einer engen Koordinierung der Wirtschaftspolitik der Mitgliedstaaten" beruht, vor. Im Artikel 121 AEU-Vertrag wird die Koordinierung der Wirtschaftspolitik ausführlich erläutert. Insbesondere wird darauf hingewiesen, dass die Wirtschaftspolitik als eine Angelegenheit von gemeinsamem Interesse zu betrachten und zu koordinieren ist.

10.2 Spillover-Effekte der Fiskalpolitik im Euroraum

In unserer Wirkungsanalyse müssen wir einige Annahmen bezüglich unserer Modellprämissen machen. Vereinfachend unterstellen wir ausgehend vom Mundell-Fleming-Modell

- perfekte Kapitalmobilität im Euroraum,
- eingeschränkte Kapitalmobilität zwischen dem Euroraum und dem Rest der Welt,
- nur eine kurzfristige Betrachtungsweise und differenzieren zwischen zwei Fällen:
  - kleine sowie
  - große Volkswirtschaft

und analysieren exemplarisch zwei Länder im Euroraum: das betrachtete
Land und die anderen Staaten im Euroraum, die durch * gekennzeichnet
werden.

Um den Zinseffekt der Nachfragepolitik exakt analysieren zu können, betrachten wir zunächst einen Euroraum, in dem die Exporte und Importe
nur vom Wechselkurs abhängen, der aber im Euroraum fix ist, so dass die
Spillover-Effekte nur über den Zinseffekt auf die Investitionsnachfrage und
die Geldnachfrage in anderen Ländern wirksam wird.

Wenden wir uns zuerst dem Fall einer expansiven Fiskalpolitik im Euroraum zu, wie sie in Abb. 10.1 dargestellt ist.

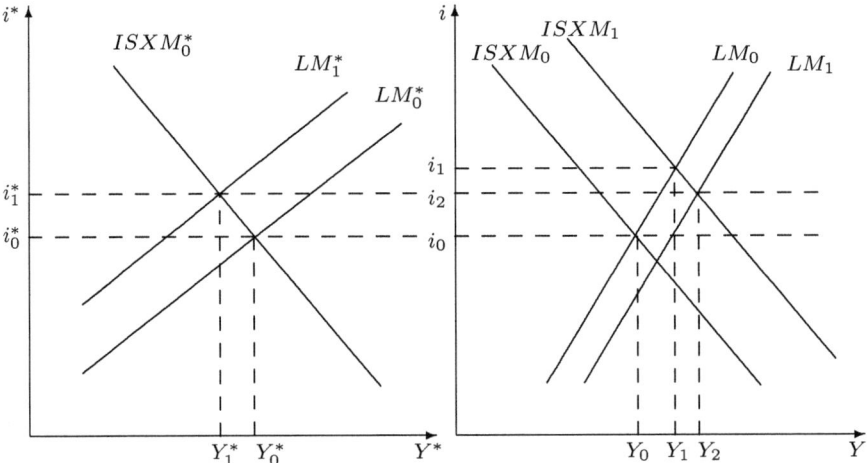

Quelle: in Anlehnung an Carlin/Soskice (2006), S. 245.

Abb. 10.1 Expansive Fiskalpolitik im Euroraum

Durch den Nachfrageeffekt verschiebt sich die $ISXM_0$-Kurve im betrachteten Land, die die Gleichgewichte (Y, i) auf dem Gütermarkt für unsere offene Volkswirtschaft repräsentiert, nach $ISXM_1$. Gehen wir von einem kleinen
Land wie Belgien aus, so kann sich das Land zur Finanzierung der Zusatz-
ausgaben auf dem Kapitalmarkt des Euroraums finanzieren, ohne dass sich
dadurch das Zinsniveau im Euroraum erhöht. In diesem Fall ist die EZB auch
nicht gefordert, durch eine alimentierende Geldpolitik Zinssteigerungen und
damit Crowding-out-Effekte im Euroraum zu verhindern. In diesem Fall einer
kleinen Ökonomie treten keine Spillover-Effekte ein, da $i_0^* = i_0$ sich höchstens
marginal ändert. Als Zwischenfazit können wir feststellen, dass es hier keinen
Koordinationsbedarf gibt, weder auf der horizontalen, noch auf der vertikalen
Ebene.

Wir sollten uns aber vor dem Trugschluss der Verallgemeinerung hüten.
Betreiben mehrere kleine Länder des Euroraums eine expansive Nachfragepolitik, dann können durchaus Spillover-Effekte auftreten und es liegt eine typi-

sche Trittbrettfahrer-Situation vor. Jedes Land vernachlässigt die Spillover-Effekte, die aber aggregiert durchaus erheblich sein können, wie wir für den Fall eines großen Eurolandes aufzeigen, der auch den Fall mehrerer kleiner Euroländer mit gemeinsamer expansiver Nachfragepolitik umfasst.

Betreibt ein großes Euroland eine expansive Nachfragepolitik, so verschiebt sich ebenfalls die $ISXM_0$ nach $ISXM_1$. Die Finanzierungssituation ist nun grundlegend anders. Um nun im größeren Umfang Kapital aus dem Euroraum zu attrahieren, muss das Euroland Zinssteigerungen in Kauf nehmen. Es fließt dann Kapital vom Euroraum in die große Ökonomie, so dass sich die Kurve für die Gleichgewichte auf dem Geldmarkt von LM_0 nach LM_1 verschiebt. Gleichzeitig steigen die Zinsen von $i_0^* = i_0$ auf $i_1^* = i_2$. Diese Zinssteigerung bewirkt nicht nur einen Crowding-out-Effekt im Euroland, der bei fehlendem Kapitalzufluss aus dem Euroraum mit dem höheren Zins i_1 zu einer geringeren Produktionssteigerung von Y_0 nach Y_1 führen würde, sondern auch einen in den anderen Euroländern, die insgesamt einen Produktionsrückgang von Y_0^* nach Y_1^* hinnehmen müssen. Da Kapital von den restlichen Euroländern zum betrachteten Euroland abfließt, verschiebt sich deren LM-Kurve von LM_0^* nach LM_1^* und der Zins steigt von i_0^* auf i_1^*. Für die anderen Euroländer bewirkt die expansive Nachfragepolitik eines großen Eurolandes einen negativen Spillover-Effekt durch die Zinssteigerung im Euroraum. Man spricht dann auch von einem "beggar-thy-neighbour"-Effekt, da ein Euroland seine Nachfrage auf Kosten der anderen Euroländer belebt, da $\triangle Y > 0$ und $\triangle Y^* < 0$ sind.

Aufgrund dieses negativen Zinseffektes wird eine Koordination der Fiskalpolitik gefordert. Dagegen ist aber einzuwenden, dass der Zinseffekt gerade bei schweren Rezessionen realwirtschaftlich wenig relevant ist. Aufgrund pessimistischer Erwartungen – worauf besonders Keynes hinweist – ist die Investitionsnachfrage relativ zinsunelastisch, so dass Zinssteigerungen nur wenig die effektive Nachfrage in den anderen Euroländern beeinträchtigen würden, aber die Finanzierungskosten der Fiskalpolitik der anderen Staaten erhöhen.

Eine Koordination ist auch deshalb nicht zwingend notwendig, da die EZB den negativen Zinseffekt kompensieren kann. Gerade bei gravierenden Nachfragerückgängen wird dazu die EZB bereit sein, da die EZB – wie die Finanzkrise im Jahr 2008 gezeigt hat – keine Inflation bei einer expansiveren Geldpolitik in dieser Situation erwarten muss.

Betrachten wir nun den Wirkungsmechanismus, der zentral für die keynesianische Argumentation ist. Wir unterstellen, dass die Importe eines Eurolandes auch von dem Einkommen Y und die Exporte auch vom Einkommen Y^* der anderen Euroländer abhängen und beschränken uns auf den Fall eines großen Eurolandes bzw. mehrerer kleiner Euroländer. Es seien q bzw. q^* die jeweilige Importneigung und c und c^* die in- und ausländische Konsumneigung. Vernachlässigen wir den Zinseffekt einer Nachfragebelebung durch höhere Staatsausgaben $\triangle G$, so gilt für das betrachtete Euroland im einfachen Multiplikatormodell einer offenen Volkswirtschaft der Staatsausgabenmultiplikator: $dY/dG = 1/(1 - c + q)$. Für $0 < q < 1$ ist er nicht so groß und damit nicht so wirksam wie der einfache Multiplikator $1/(1-c)$ für eine geschlossene Volkswirtschaft. Betrachten wir diesen Multiplikator einer offenen Volkswirtschaft, so stellen wir einen ungünstigen Sicker- bzw. Spillover-Effekt fest. Erhöht ein Mitgliedstaat seine Ausgaben, so fließt der Großteil dieses zusätzlichen Einkommens in den heimischen Markt für Konsumgüter. Je größer aber q ist, umso mehr fließt vom zusätzlichen Einkommen über die Importe ins Ausland ab. Die durch zusätzliche Staatsausgaben induzierten Importe bewirken eine Nachfragebelebung im Ausland. Steigt aber das ausländische Einkommen Y^*, so nimmt die Nachfrage zu, es kommt zu mehr Exporten und so zu einer inländischen Nachfragebelebung.

Man spricht vom Lokomotiveffekt einer Nachfragebelebung. Je zinsunelastischer die Investitionsnachfrage und je größer die Bereitschaft der EZB ist, eine expansive Nachfragepolitik zu alimentieren, umso wahrscheinlicher ist es, dass in starken Rezessionsphasen der Lokomotiveffekt dominiert, worauf sich entsprechend die Koordinationsdebatte konzentrieren sollte.

Diese Aufwärtsspirale wird aber von den einzelnen Mitgliedstaaten nicht ausreichend gewürdigt. Die Regierungen sehen nur den inländischen Nachfrageeffekt und vernachlässigen die induzierten Nachfrageeffekte über das Ausland. Während der Nachfrageeffekt je nach Offenheitsgrad einer Volkswirtschaft mehr oder weniger diffundiert, gilt dies nicht für die mit der Nachfrageausweitung verbundene Kreditaufnahme. Diese muss allein der aktive Mitgliedstaat selbst tragen. Die Streuung des Nachfrageeffekts auf einen Großteil der Mitgliedstaaten und die Konzentration der Schulden auf einen einzigen Staat, stellen einen Fehlanreiz dar, so dass der Spillover-Effekt zu einem suboptimalen Aktivitätsniveau bei der Fiskalpolitik führen kann. Jeder Mitgliedstaat soll eine Vorreiterrolle spielen, aber keiner will die Lokomotivaufgabe bei der Konjunkturbelebung übernehmen. Damit ergibt sich ein entsprechender Koordinationsbedarf, um diese Gefangenendilemma-Situation zu überwinden.

10.3 Ausblick

Welche praktischen Konsequenzen wurden seitens der EU aus den oben angestellten theoretischen Überlegungen gezogen? Erste Koordinationsüberlegungen entstanden im Rahmen der Europäischen Beschäftigungspolitik. Zentrale Aussage des Beschäftigungsgipfels in Köln, die sich im "Köln-Prozess" niederschlug, war die Überlegung des Europäischen Rats, dass eine effiziente Beschäftigungspolitik durch eine abgestimmte Makropolitik ergänzt werden muss. Dazu wurde die Institution des Makroökonomischen Dialogs eingerichtet. Mit ihr sollten die gesamtwirtschaftlichen Rahmenbedingungen der EU für Wachstum und Stabilität realisiert werden. Vertreter von Rat, Kommission, EZB und der Sozialpartner sollten mit dem Dialog ein Forum für einen Gedankenaustausch erhalten, indem sie sich zweimal im Jahr treffen.

Die Wirksamkeit dieses Instrumentes ist aber sehr fraglich. Zum einen sind die Dialogabsprachen wie die Europäische Beschäftigungsstrategie mehr oder weniger unverbindlich; es liegt soft coordination vor. Hinzu kommt, dass der Dialog vertraulich ist und unter völligem Ausschluss der Öffentlichkeit stattfindet. Der Dialog beruht somit auf einem reinen Elitenkonsens und es fehlt ihm die entsprechende Legitimation und die notwendige Resonanz im politischen Willensbildungsprozess; so ist das europäische Parlament in keiner Weise in den Dialog integriert. Entsprechend gibt es Überlegungen, die makroökonomische Koordination weiter zu entwickeln.

Zwei Reformrichtungen sind zu unterscheiden. Die eine Richtung setzt an der Überlegung an, dass die finanziellen Möglichkeiten eines einzelnen Mitgliedstaates bei einem schwerwiegenden asymmetrischen Nachfrageschock nicht ausreichen, um adäquat gegenzusteuern. Um den einzelnen Mitgliedstaaten finanzielle Ressourcen zukommen zu lassen, wird z. B. von Dullien eine "Arbeitslosenversicherung für die Eurozone" vorgeschlagen. Auch von Hagen und Wyplosz sprechen sich für ein europäisches Versicherungssystem aus, präferieren aber anstelle einer europäischen Arbeitslosenversicherung ein Steuerbeteiligungsmodell. Zentral für diese Versicherungslösung ist, dass mit ihr keine Umverteilungsprozesse initiiert werden sollen. Die Versicherung soll aktuarisch fair sein, so dass sich kein Beteiligter durch die Versicherung mittel- und langfristig einnahmemäßig besser stellt.

Während bei der Versicherungslösung die Fiskalautonomie weitgehend gewahrt bleibt, sieht die andere Richtung eine hard coordination vor. So schlug der Präsident des Europäischen Rats Van Rompuy in seinem Einladungsschreiben zum Gipfel im März 2010 die Einrichtung einer "economic government", einer Europäischen Wirtschaftsregierung vor. Dieser Vorschlag wurde zwar vom Rat nicht umgesetzt, jedoch vom französischen Staatspräsidenten Sarkozy wieder in die Diskussion gebracht. Die Realisierung einer Europäischen Wirtschaftsregierung mit entsprechender Haushaltskompetenz für die Mitgliedstaaten würde nicht nur die Architektur der EU fundamental ändern, sie würde die EU auch in eine Transferunion umwandeln. Denn es ist nicht zu erwarten, dass Mitgliedstaaten ihren auf EU-Ebene beschlossenen Haushalt akzeptieren, der den Stabilitätserfordernissen der EU, nicht aber den Erfordernissen der jeweiligen Mitgliedstaaten gerecht wird, wenn dafür keine entsprechenden Ausgleichszahlungen gewährt werden. Hinzu kommt, dass all diese Reformvorschläge reine Utopie sind, da sie eine Änderung der EU-Verfassung bedingen.

Anhänger einer hard coordination erliegen des Weiteren dem nirvana approach. Sie vergleichen die unzureichend realisierte Koordination auf europäischer Ebene mit einem Idealzustand, den sie mit der Wirtschaftsregierung schaffen wollen, ohne zu sehen, dass auch – wie die Kommission oft gezeigt hat – diese zentrale Institution ebenfalls mit Ineffizienzen behaftet sein wird.

Neben diesen Reformüberlegungen sind die tatsächlichen Koordinationsaktivitäten auf EU-Ebene zu analysieren. Hervorzuheben ist hier das europäische Konjunkturprogramm von 2008 als Reaktion auf die weltweite Finanzkrise. Das Programm beinhaltet ein Ausgabenvolumen von 200 Mrd. EUR, was einem Anteil von 1,5 % des europäischen BIP entspricht. Davon finanzieren die Mitgliedstaaten 170 Mrd. EUR und die restlichen 30 Mrd. EUR stammen aus dem EU-Haushalt. Insgesamt kann man die Umsetzung des Programms als Erfolg bewerten, was zeigt, dass die Union auch ohne grundlegende institutionelle Änderungen durchaus in der Lage ist, schwerwiegende Nachfrageschocks zu bewältigen.

10.4 Literatur

- Buti, M. (2003): Interactions and coordination between monetary and fiscal policies in EMU: what are the issues?, in: Buti, M. (Hrsg.): Monetary and Fiscal Policies in the EMU, Cambridge, S. 1 - 25.
- Carlin, W./ Soskice, D. (2006): Macroeconomics – Imperfections, Institutions & Policies, Oxford, Kapitel 12, Abschnitt 1, S. 416 - 427.
- Dullien (2008): Eine Arbeitslosenversicherung für die Eurozone: Ein Vorschlag zur Stabilisierung divergierender Wirtschaftsentwicklungen in der Europäischen Währungsunion, SWP-Studie 2008.
- Von Hagen, J./Wyplosz, Ch. (2008): EMU´s Decentralized System of Fiscal Policy, European Commission, Economic Papers, Nr. 306.
- Van Riet, A. (Hrsg.) (2010): Euro Area Fiscal Policies and the Crisis, Occasional Paper Series, Nr. 109.
- Wissenschaftlicher Beirat beim BMF (2002): Stellungnahme: Verstärkte Koordinierung der antizyklischen Finanzpolitik in Europa?, in: Monatsbericht des BMF, August 2002, S. 71 - 82.

Kapitel 11
Koordination der Steuerpolitik

Ein wesentliches Charakteristikum des Nationalstaates ist seine Steuerhoheit. Dieses Privileg behalten die Mitgliedstaaten auch in der EU. In der EU besteht dennoch keine vollständige Steuerautonomie. Die Mitgliedstaaten stehen in einem Steuerwettbewerb. Auch wenn sie im Prinzip ihre Steuersätze autonom festlegen können, so stehen sie doch in einem enormen Wettbewerb um ihre Steuerbasis, d. h. um die Steuerquellen. Mit der Integration der EU im Rahmen des Gemeinsamen Marktes nimmt auch dieser Wettbewerb um die Steuerzahler zu, da die Produktionsfaktoren bis auf den Faktor Boden immer mobiler werden. Aus dieser zunehmenden Verflechtung und der faktisch eingeschränkten Steuerautonomie ergibt sich die Aufgabe der horizontalen Koordination in der EU. Diese Koordination zwischen den Mitgliedstaaten kann in zweierlei Form erfolgen. Zum einen können die einzelnen Mitgliedstaaten bilaterale oder multilaterale Abkommen beschließen, wie dies z. B. bei Fragen der Koordination der Einkommensteuer in der EU typisch ist. Oder sie können zum anderen über Rechtsakte der EU eine horizontale Koordination in die Wege leiten, wie dies oft bei Fragen der Körperschaftsteuer erfolgt.

Wenn man eine Koordination über die EU verwirklichen möchte, so muss nach den Kompetenzen der EU in Steuerangelegenheiten gefragt werden, sofern die Mitgliedstaaten nicht selbst der Kommission Koordinationskompetenzen einräumen. Dabei müssen wir zwischen direkten und indirekten Steuern unterscheiden. Bei den indirekten Steuern gibt es eine entsprechende explizite rechtliche Grundlage im AEU-Vertrag. Nach Art. 113 ist eine Harmonisierung der indirekten Steuern vorgesehen, um Wettbewerbsverzerrungen im innereuropäischen Handel zu vermeiden. Bezüglich der direkten Steuern sieht der AEU-Vertrag keine Kompetenzzuweisungen an die EU vor, sieht man davon ab, dass der Vertrag in Art. 115 eine Harmonisierung der Rechts- und Verwaltungsvorschriften der Mitgliedstaaten vorsieht, die sich unmittelbar auf die Errichtung oder das Funktionieren des Binnenmarktes auswirken. Dazu gehören auch viele Aspekte der direkten Besteuerung. Insbesondere wird die Autonomie der Mitgliedstaaten bei den direkten Steuern beeinträchtigt, wenn nationale Regelungen mit den vier Grundfreiheiten des Gemeinsamen Marktes kollidieren. Hinzu kommt das Diskriminierungsverbot, das besonders für die Einkommensteuer bei der Gleichbehandlung von In- und EU-Ausländern bedeutsam ist. Weitere Kompetenzen ergeben sich aus dem Beihilferecht der EU nach Art. 107 ff. So können z. B. Steuererleichterungen für Unternehmen u. U. unzulässige Beihilfen darstellen.

Mit der Vergemeinschaftung von Aufgaben in der EU tritt eine Kompetenzverlagerung hin zu den Institutionen der EU ein. Die Agrarpolitik ist fast vollständig in die Kompetenz der EU übertragen worden. Neben diesem größten Ausgabenposten im Haushalt der EU steht als zweitgrößter Ausgabenposten der Kohäsionsfonds. All diese Ausgaben müssen von den Mitgliedstaaten in irgendeiner Form finanziert werden. Damit sind wir bei der Frage der vertikalen Koordination, auf die wir zuerst kurz eingehen wollen.

11.1 Vertikale Koordination der Steuerpolitik

Um den Haushalt der Union zu finanzieren, könnte man ihr eine eigene Steuerhoheit einräumen, indem man Steuern ausweist, über deren Ausgestaltung die Union beschließt und deren Aufkommen ausschließlich an sie fließt. Die Mitgliedstaaten waren aber nicht bereit, der Union eine so umfassende Finanzautonomie zuzugestehen. Vielmehr finanziert sich der EU-Haushalt hauptsächlich über die Eigenmittel der Union (vgl. Abschn. 3.2.2). Dies sind Finanzmittel, die von den Mitgliedstaaten zur Verfügung gestellt werden. Die Eigenmittel, die vom Rat festgelegt werden, ermöglichen den Mitgliedstaaten jedoch nur eine eingeschränkte Steuerung des EU-Haushaltes. Um die Position der Mitgliedstaaten im Rahmen der vertikalen Koordination zu stärken, wurden zwei weitere Restriktionen für die Haushaltspolitik festgelegt. Dies ist zum einen das Verbot der Verschuldung der Union. Nach Artikel 310 des AEU-Vertrages sind die Ausgaben der EU durch die Einnahmen zu bestreiten. Zum anderen haben die Mitgliedstaaten der Union neben dem fehlenden Verschuldungsrecht eine Obergrenze für die Eigenmittel in Höhe von 1,24 % des BNE festgelegt. Zusammenfassend kann man sagen, dass wir bei der vertikalen Koordination der Steuerpolitik faktisch ein System von Finanzbeiträgen haben und die Mitgliedstaaten über ein immenses Steuerungspotenzial über die Finanzierungsseite gegenüber allen anderen Institutionen der Union verfügen.

Seitens der Kommission als auch des Europäischen Parlaments wird immer wieder vorgeschlagen, die Finanzautonomie der EU zu stärken, indem eine EU-Steuer eingeführt wird. Während die Argumente der Befürworter, wie mehr Transparenz der EU-Bürger über die Kosten der EU, wenig überzeugen, gibt es zwei erhebliche Einwände gegen einen solchen Vorschlag. Da es kein perfektes Steuersystem gibt, wird eine EU-Steuer eine gewisse Konjunkturreagibilität aufweisen, so dass von der Kommission bei entsprechenden

konjunkturbedingten Steuerausfällen eine kompensatorische Verschuldungs-
möglichkeit gefordert wird. Des Weiteren müssen die Mitgliedstaaten bisher
ihre Finanzbeiträge aus ihrem eigenen Haushalt finanzieren. Von daher haben
sie ein immenses Interesse an einer sparsamen Haushaltsführung der Union.
Dieses Interesse wäre schwächer, wenn die EU-Bürger direkt den Haushalt
der EU finanzieren würden. Wesentlich überzeugender ist hingegen der Vorschlag, die recht komplizierten Mehrwertsteuer-Eigenmittel zurückzufahren
und den EU-Haushalt stärker über BNE-Eigenmittel zu finanzieren, um den
recht hohen Verwaltungsaufwand zu verringern. Des Weiteren – wie in Abschnitt 3.2.2 angesprochen – steht die Abschaffung des Britenrabatts auf der
Agenda.

11.2 Horizontale Koordination der Steuerpolitik

Der Interessenausgleich zwischen den Mitgliedstaaten gestaltet sich in der
Frage der Koordination der Steuerpolitik sehr schwierig. Die Erfahrungen
der letzten Jahre haben gezeigt, dass in diesem Bereich die Bereitschaft, auf
Autonomie zu verzichten und gemeinsame Absprachen zu treffen, sehr gering
ist. Bevor man diese mangelnde Bereitschaft kritisiert, sollte man prüfen,
ob in der EU überhaupt ein horizontaler Koordinationsbedarf besteht. Bei
der Betrachtung der unterschiedlichen Steuerarten in der EU werden wir uns
exemplarisch auf die Mehrwertsteuer, die Kapitalbesteuerung und die Einkommensteuer beschränken, da wir die Grundprobleme an diesen gut veran-
schaulichen können.

11.2.1 Mehrwertsteuer

Die Mehrwertsteuer ist dadurch gekennzeichnet, dass sie nicht auf nationalem, sondern auf dem Gemeinschaftsrecht des EG-Vertrages durch die Mehrwertsteuerrichtlinie von 1967 fußt und so versucht wurde, sie von vornherein
europatauglich zu gestalten. Grundlegend ist heute die seit dem Jahr 2007
gültige neue Mehrwertsteuerrichtlinie 2006/112. Die Mehrwertsteuer ist als
eine allgemeine Steuer auf den Konsum konzipiert und stellt eine Wertsteuer
dar, bei der die Steuer als Prozentsatz (Mehrwertsteuersatz) auf den Preis
erhoben wird. Sie wird stufenweise bei jedem Verkauf bei dem Steuerpflichtigen erhoben. Dabei gilt der Vorsteuerabzug, wobei der Steuerpflichtige (das
jeweilige verkaufende Unternehmen) nur die Differenz zwischen der zu zahlenden Mehrwertsteuer und der bisher geleisteten Mehrwertsteuer zu zahlen
hat. Da beim Verkauf an Konsumenten, denen die Mehrwertsteuer in Rechnung gestellt wird, ein Vorsteuerabzug auf der letzten Stufe ausgeschlossen ist
und Investitionsgüter nicht besteuert werden, stellt die Mehrwertsteuer eine

allgemeine Konsumsteuer und eine indirekte Steuer dar. Auch wenn die Mehrwertsteuer auf dem Gemeinschaftsrecht aufbaut, sind die Mitgliedstaaten im Rahmen ihrer Steuerhoheit frei in der Wahl ihres Mehrwertsteuersatzes, obgleich sie an zwei EU-Vorgaben gebunden sind. Der normale Mehrwertsteuersatz muss mindestens 15 % und der ermäßigte Mehrwertsteuersatz (Dazu gibt es ein erschöpfendes Verzeichnis der EU, das Grundnahrungsmittel usw. umfasst.) mindestens 5 % betragen.

Des Weiteren räumte der Rat mit Beschluss von 2009 den Mitgliedstaaten das Recht ein, für bestimmte lokal erbrachte arbeitsintensive Dienstleistungen, bei denen keine Wettbewerbsverzerrungen im Gemeinsamen Markt zu erwarten sind, ermäßigte Mehrwertsteuersätze festlegen zu können, um Beschäfigungsimpulse zu realisieren. Einen Überblick über die Ausgestaltung der Mehrwertsteuersätze in der Union findet man in Tabelle 11.1.

Tabelle 11.1 Mehrwertsteuersätze in den Mitgliedstaaten der EU, 2010

	Normalsatz	Ermäßigt		Normalsatz	Ermäßigt
Belgien	21	6/12	Niederlande	19	6
Bulgarien	20	7	Österreich	20	10
Dänemark	25	-	Polen	22	7
Deutschland	19	7	Portugal	21	6/13
Estland	20	9	Rumänien	24	5/9
Finnland	23	9/13	Schweden	25	6/12
Frankreich	19,6	5,5	Slowakei	19	6/10
Griechenland	23	11	Slowenien	20	8,5
Irland	21	13,5	Spanien	18	8
Italien	20	10	Tschechien	20	10
Lettland	21	10	Ungarn	25	5/18
Litauen	21	5/9	Vereinigtes Königreich	17,5	5
Luxemburg	15	6/12	Zypern	15	5/8
Malta	18	5	EU27	20,2	

Quelle: Europäische Kommission (2010), S. 100.

Bei der Ausgestaltung der Mehrwertsteuer stehen zwei alternative Gestaltungsprinzipien zur Verfügung, um im innergemeinschaftlichen Verkehr die Problematik unterschiedlicher Mehrwertsteuersätze der Mitgliedstaaten zu lösen. Nach dem Bestimmungslandprinzip gilt der Steuersatz des Landes, in dem das Gut bzw. die Dienstleistung konsumiert werden. Das Steueraufkommen fließt dann dem Bestimmungsland zu. Beim Ursprungslandprinzip gilt der Steuersatz des Mitgliedstaates, in dem das Gut bzw. die Dienstleistung erstellt wurden, wobei die Steuereinnahmen an diesen Mitgliedstaat fließen. Aufgrund des unterschiedlichen Steuerzuflusses bei beiden Prinzipien existiert ein starker Interessengegensatz innerhalb der Union, der zu einer Blockadepolitik bei den Reformen geführt hat. Mit der Vollendung des gemeinsamen Binnenmarktes im Jahr 1993 fielen die Steuerkontrollen an den Binnengrenzen weg, so dass das bisher gültige Bestimmungslandprinzip, das auf einer Steuerbefreiung von Gütern, die in ein anderes EU-Land exportiert wurden, sowie auf einer entsprechenden Einfuhrumsatzsteuer aufbaute, in der bisherigen Form nicht mehr angewandt werden konnte. Deshalb beschloss man im Jahr 1993 das Ursprungslandprinzip einzuführen, nach dem innerhalb der EU der Mehrwertsteuersatz des Staates des Leistungserbringers angewandt wird. Die Steuergrenzen wären innerhalb der EU wirklich beseitigt, da man dann nicht mehr kontrollieren muss, ob das Produkt im jeweiligen Mitgliedstaat selbst oder einem anderen konsumiert wird. Dieser Beschluss kann aber nur verbindliches Recht werden, wenn sich die Mitgliedstaaten auf einen Verteilungsschlüssel für das Mehrwertsteueraufkommen einigen. Solange diese Einigung nicht zustande kommt, gilt eine komplizierte Übergangsregelung, die eigentlich nach einer bis Ende des Jahres 1996 vorgesehenen Einigung auslaufen sollte und die durch folgende Elemente gekennzeichnet ist.

1. Lieferungen in das EU-Ausland werden generell von der Mehrwertsteuer befreit (Nullsatzbesteuerung).
2. Lieferungen aus dem EU-Ausland werden gemäß dem Bestimmungslandprinzip mit dem Steuersatz des Mitgliedstaates besteuert, in den der Import erfolgt.
3. Für Lieferungen an ein Unternehmen oder eine juristische Person (Verkauf an Steuerpflichtige) innerhalb der EU gilt das Bestimmungslandprinzip. Bei Lieferungen eines Steuerpflichtigen an einen Steuerpflichtigen eines anderen Mitgliedstaats (grenzüberschreitender Verkehr) gilt für die Lieferung der Nullsatz. Die grenzüberschreitende Lieferung ist aufgrund des Vorsteuerabzuges von der Mehrwertsteuer befreit. Um die innergemeinschaftlichen Lieferungen zu kontrollieren, werden alle Unternehmen für die Mehrwertsteuer registriert und erhalten eine Identifikationsnummer.
4. Beim grenzüberschreitenden Verkauf an Privatpersonen gilt hingegen das Ursprungslandprinzip. Dies gilt aber nicht für den Kauf von neuen Fahrzeugen und beim Versandhandel ab einem bestimmten Volumen, wobei die jeweiligen mitgliedstaatlichen Schwellen zwischen 35.000 EUR und 100.000 EUR liegen.
5. Dienstleistungen von Unternehmen an Privatpersonen werden nach dem Ursprungslandprinzip an dem Ort besteuert, an dem der Erbringer ansässig ist.
6. Noch komplizierter ist die Mehrwertsteuerregelung für den Interneterwerb von elektronischen Dienstleistungen durch Private. Ist der Verkäufer in der EU niedergelassen, so gilt bis zum Jahr 2015 nach dem Herkunftslandprinzip der Mehrwertsteuersatz des Mitgliedstaates der Niederlassung. Hat der Verkäufer keinen Sitz in einem Mitgliedstaat der EU, so gilt das Bestimmungslandprinzip.

Leider ist nicht zu erwarten, dass dieses unsystematische Mehrwertsteuergeflecht in absehbarer Zeit aufgehoben wird. Vielmehr kann man davon ausgehen, dass aufgrund neuer zu regelnder Tatbestände das uneinheitliche Mehrwertsteuersystem noch unübersichtlicher wird. So ist u. a. für grenzüberschreitende Dienstleistungen von Immobilienagenturen sowie für die grenzüberschreitende Personenbeförderung das Bestimmungslandprinzip

eingeführt worden. Damit sich Internetdienstleister nicht mehr in dem Mitgliedstaat mit dem niedrigsten Mehrwertsteuersatz niederlassen, um so einen
Wettbewerbsvorteil zu realisieren, soll generell für diesen Bereich das Bestimmungslandprinzip gelten. Diese Überlegungen verdeutlichen ein Kernproblem
des Mehrwertsteuersystems, das sich aus den unterschiedlichen Regelungen
und den unterschiedlichen Mehrwertsteuersätzen (vgl. Tabelle 11.1) ergibt:
allokative Verzerrungen, die zur Produktionsineffizienz führen. Das jetzige
Mischsystem beeinflusst die Wahl des Produktionsstandortes bzw. bei Inter-
netanbietern des Niederlassungsortes. Dies würde offensichtlich nicht gelten,
wenn man konsequent das Bestimmungslandprinzip anwendet.

Nun möchte aber die Europäische Kommission, um unnötige Verwaltungs-
kontrollen im innereuropäischen Handel zu vermeiden, konsequent das Ursprungslandprinzip einführen, wie dies im Jahr 1993 im Grundsatz auch schon
beschlossen worden ist. Von daher ist zu prüfen, ob unter Allokationsaspekten
die generelle Einführung des Ursprungslandprinzips überhaupt Sinn macht.

In Anlehnung an Homburg (2007, S. 317 ff.) soll aufgezeigt werden,
dass unter allokativen Aspekten Bestimmungsland- und Ursprungslandprinzip äquivalent sind und zu keinen Produktionsverzerrungen führen. In dem
sehr einfachen Modell gehen wir von zwei repräsentativen Ländern ($i = 1, 2$)
der EU aus. N_i ist die Zahl der immobilen Beschäftigten, C_i das jeweils in
den beiden Ländern produzierte Konsumgut. Es gilt für beide Länder eine
identische lineare Produktionsfunktion mit der Arbeitsproduktivität a und
dem einzigen Inputfaktor N_i, so dass $C_i = aN_i$ ($i = 1, 2$) gilt. Es sei p_i der
Nettopreis und q_i der Bruttopreis inklusive Mehrwertsteuer. Der jeweilige
Mehrwertsteuersatz sei t_i mit $t_1 > t_2$. Dann gilt unabhängig vom gewähl-
ten Steuersystem $q_i = (1 + t_i) p_i$ ($i = 1, 2$). Bei vollständiger Konkurrenz auf
dem Arbeitsmarkt wird der Faktor Arbeit nach seinem Wertgrenzprodukt
$p_i \cdot a = w_i$ entlohnt. Schauen wir uns nun die beiden Steuersysteme an.

Bestimmungslandprinzip: Betrachten wir einen Konsumenten aus dem
Land 1, der immer dem Mehrwertsteuersatz von t_1 unterliegt. Kauft er im
Land i, so zahlt er den Bruttopreis $(1 + t_1) p_i$. Nach dem Gesetz von Jevons
muss deshalb im Marktgleichgewicht $p_1 = p_2$ gelten, was bei den Bruttoprei-
sen zur Folge hat, dass $q_1 = (1 + t_1) p > q_2 = (1 + t_2) p$ ist.

Ursprungslandprinzip: In diesem Fall ist ein Konsument nur dann indiffe-
rent, wenn $q_i = (1 + t_i) p_i = q$ gilt. Dies hat zur Folge, dass $p_1 = q / (1 + t_1) <
p_2 = q / (1 + t_2)$ und für die Löhne $w_1 = p_1 \cdot a < w_2 = p_2 \cdot a$ ist.

Welche allokativen Konsequenzen ergeben sich nun aus diesen beiden unterschiedlichen Preisstrukturen? Schauen wir uns dazu die Auswirkungen beider Steuersysteme auf die Reallöhne an. In unserem einfachen Modell müssen
in beiden Systemen die Reallöhne identisch sein, da sie der in beiden Ländern
identischen Grenzproduktivität a entsprechen müssen. Im Falle des Bestim-
mungslandprinzips führen deshalb die identischen Nettopreise zu identischen
Nominallöhnen. Beim Ursprungslandprinzip ist der Nettopreis im Land 1
niedriger als im Land 2. Da aber der Reallohnsatz konstant bleiben muss, um
weiter Vollbeschäftigung zu garantieren, muss sich der Nominallohn im Land

1 im gleichen Umfang anpassen. Das was der Arbeitnehmer an Vorteilen bei
den Preisen hat, verliert er bei den Nominallöhnen. Entsprechendes gilt für
den Arbeitgeber bei seinem Gewinn. In diesem extrem einfachen und unter
sehr restriktiven Modellannahmen abgeleiteten Annahmen gilt im Gegensatz
zu einer spezifischen Verbrauchsteuer, dass bei beiden Steuerprinzipien keine
Produktionsverzerrungen bewirkt werden.

Nun könnte man einwenden, dass die hier gemachten Aussagen nicht verallgemeinerungsfähig sind und so keine sinnvolle Grundlage für wirtschaftspolitische Empfehlungen beinhalten. Weiterführende Arbeiten haben – worauf
Homburg (2007, S. 323) hinweist – aber aufgezeigt, dass die hier angestellten
Überlegungen durchaus verallgemeinerungsfähig und sehr robust sind. Entscheidend ist aber, dass im Gegensatz zu einem reinen Bestimmungsland-
bzw. Ursprungslandprinzip von dem jetzigen ineffizienten Übergangssystem
in Form eines Mischsystems nicht zu vernachlässigende allokative Effekte ausgehen. Dies ist im Wesentlichen darauf zurückzuführen, dass die Einzelrege-
lungen für die Mehrwertsteuer oft wie spezifische Verbrauchsteuern wirken, so
dass der kompensatorische Nominallohneffekt bei Preisänderungen wegfällt
und es zu Verzerrungen der relativen Preise kommt.

Neben den allokativen Fehlanreizen wird an dem Mischsystem weiter kritisiert, dass es durch den Vorsteuerabzug zu Steuerbetrug im innergemeinschaftlichen Warenverkehr führt. Man spricht hier vom sogenannten Mehr-
wertsteuerkarussell, das kurz erläutert werden soll. Ein ausländisches Unternehmen EX exportiert in die EU eine Ware und verkauft diese zum Nettopreis von 1000 EUR an den Importeur IM. Der Importeur verkauft die
Ware zum Preis von 1160 EUR an das Handelsunternehmen H und führt
die Mehrwertsteuer illegalerweise nicht ab (1. Alternative). Im Rahmen der
Vorsteuererstattung bekommt aber das Handelsunternehmen die nicht von
IM abgeführte Mehrwertsteuer erstattet. Im Karussell exportiert das Handelsunternehmen H steuerfrei an den EX im Ausland zum Nettopreis 1000
EUR, so dass das Karussell von neuem beginnen kann. Eine andere Möglichkeit liegt darin, dass der IM die importierte Ware fälschlicherweise mit
dem Nettowert von 1000 EUR als innergemeinschaftlichen Handel deklariert
und brutto als 862,07 EUR + 137,93 EUR (16 % Mehrwertsteuer) ausweist
(2. Alternative). Der Mehrwertsteuerbetrag von 137,93 EUR wird IM dann
als Vorsteuer erstattet. Bevor aber das illegale Verhalten von IM aufgedeckt
wird und die erstattete Vorsteuer vom Finanzamt zurückgefordert werden
kann, sind diese Unternehmen schon aufgelöst und können nicht in Regress
genommen werden. Die Unternehmen H und EX, die dabei mitgespielt haben, haben sich dabei formal korrekt verhalten. Ein grenzüberschreitender
Handel ist bei diesen Geschäften attraktiv, weil dadurch die Kontrolle durch
die nationalen Finanzämter erschwert wird. Die 1. Alternative ist allein im
innergemeinschaftlichen Handel möglich.

Um die immensen Steuerausfälle, die bei den Mitgliedstaaten durch innergemeinschaftliche Lieferungen eintreten und die für die EU insgesamt auf 20
Mrd. EUR pro Jahr geschätzt werden, zu beseitigen, sind von der Kommissi-

on im Auftrag des Rats der EU im Jahr 2008 zwei Lösungsvorschläge gemacht worden, von denen bisher keiner vom Rat akzeptiert worden ist.

Der von der Kommission favorisierte erste Vorschlag beinhaltet, dass die unterschiedlichen nationalen MwSt-Sätze weiter gelten. Hingegen soll eine innergemeinschaftliche Lieferung nicht mehr steuerbefreit bleiben, sondern generell mit 15 % Mehrwertsteuer belastet werden. Mitgliedstaaten mit einem höheren Steuersatz, in die die Ware geliefert wird, erhalten die höhere Mehrwertsteuer (Differenzbetrag). Im umgekehrten Fall eines niedrigeren Steuersatzes gewährt der Erwerbsmitgliedstaat eine entsprechende Gutschrift an den Steuerpflichtigen in Höhe des Differenzbetrages. Der Vorsteuerabzug des Käufers im Erwerbsmitgliedstaat wird entsprechend unter Anrechnung des Differenzbetrages korrigiert. Mit dieser Regelung führen die unterschiedlichen Steuersätze nicht zu einer Wettbewerbsverzerrung. Wird z. B. eine Ware aus Deutschland mit einem 19 % MwSt-Satz nach Belgien mit einem 21 % MwSt-Satz geliefert, so wird der Verkauf nach Belgien nicht mehr mit 0 %, sondern mit 15 % in Deutschland und zusätzlich in Belgien mit dem Differenzbetrag von 6 % besteuert. Das größte Problem bei diesem Vorschlag ist die notwendige Clearingstelle unter den Mitgliedstaaten. Die liefernden Mitgliedstaaten müssen die 15 % Mehrwertsteuer an die Erwerbsmitgliedstaaten leiten, wobei sie natürlich deren Zahlungsverpflichtungen entsprechend verrechnen können.

Der zweite Vorschlag der Kommission beinhaltet eine fakultative Anwendung der allgemeinen Verlagerung der Steuerschuldnerschaft (generelles Reverse-Charge-System). Dabei ist nicht mehr wie bisher der Verkäufer der Umsatzsteuerzahler, sondern der jeweilige Käufer. Beim Käufer fallen Steuerschuld und Vorsteuerabzug, sofern er dazu berechtigt ist, zusammen und heben sich so auf. Dies hat zur Folge, dass erst beim Verkauf an den Konsumenten, die Steuerzahlung vorgenommen wird, da das an den Endverbraucher verkaufende Unternehmen nicht vorsteuerabzugsberechtigt ist. Die Kommission betont, dass bei diesem Verfahren bei grenzüberschreitenden Lieferungen der Steuerbetrug ausgeschlossen ist. Sie weist u. a. kritisch darauf hin, dass es über Schwarzmärkte zur Steuerhinterziehung kommen kann und entsprechend eine umfassende Kontrolle der Einzelhändler notwendig sei. Besonders problematisch sei die fakultative Einführung dieses Systems, da dann in der EU kein einheitliches System im innergemeinschaftlichen Leistungsaustausch gegeben sei und sich der bisherige Steuerbetrug auf die Länder konzentrieren würde, die das Reverse-Charge-System nicht eingeführt haben. Deshalb schlägt die Kommission vor, einen Pilotmitgliedstaat auszuwählen und so exemplarisch die Vor- und Nachteile des Systems zu prüfen. Bisher konnte der Rat sich aber nicht darauf einigen, einen der beiden Vorschläge zu realisieren.

11.2.2 Kapitalbesteuerung

Während bei der Mehrwertsteuer der Druck in Richtung einer stärkeren Harmonisierung in der EU relativ schwach ausfällt, wird die Diskussion um die Harmonisierung der Kapitalbesteuerung in der EU – insbesondere nach der EU-Osterweiterung – recht intensiv geführt. Durch die EU-Osterweiterung hat die Varianz in den Grenzsteuersätzen bei der Kapitalbesteuerung zugenommen, da die neuen Mitgliedstaaten relativ niedrige Steuersätze haben, und die durchschnittliche Steuerbelastung divergiert erheblich (siehe Tab. 11.2).

Die EU15 befürchtet, dass die neuen Mitgliedstaaten die Steuersätze strategisch nutzen, um mit niedrigen Steuersätzen Kapital zu attrahieren. Der Konflikt hat sich durch Vorwürfe der EU15 im Rahmen der Kohäsionspolitik weiter verschärft. Den neuen Mitgliedsländern wird vorgeworfen, dass sie die zufließenden Kohäsionsmittel aus der EU15 zur Finanzierung ihres Haushaltes verwenden und so die Steuerausfälle niedriger Kapitalsteuersätze kompensieren können. Die EU15 mutmaßt daher, dass sie die Abwanderung von Kapital finanziert und sich damit selbst das Wasser abgräbt. Man kann aber zeigen, dass die Mittel eher zur Haushaltskonsolidierung verwendet werden.

Tabelle 11.2 Spitzensatz für die Einkommen- und Körperschaftsteuer, 2010

	ESt-Satz	KSt-Satz		ESt-Satz	KSt-Satz
EU27	37,5	23,2	Malta	35,0	35,0
Belgien	53,7	34,0	Niederlande	52,0	25,5
Bulgarien	10,0	10,0	Österreich	50,0	25,0
Dänemark	51,5	25,0	Polen	32,0	19,0
Deutschland	47,5	29,8	Portugal	42,0	26,5
Estland	21,0	21,0	Rumänien	16,0	16,0
Finnland	48,6	26,0	Schweden	56,4	26,3
Frankreich	45,8	34,4	Slowakei	19,0	19,0
Griechenland	45,0	24,0	Slowenien	41,0	20,0
Irland	41,0	12,5	Spanien	43,0	30,0
Italien	45,2	31,4	Tschechien	15,0	19,0
Lettland	26,0	15,0	Ungarn	40,6	20,6
Litauen	15,0	15,0	Vereinigtes Königreich	50,0	28,0
Luxemburg	39,0	28,6	Zypern	30,0	10,0

Quelle: Eurostat Pressemitteilung 28. Juni 2010, S. 3.

Diese im Ansatz korrekte Kritik und die zum Teil polemisch geführte Diskussion sollen hier nicht vertieft werden, sondern es soll die grundsätzliche Problematik, die sich aus der unterschiedlichen Besteuerung des Produktionsfaktors Kapital ergibt, dargestellt werden. Dabei wollen wir – um das Kernproblem besser herausarbeiten zu können – von einer sehr einfachen Modellwelt ausgehen und dann diese Modellaussagen aus einer realistischeren Perspektive ein wenig relativieren.

Ausgangspunkt unserer Überlegungen bildet ein kleines Land, das mit seiner Politik nur einen geringen Einfluss auf den weltweiten Kapitalmarktzins
hat, so dass wir diese Größe aus der Sicht eines einzelnen Mitgliedstaates
der EU als exogen ansehen. Des Weiteren unterstellen wir, dass der Produktionsfaktor Arbeit – was den Gegebenheiten in der EU entspricht – grenzüberschreitend immobil ist, dass hingegen der Faktor Kapital – besser Finanzkapital – vollkommen mobil ist. Entscheidend für unsere Argumentation
ist die Annahme, dass die zu analysierende Kapitalsteuer als Quellensteuer, also im Lande des Kapitaleinsatzes, erhoben wird. Eine Kernaussage der
Finanzwissenschaft ist folgendes Dilemma: In dem oben aufgezeigten Szenario entzieht sich der mobile Faktor Kapital bei isoliertem Vorgehen eines
EU-Mitgliedstaates bei der Kapitalbesteuerung völlig der Besteuerung. Eine
einseitige Reduzierung der Kapitalbesteuerung (des Grenzsteuersatzes) erhöht hingegen das Einkommen des immobilen Faktors Arbeit. Dabei würde
der damit einhergehende Rückgang der Steuereinnahmen aus der Kapitalbesteuerung durch die Einkommenszuwächse der einheimischen Arbeitnehmer
überkompensiert. Aufgrund dieser Anreizstruktur existiert bei der Kapitalbesteuerung ein race to the bottom. Um das Einkommen der Einheimischen
zu erhöhen, ist es im Steuerwettbewerb unter den Mitgliedstaaten attraktiv,
die Kapitalbesteuerung zu senken, um so mehr Kapital in das eigene Land
umzulenken. Diese Tendenz zur Steuersenkung wird in Abb. 11.1 deutlich.

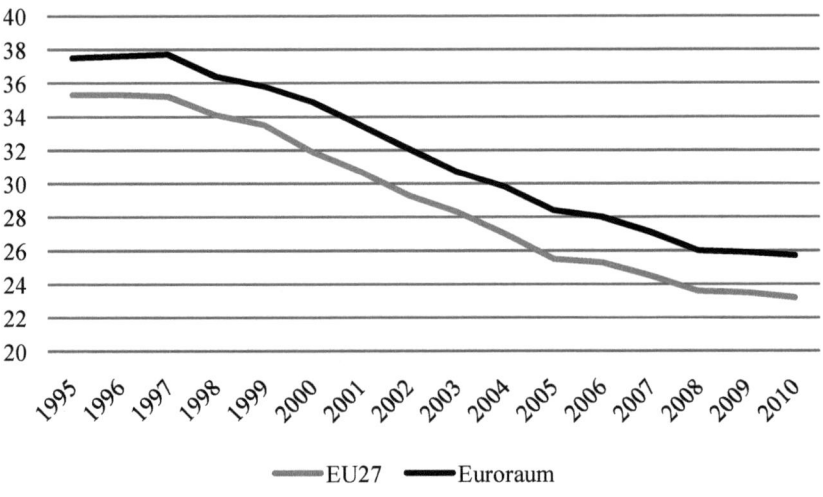

Quelle: Europäische Kommission (2010), S. 71.

Abb. 11.1 Entwicklung der Körperschaftsteuersätze

Es sei L das Arbeitsangebot in unserem EU-Mitgliedstaat. Die Löhne sind vollkommen flexibel und sorgen für Vollbeschäftigung. Wir unterstellen eine neoklassische Produktionsfunktion $Y = f(K, L)$. Bei einem Weltmarktzins r wird solange in ein Land, das den Faktor Kapital nicht besteuert, investiert, bis die Grenzleistungsfähigkeit des Faktors Kapital dem Weltmarktzins entspricht:

$$f_K = \frac{\partial f(K, L)}{\partial K} = r \qquad (11.1)$$

wobei der Preis von Y gleich 1 sei.

Wie beeinflusst nun eine Kapitalbesteuerung das Investitionsverhalten? Es sei τ der Steuersatz, so dass sich die Nettogrenzproduktivität des Faktors Kapital nach Steuern auf $f_K - \tau$ beläuft. An dieser Größe orientieren sich die weltweit agierenden Investoren, für sie muss mindestens $f_K - \tau = r$ gelten, damit sich eine Investition lohnt. In Abb. 11.2 ist in Anlehnung an Sinn (1995b) der sich daraus ergebende Sachverhalt dargestellt.

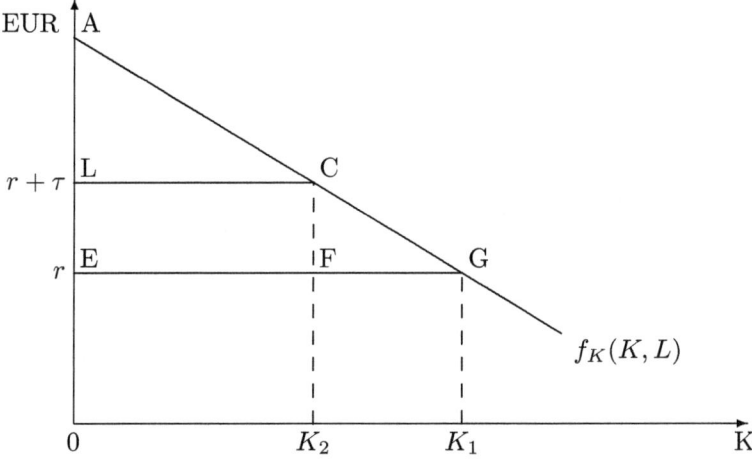

Abb. 11.2 Die Erosion der Quellensteuern im Steuerwettbewerb

Die durch AG fallend verlaufende Linie spiegelt die mit steigendem Kapitaleinsatz einhergehende niedrigere Kapitalproduktivität wieder. Ohne Besteuerung würde der paretooptimale Kapitaleinsatz K_1 realisiert, da bei K_1 das Grenzwertprodukt dem Zinssatz r entspricht. Das dazu gehörende Volkseinkommen ist dann $\int_0^{K_1} f_K(K) \cdot dK$, das der Fläche $OAGK_1$ entspricht. Von diesem Volkseinkommen fließen $r \cdot K_1$ bzw. die Fläche $OEGK_1$ als Zinseinnahmen an den Faktor Kapital. Hingegen erhält der Mitgliedstaat den Rest des Volkseinkommens in Höhe von EAG. Wie ändert sich das Szenario, wenn eine Kapitalbesteuerung mit dem Steuersatz τ eingeführt wird? Da dann das Grenzwertprodukt nach Steuern sinkt, wird in das Land solange der Kapitalzufluss reduziert, bis gilt: $f_K - \tau = r$, so dass das niedrigere Kapitalvolumen K_2 in das Land fließt.

Folgende Konsequenzen ergeben sich aus der Kapitalbesteuerung: Das Volkseinkommen geht von der Fläche $OAGK_1$ auf die Fläche $OACK_2$ zurück. Das betrachtete Land erzielt ein Kapitalsteueraufkommen von $\tau \cdot K_2$, was mit der Fläche $LCFE$ übereinstimmt. Das Einkommen der Inländer geht von der Fläche EAG auf die Fläche ALC zurück. Selbst wenn wir ein Land unterstellen, dessen Regierung als wohlmeinender Diktator das Steueraufkommen in irgendeiner Form den Einwohnern zugute kommen lässt, so kann das Steueraufkommen den Einkommensverlust durch die Besteuerung nicht kompensieren, sondern es verbleibt ein Wohlfahrtsverlust der Kapitalbesteuerung in Höhe des Dreiecks FCG für den betrachteten Mitgliedstaat, um den sich dieses Land insgesamt schlechter stellt.

Um diesen Wohlfahrtsverlust zu vermeiden, empfiehlt es sich für jeden Mitgliedstaat der EU, seine Kapitalbesteuerung zu senken. Machen sich alle Staaten diese Strategie zu eigen, so kommt es zum race to the bottom und der Faktor Kapital wird überhaupt nicht mehr besteuert. Schaut man sich dieses aus der Sicht der immobilen Faktoren deprimierende Ergebnis an, könnte man überlegen, ob man den Faktor Kapital nicht doch ohne Effizienzeinbußen besteuern kann. Viel eher sollte man aber die Robustheit des Modells hinterfragen und prüfen, wie die Modellaussagen unter realistischeren Annahmen zu modifizieren sind.

Bei unseren Modellüberlegungen haben wir nur einseitig die Fehlanreize, die sich aus der Erhebung der Kapitalsteuer für die Financiers ergeben, betrachtet. Unter allokativen Gesichtspunkten ist aber auch die Verwendungsseite bedeutsam. Unter dem Hinweis auf die Regierung als wohlmeinenden Diktator haben wir implizit eine effiziente Verwendung des Kapitalsteueraufkommens im Sinne der Bürger unterstellt. Diese Annahme ist aber unrealistisch. Wir müssen uns deshalb konkret fragen, was mit den Mitteln passiert. Bei der Mittelverwendung steht eine Vielzahl von Möglichkeiten zur Verfügung. Der Staat kann die Mittel in die Infrastruktur fließen lassen, sei es für die öffentliche Realkapitalbildung, sei es über öffentliche Bildungsmaßnahmen in die Humankapitalbildung. Berücksichtigt man diese Verwendungsseite, so ist für den Gesamteffekt der Kapitalbesteuerung über die Einnahmen- und Ausgabeneffekte hinaus die Rendite bei den staatlichen Investitionen mit zu berücksichtigen. Je höher die Rendite der staatlichen Ausgaben im investiven Bereich ist, umso stärker verschiebt sich die Linie der Grenzproduktivität nach außen. Verschiebt sie sich z. B. – wie in Abb. 11.3 – von AG nach $A'G^*$, so führt die Kapitalbesteuerung sogar zu einer Wohlfahrtssteigerung.

Wenn Kapital durch die Besteuerung in rentablere öffentliche Investitionen umgelenkt wird, führt die Kapitalbesteuerung zu einer Erhöhung des Kapitalzustromes von K_1 auf K_3. Gerade für die neuen EU-Mitgliedstaaten scheint dieses Szenario durchaus realistisch zu sein, leiden diese doch unter einem erheblichen Defizit im Bereich der öffentlichen Infrastruktur. Man sollte aber vorsichtig sein, aus dieser Überlegung weitreichende Konsequenzen zu

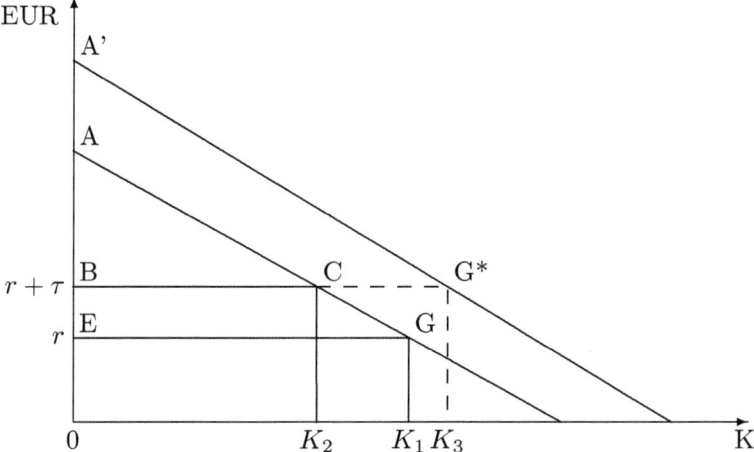

Abb. 11.3 Wohlfahrtsgewinne bei einer Quellensteuer

ziehen. Es macht wenig Sinn, den neuen EU-Mitgliedstaaten relativ höhere
Kapitalsteuersätze zu empfehlen. Überzeugender ist die Strategie der EU, die
versucht, über die Kohäsionspolitik den neuen Mitgliedstaaten ausreichendes
Kapital für öffentliche Infrastruktur zur Verfügung zu stellen.

In unserer graphischen Darstellung haben wir einen stetigen fallenden
Verlauf der Grenzleistungsfähigkeit des Kapitals unterstellt. Unsere Überlegungen zur Kohäsionspolitik haben aber gezeigt, dass, wenn wir von dem
Kern-Peripherie-Modell der Neuen Ökonomischen Geografie ausgehen, Agglomerationszentren stabile Gleichgewichte darstellen können. Ein Wechsel
zu einem anderen Gleichgewicht ist dann oft nur mit erheblichen staatlichen
Eingriffen möglich. Diese Konstellation schafft einen diskretionären Spielraum für die Steuerpolitik. Erst wenn die Steuererhöhung einen kritischen
Wert überschreitet, kommt es zu Unternehmensverlagerungen. Die Mitgliedstaaten können entsprechend die Agglomerationsrenten der Unternehmen für
Infrastrukturmaßnahmen oder sozialpolitische Zwecke abschöpfen, ohne dass
damit allokative Ineffizienzen verbunden sind.

Bisher wurde von der Asymmetrie der Mobilität der beiden Produktionsfaktoren Arbeit und Kapital ausgegangen. Diese Annahme kann nicht
uneingeschränkt aufrecht erhalten werden. Zum einen wird auch der Faktor
Arbeit in der EU kontinuierlich mobiler, so dass der Staat nicht einfach von
der Besteuerung des mobilen Faktors Kapital auf den immobilen Faktor Arbeit umschichten kann. Insbesondere die höher qualifizierten Arbeitskräfte
mit guten Sprachkenntnissen werden in der EU immer mobiler und wandern
in andere Steuergebiete ab. Auch kann es als Ausweichreaktion auf eine zu
starke Besteuerung der Arbeit zu einem Rückgang der privatfinanzierten Humankapitalinvestitionen kommen. Insgesamt stellt sich die Problemlage für

den Staat in weitem Ausmaß ähnlich wie beim Faktor Kapital dar, worauf wir später noch ausführlich eingehen werden.

Auch stellt sich die Frage, ob man im Steuerwettbewerb mit niedrigeren Steuersätzen Infrastrukturdefizite kompensieren kann. Dies mag vielleicht bei verlängerten Werkbänken der Fall sein, nicht aber bei High-Tech-Technologien.

So wie der Faktor Arbeit nicht völlig immobil ist, so ist auch der Faktor Kapital nicht völlig mobil. Hier differenziert man insbesondere zwischen Finanz- und Realkapital. Bei der Finanzierung eines Investitionsobjektes kann man von sehr mobilem Kapital ausgehen, das sehr sensibel auf Nettozinsdifferenziale reagiert. Anders stellt sich die Situation ex post nach der Realisierung des Investitionsobjektes für das Realkapital dar. Dann ist das geschaffene Realkapital oft standortgebunden und relativ immobil. Aus dieser Transformation von vollkommen mobilem Finanzkapital ex ante in immobiles Realkapital ex post ergibt sich die Frage der Glaubwürdigkeit von staatlichen Zusagen, die unter dem Begriff der Zeitinkonsistenz in der ökonomischen Theorie diskutiert wird. Danach ist nicht allein die Zusage niedriger Steuersätze für eine Investition entscheidend, sondern auch, ob diese langfristig aufrecht erhalten wird. Denn ist erst einmal die Investition zustande gekommen, so kann der jeweilige Staat die Abhängigkeit des Investors strategisch nutzen, seine Zusage brechen und den Steuersatz ex post heraufsetzen. Aus dieser Sicht ergeben sich für glaubwürdige Staaten steuerpolitische Spielräume, insbesondere dann, wenn man bei Staaten mit relativ hohen Kapitalsteuersätzen vermutet, dass diese im Steuerwettbewerb die Steuern tendenziell eher senken, man hingegen bei denen mit niedrigen vermutet, dass sie diese Strategie nicht durchhalten und gezwungen werden, die Steuersätze nach oben anzupassen.

Darüber hinaus ist zu prüfen, ob der Faktor Kapital tatsächlich so mobil ist, wie in der neoklassischen Theorie unterstellt wird. So haben Feldstein/Horioka (1980) in einer umfassenden Untersuchung aufgezeigt, dass eine signifikante Beziehung zwischen den Spar- und den Investitionsquoten der Nationalstaaten existiert. Das deutet an, dass das Finanzkapital primär im jeweiligen Land angelegt wird und nicht nach dem Renditeausgleichstheorem dorthin wandert, wo weltweit die höchste Rendite erwirtschaftet wird. Bei dieser Relativierung sollte man aber berücksichtigen, dass die Präferenz, sein Kapital im eigenen Land zu investieren, bei Kleinanlegern und KMU durchaus gegeben ist, dies aber nicht für global agierende institutionelle Anleger und multinationale Unternehmen gilt, an denen sich die Steuerpolitik der Mitgliedstaaten der EU immer stärker ausrichtet.

Die Relevanz des Steuersatzes als ein dominantes Investitionskriterium relativiert sich weiter, wenn man berücksichtigt, dass die zu zahlende Steuerschuld durch Steuersatz und Bemessungsgrundlage bestimmt wird. Nun variiert letztgenannte innerhalb der EU sehr stark. Sie ist unterschiedlich kompliziert zu bestimmen und – was besonders wichtig ist – sie kann in einem gewissen Umfang steuergünstig gestaltet werden. Insbesondere EU-weit agierende Unternehmen sind in der Lage, über die Gestaltung von Verrechnungspreisen für Güter, die zwischen den Töchtern bzw. mit der Mutter ausgetauscht werden, gezielt Gewinne in ein EU-Mitgliedstaat mit einer niedrigen Besteuerung zu transferieren. Als Adressat für diese Strategie ist z. B. Irland bekannt. Unter Maßgabe dieser unternehmerischen Strategie der Gewinnverlagerung bewirkt eine niedrige Kapitalertragsteuer u. U. keine höheren Investitionen und keine erhöhte Beschäftigung vor Ort. Aber der Anreiz des race to the bottom bleibt weiter bestehen, da jeder EU-Mitgliedstaat ein großes Interesse an hohen Einnahmen aus der Kapitalertragsteuer hat. In diesem Zusammenhang spricht die Europäische Kommission in Anlehnung an Überlegungen der OECD von einem schädlichen Steuerwettbewerb. Auf den Vorschlägen der Kommission aufbauend hat der Rat (ECOFIN) im Jahr 1997 einen Verhaltenskodex zur Koordinierung der Steuerpolitik beschlossen, der folgende schädliche Steuerpraktiken ausschließen soll:

1. steuerliche Anreize für Aktivitäten, die von der inländischen Wirtschaft losgelöst sind, so dass sie keine Auswirkungen auf die innerstaatliche Steuerbemessungsgrundlage haben,
2. Gewährung von Vorteilen für nicht vorhandene Wirtschaftstätigkeiten und für solche, die keine ausreichende Präsenz in dem Mitgliedstaat beinhalten,
3. Nichterfüllung der OECD Grundsätze für die Gewinnermittlung bei Aktivitäten innerhalb multinationaler Unternehmen,
4. unzureichende Transparenz der Steuersysteme als auch bei ihrer Anwendung.

Auch wenn dieser Verhaltenskodex letztlich nur eine gemeinsame Empfehlung beinhaltet, so hat die Kommission die Möglichkeit, diesen schädlichen Steuerwettbewerb zu unterbinden, indem sie vor dem EuGH klagt. Nach dem AEU-Vertrag müssen die Steuersysteme der Mitgliedstaaten so ausgestaltet werden, dass sie mit den vier Grundfreiheiten des Gemeinsamen Marktes vereinbar sind und den Nichtdiskriminierungsgrundsatz einhalten. Selbst wenn durch diesen Verhaltenskodex sowie die Regelungen des AEU-Vertrages schädlicher Steuerwettbewerb ausgeschlossen werden könnte, so steht immer noch die Gefahr im Raum, dass es zu einem race to the bottom bei der Festlegung der Steuersätze in den Mitgliedstaaten kommt.

Um diesen zu verhindern, haben Frankreich und Deutschland in Anbetracht der EU-Osterweiterung eine gewisse Harmonisierung der Steuersätze dahingehend vorgeschlagen, dass man sich EU-weit – wie bei der Mehrwertsteuer – auf einen Mindeststeuersatz einigt, um den race to the bottom zu stoppen. Diese Position konnte sich bisher nicht durchsetzen. Insbesondere um eine Doppelbesteuerung bei Unternehmen zu vermeiden, hat die EU einige Richtlinien, wie die über "Mutter- und Tochtergesellschaften" für die Gewinnausschüttung innerhalb von Unternehmensgruppen sowie der Befreiung von der Quellensteuer, die im Allgemeinen für Unternehmen in der EU gilt, im Jahr 2003 verabschiedet. Des Weiteren hat die EU mit der Richtlinie 2003/49 die Besteuerung grenzüberschreitender Zahlungen von Zinsen und

Lizenzgebühren neu geregelt und eine Abschaffung der Quellensteuer ermöglicht.

11.2.3 Einkommensteuer

Anstelle einer Harmonisierung haben sich die EU-Mitgliedstaaten gemäß Artikel 115 des AEU-Vertrages auf eine verstärkte Koordinierung geeinigt, um die vier Grundfreiheiten – insbesondere den freien Kapitalverkehr – zu ermöglichen, indem man sich weitgehend auf die Anwendung des Wohnsitzlandprinzips bei der Gewinn- und der Einkommensbesteuerung einigte. Wendet man das Wohnsitzlandprinzip konsequent an, so fließt die Steuer an den Staat des Wohnsitzlandes. Dieses Wohnsitzlandprinzip schließt allokative Verzerrungen z. B. bei Kapitalanlagen aus. Für einen Investor ist es dann irrelevant, wo er sein Kapital anlegt, er wird immer zum gleichen Steuersatz unabhängig von der Standortwahl besteuert. Von daher ist das Wohnsitzlandprinzip durchaus kompatibel mit den vier Grundfreiheiten des Gemeinsamen Marktes. Gemäß dem sogenannten Welteinkommensprinzip ist den Heimatländern des Steuerbürgers das Besteuerungsrecht bei Kapitaleinkünften zugeordnet. Um dieses Prinzip in der EU umzusetzen, bieten sich zwei Wege an. Zum einen kann die Europäische Kommission im Rahmen des Unionsrechts initiativ werden und durch Richtlinien und Verordnungen eine Koordination im Sinne des Wohnsitzlandprinzips bei den Mitgliedstaaten bewerkstelligen. Zum anderen können die Mitgliedsländer selbst über bilaterale Vereinbarungen die Anwendung des Wohnsitzlandprinzips verwirklichen. Letzteren Weg haben die Mitgliedstaaten in Form von Doppelbesteuerungsabkommen eingeschlagen, wobei sie sich aber bei der Einkommensteuerlast ausschließlich gemäß OECD-Vorgaben den Grundsatz der Besteuerung im Arbeitsland (Beschäftigungsland) gewählt haben, nach dem das Wohnsitzland zugunsten des Beschäftigungslandes auf sein Steuerrecht verzichtet. Hingegen beinhaltet die OECD-Regelung für Renten und Sozialleistungen das Wohnsitzlandprinzip, für staatliche Pensionen aber das Quellenlandprinzip. Diese OECD-Regeln sind aber nicht eins-zu-eins in den Doppelbesteuerungsabkommen übernommen worden. Dies gilt insbesondere für die Besteuerung der Arbeitseinkommen von Grenzgängern, bei der beide Prinzipien in den bilateralen Abkommen zum Tragen kommen. Die landesspezifischen Vereinbarungen, von denen es in der EU über hundert gibt, zeigen im Detail erhebliche Unterschiede auf, so dass diese Regelungen im Einzelnen nicht dargestellt werden können. Insbesondere muss gesagt werden, dass sich das Wohnsitzlandprinzip bei diesen Vereinbarungen nicht durchgesetzt hat. Für unsere sozialpolitischen Ausführungen im 13. Kapitel soll ein Problemfeld besonders aufgezeigt werden. Die Doppelbesteuerungsabkommen führen dazu, dass wir Diskrepanzen zwischen den sozialrechtlichen und den steuerrechtlichen zwischenstaatlichen Regelungen in der EU feststellen. Dies gilt in erster Linie für Grenzgänger und gebietsfremde Beschäftigte

(Wanderarbeitnehmer) und deren Familienangehörige. Für all diese hat die EU mit der Verordnung 1408/71 einheitliche sozialrechtliche Regelungen für grenzübergreifende Aspekte geschaffen, die naturgemäß nicht immer kompatibel mit den heterogenen länderspezifischen Regelungen in den Doppelbesteuerungsabkommen sein können.

Insbesondere wird für nichtansässige Arbeitnehmer (sowohl Wanderarbeitnehmer als auch Grenzgänger) das Diskriminierungsverbot sehr streng ausgelegt. Sie genießen nach der Verordnung 1612/68 die gleichen steuerlichen Vorteile wie ansässige Arbeitnehmer. Steuerliche Vorteile, die in der persönlichen oder familiären Situtation begründet sind, sind solange zu gewähren, wie die Verhältnisse mit denen ansässiger Arbeitnehmer vergleichbar sind.

Bei Anwendung des Wohnsitzlandprinzips ergibt sich für den Steuerzahler die Möglichkeit der Steuerhinterziehung, indem er seine Vermögensverwaltung ins Ausland verlagert, er sein steuerpflichtiges Einkommen aus dem Ausland bei seinem Finanzamt am Wohnort nicht deklariert und sich so der Besteuerung durch den heimischen Fiskus entzieht. Um die Wirksamkeit des Wohnsitzlandprinzips dennoch zu gewährleisten, bieten sich zwei Alternativen an. Über Kontrollmitteilungen informiert das Land, in dem die Einkünfte erzielt werden, das Wohnland über die Einkünfte, die dann im Wohnland gemäß Wohnsitzlandprinzip versteuert werden. Als second best Lösung bietet sich die Alternative an, dass das Land, in dem die Einkünfte erzielt werden, gemäß Quellensteuerprinzip eine Steuer erhebt und diese zu einem gewissen Prozentsatz an das Wohnsitzland ohne Kontrollmitteilung abführt. Diese zweite Alternative wahrt das Bankgeheimnis, hat aber den gravierenden Nachteil, dass sie bei unterschiedlichen Steuersätzen zu allokativen Verzerrungen führt, Steuerhinterziehung nicht voll unterbindet und bei ausreichendem Anteil des Quellensteuerlandes am Steueraufkommen den race to the bottom nicht aufhebt.

Da über die Doppelbesteuerungsabkommen das Wohnsitzlandprinzip nur unzureichend realisiert und die Steuerhinterziehung ungenügend eingedämmt wurde, hat die Europäische Kommission nach langen Anlaufschwierigkeiten mit der im Jahr 2005 umgesetzten Richtlinie 2003/48 zur Besteuerung von Zinserträgen die Anwendung des Wohnsitzlandprinzips ausgeweitet. In dieser Richtlinie kommen beide oben erwähnten Alternativen zum Tragen. Die Mitgliedstaaten verpflichten sich zu Kontrollmitteilungen bei den Zinseinkünften. Für Belgien, Österreich und Luxemburg gilt die Regelung, dass sie eine Quellensteuer erheben und diese zu 75 % an die jeweiligen Wohnsitzländer abführen. Der Steuersatz der Quellensteuer steigt von 15 % bis zum Jahr 2011 auf 35 %.

Eine wesentliche Schwäche dieser Richtlinie besteht darin, dass sie viele Schlupflöcher offen lässt, so dass das Wohnsitzlandprinzip nur eingeschränkt zum Tragen kommt. Die Richtlinie erfasst nur Zinseinkünfte, nicht aber Dividenden und sonstige Kapitalerträge, so dass mit der Richtlinie nur eine Umschichtung in den Vermögensanlagen bei den Steuerhinterziehern induziert wird. Um auch bei der Unternehmensbesteuerung das Wohnsitzlandprinzip zu stärken, wurde mit der Richtlinie 2003/49 zur Besteuerung grenzüberschreitender Zinsen und Lizenzgebühren für verbundene Unternehmen die Quellensteuer aufgehoben.

Die bisherigen Ausführungen zeigen, dass das Wohnsitzlandprinzip in der EU nur recht eingeschränkt zum Tragen kommt. Schon von daher ist nicht zu erwarten, dass die verzerrenden Effekte mit den realisierten Reformen völlig beseitigt werden und der race to the bottom gestoppt wäre. Selbst wenn man eine perfekte Lösung zur Umsetzung des Wohnsitzlandprinzips verwirklicht hat, ist damit das Kernproblem beim race to the bottom nicht annähernd gelöst. Solange die zu besteuernden Produktionsfaktoren mobil sind, wird der Prozess des race to the bottom nicht völlig gestoppt werden, wie dies ausführlich am Beispiel der Wanderung von EU-Bürgern, die in Artikel 21 des AEU-Vertrages als Option garantiert ist, aufgezeigt wird.

In den letzten Jahren ist ein neues Konfliktfeld zwischen Kommission und den Mitgliedstaaten entstanden. Es geht um die einkommensteuerliche Behandlung der privaten Altersvorsorge. Die obligatorischen Alterssicherungssysteme der Sozialversicherung sind dem Einfluss der Kommission weitgehend entzogen. So gilt z. B. die Richtlinie 2000/78, deren Zweck die Schaffung eines allgemeinen Rahmens zur Bekämpfung der Diskriminierung wegen der Religion oder der Weltanschauung, einer Behinderung, des Alters oder der sexuellen Ausrichtung in Beschäftigung und Beruf ist, nach Art. 3(3) nicht für die Sozialversicherungs- und Sozialschutzsysteme. Diese Beschränkung gilt nicht für die freiwillige Alterssicherung, wie sie z. B. in Deutschland in Form der Riester- und Rüruprente existiert und für die spezifische einkommensteuerliche Regelungen geschaffen wurden. Erschwerend kommt hinzu, dass in vielen Mitgliedstaaten bei der einkommensteuerlichen Behandlung der privaten Altersvorsorge das Prinzip der nachgelagerten Besteuerung angewandt wird. Das bedeutet, dass die Beiträge zur Alterssicherung von der Einkommensteuer befreit werden und erst später die ausgezahlten Beiträge und Erträge als Leistungen der Altersvorsorge versteuert werden. Konflikte mit der Kommission entstehen dann, wenn die private Altersvorsorge im EU-Ausland nur eingeschränkt bei den Sonderausgaben im Vergleich zu einer inländischen Alterssicherung angerechnet wird und Leistungen, die ins Ausland transferiert werden, zu einer steuerlichen Benachteiligung führen.

Diese Konfliktsituation findet man exemplarisch bei der Riesterrente, die die Kommission zum Anlass nahm, ein Vertragsverletzungsverfahren gegen die Bundesrepublik einzuleiten. Der EuGH kam im Jahr 2009 zu dem Beschluss, dass die Riesterrente in den §§ 79 bis 99 des Einkommensteuergesetzes gegen die entsprechenden Vorschriften zur Freizügigkeit der Arbeitnehmer verstoße, da sie:

- die Alterszulage der Riesterrente Grenzgängern und deren Ehegatten verweigert, wenn sie nicht unbeschränkt steuerpflichtig in Deutschland sind,
- ihr Riestervermögen nicht für die Anschaffung bzw. Herstellung einer selbstgenutzten Wohnung im Ausland verwenden dürfen und

- die gewährten Zulagen der Riesterrente mit Wegfall der unbeschränkten Steuerpflicht in Deutschland zurückzuzahlen sind.

Gerade der letzte Punkt ist für das System der nachgelagerten Besteuerung von immenser Relevanz, da die Umsetzung des Urteils dazu führen könnte, dass sowohl die Beiträge als auch die Leistungen der Riesterrente vom deutschen Fiskus nicht steuerlich belastet werden können. Das könnte bei zunehmender Mobilität der Deutschen zu erheblichen Steuerausfällen führen. Auch wenn dieses Urteil des EuGH die Arbeitnehmerfreizügigkeit sicherstellt, so muss kritisch angemerkt werden, dass die Umsetzung des Urteils u. U. neue Ungerechtigkeiten schafft. Es könnte dazu führen, dass ein deutscher Rentner, der seinen Lebensabend in Spanien verbringt, steuerlich besser gestellt wird, als derjenige, der seinen Lebensabend in Deutschland verbringt. Mit dem "Gesetz zur Umsetzung steuerlicher EU-Vorgaben sowie zur Änderung steuerlicher Vorschriften" hat die Bundesrepublik 2010 die entsprechenden Anpassungen in der Riesterrente vorgenommen.

11.3 Literatur

- Bundesministerium der Finanzen (2005): Die wichtigsten Steuern im internationalen Vergleich 2005, o.O.
- Europäische Kommission (2010): Taxation Trends in the European Union – Main results, Brüssel.
- Feldstein, M./Horioka, Ch. (1980): Domestic Saving and International Capital Flows, in: Economic Journal, Vol. 90, S. 314 - 329.
- Fuest, C./Fuest, W. (2004): Der Steuerwettbewerb und die Osterweiterung der EU, in: Wirtschaftsdienst, 84. Jg., S. 438 - 442.
- Homburg (2007): Allgemeine Steuerlehre, 5. Aufl., München, Kapitel 8: Internationale Besteuerung.
- Sinn, H.-W. (1995a): Tax harmonization and tax competition in Europe, in: European Economic Review, Vol. 34, S. 489 - 504.
- Sinn, H.-W. (1995b): Implikationen der vier Grundfreiheiten für eine nationale Fiskalpolitik, in: Wirtschaftsdienst, 75. Jg., S. 240 - 249.

Kapitel 12
Die Gefährdung des Sozialstaates durch die Freizügigkeit in der EU

Wenn Kapital und Arbeit in der EU vollkommen mobil sind, so werden sie in die Mitgliedstaaten wandern, in denen die Rendite bzw. der Nettonutzen am höchsten sind, so dass es zur Nivellierung dieser Größen in der EU kommt. Unter Berücksichtigung von Mobilitätskosten, Informationsdefiziten, beschränkter Rationalität usw. kann man dieses Ergebnis relativieren. Die Kernaussage ist aber – zumindest langfristig – unumstößlich. Welche Konsequenzen ergeben sich daraus für den Steuer- und insbesondere für den Sozialstaat? Existieren aufgrund dieser Nivellierungstendenz faktisch keine nationalstaatlichen Handlungsspielräume in der EU?

12.1 Marktversagen und seine Bewältigung durch den Sozialstaat

Betrachten wir die wichtigsten wirtschaftspolitischen Aufgaben eines Nationalstaates (Stabilisierung, Versorgung mit öffentlichen Gütern (Allokationsfunktion), sozialer Ausgleich (Distributionsfunktion)) und die entsprechenden Instrumente, die dem Staat zur Erfüllung dieser Aufgaben zur Verfügung stehen. Die Stabilisierungsfunktion, die sich auf Ziele wie Geldwertstabilität und Vollbeschäftigung bezieht, haben wir schon in anderen Kapiteln behandelt. Die Versorgung mit öffentlichen Gütern durch den Staat begründen wir mit dem Marktversagen bei solchen Gütern. Reine öffentliche Güter sind dadurch gekennzeichnet, dass sie keine Rivalität im Konsum beinhalten, da sie von mehreren gleichzeitig genutzt werden können, ohne dass es dabei zu wechselseitigen Nutzeneinbußen kommt. Für sie gilt nicht das Exklusionsprinzip, welches besagt, dass ein Dritter von der Nutzung eines einmal produzierten Gutes ausgeschlossen werden kann. Klassische Beispiele für öffentliche Güter sind Rechtssicherheit und Landesverteidigung. Was wir unter öffentlichen Gütern verstehen, ist in gewissem Sinne auch eine politische Entscheidung. Ob Rivalität im Konsum gegeben ist, ist letztlich eine Frage der vorhandenen Kapazität, über die z. B. im Bildungs- und Gesundheitswesen politisch entschieden wird. Ob das Exklusionsprinzip faktisch anwendbar ist, wird in großem Umfang ebenfalls auf diese Weise entschieden. Grundvoraussetzung für private – anders als für öffentliche – Güter, bei denen per definitionem das Exklusionsprinzip anwendbar ist, sind wohldefinierte Eigentumsrechte deren Zuweisung der Politik überlassen bleibt. Da z. B. ein Arzt sittlich und rechtlich verpflichtet ist, im Notfall einen Kranken zu behandeln, kann er für solche Leistungen das Exklusionsprinzip nicht anwenden. Diese kurzen Ausführungen sollen deutlich machen, dass mit der Kategorie "öffentliche Güter" keine objektive Abgrenzung zwischen staatlichen und privaten Aufgaben möglich ist.

Warum ist die Erstellung öffentlicher Güter überhaupt eine originär staatliche Aufgabe? Dies wird mit dem Marktversagen bei öffentlichen Gütern begründet. Wenn ein privates Unternehmen ein öffentliches Gut produzieren und anbieten würde, so würde es niemals seine Kosten decken können, da niemand dieses Gut kaufen würde. Alle werden es nutzen, aber niemand wird dafür bezahlen. Von daher wird kein privates Unternehmen ein öffentliches Gut am Markt anbieten. Da öffentliche Güter nicht über marktliche Entgelte finanziert werden und für den Staat die Finanzierung über Schulden langfristig nicht tragfähig ist, bieten sich zur Finanzierung nur Gebühren und Steuern an. Werden öffentliche Güter in Form von Gebühren finanziert, bei denen das Äquivalenzprinzip zum Tragen kommt, stellen sich im internationalen Steuerwettbewerb keine spezifischen Schwierigkeiten. Bei dieser Lösung wird im Prinzip eine Marktlösung genutzt, bei der durch staatlichen Zwang jeder für die in Anspruch genommenen Leistungen seinen Preis zahlen muss.

Schwierigkeiten im internationalen Wettbewerb treten aber auf, wenn öffentliche Güter darüber hinaus ein natürliches Monopol beinhalten. Im einfachsten Fall des natürlichen Monopols liegen fallende Durchschnittskosten vor. Unter Kostengesichtspunkten ist es dann sinnvoll, dass nur ein Unternehmen dieses Gut produziert. Denn je weniger Unternehmen das Gut produzieren, umso geringer sind die Durchschnittskosten. Ständig sinkende Durchschnittskosten implizieren aber das Problem, dass die Grenzkosten immer unterhalb der Durchschnittskosten verlaufen. Der Staat sollte als wohlmeinender Diktator in diesem Fall die Gebühren in Höhe der Grenzkosten festlegen, so dass eine paretooptimale Nachfrage realisiert wird und bei dieser marktkonformen Lösung im internationalen Wettbewerb keine Verzerrungen entstehen. Diese Lösung ist aber für den Staat nicht tragbar, weil die Gebühren keine Deckung der gesamten Kosten ermöglichen. Der Staat müsste in diesem Fall den nicht durch Gebühren abgedeckten Kostenteil über Steuern finanzieren. Bei dieser Restfinanzierung durch Steuern kann es nach Ansicht einiger Finanzwissenschaftler zu einem ruinösen Wettbewerb um mobile Faktoren als Nachfrager kommen. Verzichtet der Staat auf eine volle Kostendeckung, so setzt er für mobile Bürger aus Staaten mit voller Kostendeckung ineffiziente Anreize einzuwandern, um die besonders vorteilhafte Versorgung mit öffentlichen Gütern in Anspruch zu nehmen. Darauf reagiert u. U. der abgebende

Staat mit einem reduzierten Angebot an öffentlichen Gütern, was zu einem race to the bottom in der EU führen kann.

Diese umstrittene These soll hier nicht vertieft werden, sondern wir wollen uns in diesem Kontext einem wesentlich schwerwiegenderen Problem zuwenden: dem sozialen Ausgleich in Form einer gerechten Einkommensverteilung. Gehen wir dabei von der optimistischen, aber durchaus realistischen Annahme aus, dass bei allen Bürgern ein gewisses Interesse an einer gerechten Einkommensverteilung existiert, ohne hier zu problematisieren, wie sie genau definiert wird. Würden wir hingegen von der kontrafaktischen Annahme ausgehen, dass alle Menschen reine Egoisten wären, so könnten wir solche Institutionen wie Familie, Gesellschaft, Treue oder Spendenbereitschaft kaum erklären. Wenn Menschen für ihre Mitbürger Sympathie und Solidarität zeigen, so lässt sich dieses Verhalten anhand einer altruistischen Nutzenfunktion der Person i mit $U_i = U\left(x_1^i, ..., x_n^i, U^j\right)$ mit $j \in B$, B ist die Gesellschaft, zu der sich Person i zugehörig fühlt, darstellen. B kann der Partner, die Familie, die Dorfgemeinschaft, die Firma, eine religiöse Gruppe, die Nation und im Extremfall die Weltgemeinschaft sein. Zeigen Gesellschaftsmitglieder ein Interesse an Solidarität und halten sie eine gerechte Einkommensverteilung für wertvoll, so könnten sie doch eigentlich selbst ohne staatliche Aktivitäten ihren Altruismus verwirklichen. Brauchen wir dazu staatlichen Zwang über eine Besteuerung der Bürger, um über staatliche Umverteilungsmaßnahmen eine gerechte Einkommensverteilung zu realisieren?

Die Notwendigkeit staatlicher Distributionspolitik kann man damit begründen, dass eine gerechte Einkommensverteilung jenseits kleiner Gruppen wie der Familie und kleiner Sozialverbände mit engen Beziehungen ein öffentliches Gut darstellt, das vom Staat garantiert werden sollte. Möchte man eine gerechte Einkommensverteilung in Deutschland verwirklichen, so ist der einzelne Beitrag für mehr Gerechtigkeit in Deutschland marginal, so dass ein altruistischer Bürger, der sich durchaus rational verhält, zu dem Schluss kommen könnte, dass es sich nicht lohne. Das Dilemma öffentlicher Güter kommt auch hier zum Tragen. Jeder möchte eine gerechte Einkommensverteilung, aber für den Einzelnen lohnt sich ein Engagement nicht. Der Sozialstaat kann dieses Dilemma aufheben, indem er simultan alle über die Steuererhebung zur Finanzierung distributiver Maßnahmen heranzieht. Von daher ist die oft vorgetragene oberflächliche Argumentation nicht zwingend, nach der die Bürger mit der Umverteilung nicht einverstanden wären, da sie vom Staat dazu gezwungen werden müssten.

Wenden wir uns der Ausgangshypothese vollkommen mobiler EU-Bürger zu, so stößt auch der Staat bei seinen Umverteilungsbemühungen schnell an seine Grenzen. Gehen wir von der kontrafaktischen Annahme aus, dass alle Deutschen ideale EU-Bürger sind und aus Altruismus eine gerechte Einkommensverteilung in der EU verwirklichen möchten. Solange das angestrebte Wohlfahrtsniveau in Deutschland höher ist als in anderen Regionen der EU, werden EU-Bürger nach Deutschland kommen, um das höhere Wohlfahrtsniveau in Anspruch zu nehmen. Dieser Zuwanderungsprozess wird anhalten, bis

alle EU-Bürger mindestens das hohe, in Deutschland angestrebte Wohlfahrtsniveau realisiert haben. Diese Zuströme von EU-Bürgern werden schnell die
finanziellen Umverteilungsgrenzen Deutschlands aufzeigen und deutlich machen, dass ein isoliertes Vorgehen eines Mitgliedstaates keine EU-weite gerechte Einkommensverteilung realisieren kann, da hier ein EU-weites öffentliches Gut vorliegt. Von daher liegt – wie im Rahmen der Kohäsionspolitik
angesprochen – ein europaweites Koordinationsproblem vor. Die Überforderung des Einzelstaates wird durch die Abwanderung der Leistungsträger weiter verstärkt, die annahmegemäß durchaus altruistisch eingestellt sind, für
die aber – wie für jeden Altruisten – ein Trade off zwischen Eigennutzen und
vollkommenem Altruismus existiert. Wandern diese ab, weil sie in anderen
EU-Staaten einen besseren Mix realisieren können, dann werden die Grenzen isolierter nationalstaatlicher Umverteilung deutlich, so dass wir auch hier
einen race to the bottom bei den auf Umverteilung ausgerichteten Sozialstaaten sehen.

Der Prozess des race to the bottom wird durch ein anderes Phänomen
gestärkt. Selbst wenn die Annahme plausibel ist, dass alle Mitglieder eine
gewisse altruistische Grundeinstellung haben, so wäre es völlig unrealistisch
zu unterstellen, dass diese bei allen gleich stark ist. Gehen wir von einem
Kontinuum altruistischer Einstellungen aus, so stellen wir einen Prozess der
optimalen Zuordnung in einer mobilen Gesellschaft fest. Besonders altruistisch Eingestellte werden in die EU-Mitgliedstaaten abwandern, in denen sie
ihre altruistischen Einstellungen am besten verwirklichen können. Diejenigen EU-Bürger, die nur ein geringes Interesse an Altruismus haben, werden
sich in EU-Mitgliedstaaten ansiedeln, die auf distributive Maßnahmen weitgehend verzichten. Damit findet ein Segregationsprozess der Interessen statt,
der gleichzeitig von einem bedarfsorientierten Segregationsprozess begleitet
wird. Bedürftige wandern in die EU-Staaten mit dem höchsten Versorgungs-
niveau ab. Dies überfordert die aufnehmenden Mitgliedstaaten, die daraufhin
das Umverteilungsniveau senken. Es tritt wieder ein race to the bottom auf,
da die Wanderung im Extremfall erst dann gestoppt würde, wenn das Umverteilungsniveau auf das des Mitgliedstaates mit dem niedrigsten Niveau gesenkt wäre. Damit würde sich die Grenzmoral unter den EU-Mitgliedstaaten
durchsetzen.

Nun ist Altruismus meist nicht universell. Solidarische Einstellungen sind
meist umso stärker, je enger und je weniger anonym die sozialen Beziehungen
sind. Unterstellen wir vereinfachend, dass es nur Altruismus gegenüber den
eigenen Staatsangehörigen gibt. Auch in diesem Fall entstehen für den einzelnen Mitgliedstaat bei der Realisierung von Einkommensumverteilungen immense Schwierigkeiten. Um dies zu erläutern, betrachten wir den Fall der Senkung der Steuerlast für einfache Arbeit, wie dies z. B. mit den 400 Euro-Jobs
verwirklicht wird, in einem einzelnen Mitgliedstaat. Durch diese Maßnahme
steigt der Nettolohn von Geringverdienern. Diese günstigen Beschäftigungsbedingungen führen bei voller Mobilität zu einer Ausweitung des Arbeitsangebots im Niedriglohnbereich, indem im Sinne einer wohlfahrtsbedingten

Wanderung (siehe auch Migrationsabschnitt 2.4.2) Arbeitnehmer aus anderen Mitgliedstaaten zuwandern. Da für diese Arbeitskräfte nach der Verordnung 1612/68 ein absolutes Diskriminierungsverbot herrscht, kann Deutschland Zuwanderer nicht benachteiligen. Das erhöhte Angebot im Niedriglohnbereich bewirkt solange eine Anpassung der Bruttolöhne nach unten, bis sich die Nettolöhne zwischen Deutschland und den anderen Mitgliedstaaten wieder auf das ursprüngliche Nettoniveau angeglichen haben, so dass es ebenfalls zu einem race to the bottom kommt. Nationalstaatlich orientierter Altruismus kann in der EU in einem Mitgliedstaat nur dann reale Einkommensumverteilungseffekte bewirken, wenn entweder die Mobilität eingeschränkt oder eine Diskriminierung zwischen Einheimischen und Zuwandernden möglich ist, worauf wir am Schluss des Kapitels eingehen werden.

Gegen die bis hier angestellten Überlegungen könnte man einwenden, dass diese lediglich auf die problematische Annahme altruistischer Einstellungen der EU-Bürger zurückzuführen sind. Man müsse nur auf ein Sozialmodell verzichten, dann gäbe es keine Probleme. Macht man sich diese wenig überzeugende Position zu eigen, so definiert man – wie oft in der ökonomischen Theorie – Probleme einfach weg. Aber auch für den Extremfall eines völlig rationalen Egoisten ergibt sich ein analoges Koordinationsproblem, da Individuen ein bestimmtes Maß an Risikoscheu zeigen und daher einen Bedarf an Absicherung haben. Diese Tatsache kann für den Großteil der EU-Bürger als empirisch gesichert angesehen werden.

Bisher haben wir den Aspekt der Einkommensumverteilung und der damit einhergehenden Besteuerung als reine Gerechtigkeitsangelegenheit angesehen. Aufbauend auf den Überlegungen von Harsanyi (1955), Buchanan/Tullock (1962) sowie Rawls (1979), wobei letzterer dieses Konzept am umfassendsten ausformuliert hat, kann man einen Umverteilungsstaat auch als einen Versicherungsstaat interpretieren. Durch die Versicherung aller Lebensrisiken bewirkt der Staat nach diesem Konzept einen positiven Wohlfahrtseffekt im Sinne einer Paretoverbesserung, der im Prinzip alle risikoaversen Bürger zustimmen, auch wenn ihnen dabei jeder Altruismus fehlt. Den Konsens zu einem alle Risiken abdeckenden Umverteilungsstaat leitet Rawls aus der Situation des Urzustandes ab, bei dem sich die Bürger unter dem Schleier des Nichtwissens auf der Verfassungsebene über die grundlegenden Prinzipien der Einkommensverteilung einigen müssen. Da jeder bei Verteilungsfragen in dem Sinne parteiisch ist, dass er zum Maßstab seiner Beurteilung die Auswirkungen einer Verteilungskorrektur auf seine eigene Situation wählt, sieht Rawls die Chance, in sogenannten unpersönlichen Entscheidungen einen allgemeinen Verteilungskonsens zu finden. Entsprechend wird von ihm der Urzustand, in dem entschieden wird, modelliert. Unter einem Urzustand versteht Rawls eine fiktive Situation im Sinne eines Gedankenexperiments, in der die Individuen nichts über ihre eigene zukünftige gesellschaftliche Position wissen. Insbesondere ist ihnen nicht bekannt, ob sie in Zukunft arm oder reich, dumm oder klug usw. sein werden.

In dieser "original position" sollen unsere Individuen zwischen zwei zukünftigen Entwicklungspfaden der Einkommen aller Individuen entscheiden.

Bei der Alternative A greift der Staat nicht korrigierend in die Entwicklung der individuellen Einkommen ein, so dass, wie in Abb. 12.1 (a) dargestellt, die Varianz der Markteinkommen relativ groß ist.

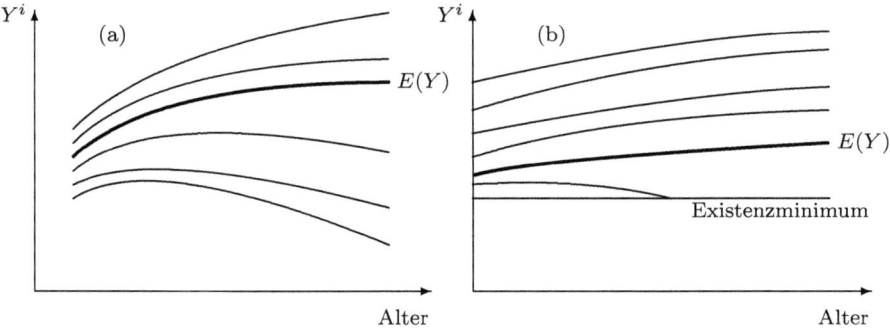

Abb. 12.1 Entwicklung aller Markteinkommen

Bei der Alternative B greift der Staat korrigierend in die Einkommensentwicklung ein, sichert insbesondere das Existenzminimum und nivelliert die Einkommensverteilung, so dass die Varianz der Einkommen erheblich, das erwartete Durchschnittseinkommen $E(Y)$ aber nur geringfügig sinken. Dieses zentrale Problem der Ausgestaltung der Anreize im Steuersystem ist in Abb. 12.1 (b) dargestellt. Werden beide Alternativen im Urzustand, in dem der Einzelne nicht weiß, ob er zu den Gewinnern oder Verlierern gehört, zur Wahl gestellt, so werden sich die ausreichend risikoaversen Individuen einstimmig für die Alternative B aussprechen.

Wir sehen, dass auch für reine Egoisten ein Sozialstaat, der einen sozialen Ausgleich verfolgt, durchaus effizient im Sinne des Paretokriteriums sein kann. Entscheidend ist dabei die Höhe der Risikoaversion, der Rückgang in der Varianz der Einkommen sowie der Trade off zwischen höherer Sicherheit und einem möglichen Rückgang des erwarteten Durchschnittseinkommens aufgrund von Fehlanreizen der Besteuerung. Jedoch kann mehr Sicherheit auch zu höherer Risikobereitschaft und damit zu einem höheren Einkommen führen.

Stellt sich bei diesen allokativ erwünschten staatlichen Umverteilungsaktivitäten noch das Problem des race to the bottom? Um dieser Frage nachzugehen, muss zunächst geprüft werden, ob diese effiziente Umverteilung nicht besser über den Markt mittels privater Versicherungen realisiert werden sollte. Die reine Marktlösung scheitert schon daran, dass die Bürger zu einem Zeitpunkt ihre Risikoversicherung abschließen müssen, zu dem sie nicht wissen, welche gesellschaftliche Position sie in Zukunft einnehmen werden. Selbst wenn sie direkt nach ihrer Geburt einen Vertrag abschließen könnten, so liegt schon keine unpersönliche Entscheidung mehr vor, weil aufgrund ihrer Genanlagen sowie ihrer Herkunft (Status und finanzielle Situation der Eltern) ihre zukünftige Einkommensposition bereits in einem gewissen Umfang determiniert ist. Müssten sie erst entscheiden, wenn sie selbstverantwortlich als mündige Bürger entscheiden können, dann ist ihre individuelle Entwicklung schon weitgehend determiniert. Diejenigen, die dann wissen, dass sie auf der Gewinnerseite sind, werden dann eine staatliche Korrektur der Einkommensverteilung als Egoisten ablehnen.

Nun könnte man vertragstheoretisch argumentieren, dass, legitimiert über eine – wenn auch nur hypothetisch – einstimmige Entscheidung der Gesellschaft im Urzustand, jedes Individuum in diesen gesellschaftlichen Vertrag hinein geboren wird und ihn akzeptieren muss. Selbst wenn man diese nicht unproblematische Argumentation akzeptiert, stellt sich die Frage, ob dann nicht der Staat diese Aufgabe erfüllen müsste, um weitere Komplikationen zu vermeiden und das Verfahren zu legitimieren. Würden wir auf privatrechtlicher Ebene den Gesellschaftsvertrag realisieren, so müsste den privaten Versicherungen und insbesondere den Versicherten das Recht eingeräumt werden, den Vertrag zu kündigen. Auf privatrechtlicher Ebene dies generell auszuschließen, wäre für einen Rechtsstaat schwer vorstellbar.

Räumt man aber zumindest den Versicherten das Recht ein, aus dem Versicherungsvertrag auszusteigen, so sind mit Sicherheit Zeitinkonsistenzen zu erwarten. Selbst wenn wir eine staatliche Zwangsversicherung haben, so ist auch diese mit der Zeitinkonsistenz konfrontiert. Der Staat kann auf seinem Territorium aufgrund seiner Hoheitsgewalt die Vertragserfüllung erzwingen. In einem Rechtsstaat hat ein Bürger aber immer das Recht, sich seinen Verpflichtungen zu entziehen, indem er den Staat verlässt. Diese Option steht insbesondere jedem EU-Bürger zu. Damit wäre aber selbst eine effiziente staatliche Versicherung in ihrer Stabilität gefährdet und es könnte in der EU zu einem ineffizienten race to the bottom aufgrund der Zeitinkonsistenz des Versicherungsvertrages kommen.

Betrachten wir dazu zwei Mitgliedsländer der EU, in denen aufgrund der individuellen Präferenzen und Ressourcenausstattungen das eine Land eine effiziente Umverteilung auf hohem Niveau und das andere eine effiziente Umverteilung auf niedrigem Niveau verwirklichen. Auch wenn ex ante alle Bürger ihr jeweiliges System als effizient angesehen haben, so wandelt sich ihre Beurteilung u. U. enorm, wenn sie später erfahren, welche gesellschaftliche Position sie eingenommen haben. Gewinner in einem System mit hohem Umverteilungsniveau möchten genauso gerne in das andere System abwandern wie die Verlierer in dem System mit niedrigem Umverteilungssystem. Wird diese Abwanderung zugelassen, kommt es u. U. in beiden Systemen zu einer ineffizienten Nivellierung der sozialen Sicherung. Wie immer wir auch den sozialen Ausgleich in den Sozialstaaten begründen, stellen wir zusammenfassend fest, dass sich als Kern in allen Systemen das Problem des race to the bottom bei voller Mobilität der Bürger herausschält.

12.2 Das magische Dreieck von Sozialstaat, Freizügigkeit und Gleichbehandlung

Nachdem wir oben aus theoretischer Perspektive das Spannungsverhältnis zwischen dem Sozialstaat als Versicherungsinstitution und dem Recht auf Freizügigkeit zwischen den Nationalstaaten aufgezeigt haben, ist es angebracht, zu untersuchen, welche Konsequenzen sich daraus für die EU ergeben. Wenn man den Lissabonvertrag und insbesondere die Grundrechtecharta studiert, so hat man schnell den Eindruck, dass die Ziele des Sozialstaates wie Gerechtigkeit, Sicherheit sowie das der Freizügigkeit und der Gleichbehandlung der Unionsbürger durchaus dem einzelnen Bürger garantiert werden und zwischen diesen Zielen, wenn es um deren Realisierung geht, keine Konflikte bestehen. Die obigen Ausführungen haben aber gezeigt, dass diese Sicht der Dinge eine Illusion darstellt.

Wenden wir uns der Realität in der Union zu, so lässt sich zeigen, dass die Mitgliedstaaten ihre eigenen Sozialstandards autonom festlegen und zu einer Harmonisierung ihre Systeme nicht bereit sind. Von diesem Faktum ausgehend kann die Union das magische Dreieck von nationalem Sozialstaat, Freizügigkeit und Gleichbehandlung in der EU nur auflösen, indem bei den beiden Zielen, für die die EU verantwortlich ist, entsprechende Abstriche gemacht werden. Denn alle drei Ziele sind nicht uneingeschränkt simultan zu realisieren. Dass die Union bei den beiden Zielen Freizügigkeit und Gleichbehandlung erhebliche Einschränkungen zur Stabilisierung des komplexen Beziehungsgeflechts von EU und Mitgliedstaaten vernimmt, soll beginnend mit dem Recht auf Freizügigkeit der EU-Bürger verdeutlicht werden.

Dass die Freizügigkeit nicht uneingeschränkt in der EU verwirklicht wird, erschließt sich aus Art. 21 AEU-Vertrag, in dem das Ziel unter Vorbehalt möglicher Beschränkungen durch das EU-Recht gestellt wird. Bevor wir auf diese Beschränkungen eingehen, soll darauf hingewiesen werden, dass auch die Mitgliedstaaten die Freizügigkeit selbst einschränken. So gilt faktisch für Empfänger von Sozialhilfe und ähnlichen bedarfsabhängigen existenzsichernden Leistungen das Recht auf Freizügigkeit nur rein formal, da die jeweiligen Einwohner im Allgemeinen ihre Ansprüche verlieren, wenn sie ihr Wohnland verlassen. Erschwerend kommt hinzu, dass sie auch gegenüber ihrem neuen Aufenthaltsland im Prinzip nach EU-Recht keine entsprechenden Ansprüche geltend machen können.

Formal rechtlich ist aber in der EU die Freizügigkeit uneingeschränkt gewährleistet, solange sich ein EU-Bürger nur vorübergehend – also nicht länger als drei Monate – in einem anderen Mitgliedstaat aufhält. Freizügigkeit ist aus Sicht der EU erwünscht, wenn damit die Effizienz des Einsatzes des Produktionsfaktor Arbeit gesteigert wird. Entsprechend wird zwischen Arbeitnehmern, Selbständigen und Unternehmen auf der einen und den sonstigen EU-Bürgern auf der anderen Seite differenziert und aus der ökonomischen Perspektive ein Zweiklassensystem der Freizügigkeit verankert.

Für die erste Gruppe, einschließlich der Familienangehörigen, gilt uneinge-schränkte Freizügigkeit, um die Mobilität des Faktors Arbeit sicher zu stellen. Sonstige EU-Bürger dürfen sich nur dann dauerhaft in einem anderen Mit-gliedstaat aufhalten, wenn sie krankenversichert sind und ihren Lebensun-terhalt sicherstellen können. Damit soll verhindert werden, dass sich jemand legal in einem anderen Mitgliedstaat aufhalten darf und er Anspruch auf Sozialhilfe geltend machen kann.

Nun können Arbeitnehmer aus anderen Mitgliedstaaten (Wanderarbeit-nehmer) krank bzw. arbeitslos werden oder zu wenig verdienen, um ihr Exis-tenzminimum abzusichern, und so dem jeweiligen Land zur Last fallen. Für diese Fälle gibt es nach der Richtlinie 2004/38 die Vorschrift, dass Arbeit-nehmer usw. ihren Status als Arbeitnehmer durch Krankheit, Unfall oder Arbeitsunfähigkeit – sofern vorübergehend – nicht verlieren und so ihr Auf-enthaltsrecht behalten. Dies gilt ebenfalls für Arbeitnehmer, die nach einem Jahr Beschäftigung unfreiwillig arbeitslos werden, wenn sie sich ordnungs-gemäß arbeitslos melden usw. Hingegen behalten Arbeitnehmer, die in den ersten 12 Monaten in einem anderen Mitgliedstaat unfreiwillig arbeitslos wer-den, nach der Richtlinie nur für mindestens 6 Monate ihren Status und damit ihr Aufenthaltsrecht.

Für alle Unionsbürger gilt, dass sie nach 5 Jahren ununterbrochen zuläs-sigem Aufenthalt ein Daueraufenthaltsrecht erhalten. Zuvor gilt für sie die Regel, dass sie bei unangemessener Inanspruchnahme der Sozialhilfe ihr Auf-enthaltsrecht verlieren und deshalb u. U. ausgewiesen werden können. Dies gilt aber nicht für Arbeitnehmer, die eine begründete Aussicht auf Erwerbs-tätigkeit haben. Bevor eine Ausweisung innerhalb der EU vorgenommen wer-den kann, muss eine detaillierte Einzelfallprüfung vorgenommen werden. Erst wenn die zuständige Behörde unanfechtbar festgestellt hat, dass das Recht auf Aufenthalt nicht mehr besteht, wird ein EU-Bürger ausreisepflichtig. Ei-ne diskriminierende generelle Ausweisung von Minderheiten ist z. B. nicht zulässig, was z. B. im Jahr 2010 Frankreich bei seiner Ausweisung von Roma vorgeworfen worden ist. Die Ausweisung ist aber in der EU nur eine vor-übergehende Lösung. Die Ausgewiesenen können als Touristen aufgrund der Drei-Monatsregel ohne große Schwierigkeiten in das Ausweisungsland zurück-kehren.

Besonders gravierend, wenn auch nur temporär, ist die Einschränkung der Arbeitnehmerfreizügigkeit, die bei den Beitrittsverhandlungen mit den EU8 ausgehandelt worden ist. Diese läuft im Mai 2011 definitiv aus. Hinzu kommt die entsprechende Regelung für Bulgarien und Rumänien, die die meisten EU-Mitgliedstaaten auch in Anspruch nehmen.

Während die Freizügigkeit – trotz aller offizieller Deklarationen – in der EU für die EU-Bürger erheblich eingeschränkt ist und die wesentlich umfassen-dere Arbeitnehmerfreizügigkeit nicht im Freiheitsziel, sondern in wirtschaft-lichen Interessen begründet ist, kann man feststellen, dass der Gleichheits-grundsatz und das damit verbundene Diskriminierungsverbot im EU-Recht und in seiner Umsetzung einen durchaus höheren Realisierungsgrad erreicht hat.

Wenn es um Gleichheit geht, so sind damit zwei Ebenen verbunden. Zum einen geht es um die Ebene der Gleichheit der EU-Bürger in unterschiedlichen Mitgliedstaaten, auf der man eine durchaus erhebliche Ungleichheit feststellt. Der Sozialschutz, das Einkommen und die Beschäftigungssituation sind in den Mitgliedstaaten sehr unterschiedlich, so dass man mitnichten von annähernd gleichen Lebensbedingungen sprechen kann. Positiv muss aber gesehen werden, dass mit der Kohäsionspolitik, die volumenmäßig den zweitgrößten Haushaltsposten darstellt, erhebliche Anstrengungen seitens der Union unternommen werden, diese Situation zu verbessern. Inwieweit diese Politik von Erfolg gekrönt ist, haben wir im Kapitel 5 eingehend untersucht.

Wenn es um das Diskriminierungsverbot geht, so steht zum anderen die zweite Ebene im Vordergrund. Es geht um den Sachverhalt, inwieweit EU-Bürger in ihrem Mitgliedstaat, sei es aufgrund ihrer Nationalität, ihres Geschlechts usw. diskriminiert werden. Hier kann man durchaus sagen, dass es ein generelles Verbot von Diskriminierung gibt. Anders sieht es aber beim Aufenthalt eines EU-Bürgers in einem anderen Mitgliedstaat der EU aus. Für diesen Aspekt findet man in den Rechtsakten der EU viele Regelungen, die eine Ungleichbehandlung mit Inländern legalisieren.

EU-Bürger können faktisch in einem anderen Mitgliedstaat, solange sie kein Daueraufenthaltsrecht besitzen, das Sozialhilfesystem nur für eine gewisse Zeit in Anspruch nehmen. Sie sind auch nicht wie Arbeitnehmer, Selbständige und Unternehmer – wie schon ausgeführt – vor einer sozial- und steuerrechtlichen Ungleichbehandlung geschützt. Selbst im Unionsrecht finden wir eindeutige Diskriminierungsvorschriften, wenn es um das Sozialrecht geht. Dies zeigt sich in den Koordinierungsvorschriften der EU, die wir im nächsten Kapitel ausführlich darstellen, so dass hier einige Stichworte genügen. Betrachten wir die unterschiedlichen Zweige der Sozialversicherung, so ist festzustellen, dass im Rentenrecht die Gleichbehandlung weitgehend sichergestellt ist, wenn man von der betrieblichen Alterssicherung absieht, für die bis heute kein Unionsrecht verwirklicht worden ist. Die Gleichbehandlung bei der gesetzlichen Rente wird dadurch sichergestellt, dass man seine Rentenansprüche weitestgehend beim Wechsel von einem in den anderen Mitgliedstaat mitnehmen kann (Portabilität). Diese Portabilität ist hingegen bei der Kranken- und Arbeitslosenversicherung – wie im nächsten Kapitel gezeigt – eingeschränkt, so dass für EU-Bürger, die sich in einem anderen Mitgliedstaat aufhalten, andere Kranken- und Arbeitslosenversicherungsansprüche als bei den Inländern existieren.

Diese unbefriedigende Umsetzung der Ziele Freizügigkeit und Gleichbehandlung, könnte man vorschnell als Politikversagen der Union interpretieren. Unsere obige theoretische Analyse hat aber gezeigt, dass man nicht alle drei Aufgaben simultan verwirklichen kann:

- den Mitgliedstaaten das Recht einzuräumen, nach eigenen Präferenzen und Möglichkeiten ihr Sozialsystem auszubauen,

- jedem Unionsbürger das Recht einzuräumen, jedes Sozialsystem in der EU zu nutzen und
- dabei nicht zwischen denjenigen zu differenzieren, die als Inländer das System schon immer genutzt haben und den Dazukommenden, die das System nun nutzen möchten.

Dieses konfligierende Dreieck ist letztlich unauflösbar, außer die Sozialsysteme werden vollkommen harmonisiert, was zur Zeit eine Utopie ist. Entsprechend bleibt für die Politik der EU die Aufgabe zu lösen, wie wir im Mix der drei Aufgaben die Schwerpunkte wählen. Bisher wurde der Autonomie der Mitgliedstaaten bei der Ausgestaltung ihrer Sozialsysteme die absolute Priorität eingeräumt. Restriktionen ergaben sich nur durch das vom EuGH in seinen Urteilen ansatzweise durchgesetzte Primat der vier Grundfreiheiten des Gemeinsamen Marktes, wobei sich aber die Freizügigkeit und die Gleichbehandlung auf die der Arbeitnehmer, der Selbständigen und Unternehmer beschränkte und es nicht um die universellen Rechte der EU-Bürger ging.

12.3 Literatur

- Breyer, F./Buchholz, W. (2007): Ökonomie des Sozialstaats, Berlin u. Heidelberg, 3. Kapitel, S. 57 - 91.
- Buchanan, J. M./Tullock, G. (1962): The Calculus of Consent, Ann Arbor.
- Corneo, G. (2009): Öffentliche Finanzen: Ausgabenpolitik, 3. Aufl., Tübingen, V. Kapitel, S. 95 - 116.
- Fehn, R. (2002): Institutioneller Wettbewerb und soziale Sicherungssysteme in Europa, in: T. Apolte, U. Vollmer (Hrsg.), Arbeitsmärkte und soziale Sicherungssysteme unter Reformdruck, Stuttgart, S. 351 - 375.
- Harsanyi, J. C. (1955): Cardinal Welfare, Individualistic Ethics, and Interpersonal Comparison of Utility, in: Journal of Political Economy, Vol. 63, S. 309 - 321.
- Rawls, J. (1979): Eine Theorie der Gerechtigkeit, Frankfurt.
- Schäfer, W. (2001): EU-Erweiterung: Alternative Arrangements zur Migrationssteuerung, in: Wirtschaftsdienst, 81. Jg., S. 644 - 651.
- Sinn, H. W. (1988): Die Grenzen des Versicherungsstaates. Theoretische Bemerkungen zum Thema Einkommensumverteilung, Versicherung und Wohlfahrt, in: Rolf, G./Spahn, P. B./Wagner, G. (Hrsg.), Sozialvertrag und Sicherung – Zur ökonomischen Theorie staatlicher Versicherungs- und Umverteilungssysteme, Frankfurt und New York, S. 65 - 84.
- Wildasin, D. (1991): Income redistribution in a common labor market, in: American Economic Review, Vol. 81, S. 757 - 774.

Kapitel 13
Koordination der Sozialpolitik

Das, was wir unter Sozialpolitik verstehen, ist recht umstritten. Es gibt sehr enge Definitionen der Sozialpolitik, bei denen sie auf ihren Kernbereich, der Sozialversicherung in Form der Alters- und Kranken- sowie der Arbeitslosenversicherung, beschränkt wird. In diesem Bereich der Sozialpolitik dominiert das Ziel der sozialen Sicherung. Ein zweites Ziel der Sozialpolitik, das der sozialen Gerechtigkeit, findet auch in der sozialen Sicherung seinen Niederschlag. Darüber hinaus hat es einen zentralen Stellenwert in den vielen und nicht zu vernachlässigenden speziellen Politikbereichen der Sozialpolitik: Sozialhilfe, Wohnungs-, Familienpolitik, Jugendhilfe und Vermögenspolitik, um nur einige Bereiche zu nennen. Es ist schon immens schwierig, diese speziellen Politikbereiche auf nationaler Ebene kurz und präzise darzustellen. Völlig unrealisierbar wird diese Aufgabe, wenn wir uns den nationalen Ausgestaltungen dieser Politikbereiche in mehreren oder gar allen Mitgliedstaaten zuwenden. Aufgrund der historischen Entwicklung in den Sozialsystemen und den unterschiedlichen wirtschaftlichen Rahmenbedingungen divergieren diese Sozialsysteme gravierend. Von daher werden wir uns im Folgenden auf die soziale Sicherung beschränken.

Wir finden im Bereich der sozialen Sicherung auf drei Ebenen immense Unterschiede in den Sozialsystemen der EU. Dies gilt für die Ziele der jeweiligen Sozialpolitik, insbesondere beim Stellenwert des Ziels der sozialen Gerechtigkeit, für die Träger, wenn zwischen staatlicher und privater Versicherung zu entscheiden ist, und für die Instrumente beim Thema der konkreten Ausgestaltung der Sozialpolitik auf nationaler Ebene.

Wie unterschiedlich die Sozialsysteme sind, zeigt sich, wenn man sich allein auf ihren Umfang und ihre Finanzierung beschränkt. Auch in der Finanzierung der Sozialleistungen treten erhebliche Unterschiede auf. So existieren Mitgliedstaaten, deren Sozialausgaben überwiegend über Steuern finanziert werden, wie dies z. B für Dänemark gilt, und solche, die durch Versicherungsbeiträge von Arbeitgeber und Arbeitnehmer die Sozialausgaben finanzieren, wie z. B. Belgien und Estland. Dabei finden wir erhebliche Unterschiede in dem Finanzierungsanteil beider Gruppen.

13.1 Die rechtlichen Grundlagen der Sozialpolitik in der EU

Schon der Begriff der Europäischen Wirtschaftsgemeinschaft macht deutlich, dass bei der Gründung der EWG wirtschaftliche Interessen im Vordergrund standen. Sozialpolitik hatte in den ersten Jahren der heutigen EU mehr instrumentalen Charakter. Sie sollte in erster Linie dazu dienen, die ökonomische Effizienz zu erhöhen. Echte sozialpolitische Zielsetzungen waren spärlich im EWG-Vertrag vorhanden und beschränkten sich im Wesentlichen auf den Titel VIII des Vertrages: "Sozialpolitik, allgemeine und berufliche Bildung und Jugend". So findet man im EWG-Vertrag das Recht auf gleiches Entgelt für Männer und Frauen sowie das Recht auf bezahlte Arbeit.

Bedeutsamer sind die Regelungen zur Freizügigkeit der Arbeitnehmer. Um die Mobilität der so genannten Wanderarbeitnehmer zu erhöhen, sah der Vertrag spezifische Leistungen der sozialen Sicherung für diesen besonderen Typus von Arbeitnehmern vor. Nach Artikel 48 des AEU-Vertrages beschließt heute der Rat im Rahmen des Mitentscheidungsverfahrens auf dem Gebiet der sozialen Sicherheit die notwendigen Maßnahmen für die Herstellung der Freizügigkeit der Arbeitnehmer. Dabei kann ein Mitgliedstaat verlangen, dass der Europäische Rat sich mit der Angelegenheit befasst, damit er den Erlass des Rechtsaktes verhindern kann. Diese Rechte wurden im Laufe der Jahre systematisch ausgeweitet, indem sowohl der anspruchsberechtigte Personenkreis als auch der Inhalt der Ansprüche systematisch ausgeweitet worden sind. Auch der Sozialfonds der EU, der im EWG-Vertrag vorgesehen war, diente durchaus primär wirtschaftlichen Interessen.

Wie schwierig es ist, eine einheitliche Sozialpolitik in der Union zu verwirklichen, verdeutlichen die Verhandlungen über den Maastricht-Vertrag von 1992. Schon im Jahr 1989 hatten die Mitgliedstaaten außer Großbritannien der Gemeinschaftscharta der sozialen Grundrechte der Arbeitnehmer zugestimmt. Aber mit dem Maastricht-Vertrag gelang keine EU-weite Umsetzung der Charta. Es wurde mit der Verabschiedung des Protokolls über die Sozialpolitik, das dann im Abkommen über die Sozialpolitik umgesetzt wurde, eine Ausweitung der sozialpolitischen Kompetenzen für die EU vereinbart, die aber nicht für Großbritannien und Irland gültig war. Diese zwei Geschwindigkeiten in der Sozialpolitik der Gemeinschaft wurden mit dem Vertrag von Amsterdam beendet, mit dem Großbritannien das Sozialabkommen übernahm.

Aus sozialpolitischer Sicht sind insbesondere zwei Aspekte des Maastricht-Vertrags bedeutsam. Zum einen wurde im Vertrag das Subsidiaritätsprinzip verankert. Nach diesem Prinzip ist Sozialpolitik in erster Linie Angelegenheit der Mitgliedstaaten. Nur wenn diese nicht in der Lage sind, ihre sozialpolitische Aufgabe zu erfüllen, soll die Union aktiv werden.

Zum anderen schlug sich dieses Prinzip in den Entscheidungsregeln der Union zur Sozialpolitik nieder. Ausgangspunkt bildet dabei die Auffassung, dass der Vielfalt der einzelstaatlichen Ausgestaltung der Sozialpolitik Rechnung zu tragen sei, so dass der nationale Spielraum in den Mitgliedstaaten auch nach dem Vertrag von Maastricht sehr groß ist.

Im Artikel 153 des AEU-Vertrags werden die Kompetenzen der Union und der Mitgliedstaaten auf dem Gebiet der Sozialpolitik abgegrenzt. Danach unterstützt und ergänzt die Union die Mitgliedstaaten in folgenden Aufgabenbereichen:

a) Verbesserung insbesondere der Arbeitsumwelt zum Schutz der Gesundheit und der Sicherheit der Arbeitnehmer,
b) Arbeitsbedingungen
c) soziale Sicherheit und sozialer Schutz der Arbeitnehmer,
d) Schutz der Arbeitnehmer bei Beendigung des Arbeitsvertrags,
e) Unterrichtung und Anhörung der Arbeitnehmer,
f) Vertretung und kollektive Wahrnehmung der Arbeitnehmer- und Arbeitgeberinteressen, einschließlich der Mitbestimmung,
g) Beschäftigungsbedingungen der Staatsangehörigen dritter Länder, die sich rechtmäßig im Gebiet der Gemeinschaft aufhalten,
h) berufliche Eingliederung der aus dem Arbeitsmarkt ausgegrenzten Personen,
i) Chancengleichheit von Männern und Frauen auf dem Arbeitsmarkt und Gleichbehandlung am Arbeitsplatz,
j) Bekämpfung der sozialen Ausgrenzung und
k) Modernisierung der Systeme des sozialen Schutzes.

In diesen Aufgabenbereichen wird im Rahmen des Mitentscheidungsverfahrens mit qualifizierter Mehrheit entschieden. Dies gilt aber nicht für die Bereiche c, d, f und g, in denen der Rat einstimmig beschließen muss. Der Rat kann aber auf Vorschlag der Kommission nach Anhörung des Parlaments generell beschließen, in allen Bereichen das Mitentscheidungsverfahren mit qualifizierter Mehrheit im Rat anzuwenden. Davon ausgenommen ist der Bereich "soziale Sicherheit und sozialer Schutz der Arbeitnehmer". Hier ist immer Einstimmigkeit im Rat notwendig.

Völlig autonom sind die Mitgliedstaaten nach Artikel 153(5) in den Bereichen Arbeitsentgelt, Koalitions-, Streik- sowie Aussperrungsrecht. In diesen Bereichen ist jeder Ansatz von Kompetenzübertragung an die Union ausgeschlossen.

Entscheidend hat die Rechtsprechung des EuGH nicht nur die europäische, sondern auch die nationalstaatliche Sozialpolitik beeinflusst. Insbesondere hat sich der EuGH in einigen grundlegenden Urteilen zum Verhältnis der vier Grundfreiheiten des Gemeinsamen Marktes zu den nationalstaatlichen sozialpolitischen Regelungen geäußert. Während die EU-Sozialpolitik sehr stark auf die Förderung der Freizügigkeit der Arbeitnehmer ausgerichtet war, hat der EuGH aufgezeigt, dass nationalstaatliche Regelungen im Bereich der Sozialpolitik die vier Grundfreiheiten gefährden können. Dementsprechend hat

er diese Regelungen in Frage gestellt. Insbesondere hat der EuGH nachgewiesen, dass das – besonders für das Gesundheitswesen kennzeichnende –
Territorialprinzip nationalstaatlicher sozialer Sicherungssysteme, nach dem
sich sozialpolitische Leistungsansprüche auf das Territorium des jeweiligen
Sozialsystems beschränken, mit der Dienstleistungsfreiheit kollidieren kann,
da dieses zur Diskriminierung ausländischer Anbieter führen kann.

Darüber hinaus hat der EuGH geprüft, ob nicht auch staatliche oder halb-
staatliche soziale Sicherungssysteme Kartelle und Monopole darstellen, die
mit dem Wettbewerbsrecht der EU nicht zu vereinbaren sind. Der EuGH sieht
aber hier einen wettbewerbspolitischen Ausnahmebereich, sofern u. a. die Institutionen nicht gewinnorientiert sind und dem sozialen Ausgleich dienen,
was u. a. die Pflichtmitgliedschaft eines großen Personenkreises voraussetzt.

Problematisch werden nach Auffassung des EuGH sozialpolitische Aktivitäten, wenn sie zu Wettbewerbsverzerrungen führen. Dies ist z. B. bei Lohn-
kostensubventionen und der Übernahme von Defiziten von Krankenhäusern
durch die öffentliche Hand durchaus möglich.

Mit der Aufnahme der Grundrechtecharta im Lissabonvertrag hat die soziale Sicherung einen höheren Stellenwert erhalten. Da die EU mit dem Vertrag eine eigene Rechtspersönlichkeit gewonnen hat, kann sie nun der Europäischen Konvention zum Schutz der Menschenrechte beitreten.

13.2 Koordinierung versus Harmonisierung

Wir haben darauf hingewiesen, dass die Sozialsysteme in der EU extrem dis-
parat sind. Die nationalstaatlichen Sozialsysteme unterscheiden sich nicht nur
in ihrer institutionellen Ausgestaltung, ihrem Leistungsniveau, ihrer Effizienz
und ihren Zielsetzungen, sondern sie differenzieren sich weiter aus. Insbesondere ist keine Konvergenz der Sozialsysteme in der EU festzustellen. Mit der
Aufnahme der 12 neuen Mitglieder durch die Osterweiterung kommt hinzu,
dass der wirtschaftliche und soziale Entwicklungsstand zwischen den EU15
und den neuen Mitgliedern stark divergiert und sich eine neue Herausforderung für die EU bei dem Ziel der wirtschaftlichen und sozialen Kohäsion
ergibt. Von daher stellt sich mit der EU-Osterweiterung umso dringender die
Frage, wie die Sozialpolitik dieser Herausforderung begegnen soll.

Bei der Frage, wie die europäische Sozialpolitik gestaltet werden soll, können wir zwei ordnungspolitische Extrempositionen gegenüberstellen. Nach
der einen Position soll die europäische Sozialpolitik völlig dezentral von den
Nationalstaaten verwirklicht werden, so dass diese autonom ihre nationalstaatliche Sozialpolitik betreiben. Die Gegenposition würde eine europaweite
zentralistische Sozialpolitik darstellen, bei der die Union – wie bei der einheitlichen Geldpolitik der EZB – für die Mitgliedstaaten die Sozialpolitik nach
einheitlichen Zielen und Instrumenten durchführt.

Beide Extrempositionen sind politisch nicht durchsetzbar. Eine zentralisierte Sozialpolitik würde auf ein energisches Veto der Nationalstaaten in der EU stoßen, die darin nicht nur einen Kompetenzverlust sehen, sondern die eine solche Ausrichtung auch für ineffizient halten. Aber auch die Gegenposition völlig dezentraler Strukturen ist nicht sinnvoll, bedürfen doch die Sozialsysteme zumindest einer gewissen Abstimmung, wenn es um mobile Bürger in der EU geht, bei denen das Territorialprinzip der nationalen Sozialsysteme auf seine Grenzen stößt.

Betrachten wir die Ausgestaltung der EU, so stellen wir fest, dass keine der Extrempositionen im Recht der Union verwirklicht worden ist. Vielmehr hat die Union im Vertrag von Maastricht mit dem Subsidiaritätsprinzip eine Zwischenposition bezogen.

Mit dem Subsidiaritätsprinzip, das durchaus eine sinnvolle Richtschnur darstellt, ist aber noch nicht inhaltlich exakt geklärt, welche Aufgaben und Kompetenzen bei den Mitgliedstaaten bleiben und welche der Union zuzuordnen sind. Bei der theoretischen Reflexion dieser Zuordnungsfrage existieren zwei konträre Philosophien: die neoliberale Position, die auf den Wettbewerb der Sozialsysteme setzt, und die zentralistische, die auf Harmonisierung der Sozialsysteme setzt.

Das Credo der neoliberalen Position ist der Glaube, dass wirtschaftliches Wachstum der beste Garant für die Verbesserung der sozialen Verhältnisse ist. Von daher wird ein Primat der Wirtschafts- vor der Sozialpolitik gefordert. Populär wird dies mit der These verbunden, dass man erst dann den Kuchen verteilen kann, wenn er auch von der Wirtschaft bereitgestellt worden ist. Von daher muss die Politik darauf gerichtet sein, die Marktkräfte über mehr Wettbewerb zu fördern und sie vor sozialpolitischen Eingriffen zu schützen. Da die nationalstaatlichen Politikinstanzen schnell den sozialpolitischen Partikularinteressen erliegen, sehen die Anhänger der neoliberalen Position im Wettbewerb der Sozialsysteme einen Lösungsweg, um gesellschaftlich effiziente Arrangements der nationalen Sozialsysteme zu generieren. Insbesondere lehnt diese Richtung eine Harmonisierung der Sozialsysteme als ineffizient ab, da sie den spezifischen sozialpolitischen Zielsetzungen und den unterschiedlichen wirtschaftlichen Entwicklungsständen in der Union nicht gerecht wird.

Die zentralistische Richtung sieht die Notwendigkeit der Korrektur von Fehlentwicklungen im wirtschaftlichen Prozess. Sie geht von Markversagen aus, aus dessen Existenz sie die Notwendigkeit von Interventionen ableitet. Von daher stellt sie die Effizienz des Wettbewerbs der Sozialsysteme in Frage. Es ist für diese Richtung unlogisch, auf den Wettbewerb der Sozialsysteme zu setzen, wenn die Sozialsysteme gerade zur Korrektur der Ineffizienzen des Wettbewerbs, wie unzureichende Produktion von Sozialkapital, sozialer Sicherheit und Gerechtigkeit, geschaffen wurden. Hinzu kommt, dass die neoliberale Position den Wettbewerb zum Wert an sich erhebt. Die Wirtschaft ist aber nur ein Subsystem der Gesellschaft und sie muss sich von daher an den gesellschaftspolitischen und damit auch den sozialpolitischen Zielen ausrichten. Das Primat hat die Gesellschaft.

Des Weiteren macht Wettbewerb nur Sinn, worauf besonders die Ordo-
liberalen hinweisen, wenn durch politische Institutionen ein adäquater Ord-
nungsrahmen vorgegeben wird, der dafür sorgt, dass das Verfolgen des Eigen-
interesses auch dem Gemeinwohl dient. Diese politische Institution existiert
weder auf der Ebene der EU und erst recht nicht auf der der Weltwirtschaft.

Zudem wird die optimistische Position der Neoliberalen in Frage gestellt,
dass mit dem wirtschaftlichen Aufschwung in der EU eine Konvergenz der
wirtschaftlichen Entwicklung einhergeht. Wie die Berichte der Kommission
zur wirtschaftlichen und sozialen Kohäsion zeigen, kann man diesen Optimismus nicht teilen. Vielmehr stellen wir fest, dass sich die Kohäsion trotz der
vielen Aktivitäten der Union immer noch unzureichend entwickelt und sie
mit der vollzogenen Osterweiterung noch schwieriger wird.

Aus sozialpolitischer Sicht ist dabei besonders die damit einhergehende
Divergenz in den Sozialstandards in der EU besorgniserregend. Damit wird
zum einen das Ziel gleichwertiger Lebensverhältnisse in der Union verletzt.
Zum anderen führt die Divergenz zu sozialen Spannungen in der EU und da-
mit zu politischen Instabilitäten. Existiert ein Wohlfahrtsgefälle in der EU,
so ist mit einer ineffizienten Wanderung zu rechnen. Wohlfahrtsempfänger in
Sozialstaaten mit niedrigem Wohlfahrtsniveau wandern in solche mit hohem
Niveau ab. Dies führt zu Abschottungsstrategien der Länder mit hohem Niveau, was dem Konzept des Gemeinsamen Marktes mit der Grundfreiheit der
Arbeitnehmerfreizügigkeit widerspricht.

Der wohl wichtigste Einwand gegen das neoliberale Konzept des Wettbewerbs der Sozialsysteme ist die These, dass dieser Wettbewerb zu einem
ruinösen Wettbewerb entartet, der zu einem race to the bottom führt, in dessen Zuge soziale Standards im Konkurrenzkampf um bessere Marktpositionen
systematisch abgebaut werden.

Dagegen wenden die Neoliberalen ein, dass dieser race to the bottom wohlfahrtssteigernd wirkt, da wir eine Überexpansion des Sozialen in Europa haben. Dies ist eine normative Aussage, die einer wissenschaftlichen Bewertung
schwer zugänglich ist. Überzeugender ist der Hinweis der Neoliberalen, dass
in der Realität in der EU kein permanenter Abbau sozialer Sicherung stattfindet. Dies ist auch nicht verwunderlich, da der Wettbewerb der Sozialsysteme
im Sinne neoliberaler Visionen nicht in Reinkultur stattfindet. Es gibt zwischenstaatliche Abkommen zwischen den Mitgliedstaaten und insbesondere
eine Koordination sowie Mindestnormen durch die EU im Bereich der Sozialpolitik, die einen race to the bottom verhindern.

Die in der aktuellen Diskussion zentrale Frage ist nicht der Grundsatz-
streit beider Positionen, sondern die Auseinandersetzung um die Art und
Weise der Koordination und um die Höhe von Mindeststandards der sozialen
Sicherung in der EU. Wie schwierig diese praktischen Probleme der europäischen Sozialpolitik sind, kann man gut am Beispiel von Mindeststandards der
sozialen Sicherung aufzeigen. Bei ihrer Bestimmung sind einerseits die Staaten mit einem hohen Niveau an sozialer Sicherung daran interessiert, hohe
Standards durchzusetzen, um wohlfahrtsbedingte Zuwanderung in ihre Staa-

ten sowie einen race to the bottom auf die für sie zu niedrigen Sozialstandards zu verhindern. Andererseits werden insbesondere die rückständigen Staaten auf niedrige Sozialstandards drängen, da sie bei hohen Standards in eine Finanzierungskrise geraten und sie ihre niedrigen Sozialstandards als Wettbewerbsvorteil nutzen, um trotz niedriger Produktivität aufgrund niedriger Löhne und Sozialabgaben wettbewerbsfähig zu werden.

Wenn man sich die Sozialpolitik in der EU und die Regelungen des Vertrags von Maastricht anschaut, so kann man zu dem Urteil kommen, dass die EU zwischen diesen beiden Extrempositionen eine mittlere Position einnimmt. Sie versucht nicht, die Sozialsysteme in der EU gemäß des Konzepts der Best Practice zu harmonisieren. Der Artikel 153(2)a lässt einerseits sozialpolitische Aktivitäten der EU nur zu, wenn jegliche Harmonisierung der Rechts- und Verwaltungsvorschriften dabei ausgeschlossen sind.

Nach Artikel 153(2)b ist aber andererseits eine gewisse Harmonisieurng durch den Erlass von Mindestvorschriften über Richtlinien vorgesehen. Von dieser Möglichkeit hat die Kommission bei einer Vielzahl von Aufgabenbereichen Gebrauch gemacht, indem sie entsprechende Richtlinien erlassen hat. Zu nennen sind hier die Bereiche:

- Massenentlassungen,
- Zahlungsunfähigkeit des Arbeitgebers,
- Befristete Arbeitsverhältnisse,
- Sicherheit und Gesundheitsschutz,
- Individuelle Beschäftigungsbedingungen,
- Teilzeitarbeit,
- Entsendung von Arbeitnehmern,
- Übergang von Unternehmen,
- Jugendarbeitsschutz.

Hinzu kommen die Richtlinien im Bereich Mitbestimmung:

- Europäische Aktiengesellschaft,
- Europäischer Betriebsrat,
- Europäische Genossenschaft,
- Unterrichtung und Anhörung.

Am stärksten finden wir eine Harmonisierung im Bereich der Gleichstellung von Mann und Frau. Nach Artikel 157 stellt jeder Mitgliedstaat die Anwendung des gleichen Entgelts für Männer und Frauen bei gleicher oder gleichwertiger Arbeit sicher.

Das Hauptaugenmerk legt die Kommission darauf, die nationalen Sozialsysteme mit dem Konzept des Gemeinsamen Marktes kompatibel zu machen, so dass insbesondere die vier Grundfreiheiten gewährleistet sind. Dies versucht sie nicht mit dem Konzept der Harmonisierung, sondern mit dem der Koordinierung zu ermöglichen.

Der Verordnung 883/2004, die im Wesentlichen eine Aktualisierung der ursprünglichen Verordnungen 1408/71 und 574/72 darstellt und für die aber noch für ihre Anwendung die entsprechende Durchführungsverordnung fehlt, kommt im Rahmen der Koordinierung eine zentrale Stellung zu. Ihr persönlicher Geltungsbereich umfasst u. a. alle sozialversicherungspflichtigen Arbeitnehmer und Selbständige sowie deren mitversicherte Familienangehörige. Der sachliche Anwendungsbereich der Verordnung ist explizit in der Verordnung aufgeführt und erstreckt sich u. a. auf die grundlegenden Sicherungssysteme, die Renten-, Kranken- und Arbeitslosenversicherung. Die Verordnung umfasst nicht die unterschiedlichen Formen der Absicherung des Existenzminimums, wie die Sozialhilfe und das Arbeitslosengeld II in Deutschland.

Wenn man die zentralen Regelungen der Verordnung erläutern will, ist es sinnvoll, auf einige grundlegende Prinzipien der Verordnung einzugehen, die im Wesentlichen für alle unterschiedlichen Sicherungssysteme gelten. Zentrale Zielsetzung der Verordnung ist die Verwirklichung des Gleichbehandlungsprinzips. EU-Bürger sollen gegenüber anderen EU-Bürgern nicht dadurch schlechter gestellt werden, dass sie innerhalb der EU mobil sind.

Wenn ein Arbeitnehmer ein neues Beschäftigungsverhältnis in einem anderen EU-Staat aufnimmt, so stellt sich die Frage, welchem Sozialsystem er zuzuordnen ist und insbesondere, in welchem Land er versichert ist und Sozialbeiträge zahlen muss. Zwei Prinzipien kommen zur Anwendung: Nach dem Territorialprinzip gelten für den Arbeitnehmer die Rechtsvorschriften nur eines Sozialsystems; nach dem Beschäftigungslandprinzip, das eine Umsetzung des Territorialprinzips darstellt, ist dieses das System, in dem der Arbeitnehmer dauerhaft beschäftigt ist.

Nun kann es aber vorkommen, dass ein Arbeitnehmer für seinen bisherigen Arbeitgeber nur vorübergehend in einem anderen EU-Staat beschäftigt ist. Damit dann ein Arbeitnehmer nicht dem immensen bürokratischen Aufwand unterliegt, ständig seine Sozialversicherung zu wechseln, gilt für entsandte Arbeitnehmer, dass sie weiter – nach dem Herkunftslandprinzip – in dem ursprünglichen Staat versichert sind, aus dem sie entsandt worden sind. Entsandte Arbeitnehmer sind Arbeitnehmer, die von ihrem Arbeitgeber für höchstens zwei Jahre im EU-Ausland eingesetzt werden. Diese Regelung, die unter Praktikabilitätsaspekten durchaus sinnvoll ist, kann zwischen den EU-Staaten bei stark divergierenden Lohnnebenkosten im Bereich der sozialen Sicherung zu erheblichen Wettbewerbsverzerrungen führen.

Insbesondere wurde von Arbeitnehmerseite befürchtet, dass mit dem Herkunftslandprinzip ein ruinöser Wettbewerb bei den Sozialstandards und der Entlohnung in Gang gesetzt wird. Um dieses Gefahrenmoment von vornherein auszuschließen, wurde im Jahr 1971 die Entsenderichtlinie 96/71 verabschiedet. Durch sie werden das Herkunftslandprinzip eingeschränkt und explizite Schutzvorschriften des Gastlandes – dem Land, in dem die Dienstleistung erbracht wird – garantiert. Diese Schutzvorschriften betreffen:

• Höchstarbeitszeiten und Mindestruhezeiten,
• den bezahlten Mindestjahresurlaub,
• die Mindestlohnsätze,

- die Bedingungen für die Überlassung von Arbeitskräften, insbesondere durch Leiharbeitsunternehmen,
- die Sicherheit, den Gesundheitsschutz und die Hygiene am Arbeitsplatz,
- Schutzmaßnahmen im Zusammenhang mit den Arbeits- und Beschäftigungsbedingungen von Schwangeren und Wöchnerinnen, Kindern und Jugendlichen.

Bei diesen Schutzbestimmungen gilt das Günstigerprinzip. Ist z. B. die Entlohnung im Herkunftsland für die Arbeitnehmer günstiger als der Mindestlohn im Gastland, so haben sie einen Anspruch auf Entlohnung nach den Vorgaben ihres Herkunftslandes.

Die Richtlinie bedingt aber nicht, dass ausländische Dienstleister ihre Arbeitnehmer in Deutschland nach Tarifvertrag entlohnen müssen. Dies würde eine Diskriminierung ausländischer Anbieter in zweierlei Hinsicht darstellen. Erstens sind nur die deutschen Arbeitgeber an den Tarifvertrag gebunden, die dem Tarifvertrag abschließenden Arbeitgeberverband angehören, und zweitens müssen sie nur den Arbeitnehmern den Tariflohn zahlen, die der den Tarifvertrag abschließenden Gewerkschaft angehören. Auch durch die Allgemeinverbindlichkeitserklärung nach § 5 Tarifvertragsgesetz stellt der Tariflohn nicht automatisch einen Mindestlohn für alle dar. Dies ist nur dann der Fall, wenn der Tarifvertrag bundesweite Geltung hat und so alle deutschen Unternehmen durch die Allgemeinverbindlichkeitserklärung den Tariflohn zahlen müssen.

Da die Allgemeinverbindlichkeitserklärung die Zustimmung sowohl der Arbeitgeberseite als auch der Gewerkschaftsseite verlangt und diese nur schwer zu bekommen ist, hat die Bundesregierung mit dem Arbeitnehmer-Entsendegesetz (AEntG) einen anderen Weg eingeschlagen und Mindestlöhne zuerst für die Baubranche eingeführt und später auf weitere Branchen ausgeweitet.

Mit dem Entwurf einer Dienstleistungsrichtlinie versucht die Europäische Kommission das Herkunftslandprinzip voll durchzusetzen. Dabei sollte die Kontrolle der Schutzbestimmungen der Entsenderichtlinie den entsprechenden Behörden des Herkunftslandes zugewiesen werden. Die Intention des Entwurfes war es, das Primat der Dienstleistungsfreiheit vor den sozialen Schutzbestimmungen durchzusetzen. Dies wurde insbesondere von gewerkschaftlicher Seite abgelehnt. Nachdem sich das Europäische Parlament diese Kritik zu eigen gemacht und den Entwurf zurückgewiesen hatte, wurde im Jahr 2006 ein Kompromiss verabschiedet, der aus sozialpolitischer Sicht drei grundlegende Verbesserungen beinhaltet (siehe ausführlich Kapitel 2.5):

- keine Einschränkung der Schutzbestimmungen der Entsenderichtlinie,
- Ersetzung des Herkunftslandprinzips durch das Diskriminierungsverbot,
- Einschränkung des sachlichen Geltungsbereichs der Dienstleistungsrichtlinie (Ausnahmebereiche: Gesundheits- und Pflegedienstleistungen, soziale Dienstleistungen und Dienstleistungen mit sozialpolitischer Zielsetzung,

Dienstleistungen von Leiharbeitsagenturen und Dienstleistungen von allgemeinem Interesse).

Das wichtigste Prinzip der Verordnung 883/2004 bzw. 1408/71 ist der Gleichbehandlungsgrundsatz, nach dem Arbeitnehmer aus einem anderen Mitgliedstaat in dem Beschäftigungsland nicht schlechter als einheimische Beschäftigte gestellt werden dürfen. Dieses Antidiskriminierungsprinzip impliziert u. a. die Möglichkeit der Zusammenlegung von Versicherungsansprüchen aus allen Mitgliedstaaten. Wenn z. B. ein polnischer Arbeitnehmer, der schon seit Jahren in Polen sozialversichert war, in der Bundesrepublik eine Beschäftigung aufnimmt, so muss er vom ersten Tag an Beiträge in die deutsche Arbeitslosenversicherung zahlen. Er hätte aber, wenn ausschließlich deutsches Sozialrecht angewendet würde, erst nach einem Jahr Anspruch auf Arbeitslosengeld, auch wenn er schon seit Jahren kontinuierlich Beiträge zur Arbeitslosenversicherung in Polen gezahlt hat.

Gerade bei Arbeitnehmern, aber auch bei vielen Rentnern, liegt der Fall vor, dass sie nicht in dem Staat versichert sind, in dem sie zur Zeit wohnen. Für diese Fälle sieht die Verordnung die Aufhebung der Wohnortklausel vor, nach der man nur im jeweiligen Staat (Territorialprinzip) Anspruch auf Leistungen der Sozialversicherung hat. Hingegen sieht die Verordnung einen Leistungsexport von Ansprüchen in den Mitgliedstaat vor, in dem der Versicherte wohnt. Daher können sich deutsche Rentner, die in Mallorca wohnen, ihre deutsche Rente nachsenden lassen.

13.3 Koordinierung der sozialen Sicherung

Im Gegensatz zur Kranken- und Arbeitslosenversicherung beinhaltet die Rentenversicherung nicht nur die Abdeckung eintretender Risiken, wie das des frühzeitigen Todes und der Erwerbsunfähigkeit, sondern auch eine Vorsorge für die Zukunft in Form der finanziellen Absicherung im Alter, die aufgrund der sinkenden Leistungsfähigkeit eines Arbeitnehmers notwendig wird. Von daher ist es für die Alterssicherung in der EU von existenzieller Bedeutung, dass Alterssicherungsansprüche, die in einem Mitgliedstaat erworben wurden, beim Wechsel des Beschäftigungs- bzw. Wohnsitzlandes mitgenommen werden können und nicht verloren gehen (Portabilität). Die Übertragung von Rentenversicherungsansprüchen wäre EU-weit relativ leicht zu koordinieren, wenn alle Alterssicherungssysteme nach dem Kapitaldeckungsverfahren aufgebaut und aktuarisch fair in dem Sinne wären, dass zum Zeitpunkt der Verrentung im Prinzip der Barwert der erwarteten Zahlungen der Rentenversicherung dem Barwert der Einzahlungen in die Rentenversicherung entspricht. Beim Kapitaldeckungsverfahren zahlt man Beiträge in das Alterssicherungssystem, die am Kapitalmarkt angelegt werden, so dass im Alter die eingezahlten Beiträge einschließlich der Zinsen und Zinseszinsen an den Versicherten im Alter ausgezahlt werden. Wären alle Alterssicherungssysteme in der EU nach dem Kapitaldeckungsverfahren aufgebaut, so benötigte man zur Koordination nur eine EU-weite Clearingstelle.

Kennzeichnend für die Alterssicherungssysteme in der EU ist aber das Umlageverfahren. Beim Umlageverfahren werden die Beiträge idealiter ausschließlich zur Finanzierung der auszuzahlenden Renten der jeweiligen Periode verwendet. Es findet also im Gegensatz zum Kapitaldeckungsverfahren kein Ansparprozess statt. Im Umlageverfahren werden die Beiträge sofort verausgabt, so dass eine direkte Mitnahme eigener Beiträge wie im Kapitaldeckungsverfahren beim Landeswechsel nicht ohne weiteres möglich ist.

Beim Umlageverfahren zahlt der Versicherte Beiträge, um damit einen Anspruch auf Leistungen gegenüber den nachfolgenden Generationen zu erhalten. Dieser Anspruch gegenüber den nachfolgenden Generationen muss in der EU beim Landeswechsel übertragbar werden.

Dies wäre noch relativ einfach, wenn alle Alterssicherungssysteme in der EU beitragsbezogen wären. In der EU existieren jedoch zwei völlig unterschiedlich konzipierte Alterssicherungssysteme. Zum einen finden wir in Ländern wie Deutschland und Österreich das über Beiträge finanzierte Bismarck-System der Alterssicherung, in dem sich die Höhe der Rente im Wesentlichen über die Höhe der Beiträge und Länge des Beitragszeitraums bestimmt und das primär der Absicherung des bisherigen Arbeitseinkommens im Alter dient. Zum anderen existiert in Ländern wie Großbritannien das steuerfinanzierte Beveridge-System, das primär der Vermeidung von Altersarmut dient und jedem Bürger einen Rechtsanspruch auf eine bestimmte Rente einräumt. Betrachtet man die einzelnen Alterssicherungssysteme der Mitgliedstaaten im Detail, so stellt man zusätzlich fest, dass sie meist keinem der beiden Systeme eindeutig zuzuordnen sind, sondern eine Mischung beider Systeme in unterschiedlichem Umfang darstellen.

In vielen Mitgliedstaaten sieht das jeweilige Alterssicherungssystem Mindestversicherungszeiten bzw. Wohnzeiten vor, die erfüllt sein müssen, um überhaupt einen Alterssicherungsanspruch zu bekommen. Nun wären Versicherte, die oft ihre Beschäftigung in der EU wechseln und in einzelnen Ländern der EU nur weniger als die jeweilige Mindestzeit versichert sind, benachteiligt. Sie erfüllen nicht in allen Ländern die Mindestzeiten, so dass sie in diesen Ländern keine Alterssicherungsansprüche geltend machen können. Um eine Diskriminierung mobiler Versicherter auszuschließen, werden bei der Bestimmung der Erfüllung von Mindestzeiten auch die Zeiten der versicherungspflichtigen Beschäftigung in anderen EU-Staaten berücksichtigt.

Sehr schwierig gestaltet sich die konkrete Berechnung der Leistungen der Rentenversicherungen in der EU. Die Rentenversicherungen jedes Mitgliedstaates, in dem der Versicherte beschäftigt bzw. gewohnt hat, prüfen in mehreren Schritten, welchen Leistungsanspruch der Versicherte hat. Hat der Versicherte schon nach rein nationalem Recht des jeweiligen Landes Anspruch auf eine Alterssicherung, so wird zuerst diese autonome Leistung in der Weise berechnet, dass nur die nationalen Rechtsvorschriften des jeweiligen Landes berücksichtigt werden.

Hat z.B. ein 63 Jahre alter polnischer Arbeitnehmer nur vier Jahre in der Bundesrepublik, aber 33 Jahre in Polen gearbeitet, so erfüllt er nicht die nationale deutsche Vorschrift einer Wartezeit von fünf Jahren und hat so keinen autonomen Rentenanspruch gegenüber dem deutschen Alterssicherungssystem.

Im Gegensatz zu diesem innerstaatlichen Rentenanspruch in der Bundesrepublik werden bei der sich anschließenden zwischenstaatlichen Rentenberechnung in Form der theoretischen Rentenleistung alle Versicherungs- und/oder Wohnzeiten in den Mitgliedstaaten mitberücksichtigt. Bei der Berechnung des theoretischen Rentenanspruches würde die deutsche Rentenversicherung nun eine Wartezeit von 37 Jahren zugrunde legen, so dass der Versicherte die Wartezeit von 35 Jahren für eine vorzeitige Rente mit 63 Jahren erfüllt und unter Zugrundelegen der vier Beitragsjahre seine Rente anteilig berechnet wird.

Versicherte, deren Rentenanspruch sich in einem oder mehreren Mitgliedsländern unabhängig von der Dauer der Versicherungs- bzw. Wohnzeit bestimmt, wären bei dieser großzügigen Berechnungsweise u. U. mit Leistungsansprüchen besser als diejenigen Versicherten gestellt, die nur Ansprüche in einem nationalen Alterssicherungssystem haben, auch wenn sie gleiche Versicherungszeiten vorweisen könnten.

Um dies zu verhindern, wird für Rentensysteme, bei denen sich die Leistung unabhängig von den Versicherungs- bzw. Wohnzeiten bestimmt, der tatsächliche Betrag der Rente wie folgt berechnet: Der theoretische Betrag wird mit dem relativen Anteil der im jeweiligen nationalen Rentensystem erworbenen Zeiten zu den EU-weit zu berücksichtigenden Zeiten gewichtet. Der Versicherte erhält aber mindestens den autonomen Betrag.

Ein Versicherter, der in mehreren Ländern beschäftigt war bzw. seinen Wohnsitz hatte, erhält nach dem obigen Verfahren mehrere Renten aus unterschiedlichen nationalen Alterssicherungssystemen. Dabei stellt das Berechnungsverfahren sicher, dass der Versicherte nicht schlechter als ein Versicherter gestellt wird, der das gleiche Rentenanspruchsprofil besitzt und der sich nur in einem Staat der EU aufhielt bzw. beschäftigt war.

Das obige Berechnungsverfahren kann aber auch dazu führen, dass ein mobiler Versicherter ausschließlich aufgrund seiner Mobilität besser als ein ortsgebundener Versicherter gestellt wird und damit die Alterssicherungssysteme zusätzlich belastet. So ist es möglich, dass bei dem angewandten Berechnungsverfahren ein Versicherter ungerechtfertigt eine Invaliditätsrente von mehreren Versicherungen in der EU erhält. Um diese Besserstellung mobiler Versicherter zu verhindern, sieht die Verordnung 883/2004 bzw. 1408/71 Antikumulierungsvorschriften vor, die insbesondere verhindern sollen, dass ein mobiler Versicherter Ansprüche erwirbt, die den höchsten theoretischen Leistungsbetrag übersteigen. Mit den Antikumulierungsvorschriften soll eine höhere Gesamtrente als jede einzelstaatliche Rente ausgeschlossen werden, die als theoretischer Betrag für den Fall berechnet worden ist, dass der Versicherte fiktiv seine Ansprüche nur in diesem Staat erworben hat. Dieser Fall ist besonders bei Leistungen der Rentenversicherung, die aufgrund derselben Versicherungs- bzw. Wohnzeiten von den einzelnen Rentenversicherungen berechnet oder gewährt werden, zu erwarten. Zur Regelung solcher Fälle sieht die Verordnung recht komplizierte Regeln zur Doppelleistungsbestimmung vor.

Im Gesundheitswesen, das den ambulanten (Arztbehandlung usw.) und den stationären Bereich (Krankenhaus) umfasst, unterscheiden wir zwischen Sach- und Geldleistungen, die in der EU ganz unterschiedlich koordiniert werden. Bei den Sachleistungen, wie die bis auf die Selbstbeteiligung kostenlos zur Verfügung gestellten Medikamente und die ärztliche Behandlung, gelten im Allgemeinen die Rechtsvorschriften des Landes, in dem man sich aufhält bzw. wohnt. Hingegen erhält man Geldleistungen (z. B. Krankengeld) prinzipiell nach den Vorschriften des Landes, in dem man versichert ist, so dass sich bei einem Aufenthalt im EU-Ausland bei den Versicherten bezüglich der Geldleistungen im Krankheitsfall kein besonderer Koordinierungsbedarf ergibt. Bei den Sachleistungen im EU-Ausland existieren für einen Versicherten und seine Familienangehörigen abgestufte Rechtsansprüche im Krankheitsfall.

Wohnt ein Versicherter bzw. seine Familienangehörigen in einem anderen Land als dem, in dem er versichert ist, so gelten für ihn bei Sachleistungen uneingeschränkt die Vorschriften der gesetzlichen Krankenversicherung des Wohnlandes. Der im EU-Ausland Wohnende wird bei den Sachleistungen mit einem im jeweiligen Land Krankenversicherten völlig gleichgestellt.

Ein besonderes Wahlrecht besteht für Grenzgänger. Grenzgänger, die in einem anderen Land als dem, in dem sie beschäftigt sind, wohnen und täglich bzw. mindestens einmal wöchentlich pendeln, können Sachleistungen nach den jeweiligen Rechtsvorschriften sowohl im Wohnland als auch im Beschäftigungsland in Anspruch nehmen.

Hält man sich nur vorübergehend, z. B. als Tourist, in einem Mitgliedstaat auf, der nicht das Versicherungsland ist, so hat man nur den eingeschränkten Anspruch auf die medizinisch notwendigen Sachleistungen nach den Rechtsvorschriften des Aufenthaltslandes. Dazu benötigt man in einigen Ländern u. a. noch das Formular E 111, das aber in vielen Ländern von den Leistungserbringern nicht anerkannt wird. In der Praxis sieht es dann so aus, dass man bei einem Auslandsaufenthalt die Leistung selbst bezahlen muss und eine Kostenerstattung von der eigenen Krankenkasse nach den Rechtsvorschriften seines Versicherungslandes erhält.

In allen EU-Ländern, in denen die Versicherten wie schon in Deutschland über eine Krankenversicherungskarte verfügen, wird der Auslandskrankenschein E 111 durch die European Health Insurance Card (EHIC) ersetzt, die seit dem 01. Juni 2004 gültig ist und eine Auslandsbehandlung wesentlich vereinfachen soll. Da aber Personen, die sich nur vorübergehend im EU-Ausland aufhalten, keinen vollkommenen Versicherungsschutz über die Verordnung erhalten, empfiehlt es sich, für den vorübergehenden Aufenthalt im EU-Ausland eine Auslandsreise-Krankenversicherung abzuschließen. Dies betrifft z. B. den Rücktransport in ihr Wohnland.

Begibt sich ein Versicherter in einen anderen Mitgliedstaat, um dort ambulante oder stationäre Leistungen in Anspruch zu nehmen, so hat er nach der Verordnung nur dann einen Leistungsanspruch, wenn eine vorherige Genehmigung seiner Krankenversicherung vorliegt. Im Fall einer Genehmigung einer Auslandsbehandlung gelten für ihn in dem behandelnden Mitgliedstaat die gleichen Rechtsvorschriften wie für die Versicherten, die in diesem Land wohnen. Mit dieser Vorschrift der Verordnung ist ein EU-weiter Gesundheitstourismus eigentlich ausgeschlossen. Aufgrund eines Urteils des EuGH müssen die Krankenkassen eine Auslandsbehandlung genehmigen, wenn die Behandlung durch Vertragspartner im Inland in angemessenem Zeitraum nicht möglich ist. Nach der Rechtssprechung des EuGH, insbesondere im Fall Kohll/Decker, können sich Gesundheitstouristen auf die Dienstleistungsfreiheit des Gemeinsamen Marktes berufen. Aufgrund der Dienstleistungsfreiheit dürfen Anbieter aus anderen Mitgliedstaaten nicht diskriminiert werden. Eine generelle Genehmigungspflicht bei Auslandsbehandlungen stellt aber nach Ansicht des EuGH eine Diskriminierung und damit eine Beschränkung des freien Handels in der EU dar. Diese ist nach der Rechtssprechung des EuGH – sofern verhältnismäßig – nur im stationären Bereich gerechtfertigt. In diesem Fall würde eine Aufgabe des Territorialprinzips möglicherweise zu einer Unterversorgung weniger dicht besiedelter Regionen und zu einem finanziellen Ungleichgewicht bei der jeweiligen Krankenkasse aufgrund von Überkapazitäten, die nicht schnell abgebaut werden können, führen. Anders beurteilt der EuGH die Inanspruchnahme von ambulanten Leistungen im EU-Ausland. Hier können Versicherte ohne Genehmigung ihrer Krankenkasse Leistungen im EU-Ausland in Anspruch nehmen. Sie haben dann aber nur einen Anspruch auf Kostenerstattung nach den Rechtsvorschriften ihres Versicherungslandes und tragen so ein gewisses finanzielles Risiko.

Um in Deutschland den europäischen Wettbewerb im Gesundheitswesen zu intensivieren und Kosteneinsparungen zu realisieren, sieht das Gesetz zur Modernisierung der Gesetzlichen Krankenversicherung von 2003 für die Bundesrepublik vor, dass ambulante Leistungen gegen Kostenerstattung nach den Rechtsvorschriften der Gesetzlichen Krankenkasse sowie abzüglich einer Verwaltungskostenpauschale auch ohne Zustimmung der Krankenkasse im Ausland in Anspruch genommen werden können. Des Weiteren sieht das Gesetz vor, dass die Krankenkassen Versorgungsverträge mit Leistungsanbietern aus der EU abschließen können. Diese Option ist gerade für Grenzregionen interessant, da so eine bessere Versorgung der Versicherten im ambulanten und stationären Bereich ermöglicht wird und Versorgungsengpässe abgebaut werden können.

Um die Einzelentscheidungen des EuGH in das Rechtssystem zu integrieren, hat die Kommission im Jahr 2008 die Richtlinie "über die Ausübung der **Patientenrechte** in der grenzüberschreitenden Gesundheitsversorgung" Parlament und Rat zur Beschlussfassung vorgelegt.

Ist ein Arbeitnehmer in einem anderen Mitgliedstaat beschäftigt, so ist er in diesem Land – anders als entsandte Arbeitnehmer – gemäß den Rechtsvorschriften des Beschäftigungslandes arbeitslosenversichert. Er erhält im Prinzip die gleichen Leistungen wie ein versicherter Inländer. Um die Mobilität der Arbeitnehmer zu gewährleisten und eine faktische Diskriminierung von Beschäftigten zu verhindern, gibt es einige Sonderregelungen für Beschäftigte in einem anderen Mitgliedstaat.

In den meisten Ländern hat man nur Anspruch auf Arbeitslosengeld, wenn eine Mindestversicherungszeit im Beschäftigungsland vorliegt, die von Beschäftigten, die ihr Beschäftigungsland wechseln, oft nicht erfüllt wird. Deshalb gilt für sie, dass auch die vorherigen Versicherungszeiten aus anderen EU-Ländern mitberücksichtigt werden, um einen Leistungsanspruch wie Inländer zu erhalten.

Bei der Berechnung der Höhe der Leistungen bei Arbeitslosigkeit legen einige Länder das Arbeitsentgelt über einen größeren Zeitraum zugrunde. Bei in einem anderen Land Beschäftigten wird aber nur das Entgelt in dem jeweiligen Beschäftigungsland zugrunde gelegt, was sowohl zu einer Besser- als auch Schlechterstellung gegenüber Inländern führen kann. Dies gilt auch für Grenzgänger, die im Falle der Arbeitslosigkeit in ihr Wohnland zurückkehren.

Zielsetzung aller Arbeitslosenversicherungen ist es, nicht nur Leistungen zu gewähren, sondern auch die missbräuchliche Inanspruchnahme von Leistungen zu verhindern und dafür zu sorgen, dass Arbeitslose schnell wieder in ein Beschäftigungsverhältnis vermittelt werden. Um dies zu erreichen, müssen Arbeitslose der Vermittlung der jeweiligen Arbeitslosenversicherung zur Verfügung stehen, sich dort regelmäßig melden, zumutbare Arbeitsangebote annehmen usw.

Die Kontrolle und die Vermittlung von Arbeitslosen wird aber erschwert, wenn sich ein Arbeitnehmer nicht mehr in dem Land aufhält, aus dem er Leistungen der Arbeitslosenversicherung bezieht. Deshalb wird bei der Arbeitslosenversicherung das Prinzip, dass Geldleistungen unabhängig davon, in welchem Land man wohnt, vom jeweiligen zuständigen Träger zu leisten sind, eingeschränkt. Wenn ein Arbeitsloser das Land, in dem er bisher Arbeitslosengeld bezogen hat, verlässt, so hat er unter folgenden Bedingungen auch in einem anderen Mitgliedstaat weiter Anspruch auf finanzielle Leistungen der Arbeitslosenversicherung. Er muss vor dem Verlassen des jeweiligen Landes mindestens vier Wochen nach seiner Arbeitslosigkeit bei der zahlenden Arbeitslosenversicherung gemeldet sein und der Vermittlung zur Verfügung gestanden haben, sofern die zuständige Stelle keinen früheren Zeitpunkt des Verlassens des Landes genehmigt. Der Arbeitslose muss sich dann bei der Arbeitslosenversicherung seines neuen Aufenthaltes melden und die Leistungsvoraussetzungen dieser Einrichtung erfüllen. Der Leistungsanspruch besteht aber in der Regel nur noch für drei Monate in dem neuen Aufenthaltsland gegenüber der ursprünglichen Arbeitslosenversicherung. Kehrt der Arbeitslose in diesen drei Monaten in das Land seiner vorherigen Beschäftigung zurück, so hat er weiter die gleichen Ansprüche wie ein Inländer. Überschreitet er die

3-Monate-Frist, so verfallen seine Ansprüche bei der Rückkehr in der Regel vollständig.

Hat der Arbeitslose in einem anderen Land gewohnt als dem Land, in dem er vor seiner Arbeitslosigkeit beschäftigt war, dann gelten für ihn einige besondere Regelungen. Bei Kurzarbeit muss er wie ein Inländer der Arbeitslosenversicherung seines bisherigen Beschäftigungslandes voll zur Verfügung stehen, er wird also einem Inländer völlig gleich gestellt. Ist er aber vollarbeitslos, so muss er sich der Arbeitslosenversicherung seines Wohnlandes zur Verfügung stellen. Er kann sich zusätzlich der Arbeitslosenversicherung seines vorherigen Beschäftigungslandes zur Vermittlung zur Verfügung stellen. Er muss aber dann auch den entsprechenden Verpflichtungen des Beschäftigungslandes nachkommen.

Ein Arbeitsloser, der in sein Wohnland zurückkehrt, erhält Leistungen nach den Vorschriften der Arbeitslosenversicherung seines Wohnlandes. Dies gilt uneingeschränkt für Grenzgänger. Für Nicht-Grenzgänger gelten in den ersten drei Monaten die Regeln für Arbeitslose, die sich in einem anderen Land aufhalten. Sie erhalten also zunächst Leistungen von ihrer Arbeitslosenversicherung des bisherigen Beschäftigungslandes nach den jeweiligen Leistungsvorschriften des Beschäftigungslandes.

Die Komplexität der Materie der sozialen Sicherung ist hier nur angedeutet worden. Es ist offensichtlich, dass ein Wanderarbeitnehmer völlig überfordert ist, sich in diese schwierige Materie einzuarbeiten. Er wird deshalb schnell resignieren und u. U. auf ein Beschäftigungsverhältnis in einem anderen Mitgliedstaat verzichten. Um die Mobilität der Arbeitnehmer zu fördern, hat die Union zur besseren Information das Projekt European Employment Services (EURES) gestartet, indem neben den nationalen Institutionen ein Netzwerk von Beratern die Arbeitnehmer informiert und berät.

13.4 Literatur

- Acker, S. (1996): Renten in Europa, Marburg.
- Berthold, N./Neumann, M. (2002): Die Zukunft der europäischen Sozialpolitik: Wettbewerb oder Koordination, in: List Forum, 28. Jg., S. 36 - 58.
- Bundesministerium für Arbeit und Soziales (Hrsg.) (2007): Sozial-Kompass Europa, Bonn.
- Bundesministerium für Gesundheit und Soziale Sicherung (Hrsg.) (2010): Übersicht über das Sozialrecht, Ausgabe 2010/11, Nürnberg, Kapitel 25: Internationale Soziale Sicherung, S. 1005 - 1032.
- Eichenhofer, E. (2006): Sozialrecht der Europäischen Union, 3. Auflage, Berlin.

- Esping-Andersen, G. (1998): Die drei Welten des Wohlfahrtskapitalismus, in: St. Lessenich, I. Ostner (Hrsg.), Welten des Wohlfahrtskapitalismus, Frankfurt a. Main, New York, S. 19 - 56.
- Ribhegge, H. (2004a): Sozialpolitik, München.
- Ribhegge, H. (2004b): Gesundheitswesen als Chance für die deutsch-polnische Grenzregion, in: Gesundheits- und Sozialpolitik, Vol. 58, H. 5/6, S. 31 - 41.
- Vanpoucke, B./Essers, G. (2004): Leitfaden für den mobilen europäischen Arbeitnehmer, Brüssel.

Kapitel 14
Ausblick: Perspektiven des europäischen Sozialmodells

Im letzten Kapitel haben wir uns ausführlich mit der Ausgestaltung der sozialen Sicherungssysteme in der EU beschäftigt. Dabei haben wir die Vielfalt in der Ausgestaltung der nationalen Sozialsysteme dargestellt und aufgezeigt, dass sich die Union mit der Entscheidung für eine Koordination der Sozialsysteme im Sinne des Subsidiaritätsprinzips für ein dezentrales System sozialer Sicherung ausgesprochen hat. Auch die Ausweitung der Sozialpolitik der Union durch die Offene Methode der Koordinierung hat zu keiner substanziellen Vereinheitlichung der Sozialsysteme in der EU geführt.

Da nicht von Konvergenz der sozialen Sicherungssysteme gesprochen werden kann und ihre Ausdifferenzierung und Unterschiedlichkeit enorm ist, kann man in Frage stellen, ob überhaupt ein europäisches Sozialmodell existiert. Arbeitet man die Unterschiede zu anderen Sozialmodellen heraus, kommt man einer Antwort näher. Hier ist ein Vergleich mit den USA naheliegend. Bei diesem Vergleich wird meist implizit angenommen, dass das europäische Sozialmodell die bessere Alternative darstellt, auch wenn einige Fakten wie die höhere Arbeitsproduktivität und die niedrige Arbeitslosigkeit in den USA vor der Finanzkrise diese normative Sicht in Frage stellen.

Im Vergleich mit den USA findet man einige Gemeinsamkeiten, die das europäische Sozialmodell charakterisieren. Deutliche Unterschiede zeigen sich beispielsweise in der umfassenderen Absicherung des Existenzminimums, im stärker auf Einkommensangleichung ausgerichteten Steuersystem, im umfassenderen sozialen Sicherungssystem bei Arbeitslosigkeit, Krankheit und Alter sowie in stärker korporatistischen Beziehungen zwischen den Arbeitnehmer- und Arbeitgeberorganisationen sowie den staatlichen Instanzen.

In die gleiche Richtung definiert die Europäische Kommission das europäische Sozialmodell durch die gemeinsamen Werte: Demokratie, individuelle Freiheit, sozialer Dialog, gleiche Chancen für alle, ausreichende soziale Sicherung und Solidarität gegenüber den sozial Schwachen in unserer Gesellschaft. Nun sagen solche allgemeinen Zielvorgaben wenig darüber aus, inwieweit diese in der Union auch realisiert werden. Schaut man sich deshalb ein wenig genauer die dazu verfolgten Politiken und ihre institutionelle Absicherung an, so ergibt sich ein differenziertes Bild des europäischen Sozialmodells.

Aufgrund der Heterogenität der Sozialsysteme bietet sich anstelle einer Definition über Gemeinsamkeiten eine Definition an, in der das europäische Sozialmodell nicht durch seine Faktizität, sondern als normatives Leitbild abgegrenzt wird. Bei dieser perspektivischen Sicht sieht man als Nukleus der sozialen Systeme in der EU ein sich abzeichnendes Leitbild im Sinne von Best Practice an, das bisher mehr oder weniger realisiert wurde. Vertieft man diese normative Ausrichtung, so kann man auch das europäische Sozialmodell als einen Prozess des Wandels, der Anpassung und der Modernisierung des Sozialraums Europas verstehen.

Wenn man zu dem Urteil kommt, dass einiges dafür spricht, von einem europäischen Sozialmodell auszugehen, so wäre es denkbar, dass dieses Modell nur einen transitorischen Charakter besitzt und nicht überlebensfähig ist, sondern sich langfristig in ein anderes – z. B. neoliberales – Modell transformieren wird. Damit ist die Frage der Nachhaltigkeit des europäischen Sozialmodells angesprochen.

Die Frage der Nachhaltigkeit des europäischen Sozialmodells gewinnt an Bedeutung, wenn man sich die drei Phänomene:

- Globalisierung,
- Integration der Märkte,
- Alterung,

die alle erheblichen Einfluss auf die Stabilität des europäischen Sozialmodells haben, vor Augen hält. Alle drei Phänomene sind schon in früheren Kapiteln mehr oder weniger intensiv angesprochen worden, so dass in diesem abschließenden Kapitel nur noch einige grundsätzliche Bemerkungen notwendig sind.

Bisher haben wir in den Ausführungen primär untersucht, wie die Akteure in der EU auf diese Herausforderungen – siehe z. B. die Ausführungen zur europäischen Beschäftigungspolitik – reagiert haben. Im Folgenden soll der Akzent der Diskussion anders gesetzt werden. Es geht um die Frage, inwieweit diese Phänomene einen race to the bottom in dem europäischen Sozialmodell induzieren. Welche Herausforderungen damit verbunden sind und wie man ihnen begegnen kann, haben wir in den einzelnen Politikfeldern detailliert aufgezeigt. Darauf aufbauend sollen mittels einiger zusätzlicher Argumente skizziert werden, dass das europäische Sozialmodell durchaus überlebensfähig und ein race to the bottom weder zwangsläufig noch sehr wahrscheinlich ist, obwohl durch die Osterweiterungen die Spannungen im europäischen Sozialmodell stark angestiegen sind.

Wenn wir das Modewort race to the bottom verwenden, so müssen wir klären, auf welchen sozialpolitischen Bereich sich diese Abwärtsspirale bezieht und wer der entscheidende Akteur ist, der diese Spirale in Gang setzt. Soziale Absicherung kann sich z. B. aus der Regulierung des Arbeitsmarktes ergeben. Zu denken ist hier zum einen an arbeitsrechtliche Regelungen, wie Kündigungsschutz oder Arbeitsschutzbestimmungen und zum anderen an im

Rahmen des Kollektivrechts vereinbarte Regelungen, wie Bündnisse für Arbeit, Qualifizierungsvereinbarungen oder Rationalisierungsschutzabkommen sowie freiwillige Zusagen der Arbeitgeber als auch arbeitsvertragliche Regelungen.

Soziale Absicherung bieten aber auch die Sozialversicherungen und die vielfältigen sozialen Einrichtungen des Staates wie Sozial-, Jugend- und Familienhilfe in Form von finanziellen Transfers oder Realleistungen, die in der EU ganz unterschiedlich ausgestaltet sind.

Des Weiteren muss man sich fragen, wer der Träger des race to the bottom ist. Dies können die staatlichen Institutionen, die Vertragsparteien auf dem Arbeitsmarkt, die Unternehmen selbst und die Europäische Kommission sein.

Schaut man sich die empirischen Arbeiten zum race to the bottom an, so stellt man fest, dass in den Untersuchungen nicht nach den unterschiedlichen Interessenkonstellationen differenziert wird und oft als einzige Bestimmungsgröße die Entwicklung der Sozialquote, die den Anteil der Sozialausgaben am BIP widerspiegelt, herangezogen wird. Von daher ist die Aussagekraft dieser Untersuchungen, in denen qualitative Entwicklungen im Bereich der sozialen Sicherung nur unzureichend berücksichtigt werden, vorsichtig zu interpretieren. Dabei ist es wichtig, nicht nur empirische Untersuchungen, sondern auch theoretische Überlegungen anzustellen, ob dieser race to the bottom tatsächlich zwangsläufig ist, wie manche Untersuchungen suggerieren.

Wie die Ablehnung der europäischen Verfassung durch die französischen und niederländischen Bürger gezeigt hat, räumen die europäischen Bürger der sozialen Dimension der EU einen sehr hohen Stellenwert ein, so dass ein Sozialabbau politisch nur schwer gegen den Bürgerwillen durchsetzbar ist.

Die Faktoren Globalisierung, Gemeinsamer Markt und Osterweiterung, die den Prozess des race to the bottom induziert haben, erhöhen gleichzeitig die Nachfrage nach sozialer Absicherung. Denn diese drei Faktoren bewirken mehr Unsicherheit aufgrund verschärfter Konkurrenz und das Bedürfnis der Bürger, diese Unsicherheit durch soziale Sicherungsmaßnahmen zu beherrschen, nimmt entsprechend zu. Dass die Nachfrage nach Sozialleistungen mit der Alterung der Gesellschaft eher steigt – dies gilt besonders für die Gesundheitsleistungen –, ist offensichtlich. Entscheidend ist aber, inwieweit sich diese Nachfrage nach sozialer Sicherheit politisch durchsetzen kann. Es kommt darauf an, ob nur einflusslose Randgruppen in der Gesellschaft mehr soziale Sicherung fordern oder die Wählerschicht um den Medianwähler politischen Druck ausübt. Ruft man sich die Überlegungen zu dem Kapitel 2 über Migration und Marktintegration in Erinnerung, so sind es meist die gering Qualifizierten und schwer organisierbaren Bürger, die die negativen Auswirkungen zu tragen haben. Von daher ist der Druck auf die nationalen politischen Entscheidungsträger nicht sehr stark.

Anders verhält es sich bei der Europäischen Kommission, die oft vorschnell als alleiniger Verursacher dieser Abwärtsspirale gebrandmarkt wird. Diese hat schon aus Legitimationsgründen ein großes Interesse, ein hohes soziales

Sicherungsniveau aufrecht zu erhalten. Dies zeigte sich z. B. bei ihren Kohäsionsvorschlägen zur sozialen Abfederung der EU-Osterweiterung.

Beim Prozess des race to the bottom kann es auch zu einer Verschiebung von Verantwortungen zwischen dem staatlichen und privaten Sektor kommen. Zur Entlastung des Sozialstaates können die Mitgliedstaaten versuchen, Aufgaben der sozialen Sicherung auf die Unternehmen zu verlagern. Das ist besonders im Bereich der Regulierung der Arbeitsbeziehungen relevant, bei denen meist die Arbeitgeber die Kosten tragen müssen. Um sich selbst zu entlasten, haben die Unternehmen aus dieser Sicht im Globalisierungsprozess durchaus ein Interesse an einem hohen Sicherungsniveau, das vom Staat angeboten wird. Dies gilt z. B. für die Finanzierung von Altersteilzeit, Vorruhestandsregeln und die Finanzierung von betrieblichen Anpassungsmaßnahmen durch die Arbeitslosenversicherung. Des Weiteren präferieren sie eine Substitution von hohen Kündigungsstandards durch hohe Lohnersatzraten bei der Arbeitslosenversicherung, insbesondere dann, wenn sie nur einen geringen Finanzierungsanteil zu tragen haben. Von daher ist die Einstellung der Unternehmen zum Sozialabbau in vielen Bereichen durchaus ambivalent.

Das Sozialmodell wird nicht nur durch die nationalen Politiken der Mitgliedsländer, sondern auch durch die soziale Dimension, die wir im Unionsrecht der EU finden, gestützt. Demnach besitzt die EU – insbesondere die Kommission als treibende Kraft – einen gewissen Spielraum, im Prozess des race to the bottom gegenzusteuern. Diesen Handlungsspielraum sollte man nicht überbewerten. Die Kommission kann in einigen Bereichen der sozialen Sicherung Mindeststandards setzen, die aber der Zustimmung im Rat bedürfen. Da sich die Union nach dem Subsidiaritätsprinzip für die Strategie der Koordination anstelle der der Harmonisierung ausgesprochen hat, ist auch hier der Spielraum recht eng. Auch die Bestrebungen von Arbeitgeberverbänden und Gewerkschaften über einen sozialen Dialog Mindeststandards durchzusetzen, waren nicht besonders erfolgreich. Bleibt die Chance der Anwendung der Offenen Methode der Koordinierung in den unterschiedlichen Bereichen der sozialen Sicherung. Auch hier kann man nicht von einem wirkungsvollen Ansatz sprechen. Insbesondere muss man skeptisch sein, ob mit dem Konzept der Best Practice ein race to the top initiiert werden kann, wie es sich die Anhänger des europäischen Sozialmodells erhoffen.

Die Verfechter der These des race to the bottom sehen den Globalisierungsprozess und teilweise auch den Gemeinsamen Markt kritisch, da sie befürchten, dass sich im Wettbewerb verstärkt ökonomische Effizienz auf Kosten des Sozialen durchsetzt. Diese Sicht ist aber einseitig. Unumstritten ist, dass durch den intensiveren Wettbewerb mit der Globalisierung die Marktrisiken steigen, was sich z. B. in einer elastischeren Arbeitsnachfrage niederschlägt. Dem stehen aber die Effizienzvorteile der Globalisierung und des Gemeinsamen Marktes gegenüber. Diese erhöhte Effizienz schlägt sich in mehr Wachstum und einem höheren Volkseinkommen nieder und dieser Zuwachs reicht aus, um auch die Verlierer der Globalisierung zu kompensieren, und schafft Spielraum für eine kompensatorische Ausweitung der sozialen Sicherung.

Kommt es im Prozess der Globalisierung und der Intensivierung des Gemeinsamen Marktes sowie der EU-Osterweiterung tatsächlich zu einem race to the bottom, so ist dies nicht kausal auf diese Faktoren zurückzuführen, sondern auf Politikversagen im europäischen Sozialmodell. Dies macht insbesondere deutlich, dass ein race to the bottom nicht zwangsläufig ist.

Nun kann man aber die These vertreten, dass gerade das europäische Sozialmodell verhindert, die Effizienzchancen der Globalisierung, des Gemeinsamen Marktes und der Osterweiterung zu nutzen, und dass das europäische Sozialmodell selbst zur Eurosklerose geführt hat. Dafür werden als Beleg die erheblichen Unterschiede in der Entwicklung der Produktivität in den USA und der EU in den letzten Jahren angeführt. Dieser Argumentation liegt die neoliberale Auffassung zugrunde, dass es einen unüberwindbaren Trade off zwischen ökonomischer Effizienz und den Zielen des Sozialstaates gibt. Dieser unterstellte Trade off vernachlässigt aber, dass soziale Sicherung gestaltbar ist und dazu dienen kann, die Effizienz einer Wirtschaft zu erhöhen, indem sie die Risikobereitschaft bei der Humankapitalbildung, die Akzeptanz des wirtschaftlichen Wandels, die Sicherheit von Eigentumsrechten usw. verbessert. Die Intensivierung des Wettbewerbs kann durchaus bewirken, dass sich im Wettbewerb der Sozialsysteme die Systeme durchsetzen, in denen der Trade off am weitesten abgebaut worden ist.

Zusammenfassend kann das Fazit gezogen werden, dass insbesondere die Globalisierung nicht zwingend zu einem race to the bottom führen muss und ein ausreichender Spielraum existiert, das europäische Sozialmodell effizient zu gestalten und eine Abwärtsspirale zu verhindern. Damit ist aber die Nachhaltigkeit des europäischen Sozialmodells nicht per se gesichert. Es gibt andere Gefährdungspotenziale. Zu denken ist hier exemplarisch an die Alterung der europäischen Gesellschaft, die das europäische Sozialmodell von der Finanzierungsseite in erheblichem Umfang gefährden kann.

Abbildungsverzeichnis

Tabellenverzeichnis

Sachverzeichnis